In der gleichen Reihe erschienen:

Wir freuen uns über Ihr Interesse an diesem Buch. Gerne stellen wir Ihnen kostenlos
zusätzliche Informationen zu diesem Programmsegment zur Verfügung.

Bitte sprechen Sie uns an:

E-Mail: walhalla@walhalla.de
http://www.walhalla.de

Walhalla Fachverlag · Haus an der Eisernen Brücke · 93042 Regensburg
Telefon (0941) 56840 · Telefax (0941) 5684111

Rainer Schreiber

INNOVATIONS-
MANAGEMENT FÜR
SOZIALE ORGANISATIONEN

- Neue Strukturen entwickeln
- Synergien nutzen
- Effiziente Organisationen aufbauen

WALHALLA

FACHVERLAG

Die Deutsche Bibliothek – CIP-Einheitsaufnahme

Schreiber, Rainer:
Innovationsmanagement für soziale Organisationen : neue Strukturen entwickeln,
Synergien nutzen, effiziente Organisationen aufbauen / Rainer Schreiber. – Regensburg ; Berlin :
Walhalla-Fachverl., 2001
    ISBN 3-8029-7437-9

Zitiervorschlag:
Rainer Schreiber, Innovationsmanagement für soziale Organisationen
Regensburg, Berlin 2001

Für Evi und Fabian

Hinweis: Unsere Werke sind stets bemüht, Sie nach bestem Wissen zu informieren.
Die vorliegende Ausgabe beruht auf dem Stand von Juni 2001.

Nutzen Sie das Inhaltsmenü:
Die Schnellübersicht führt Sie zu Ihrem Thema.
Die Kapitelüberschriften führen Sie zur Lösung.

Schnellübersicht

Schnellübersicht

Gesamtinhaltsübersicht

Gesamtinhaltsübersicht

Abkürzungen

BIP	Bruttoinlandsprodukt
FPO	For-Profit-Organisationen
KMU	Kleine und mittlere Unternehmen
NPO	Non-Profit-Organisationen
OE	Organisationsentwicklung
PE	Personalentwicklung
QS	Qualitätssicherung
QSS	Qualitätssicherungssystem
SA	Soziale Arbeit
SO	Soziale Organisationen
SWO	Sozialwirtschaftliche Organisationen

Notwendige Veränderungen für Soziale Organisationen

Von den notwendigen Veränderungen, die im Sozialbereich so dringend erforderlich wären, wird überall gern gesprochen. Dabei erwecken nicht wenige, die sich in dieser Debatte zu Wort melden, den Eindruck, dass ihr Standpunkt weniger von Sachkenntnis als vielmehr von Interessen geprägt ist, die nicht immer einer nüchternen Analyse von Funktion und Realität der Sozialen Arbeit entspringen: Politiker monieren die heillose Ineffizienz von Gesundheits- und Sozialwesen – und meinen doch nur die Sanierung maroder Haushaltskassen; Anhänger einer neoliberalen Wirtschaftspolitik entrüsten sich über die „Gängelungs- und Subventionspolitik" im Wohlfahrtsbereich – und haben offensichtlich noch nie auch nur einen Gedanken an den spezifischen Auftrag und die gesellschaftliche Aufgabe von Sozialpolitik verschwendet; Unternehmensberater schließlich erblicken ein neues, lukratives Betätigungsfeld für ihre Zunft und rücken mit einer Vielzahl von „Management-by"-Konzepten an, ohne sich immer darüber im Klaren zu sein, ob ihre zumeist im industriellen Bereich erprobten Ansätze den Bedürfnissen Sozialer Organisationen gerecht werden. Ein rationelles Veränderungsmanagement für Soziale Organisationen, das sich nicht in betriebswirtschaftlichen Vorstellungen erschöpfen soll, muss daher erst einmal einige Fragen klären, aus deren Beantwortung allein adäquate Konzepte hervorgehen können:

- Mit welchen aktuellen und zukünftigen, ökonomischen und politischen Herausforderungen sehen sich Soziale Organisationen konfrontiert? Hier geht es um die Einschätzung der Entwicklungen, die in Zukunft die Rahmenbedingungen Sozialer Arbeit festlegen.

- Wie haben die privatwirtschaftlichen Firmen insbesondere des industriellen Bereichs auf diese oder ähnliche Herausforderungen reagiert? Mit welchen Konzepten wurde versucht, Lösungen zu erarbeiten? Wie stimmig und realistisch sind diese Konzepte?

- Welche allgemeinen Merkmale kennzeichnen Soziale Organisationen als soziale Systeme? Welche Rahmenbedingungen für

Veränderungsbestrebungen und Eingriffe ergeben sich aus den Eigenschaften komplexer, dynamischer Systeme, die alle moderne Organisationen darstellen?

- Welche Besonderheiten weisen Soziale Organisationen auf? Wodurch unterscheiden sie sich unwiderruflich von anderen Produkt- und Dienstleistungsanbietern? Welcher Veränderungsbedarf ergibt sich daraus für die Sozialen Organisationen, wenn sie als solche fortbestehen wollen?

- Welche der Handlungsmodelle und Konzepte aus Industrie und Privatwirtschaft sind demgemäß für die Sozialen Organisationen brauchbar? In welcher Form, mit welchen Veränderungen können sie von Vorteil sein? Welche neuen Konzepte müssen zusätzlich entwickelt werden? Welche Erkenntnisse konnten nach mehreren Jahren Sozialmanagement in Sozialen Organisationen gewonnen werden?

- Auf welche Probleme müssen sich organisationsinterne Veränderungsbestrebungen einstellen? Welche Rolle spielen dabei Zielkonflikte und das komplexe politische und wirtschaftliche Umfeld?

Auf Basis dieser Fragestellungen erläutert das erste Kapitel, was sich im politischen, ökonomischen und sozialen Umfeld wohlfahrtspolitischer Aktivitäten geändert hat und welche weiteren möglichen Entwicklungsszenarien sich abzeichnen. Auf dieser Basis lassen sich – mit aller gebotenen Vorsicht – allgemeine Aussagen zu den Rahmenbedingungen ableiten, mit denen die Sozialen Organisationen hinsichtlich Klientel- und Problemstrukturen, finanzieller Ressourcen und zielorientierter Arbeits- und Kooperationsformen zu rechnen haben.

Das zweite Kapitel befasst sich vor allem mit der Theorie Sozialer Organisationen: Es geht der Frage nach, welche Eigenheiten, strukturellen Merkmale und besonderen Verfahrensweisen Soziale Organisationen gemäß ihrem besonderen Auftrag, ihrer Einbindung in einen gesamtpolitischen Rahmen aufweisen, der als „wohlfahrtsstaatliches Arrangement" (F.-X. Kaufmann) recht eigenwillige Dreiecksbeziehungen zwischen den öffentlichen Kostenträgern, den Leistungsempfängern und -erbringern, den Sozialen Organisationen, beinhaltet. Dabei wird auch untersucht, ob und inwiefern es sich bei den Klienten oder Nutzern sozialer Dienstleistungen überhaupt um die viel umworbenen „Kunden" handelt bzw. was mit der Anwendung eines derartigen Begriffs gewonnen ist.

Das dritte Kapitel diskutiert, inwiefern und inwieweit Organisationen als soziale Systeme überhaupt beeinflusst werden können: Schließlich stellen sie komplexe Systeme dar, deren Dynamik verstanden sein muss, wenn man sich eine praxisnahe und realistische Meinung darüber bilden will, was Management bewirken kann und was nicht. Dementsprechend wird sich dieses Kapitel mit einigen aktuellen Sichtweisen, die sich aus der „Chaostheorie" ergeben, befassen, die Eigenschaften der Prozess- und Entscheidungsverläufe in komplexen Organisationen betrachten und Fragen der Macht, der Entscheidungskriterien und der informellen Beziehungen bzw. Kommunikationsmuster mit einbeziehen. Schließlich wird hier die Diskussion über Soziale Organisationen noch einmal aufgegriffen und versucht, den systematischen Ort und die Eigenheiten Sozialer Arbeit zu bestimmen: Soziale Arbeit wird als professionelle Tätigkeit zwar zumeist von Sozialen Organisationen umgesetzt, weist aber dennoch in ihrem psychosozialen Kontakt zum Klienten normative Bezüge und Gestaltungsfreiheiten auf, die ihr einen eigenen Stellenwert und Standort einräumen.

Das vierte Kapitel widmet sich den Konzepten und Strategien für Innovations- und Veränderungsmanagement in Sozialen Organisationen. Ob und inwieweit die auf Innovation und Veränderung bezogenen, aktuellen Managementrezepte der herkömmlichen Privatwirtschaft für Erneuerungen oder Problemlösungen im Bereich sozialer Dienstleistungen brauchbar sind, wird diskutiert; hier stehen grundlegende Denkmuster und Vorstellungen des Innovationsmanagements, des Change-Managements, der lernenden Organisation und des Wissensmanagements auf dem Prüfstand. Darauf aufbauend wird im fünften Kapitel dargelegt, was aus unserer Vorstellung von Sozialen Organisationen für deren Veränderungsprojekte folgt. Betrachtungen zum Sozialmanagement als etabliertem Ansatz für die Steuerung sozialer Einrichtungen und Unternehmen schließen sich an. Die Grenzen dieses Managementmodells verweisen uns auf Modelle der Kompetenzentwicklung für die Leitungsebene. Nach der Beschreibung einiger praktischer Anwendungsbeispiele für die Integration von Personal- und Organisationsentwicklung werden hierzu praxisorientierte Überlegungen angestellt und diese in einen strategischen Zusammenhang eingebettet. Dabei wird noch kurz auf Aspekte der Selbstevaluation als eigene, selbstreflexive Methode der Qualitätsentwicklung eingegangen.

Insgesamt bemüht sich dieses Buch um einen seltenen Spagat: Weder will es ein rein theoretisches Werk sein, in dem der Praktiker hilflos nach versteckten Hinweisen fahndet, wie die schöne neue Organisationswelt zu realisieren sei, noch mag es jenen flachen, zumeist technokratischen Machbarkeits-Pragmatismus vorstellen, der, zumeist garniert mit kruden pseudopsychologischen Phrasen, viele Management-Ratgeber wie einen roten Faden durchzieht. Ein kritisches, theoriegeleitetes und dennoch nicht unpraktisches Buch zu schreiben war also die selbstgestellte Aufgabe – möge der Leser beurteilen, ob dies gelungen ist.

Rainer Schreiber

Globalisierung, transnationale Politik, Individualisierung: Herausforderung an die Sozial- und Gesundheitspolitik der Zukunft

1

1. Globalisierung und sozialer Wandel

Zur Jahrtausendwende bringt eine globalisierte Marktwirtschaft[1] die Regionen und Staaten der Erde in einen direkten Wettbewerb zueinander. Von ihnen wird einerseits verlangt, ihre heimischen Produkte und Dienstleistungen transregional zu vermarkten, andererseits transnationale Investoren regional – und zwar gerade bei ihnen und nicht bei den anderen! – zu binden. Während die Unternehmen in ihrer weltumspannenden Konkurrenz gezwungen sind, modernste Methoden der Technik-, Organisations- und Personalentwicklung einzuführen und dabei die Fähigkeit zum schnellen Wandel zur einzig dauerhaften Managementregel zu erklären, verlangt der Vergleich der Länder und Regionen durch die potenziellen Investoren von den staatlichen Akteuren, ihre Infrastruktur- und Produktionsbedingungen zu verbessern: Nur so können sie ansiedlungswilligen Unternehmen das möglichst beste Angebot unterbreiten. Während man sich früher über die Benutzung der Welt durch die privatwirtschaftlichen Konzerne beklagte, scheint heute nichts schlimmer zu sein, als mit „Nicht-Investition" bestraft zu werden. Damit müssen sich die politisch Verantwortlichen an den Effizienzmaßstäben der Privatwirtschaft dergestalt ausrichten, dass durch möglichst niedrige Steuern und Sozialabgaben die Attraktivität des Wirtschaftsstandorts gewährleistet bleibt. Nur so kommt das allseits beschworene Wirtschaftswachstum zustande, das Geld in die diversen öffentlichen Kassen bringen soll.

Nur: Ist dies alles wirklich so neu, dass es den Namen der „Globalisierung" verdient? Seit ihrem Bestehen komplettiert die marktwirtschaftliche Produktionsweise den Weltmarkt, indem sie alles Wirtschaften der Welt in ihren Kreislauf einbezieht, ihren Maßstäben unterordnet und damit entweder zum Verschwinden bringt oder als technisierte, den Zwecken und Standards ihrer eigenen Systemeigenschaften angepasste ökonomische Form wieder freigibt. Übrig bleibt ein nicht unbeträchtliches Maß an Elend vor allem in den Ländern, deren Subsistenzwirtschaften den relevanten Akteuren einer weiteren Einbeziehung in die globale Welt des modernen Kapitalismus nicht wert erscheinen – und dies im doppelten, also ökonomischen und moralisch-politischen Sinn des Wortes. Das „Neue" an der Globalisierung kann also nicht in der weltumspannenden ökonomischen Dynamik bestehen, die den

18

industrialisierten Marktwirtschaften immer schon eigen war. Verändert haben sich vor allem die politischen und die technischen Rahmenbedingungen und Formen, innerhalb derer die weltweiten ökonomischen Aktivitäten ihre konkrete Gestalt annehmen:

- Mit dem Niedergang des Ostblocks stehen die Marktwirtschaften des ehemals „freien Westens" konkurrenzlos als einzige Alternative da, was dazu geführt hat, dass ganze Staaten, Volkswirtschaften und damit zighundert Millionen Menschen danach streben, sich durch Kapitalinvestitionen technisch potenter Firmen aus den erfolgreichen Wirtschaftsregionen „entwickeln" zu lassen – und dafür auch extra günstige Konditionen, also Löhne, Steuererleichterungen, Subventionen aller Art bieten. Den transnationalen Unternehmen ist damit eine *Marktöffnung und potenzielle Markterweiterung* von traumhaftem Ausmaß offeriert worden, die ihnen eine beträchtliche zusätzliche Marktmacht eröffnet: Wer zwischen vielen Anbietern von Arbeit, Standorten und Steuersystemen wählen kann, muss schließlich auch wählerisch werden …

- Parallel zu den weltweiten zusätzlichen Angeboten an Arbeitskräften und Investitionssphären, zur *politischen Entgrenzung* der „Weltmarktwirtschaft" haben technische Entwicklungen stattgefunden, die die technische Machbarkeit, Umsetzbarkeit dieser Entgrenzung potenzieren: Die wachsende *Entstofflichung* der IT-Ökonomie verringert die Notwendigkeit stofflicher Transaktionen genauso, wie sie die Dauer ökonomischer Austauschprozesse verkürzt. Die Investitionstätigkeit kommt so ihrem Ideal der Zeitlosigkeit immer näher – schließlich „kostet" Zeit Geld.

- Diese Entwicklungen implizieren eine Loslösung der ökonomischen Transaktionen von nationalstaatlicher Kontrolle, die ihren Niederschlag in der wachsenden Bedeutung internationaler Staatenbünde und Koordinationsgremien gefunden hat. Der an diese *Transnationalisierung* geknüpfte Einflussverlust der traditionellen nationalstaatlichen Institutionen stellt die eigentliche Rückwirkung der Globalisierung auf die Wohlfahrtspolitik dar: „Während Produktionsprozesse und Produktionsstandorte weltweit dezentralisiert, Gewinne und Arbeitsplätze exportiert,

Arbeitskräfte importiert werden, bleibt das System sozialer Sicherung ganz an den nationalen Rahmen gebunden. Umgekehrt aber wird mit der Aushöhlung der nationalen Ökonomie und der zunehmenden Mobilität des Kapitals der staatliche Zugriff auf die Ressourcen geschwächt, die die Basis wohlfahrtsstaatlicher Sicherung bilden. Die Mobilität des Kapitals erschwert seine Besteuerung."[2]

Schließlich stellen die Ressourcen, die der Nationalstaat der Ökonomie, den Wirtschaftssubjekten in Form von Steuern oder parastaatlichen Pflichtversicherungsleistungen entzieht, bisher die primäre Quelle der Finanzierung seiner Sozial- und Gesundheitspolitik dar: Mit diesen Finanzmitteln wird deren Realisierung bewerkstelligt. Geld, das die staatlichen Akteure im Rahmen ihrer Problemsicht bitter nötig haben: Das zentrale Thema der europäischen Regierungen im letzten Jahrzehnt war bekanntlich die Arbeitslosigkeit. Zusammen mit den demographischen Veränderungen im Altersaufbau der Bevölkerungen[3] führte sie nach einhelliger öffentlicher Meinung zu einem Anwachsen der Staatsverschuldung nebst allen damit einhergehenden Finanzierungsproblemen der bisherigen Wohlfahrtspolitik.

Auswirkungen der globalen Wirtschaft auf die Sozialpolitik

Allerdings führt kein zwingender Schluss von der Globalisierung zum „Umbau des Sozialstaates", sondern ein komplexer Vermittlungsprozess, in dessen Zentrum die Wahrnehmung ökonomisch-politischer Veränderungen durch die verantwortlichen politischen Akteure auf Basis ihrer Interessen und „Wirklichkeitsentwürfe" einerseits, die selektive Transformation dieser „externen" Veränderungen durch die Strukturen des politischen Wohlfahrtssystems andererseits stehen: Die staatliche Politik als Ganzes wird vermehrt in einen Standortwettbewerb „hineingezogen", der nur *mittelbar* die Finanzierung der Wohlfahrtspolitik betrifft:

- Die Intensivierung des Wettbewerbs, der nicht mehr durch die politische „Blockförderung" im Rahmen einer allen Entscheidungen vorgelagerten *politischen Systemkonkurrenz* relativiert wird, schärft zugleich den staatlichen Blick für *Alternativen* in der Sozial- und Arbeitsmarktpolitik, wie sie von anderen, nun unmittelbar konkurrierenden Ländern formuliert werden[4]. Die europäischen Wohlfahrtsstaaten reagieren nicht unmittelbar auf ökonomische Phänomene, sondern nehmen sie von vornherein nur durch die „Brechung" ihrer eigenen Systemstrukturen wahr, die die „externen Probleme" in „interne" übersetzen. Damit ist die Globalisierung nicht einfach Verursacher politischen Veränderungsdrucks, „sondern erhöht in erster Linie die Sensibilität, diese Probleme wahrzunehmen"[5]. So werden traditionelle Verfahrensweisen der Möglichkeit nach stärker in Frage gestellt; der Blick über die Grenzen regt ein zumindest *rudimentäres „Benchmarking"* der diversen wohlfahrtspolitischen Modelle an und wirft die Frage auf, ob man die gleichen Ziele nicht mit anderen, effektiveren Mitteln verfolgen kann oder gar die ganze Angelegenheit etwas billiger haben könnte. Dem entspricht auch, dass die in griffige Metaphern und Schlagworte gefassten Phänomene immer auch Resultat von Politik sind: Schließlich beeinflusst die Familienpolitik mit, wie die Veränderungen familiären Lebens ausgestaltet werden und wie sich damit zurechtkommen lässt[6]. Politisches Handeln reagiert nicht einfach auf ihm vorgelagerte, anonyme „Tendenzen", sondern geht als Garant und formende Instanz von zentralen Rahmenbedingungen des Lebens, Lernens und Wirtschaftens selbst mit in diese als problematisch wahrgenommenen Entwicklungen ein. Die politischen Lösungsvorschläge bewegen sich daher zumeist ganz selbstverständlich im Rahmen von Konzepten, die den politischen Akteuren aus ihrem Expertenumfeld angeboten werden und die an die bisherigen Wirklichkeitskonstruktionen und Verfahren der politischen Problembearbeitung so „andocken" können, dass „Störungen" nach Möglichkeit vermieden werden.

- Der Blick auf alternative, aber systemstrukturverträgliche Wege wird bestärkt von der neoliberalen Grundvorstellung, dass eine Senkung der Lohnnebenkosten – und damit der Lohnkosten insgesamt – sowie der Unternehmensbesteuerung zu einer erhöhten komparativen Standortattraktivität führen und damit das Wirtschaftswachstum und die Stärke der Währung fördern würde. Zudem erhöhtes Wirtschaftswachstum das zunächst gesenkte Steueraufkommen wieder zu verbessern und über neue Arbeitsplätze den Ausgabenzwang zu vermindern scheint.

■ In einer globalen Wirtschaft entfesselter Kapitalströme, die blitzschnell Anlagesphären und Länder wechseln können und immer mehr in Dienstleistungen gesteckt werden, die weder langwierig produziert noch im materiellen Sinne transportiert werden müssen, kommt dem angedeuteten Währungsvergleich eine häufig unterschätzte Rolle zu: Die Debatte um die „Maastricht-Kriterien" machte deutlich, dass die verantwortlichen Akteure die Begrenzung der Staatsschuld im Verhältnis zum BIP als einen „Knackpunkt" zukünftiger Währungsstabilität begreifen. Die Herabstufung der japanischen Staatsschulden durch die Ratingagentur „Moody's" und die damit verknüpfte Beunruhigung in Börsenkreisen zeigte, wie Staatschulden tendenziell zu einer Bedrohung der Solidität der Landeswährung geraten können, wenn mit ihnen nicht die Beseitigung der Umstände gelingt, die sie haben notwendig erschei nen lassen. Gerade wenn Staaten in klassisch-keynesianischer Manier Kredite zur „Wiederbelebung" in die Wirtschaft stecken, gehen sie davon aus, dass sie damit Wirkungen auf das Wachstum erzielen, die ihre Subventionierung nicht nur überflüssig machen, sondern sogar die dafür verausgabten Mittel zurückfließen lassen – zumindest irgendwann. Die exorbitante Staatsverschuldung aller führenden Industrieländer entlarvt diese Vorstellung als modernen Mythos.

■ Ob die Verringerung der Sozialausgaben eine Senkung der Sozialabgaben zur Folge haben wird oder nicht – an der stets wachsenden Staatsverschuldung bemerken die politischen Akteure letztlich ihre *einengende Pfadabhängigkeit*, die eine steigende Bindung der Einnahmen durch Schuldendienste ebenso beinhaltet wie ein institutionell und demographisch vermitteltes Anschwellen der Sozialausgaben: Insbesondere die Veränderung der Altersstruktur der Bevölkerung bei gleichzeitiger Kopplung der Rentenkassen an traditionelle Lohnarbeitsstrukturen bedeutet, dass sich die Finanzierungslücke der Altersversorgung, aber auch anderer Zweige des Sozialversicherungssystems, *aus institutionell-systemischen Gründen* vergrößert – schließlich macht sich hier der eklatante Mangel an versicherungsrelevanten Arbeitsplätzen, wie er in der weitgehend stagnierenden, immer noch hohen Arbeitslosigkeit vorliegt, geltend.

■ Die Globalisierung bewirkt damit zusammen mit der Arbeitsmarktkrise und den demographischen Verschiebungen, die sich im steigenden Rentneranteil ausdrücken, dass die politischen Institutionen Prozesse und Entwicklungen als *interne Probleme* wahrnehmen, die in Zeiten des Überflusses, als man die Konstruktionsprinzipien der Sozialversicherungen festlegte, ungefragt vorausgesetzt wurden. Wissenschaftlern wie kritischen Praktikern wird gleichermaßen deutlich, dass diese Prinzipien auf Basis der heutigen Rahmenbedingungen in sich *widersprüchliche Fehlkonstruktionen* darstellen: Aus dem gleichen Grund, aus dem man immer mehr Geld ausgeben muss (steigende Arbeitslosigkeit, wachsender Rentneranteil), nimmt man immer weniger Geld ein, da die Einnahmen ausgerechnet an die Erwerbseinkommen gekoppelt sind, deren Wegfall wiederum mit Sozialleistungen kompensiert werden muss. Hinzu kommt, dass der zentralistische und obrigkeitsstaatliche Charakter vieler kompensatorischen Sozialprogramme die damit angesprochene Klientel eher in ihren traditionellen (Nicht)bewältigungsformen ihrer Situation bestärkt hat, so dass sich auch jenseits der Finanzierung von Sozialpolitik „Negativspiralen" nachweisen lassen: „Die laufenden Geschäfte der staatlichen Sozialpolitik ergeben sich aus den akkumulierten unbeabsichtigten Nebenwirkungen früherer Sozialpolitik."[7] Dies verweist uns auf komplexe systemische Zusammenhänge innerhalb der Wohlfahrtspolitik, denen wir später genauer nachgehen werden.

Leider bleibt die Selbsterzeugung „sozialer Probleme" durch das widersprüchliche System staatlicher Wirtschafts-, Finanz- und Wohlfahrtspolitik für die darin befangenen Akteure zumeist ein „blinder Fleck": Es ist im Rahmen der unreflektierten Teilhabe am System, der Befangenheit in seinen Mechanismen, Strukturen und Wirklichkeitskonstruktionen nicht beobachtbar. Bevorzugt werden daher gern Realitätsmodelle, die einerseits moralische Kritik an „Missbräuchen" von Sozialleistungen durch die beglückte Klientel üben, andererseits diesen Missbrauch durch eine stärkere Ökonomisierung des Sozialstaates abstellen wollen – auf Basis wirtschaftsliberaler Theorien werden dann die Grundlagen der sozialen Sicherung und wohlfahrtsstaatlichen Politik hinterfragt.

Für die traditionelle Sozial- und Gesundheitspolitik bedeutet dies nichts Gutes. Im Dienste des kurzfristigen wirtschaftlichen Erfolgs kommt alles auf den Prüfstand, was den Bürgern und den Organisationen der Sozialwirtschaft lieb und teuer geworden war: Rentenversicherung und Altersversorgung, Gesundheitswesen und Arbeitslosenhilfe – das ganze flächendeckende und problemübergreifende Netz des „Wohlfahrtsstaates" eben, dessen Akteure sich ständig überlegen, ob, wie und inwieweit sie weiterhin Sozialpolitik betreiben wollen – oder besser: sich diese noch „leisten" können. Schließlich kann in den Augen der Politik nur die materielle Förderung von Investitionen das Problem der Arbeitslosigkeit lösen. Denn Investitionen bedeuten Arbeitsplätze. Oder zumindest kommen ohne Investitionen keine Arbeitsplätze zustande ...

Dieser politische Standpunkt ist natürlich nicht voraussetzungslos, sondern beruht auf Prämissen, die unter dem Schlagwort „Neoliberalismus"[8] als Paradigma, als eigenes ökonomisches Weltbild auftreten: Neoliberalistische Politikempfehlungen gehen davon aus, dass die Märkte an sich zum Gleichgewicht tendieren, wenn sich nur die richtigen Signale, sprich: Preise, einpendeln. Das Rezept besteht demgemäß in einer strikt *angebotsorientierten Politik*, die versucht, die Unternehmen auf der Kostenseite zu entlasten und „Überregulierungen" auf dem Arbeitsmarkt, bei den staatlichen Genehmigungsverfahren von Investitionsprojekten etc. abzubauen. Fahren die Firmen nur höhere Gewinne ein und stimmen die marktwirtschaftlichen Rahmenbedingungen, dann werden sich die Arbeitsplätze schon von selbst einstellen. Theoretische Basis dieses Politikmodells ist die *neoklassische ökonomische Theorie*[9] mit ihren dem philosophischen Individualismus und Utilitarismus verhafteten Grundannahmen: Ein rational aus rein ökonomischen Motiven nur für sich handelndes, unabhängiges Individuum trifft Entscheidungen auf der Basis vollständiger

Information. Damit trägt es, vermittelt über mathematisch exakt beschreibbare, weil am quantitativen Nutzen ausgerichtete Vermittlungs- und Ausgleichsprozesse, zu einem Gesamtergebnis bei, das eine optimale Bereitstellung nachgefragter Mengen und Qualitäten durch adäquate Preise beinhaltet. Jede Form der staatlichen Regulierung, die über eine Sicherung der institutionellen Rahmenbedingungen hinausgeht, ist an sich schon eine Verzerrung von Marktprozessen, die diese mit Friktionen wie Arbeitslosigkeit bestrafen. Pointiert gesagt: Hier ist die Arbeitslosenversicherung eines der größten Hindernisse zum Abbau der Arbeitslosigkeit … Als praktisches Vorbild neoliberalistischer Politik gelten insbesondere die *„Reagonomics"* des früheren US-Präsidenten und die ökonomischen Deregulierungen von Margaret Thatcher. Immer noch wird von Verfechtern dieses Standpunkts auf die „Job-Wunder" in Amerika und England verwiesen, die zeigen würden, wie hoffnungslos überbürokratisiert die meisten europäischen Staaten seien – von den überzogenen Ansprüchen der Arbeitnehmer ganz zu schweigen.

Einwände gegen die neoliberale Politik[10]

■ Von einem Job-*Wunder* kann in den Augen der Kritiker keine Rede sein. Weder hat sich die Schaffung von Arbeitsplätzen in der Reagan-Ära quantitativ wesentlich anders entwickelt als unter Carters Präsidentschaft oder gar in Bill Clintons Regierungszeit – es scheint hier eher *ein relativ politikunabhängiger, technologisch vermittelter Trend* vorzuliegen –, noch sind alle derartigen „Jobs" in einem europäischen Gesellschaftsmodell sinnvoll oder sozialverträglich – was man auch daran ersehen kann, dass viele Amerikaner mehrere davon brauchen, um überhaupt überleben zu können. Die diversen nationalen Arbeitslosenstatistiken schließlich geben mit ihren ständigen Umdefinitionen der Arbeitslosigkeit im Regierungssinne sowie ihrer oft völlig verschiedenen Basisdefinition des Phänomens schon gar kein Belegmaterial für den Erfolg der neoliberalen Wirtschaftspolitik ab. So wurden z.B. in England bis vor kurzem alle Arbeitnehmer, die nur eine Stunde in der Woche arbeiteten, als beschäftigt definiert; in den USA wiederum tauchen ganze Bevölkerungsgruppen, die qua *Ghettoisierung und Verwahrlosung* gar nicht auf den Arbeitsmarkt treten, nicht in der Arbeitslosenstatistik auf – was den ehemaligen amerikanischen Arbeitsminister Reich zu der ironischen Bemerkung veranlasste, dass arbeitslose Amerikaner weniger in der Arbeitslosenstatistik, sondern vielmehr im Gefängnis zu finden seien. Tatsächlich sollen derzeit 2 % der männlichen Erwerbsbevölkerung im Gefängnis sitzen, weitere 5 % auf Bewährung entlassen sein. Für Gefängnisse werden 4 % des Sozialprodukts verausgabt[11]. Hinzu kommt, dass die Schaffung von Arbeitsplätzen in den USA derzeit von einem gigantischen Wechsel auf die Zukunft getragen wird, der sich als ungeheure Preissteigerung der von den IT-Unternehmen, insbesondere den Internetfirmen, ausgegebenen Vermögenstiteln, als *technologiebezogener Börsenboom* darstellt. Die Explosion der Börsenkurse vermehrte das fiktive Geldvermögen der Haushalte ebenso wie die Marktkapitalisierung der börsennotierten Firmen. Deren Kurswerte beziehen ihren Wert lediglich aus der gegenwärtigen massenhaften Nichtrealisierung der in ihnen inkorporierten Vermögensansprüche; damit sind sie vom Vertrauen darauf abhängig, dass sich die in die Kurse „eingepreisten" Erwartungen auf zukünftige Gewinnzuwächse auch wirklich erfüllen. Wenn nun auf diese fiktiven Vermögen Kredite gezogen, der Konsum ausgeweitet und die Ersparnisse ausgegeben werden – man wird ja auch ohne Sparen von Tag zu Tag reicher! – wächst eine sich selbst ständig nährende Kreditblase heran, die einen gigantischen Wechsel auf die Zukunft darstellt. Die massiven Kurseinbrüche seit der zweiten Jahreshälfte 2000 mehren die Zweifel daran, ob sich dieser Wechsel je im vorgestellten Maß einlösen lässt oder sich im schlimmsten Fall ex post als *Hyperinflation von puren Vermögenstiteln*, als nicht realisierbare Ansprüche auf zukünftige Gewinnbeteiligung erweisen werden. Wir werden sehen …

- Die neoliberale Behauptung, zu hohe Löhne würden die Unternehmen ins Ausland abdrängen, da sie dort billiger fertigen könnten, übersieht, dass die Standortpolitik gerade der transnationalen Konzerne, aber auch aufstrebender neuer Firmen nur bedingt diesem Bild entspricht: So wird durchaus auch in relativ teure Standorte investiert, wenn die Investition Marktnähe, Erschließung neuer Kundengruppen bzw. Absatzmärkte *und* niedrige Lohnstückkosten verspricht. Hinzu kommt, dass sich in letzteren das *Verhältnis* von Arbeitsproduktivität und Lohnkosten als *relative* Größe ausdrückt! Nicht die absoluten Löhne werden demgemäß verglichen, sondern die potenzielle Gesamtrentabilität der Produktionsprozesse, die in den relativen Stückkosten, und dabei wiederum als Unterpunkt in den Lohnstückkosten als die variabelste Größe eine wichtige Maßzahl hat. Diese gibt an, welches Gewinnpotenzial bei gegebenen Preisen vorliegt und welche Preissenkungsspielräume damit gegenüber der Konkurrenz vorhanden sind.

- Darüber hinaus sind Infrastrukturbeschaffenheit, politische Stabilität und sozialer Friede zentrale Rahmenbedingungen, die die Standortwahl zumindest negativ beeinflussen. Ohne sie nützen die günstigsten Preise und Löhne wenig. Alles zusammen genommen: Warum investiert kaum jemand in afrikanische Staaten?! Das angebotsorientierte Modell ignoriert den offen zutage liegenden Sachverhalt, *dass Arbeitslosigkeit heute und in Zukunft auch als Nebenprodukt der ökonomischen Effizienzsteigerungen aufzufassen ist*, denen Firmen nachkommen müssen, wenn sie in der globalen marktwirtschaftlichen Konkurrenz überleben wollen. Dem entspricht, dass die theoretische Formulierung von Gleichgewichtsprozessen, die gemäß der Neoklassik bei institutionell korrekten Rahmenbedingungen Arbeitslosigkeit erst gar nicht entstehen lassen, ohne *tautologische Konstruktionen, unrealistische Basisannahmen und diverse Immunisierungsstrategien*[12] nicht zu haben ist. Gerade die Vernachlässigung der Nachfrageseite, die von den Keynesianern seit mehr als einem halben Jahrhundert kritisiert wird, zeigt, dass sich der Neoliberalismus auf nur eine Seite eines prinzipiell widersprüchlichen Verhältnisses schlägt, das die ökonomische Dynamik der modernen Marktwirtschaft kennzeichnet: Was den einzelnen Firmen in ihrem Wettbewerb als zu reduzierende Kosten, insbesondere Lohnkosten, erscheint, stellt in der gesamtwirtschaftlichen Perspektive die Einkommen dar, aus denen sich die Nachfrage nach den Produkten aller

Unternehmen speist. Die mit Rationalisierungen einhergehende Einkommensreduktion bei den Arbeitnehmern muss daher immer durch ein entsprechend hohes Wirtschaftswachstum bei Beschäftigung zusätzlicher Arbeitskräfte kompensiert werden, wenn Arbeitslosigkeit vermieden werden soll. *Marktwirtschaften wandeln deshalb immer auf einem prekären und ungewissen Pfad zwischen Gleichgewichts- und Ungleichgewichtsprozessen*: Den negativen arbeitsmarktpolitischen Nebeneffekten des technischen Wandels, der damit immer eine *dynamische Tendenz zum Ungleichgewicht* mit einschließt, müssen Ausgleichsprozesse gegenüberstehen, die die gleichzeitige Entstehung neuer Arbeitsplätze fördern. Da die Bereiche, in denen, und die Gründe, aus denen heraus jene neuen Beschäftigungsverhältnisse geschaffen werden, nur sehr lose mit dem Erfolg der Rationalisierungsbranchen verknüpft sind und selbst von der ersten Stunde an der gleichen Rationalisierungsdynamik unterliegen wie diese selbst, ist es Aufgabe einer die gesamte Wirtschaftsgesellschaft umgreifenden Politik, die ökonomischen Gratwanderungen auszuleuchten, die die Marktwirtschaft erfordert.

■ Wer sich über das „Ende der Ausbeutung" des klassischen Industriezeitalters durch neue, hoch qualifizierte Beschäftigungsverhältnisse freut und auf den immer geringeren Anteil von Jobs hinweist, die nur eine niedrige Qualifikation erfordern, sollte nicht vergessen, die Kehrseite davon ebenso zu erwähnen: Die wachsende Unbrauchbarkeit ganzer Großregionen der Erde für den technologischen Wettlauf am Markt führt zur ökonomischen Ausschließung von Teilen der Weltbevölkerung. Den erfolgreichen, gut ausgebildeten und damit besser bezahlten Mitarbeitern der „New Economy" stehen Leute gegenüber, die einfach „draußen" sind – und dies sowohl innerhalb der führenden Länder als auch fokussiert auf ganze Erdteile.

■ Die theoretischen Fehler bei der Analyse der Dynamik marktwirtschaftlicher Ökonomien, die der dem Neoliberalismus zugrunde liegenden neoklassischen Theorie unterlaufen, beruhen auf einem *Menschenbild*, das das Individuum auf einen isolierten, aller sozialen Bezüge zunächst entkleideten ökonomischen Akteur reduziert, der streng rational nach Maßgabe der kühlen Kalkulation mit seinen ökonomischen Mitteln rein am ökonomischen Nutzen orientierte Entscheidungen trifft. Diese axiomatische Konstruktion wurde gerade in den letzten zehn Jahren vor allem von einer Schule der Sozialphilosophie der Kritik unterzogen, die unter dem Namen „Communitarianism", also „Kommunitarismus" bekannt geworden ist[13]. Sie betont die einfache soziologische Tatsache – die noch dazu jedem Praktiker der Wohlfahrtspolitik täglich vor Augen liegt –, dass die wirklichen Menschen *immer schon in eine Vielzahl von Sozial- und Gemeinschaftbezügen eingebunden* sind, die oft traditionellen, emotionalen oder moralischen Inhalts sind und deshalb häufig ganz andere Handlungsgründe nahe legen als diejenigen, die das Modell des rationalen Akteurs zulässt. Insbesondere A. Etzioni zeigt im Rahmen einer umfangreichen Studie die Facetten dieser „Einbettung" in verschiedenste Wertesysteme und Gemeinschaftsbezüge. Noch stärker wiegt aber, *dass diese primär nicht-ökonomischen Sozialbeziehungen in vielfältigster Manier die Bedingungen, Chancen und insbesondere die Risiken ökonomischer Kooperation tangieren und daher selbst als ökonomische Ressource betrachtet werden können*, ohne dass sie deshalb ihre Verwurzelung im außerökonomischen Bereich verleugnen müssen. J. Beckert pointiert dies in der These, „dass wir uns soziale Ordnung in der Ökonomie im Sinne einer effizienten Ressourcenallokation nur vorstellen können, wenn die Handlungen der Akteure auch in nicht-marktliche Koordinationsmechanismen integriert sind. Es bedarf zur Erreichung von effizienten Resultaten wirtschaftlichen Handelns gerade der ‚sozialen Einbettung' (Granovetter 1985) der Akteure, die entweder von der Verfolgung individuell rationaler Strategien ablenkt oder es Akteuren überhaupt erst ermöglicht, in hochgradig kontingenten Handlungssituationen zu handeln."[14] *Nicht-ökonomisch motivierte Sozialsysteme, so könnte man pointiert formulieren, stellen überhaupt erst die moralischen und psychischen Ressourcen bereit, auf deren Basis sich die Menschen als jene berühmt-berüchtigten*

„Wirtschaftsmenschen" (homines oeconomici) aufführen können. Insoweit bewerkstelligt und untermauert die Sozialpolitik
in Gestalt des bunten Flickenteppichs zahlreicher Sozialer Organisationen erst die gesamtwirtschaftlich vorausgesetzten Einbettungen, Absicherungen und Gemeinschaftsbezüge, derer
die einzelwirtschaftlich motivierten Handlungen der Individuen
bedürfen.

Als Zwischenergebnis ist damit festzuhalten:

- Die praktische Position der angebotsorientierten Politik führt
  zur systematischen Vernachlässigung der sozialen und politischen Folgen, die ein an den „nackten" Markterfordernissen
  ausgerichtetes Programm für die Gesellschaft als Ganze zeigt.
  Dabei sind weder die behaupteten Effekte für die Wirtschaft
  zwingend, noch werden die Rückwirkungen dieser Effekte,
  wenn sie denn eintreten würden, auf das soziale Gesamtsystem, und damit letztlich wiederum auf die Bedingungen
  allen Wirtschaftens, berücksichtigt. Damit wird sicherlich eines
  niemals beziffert: der *langfristige Preis* solcherart stimulierten –
  oder auch nur hypostasierten! – ökonomischen Erfolgs.

- Neben diesen negativen Rückkopplungen zwischen einer neoliberalen Wirtschaftspolitik und der Gesellschaftspolitik als
  Ganzes ist umgekehrt festzuhalten, dass *die soziale Einbettung
  aller Ökonomie*, die auch die *politisch-rechtliche Sicherung*
  bestimmter Wirtschaftsweisen einschließt, eine zentrale
  Grundlage des ökonomischen Erfolgs darstellt, da sie ein dauerhaftes „Beziehungsgitter" aufweist, das die Kontingenz, die
  chaotische Dynamik, die gerade die ökonomische Gratwanderung hoch entwickelter Marktwirtschaften charakterisiert,
  „aushaltbar", berechenbar macht. Die Wirkungen des Prozesses der *ökonomischen Globalisierung* wurden gerade deshalb in den vergangenen Jahren zunehmend kritisch beurteilt.
  Vor allem für die Europäische Union ist die Debatte um den
  Umgang mit dem globalen Wettbewerb von zentraler Bedeutung, liegt doch die Stärke Europas in der Vielfalt seiner Regionen, Branchen, Lebensweisen und insbesondere seiner kleinen
  und mittleren Unternehmen (KMU), die das Arbeitsplatzwachs

tum seit 25 Jahren tragen. Erst der entwickelte Sozialstaat hat zudem jenes Maß an Vertrauen, Solidität und Einkommensabsicherung geschaffen, von dem auch Wirtschaft und Konsum profitiert haben. Insofern stellt der „Soziale Friede" keine beschwichtigungspolitische Phrase, sondern ein Stück staatsbürgerlicher und zivilgesellschaftlicher Lebensqualität dar, die die Grundlage zu einem motivierten „Mitmachen" der Bürger darstellt. Wer das nicht für notwendig erachtet, sollte sich über Ghettos und Kriminalität dann auch nicht beschweren …

2. Konsequenzen für die Wohlfahrtspolitik

Damit also Entwarnung an der „Gesundheits- und Sozialfront"? Keineswegs. Denn erstens handelt es sich bei der kritisch beäugten Wirtschaftspolitik nicht nur um ein ideologisches Konzept, sondern auch um eine reale systemische Tendenz, die sich aus der Konkurrenz der Kommunen, Regionen und Staaten um global agierende Firmen ergibt. Schließlich traut sich keiner auszuscheren, solange er sich nicht sicher sein kann, dass die anderen dann nicht doch die Früchte der neoliberalen Standortpolitik einfahren – interessante Ansiedlungen, die sogleich die kommunalen Kassen anschwellen lassen und damit die langfristigen Folgen einer derartigen Politik an den äußersten Rand des politischen Horizonts rücken lassen … Die damit entstandene negative Erpressungsmacht formuliert der Unternehmensberater Reinhard K. Sprenger treffend als ironische Umkehrung der früheren Kritik am vorgeblich „imperialistischen", ausbeutungswilligen Charakter der industriekapitalistischen Unternehmen: „Die Staaten werden von Finanzeliten kontrolliert, die mit Nicht-Eroberung drohen: Entzug der Investitionen!"[15]

Zweitens wäre es illusionär zu übersehen, dass ein Grund für den Ausbau der traditionellen Sozialpolitik in den Erfordernissen eines Wirtschaftswachstums bestand, das Ende der sechziger und Anfang der siebziger Jahre zusätzliche, modern ausgebildete und flexible Arbeitskräfte benötigte.[16] So ist z.B. den Konstruktionsprinzipien der Arbeitslosenversicherung überdeutlich anzusehen, dass diese ein temporäres Brachliegen von Arbeitsvermögen überbrücken und durch qualifikatorische Anpassungen dessen Marktgängigkeit erhalten sollte. Spätestens seit der „Wende" erscheint die Arbeitslosenversicherung für immer mehr Menschen ein dauerhaftes Auffangbecken geworden zu sein – mit allen Konsequenzen für deren Finanzierungsgrundlagen. Mit der Veränderung der ökonomischen Rahmenbedingungen in Richtung *Parallelität von Wirtschaftswachstum und hoher Arbeitslosigkeit* insbesondere im Zuge der Wiedervereinigung geraten auch die Institutionen in den Blickfang, die auf ganz anderen Voraussetzungen aufbauten. Umgekehrt ermöglichte natürlich das solide Fundament eines hohen Wirtschaftswachstums, sozialintegrative Aspekte stärker in die Politik einzubringen, die Ende der sechziger Jahre begonnen hatte, und damit den modernen, abstrakten Begriff des Staatsbürgers in Richtung auf eine Erhöhung und Verallgemeinerung der Teilhabechancen am politischen, wirtschaftlichen und sozialen Leben neu zu deuten. Insbesondere die Behinderten- und Jugendhilfe hat davon profitiert. Hier war die ökonomische Entwicklung nicht Ursache, sondern förderliche Rahmenbedingung von wohlfahrtsstaatlichen Verbesserungen, die den sozialen Frieden, Chancengleichheit und Wirtschaftswachstum zu harmonisieren trachteten.

Drittens stellen die hohe Staatsverschuldung, die intensivierte Standortkonkurrenz und die anderen dargelegten Entwicklungen tatsächlich veränderte politische Handlungsbedingungen dar, die zwar die Form der Reaktion nicht vorgeben, schon gar nicht nach einer neoliberalen Abschaffung von Sozialpolitik schreien, aber ein „Weitermachen-wie-bisher" ebenso wenig zulassen: Die ökonomischen Voraussetzungen des sozialdemokratischen Modells der zentralen Umverteilung wachsender Leistungen, die Kopplung von Wirtschafts- und Arbeitsplatzwachstum und die nationalstaatliche Einfriedung von wirtschaftlicher Prosperität, sind schlicht und einfach abhanden gekommen.

Nachteile der gegenwärtigen Wohlfahrtspolitik

An der *zeitgemäßen Reorganisation staatlicher Wohlfahrtspolitik* führt scheinbar zunächst einmal kein Weg vorbei – mit allen Folgen für den Sozialbereich. Aber dies ist nicht alles. Nur wenige werden bestreiten, dass das System der zentralstaatlichen Umverteilung, der

Wohlfahrtspolitik „von oben", eine Unzahl von Ineffizienzen und Irrationalitäten ins Leben gerufen hat, die sich vor der ursprünglich wohlmeinenden Absicht als geradezu kontraproduktiv ausnehmen:

- Leistungen, die quasi selbstverständlich ohne fallbezogenes Wirkungs- und Bedarfscontrolling vergeben werden, tendieren zuweilen dazu, einfach „mitgenommen" zu werden und können damit u.U. zur Verfestigung der Bedürftigkeit beitragen, wenn den Betroffenen nicht gleichzeitig eine Perspektive für die Beendigung ihrer Abhängigkeit vom sozialen Netz aufgezeigt wird. Dies kann leicht zu kontraproduktiven Anreizen führen, insbesondere pekuniäre, temporär gedachte Hilfen als dauerhaft verbürgten Ersatz für Erwerbseinkommen zu betrachten – noch dazu, wenn mit der Dauer der Entfernung vom System der Erwerbsarbeit die arbeitsmarktlichen Eintrittsschwellen ebenso wachsen wie die subjektiven Eintrittsängste. So notwendig die Schaffung klarer rechtlicher Ansprüche und dazugehöriger bürokratischer Realisierungsformen dieser Berechtigungen auch als Existenzsicherung unabhängig von persönlicher Willkür ist – Wohlfahrtspolitik wird zumindest in ihrer traditionellen Form hoheitlich finanziert, rechtlich verbürgt und tritt als Soziale Arbeit kompensatorisch auf Basis vorausgesetzter Defizite oder erlittener Benachteiligungen in Kraft. Sie selbst definiert sich nach Art und Beschaffenheit ihrer „Klientel". Dies beinhaltet, dass sie weder Einfluss nimmt auf die wohlfahrtspolitisch externen Umstände und ökonomischsozialen Ursachen der Phänomene, für die sie sich zuständig weiß (also die „Makroebene"), noch es – zumindest in ihren traditionellen Formen – darauf anlegt, ihre *Klientel individuell unabhängig* von sozialpolitischen Hilfsleistungen zu machen (Mikroebene). Das Wohlfahrtssystem erhält sich – zumindest in gewissem Maße – selbst seine Klientel, die seiner bedarf, indem es sich auf die ihm eigene „Mesoebene" beschränkt. Ansätze der transorganisatorischen Kooperation und der regionalen Vernetzung versuchen diesen Ansatz von der Makroebene her, Modelle des „Case-Management" von Seiten der Mikroperspektive zu transzendieren.

- Dem klassischen Modell entspricht eine korrespondierende Sichtweise seiner Klientel, die diese weniger als mit eigenen Bedürfnissen ausgestattete, souveräne Nutzer, sondern vielmehr als „Betreute" definiert, deren Bedarfssituation zuallererst von diversen Kostenträgern und „Berechtigungsinstanzen" festgelegt wird. Natürlich ist noch zu diskutieren, ob der viel strapazierte „Kundenbegriff" auf den Sozialbereich umstandslos zu übertragen ist – nichtsdestotrotz kann man vorsichtig konstatieren, dass der „Kundenbegriff" eine völlig neue Perspektive auf die „Souveränität" der eigenen Klienten beinhaltet.

- Hinzu kommt, dass die Erosion der traditionellen Sozialmilieus Solidarität als komplementäre Versorgungsressource unterminiert. Die Auflösung überkommener Familienformen mit ihren moralischen Verpflichtungssystemen tut ein Übriges, um die Wohlfahrtspolitik ihrer selbstverständlichen Unterstützungsformen zu berauben. Der *Individualisierung* und *Pluralisierung*[17] der Lebensformen entspricht eine doppelte Freisetzung der Individuen: So sehr sie nun – zumindest sofern sie die intellektuellen und materiellen Mittel hierfür haben – ihr Leben selbst gestalten und entwerfen können, ohne auf traditionelle Bindungen Rücksicht nehmen zu müssen, so wenig können sie auf die Hilfe und Unterstützung vertrauen, die den Sozialmilieus und Familiensystemen der „ersten Moderne" eigen war. R. Hettlage weist darauf hin, dass sich in der Bundesrepublik nicht so sehr die Zahl der Lebensformen vermehrt habe; „die Problematik (und Dramatik) des Pluralisierungprozesses liegt heute vielmehr in der Biographie des einzelnen. So ist die lebenslange ‚Festlegung' auf eine gesellschaftlich akzeptierte Lebensform nicht mehr vorhanden (...)"[18]. Hettlage konstatiert daher, dass dem Schlagwort von der Individualisierung faktisch eher eine Destandardisierung von Lebensläufen zugrunde liegt. Daraus ergibt sich ein wachsender Zwang zur Eigenvorsorge und Eigeninitiative. Man muss sich selbst um seine *Inklusion* in die Gesellschaft bemühen, wenn man sich auf Solidarität und familiale Standardeinbindungen nicht mehr verlassen kann. Soziale Organisationen werden voraussichtlich mehr denn je mit Menschen zu tun bekommen, denen dies nicht gelungen ist und die sich deshalb in „Gegenwelten" einleben, die den Grundwerten der „Erfolgreichen" widersprechen. Ein Blick auf die Jugendpolitik in den neuen Bundesländern zeigt, wie schwierig die Arbeit mit Klientengruppen ist, die ihre „Wiedereingliederung" in den „normalen" gesellschaftlichen Zusammenhang verweigern und an die Stelle der alten sozialen Unterstützungsformen Gemeinschaftsbildungen treten lassen, die akzentuiert und plakativ gegen die Alltagspraxis der „Integrierten" gerichtet sind.

- Vergabeprinzipien und Förderstrukturen, die traditionelle Oligarchien in der Wohlfahrtsszene begünstigten und den Vergleich von Angeboten eher scheuten, haben ineffiziente Mittelverwendung und das Festhalten an scheinbar bewährten Praktiken lange unterstützt. Zwar schließt ein notwendigerweise qualitatives Dienstleistungsverständnis, wie es zum Sozialbereich gehört, wohl eine nur über Preise vermittelte Konkurrenz um Aufträge und freie Nachfrage aus. Ein bisschen mehr Wettbewerb, wie sich in den letzten Jahren als Tendenz abzeichnet, muss aber dennoch den Interessen der Sozialen Organisationen nicht schaden. Ein gewisser Vergleichszwang ist letztlich der einzige Anreiz, in einem organisierten Markt, der ohne externe politisch-moralische Maßstäbe seine Dienstleistungsziele gar nicht formulieren kann, Effizienzkontrollen zur Regel zu machen. Nur so ist Fehlallokationen immer knapperer Mittel vorzubeugen. Dass intraorganisatorische Verbesserungen nur die Bearbeitungsformen von wohlfahrtsstaatlichen und finanzpolitischen Zielsetzungen sind, die die Widersprüchlichkeit und Dynamik dieser originär politischen Ebene in die Organisation hineinnehmen, ohne sie dort auch vollständig „lösen" zu können, steht auf einem anderen Blatt.

- Der Aufbau immer neuer Zusatzsysteme, die die Lücken und das Versagen der alten stützen sollen, lässt die Verwaltungskosten explodieren und entkoppelt somit angestrebtes Ergebnis und Kostenentwicklung, ohne Eigenverantwortung und Einflussmöglichkeiten der Nutznießer zu stärken: Man denke nur an die Entwicklung unseres Gesundheitswesens! Insofern ergeben sich tatsächlich die laufenden Geschäfte der staatlichen Sozialpolitik auch aus *den akkumulierten unbeabsichtigten Nebenwirkungen* früherer Sozialpolitik, wie C. Offe es pointiert hatte. Die institutionalisierten Systeme reagieren auf Störungen ihrer angestrebten Einnahmen-Leistungs-Balance mit immer neuen, kompensatorischen Systemelementen und Puffern, ohne die widersprüchliche Dynamik selbst zu thematisieren. Somit wird im Rahmen staatlicher Reformversuche in verschiedensten Politikbereichen das System ständig ausgebaut; seine Verwaltungserfordernisse und seine „innere Schwerkraft" wachsen, so dass immer mehr Interessen und Pfründe, strukturelle Notwendigkeiten und Arbeitsplätze von dem Versuch tangiert werden, es zu ändern. Also müssen all diese Strukturen und Interessen, die zum System gehören, in diesem auch bedacht und berücksichtigt werden. Zu welchen Lähmungserscheinungen dies führen kann, kann man sowohl an der unendlichen Geschichte der Gesundheitsreformen wie an der europäischen Agrarpolitik ablesen.

Man muss also kein Anhänger eines naiven Globalisierungskonzepts oder von Milton Friedman's „Chicago Boys" sein, um einzusehen, dass bei der gegenwärtigen Finanzierungslücke der Staaten – worauf immer sie auch beruhen mag –, der abzusehenden Entwicklung der Altersstruktur in den Industriegesellschaften und der doch recht hartnäckigen Stagnation auf den Arbeitsmärkten Veränderungen Not tun, und zwar einerseits der verschiedenen Sozialversicherungs- und Sozialleistungssysteme, andererseits der Strukturen, Ziele und Verfahrensweisen der Sozialen Arbeit selbst. Dies gilt gerade auch deswegen, weil kostenlose kompensatorische Ressourcen der Sozialpolitik, wie die Familienbetreuung der alten Menschen und die traditionelle Ehrenamtlichkeit, angesichts der beschriebenen Entwicklungen immer weniger verlässliche Unterstützungsmomente der Sozialen Arbeit abgeben werden. Dies gilt umso mehr, als die staatliche Politik nur zögerlich durch Veränderungen ihrer Familienpolitik und durch Förderung neuer Bestrebungen zum „Bürgerengagement" auf diese sozialen Veränderungen eingeht. Daraus ergibt sich die Notwendigkeit für die Sozialen Organisationen, nicht nur die Eigeninitiative und Eigenverantwortlichkeit der „betreuten" Klientel stärker zu fördern, sondern auch neue Formen des Mitwirkens *in* der Sozialen Arbeit zu entwickeln – Ansätze, Theorien und praktische Beispiele hierfür gibt es ja schon genug.

3. Veränderte Rahmenbedingungen für Soziale Organisationen

Die Organisationen, die im Bereich der Gesundheits- und Sozialpolitik tätig sind, stehen in den nächsten Jahren vor zentralen Herausforderungen:

- Noch mehr als bisher werden die Kostenträger auf Basis der europaweit betriebenen Konsolidierung der öffentlichen Haushalte und Reorganisation der Sozialversicherungen Effektivitätsnachweise von den beauftragten Einrichtungen bzw. Organisationen verlangen; parallel dazu wird die sparsame und effiziente Verwendung von Mitteln vermehrt eingefordert und überprüft werden. Am weiteren *Ausbau eines effektiven Sozialmanagements*, wie es seit geraumer Zeit von einer wachsenden Zahl von Einrichtungen praktiziert wird, führt also kein Weg vorbei. Während in den letzten Jahren vor allem kostenorientierte Konzepte im Vordergrund standen, wird es in Zukunft vor allem um die Gratwanderung zwischen hoher Qualität im Rahmen eines *wohl überlegten Selbstverständnisses*, das nach innen und auch nach außen *wirkt* – neudeutsch heißt dies „corporate identity" – einerseits und ökonomischen Effizienzansprüchen andererseits gehen. Dabei sind neue Zielkonflikte vorprogrammiert.

- Dies bedeutet vor allem, dass die Fixierung auf Fragen der Wirtschaftlichkeit aufgelockert werden müssen durch Aspekte der Klientenpotenzial- und Mitarbeiterorientierung: Durch Konzepte und Methoden des „*Veränderungsmanagement*" – neudeutsch: Change Management – versuchen zahlreiche Organisationen, neue Gestaltungspotenziale zu erschließen, die in den Mitarbeitern, Klienten und dem Gesamtsystem, das sie mittragen und -formen, inkorporiert sind. Vorhaben der Neuorientierung wie Zertifizierungs- und Budgetierungsprojekte können nicht völlig vorbei an denen implementiert werden, die die Veränderungen nicht nur (er)tragen, sondern letztlich *realisieren* müssen! Die Organisation ist gezwungen, neue Unterscheidungskriterien, Verfahrensweisen und Routinen in ihre Struktur einzulassen, die aber nur dadurch greifen, dass sie handlungswirksam werden – diese stets problematische Verschränkung von struktureller, organisatorischer auf der einen und individueller, handlungsbezogener Perspektive auf der anderen Seite wird sie immer wieder beschäftigen.

■ Zugleich führen die „Europäisierung" des Sozial- und Gesundheitsmarktes, verbunden mit politischen Bestrebungen zur generellen Intensivierung des Wettbewerbs, dazu, dass die traditionellen Leistungsangebote, deren Qualität und Geltungsbereich ebenso überdacht werden müssen wie das Bild, das man sich von seinem „Kundenkreis" geformt hat. Darin eingeschlossen ist der Zwang, ein modernes Sozialmarketing in Angriff zu nehmen, seine Finanzierungsquellen ebenso zu ergänzen wie die Dienstleistungspalette, auf die man sich bisher konzentriert hatte. Ein wohl überlegtes *Innovationsmanagement* wird hier verlangt, das versucht, Maßnahmen auf der intraorganisatorischen Ebene mit der Einflussnahme auf den sozialpolitischen Handlungsraum so zu verbinden, dass die Organisation und ihre Mitarbeiter/innen nicht die ausschließliche Anpassungslast des Veränderungsdrucks von außen tragen müssen. Kooperationsnetzwerke sowie die Mobilisierung von Selbsthilferessourcen und neuer Formen der Freiwilligenarbeit können vielleicht zu Verbesserungen der sozialen Dienstleistungen bzw. ihrer Ergebnisse führen, ohne immer nur auf die betriebswirtschaftliche Seite schauen zu müssen. Ob allerdings damit alle Dilemmata, die die Wohlfahrtspolitik den Sozialen Organisationen aufbürdet, gelöst werden, darf bezweifelt werden.

■ Die rasante Verbreitung der Informationstechnologien in den letzten Jahren setzt neue Maßstäbe für intra- und interbetriebliche Kommunikation auch im Sozialbereich. Es gibt inzwischen eine breite Produktpalette innovativer EDV-gestützter Steuerungs- und Kommunikationsinstrumente, die die Pflege gemeinsamer Datennetzwerke ebenso ermöglichen wie die betriebswirtschaftliche Steuerung von Arbeitsabläufen oder Qualitätssicherungsprojekten. Die Träger und Einrichtungen werden sich über diese Produkte umfassend informieren müssen, um entscheiden zu können, wo und wofür welche Software-Anwendungen sinnvoll sind. Zudem ist es mit dem Kauf von IT-Instrumenten nicht getan: Die tradierten Kommunikationswege, Organisationsstrukturen und -abläufe müssen den Erfordernissen der neuen Technologien angepasst werden. Dies ist ohne eine Parallelisierung von Informationstechnologie-Einführung, Personal- und Organisationsentwicklung nicht zu bewerkstelligen; Elemente des Informationsmanagements müssen mit Konzepten des Wissensmanagements so verknüpft werden, dass das intraorganisatorische Wissenspotenzial der Organisation auch wirklich als zugängliche und aktualisierbare Informationsquelle zur Verfügung steht.

■ Die Erfordernis einer einrichtungs- und trägerübergreifenden Zusammenarbeit in Zeiten, in denen nicht weiterhin alle an selbstverständlichen Zuwächsen partizipieren, wird zunehmen. Die Alternative zu Kooperationsnetzen, die Synergien ermöglichen, damit Effizienzspielräume eröffnen und hierüber die Zielerreichung erleichtern, wäre ein unproduktiver, tendenziell ruinöser Wettbewerb, bei dem nur alle Beteiligten verlieren können. Die Sozialen Organisationen müssen sich also verstärkt auf Konzepte stützen, die sowohl die Kooperation zwischen verschiedenen Einrichtungen und Trägern im gleichen Zielbereich und Klientelumfeld einschließen als auch die Vernetzung des Sozialbereichs mit anderen gesellschaftlichen Tätigkeitsfeldern, z.B. dem Wirtschafts- oder Freizeitbereich, anstreben. Hier wird man an umfassenden, sozialräumlich ausgerichteten Modellen, die unter dem Stichwort „Lernende Region" seit einigen Jahren diskutiert werden, nicht vorbeikommen. Ohne sie kann die Ebene der Organisation, die mit der Verarbeitung aller widersprüchlichen Anforderungen an Wohlfahrtspolitik so überfordert ist, dass sie über den Tellerrand ihrer eigenen Problemsicht nur schwerlich hinaussieht, nicht verlassen werden.

Die aufgezeigten Entwicklungen machen es erforderlich, durch Konzepte und Instrumente, die ein verbessertes Zusammenwirken von motivierten Mitarbeitern und innovativen Organisationsstrukturen einerseits, von träger- und bereichsübergreifenden Kooperationen andererseits in den Mittelpunkt stellen, zusätzliche „Qualitäts- und

Innovationsschübe" anzustoßen, die sich nach Möglichkeit auch positiv auf die Wirtschaftlichkeit der reorganisierten Projekte auswirken. Denn wer ausschließlich an den Methoden zur Steigerung der Wirtschaftlichkeit ansetzt, vernachlässigt häufig Mitarbeiter-, Kunden- und/oder Nutzerinteressen, weshalb sich die gewünschten Effekte nur bedingt einstellen. Umgekehrt braucht man nicht zu glauben, dass in Zukunft Konzepte realisiert werden können, die den betriebswirtschaftlichen Aspekt hintanstellen. Im Oszillieren zwischen den beiden problematischen Polen bewegt sich demgemäß auch eine anpassungsorientierte Organisationspolitik.

Somit war die Diskussion des Globalisierungsprozesses zwingend erforderlich: Nur wenn sich die Mitarbeiter und Leiter Sozialer Organisationen darüber im Klaren sind, wie sich die ihnen vorausgesetzten wirtschaftlichen Trends zu ihrem Wertsystem, ihrem Gesellschaftsbild und ihrem Selbstverständnis verhalten, können sie sich gegen eine ebenso unkritische wie unpassende Kopie industrieller Maßnahmen und Standpunkte verwahren. Die Auseinandersetzung mit den harten wirtschaftlichen Anforderungen bringt aber auch zutage, dass der privatwirtschaftliche Bereich wegen seines Zwangs zur permanenten Veränderung zahlreiche Konzepte und Verfahrensweisen zu bieten hat, die – richtig interpretiert und modifiziert – auch dem Sozialbereich wenigstens einen Hauch jener wirtschaftlichen Effizienz verspüren lassen, für den jener sich selbst so ungeniert rühmt. Und mehr Effizienz, klarere Ziele sowie die Fähigkeit zur reflektierten Veränderung können nicht schaden. Sie sind vielmehr in der Zukunft überlebenswichtig – ob einem das nun passt oder nicht. Ob dabei allerdings auch die Interessen der Klienten und Mitarbeiter gewahrt werden können, ist zumindest nicht selbstverständlich. Das Spannungsverhältnis zwischen ökonomischen und sozialen Zielen wird wohl nicht aufzulösen sein.

Definition:
Soziale Organisationen

2

1. Besonderheiten Sozialer Organisationen

Die ständige betriebswirtschaftliche Rede von „Produkten", „Kunden" und „Märkten" schafft bei vielen Leitern Sozialer Organisationen ein spontanes Unbehagen, das dem Gespür für die besondere Klientel und den anders gearteten Auftrag entspringt. Doch was sind nun Soziale Organisationen in begrifflicher Hinsicht? Über die ökonomischen Bereitstellungsformen lassen sie sich wohl nicht definieren: Neben staatlichen Leistungsstrukturen stehen freie Wohlfahrtsverbände; private Anbieter konkurrieren mit Vereinen und parastaatlichen Institutionen. Außerdem existieren öffentliche Trägerschaften auch in anderen Bereichen wie der Energiewirtschaft. Der Besonderheit Sozialer Organisationen ist daher nur über deren Inhalt beizukommen.

Soziale Organisationen müssen sich über ihre spezifische Klientel und ihren gesellschaftspolitischen Auftrag definieren!

Was sind Soziale Organisationen?

Soziale Organisationen stellen Versorgungsleistungen für Kranke, Alte, Behinderte, Heranwachsende und Benachteiligte bereit, die im historischen Kontext aus dem Marktsystem ökonomisch zunächst herausgefallen sind: Weder Behindertenwerkstätten noch Bezirkskrankenhäuser, weder Jugendzentren noch Pflegeheime sind naturwüchsig als „Investitionsfeld" aus der Marktwirtschaft hervorgegangen, da ihnen ein wesentliches Moment für ökonomische Investitionsanreize fehlt – die Möglichkeit, mit oder in ihnen, auf Basis der zahlungskräftigen Nachfrage der Nutznießer derartiger Einrichtungen und Maßnahmen rentable Leistungen zu erstellen, die sich am gesellschaftlichen Produktivitätsfortschritt und -durchschnitt messen können. Überlegungen, ob und in welchem Maße sozialpolitische Maßnahmen privatisiert werden können, widersprechen dem nicht, sondern gehen ebenfalls von dem Sachverhalt aus, dass sich soziale Angebote zunächst einmal einem **politischen Zweck**, der sich in gesetzlichen Leistungsansprüchen niederschlägt, verdanken.

Politischer Zweck

Der politische Zweck stellt sich als Resultat politischer und gesellschaftlicher Konflikte dar, die untrennbar mit der Entwicklung der lohnabhängigen Erwerbsarbeit verbunden sind: Die Auflösung traditioneller familiärer Versorgungsformen durch die Zusammenfassung von Lohnarbeiterfamilien in urbanen Zentren, die Extensität und Intensität der industriellen Lohnarbeit, die rücksichtslos gegen Alter, Krankheit und den mit ihr selbst einhergehenden Verschleiß auftrat, und die Gleichgültigkeit des Käufers der Ware Arbeitskraft gegenüber dem, was diese jenseits ihrer Arbeit selbst darstellte, riefen früh die Nationalstaaten auf den Plan, die sich um die langfristigen Folgen dieser ruinösen Verhältnisse für ihre Legitimität, ihr Steueraufkommen oder gar ihre Verteidigungsfähigkeit sorgten. Mit der erkämpften Gleichstellung der Arbeiter und Angestellten als Wahlbürger trat im Rahmen der demokratischen Staatsräson noch ein Aspekt der Etablierung prinzipieller Zugehörigkeitschancen, nämlich allen **Bürgern** offen stehende Möglichkeiten der **Inklusion** hinzu. Das europäische Modell marktwirtschaftlich fundierter Staatsräson bestand darauf, dass die Gleichheit der Bürger sich nicht nur auf Recht und Wahlen zu beschränken hatte, sondern erst als **soziale Chancengleichheit** zu jenen legitimierenden und stabilisierenden Wirkungen führen würde, auf die man so stolz war. Zugleich zeigte das Auf und Ab sozialpolitischer Absicherungsmaßnahmen stets, dass Sozialpolitik zumeist nicht nur auf den Risiken und Nebenfolgen der marktwirtschaftlichen Erwerbsarbeit beruhte, sondern sich auch umgekehrt durchaus auf ökonomische Bedarfe und finanzielle Restriktionen im Rahmen marktwirtschaftlich begründeter Sachzwänge bezog.[1] Zugleich enthält die Definition von Wohlfahrt immer schon historische und moralische Aspekte: Wertvorstellungen über das richtige Maß an sozialer Inklusion, über Menschenwürde und Zugehörigkeitsberechtigungen gehen in sie ebenso ein wie gesellschaftliche Macht- und Kräfteverhältnisse, von denen die Verhandlungsmacht der diversen Beteiligten abhängt – schließlich ist Sozialpolitik ein Aushandlungsprozess[2], in dem das Sozialstaatspostulat interpretiert, ausformuliert und in besondere Rechtsansprüche und Leistungsformen übersetzt wird.

Soziale Organisationen definieren sich daher sinnvollerweise weder über ihre rechtlich-ökonomische Form noch über das besondere soziale Handlungsfeld (z.B. Altenhilfe), sondern nur **in Bezug auf ihre Funktion für die Durchführung sozial-, gesundheits- und**

arbeitsmarktpolitischer Ziele, die sie als konkrete Leistungsangebote für Klienten verschiedenster Art ausgestalten. Demgemäß handelt es sich hierbei vor allem um Leistungen, die weder als private, vom
persönlichen Einkommen getragene Nachfrage daherkommen, noch
nach erwerbswirtschaftlichen Kriterien umstandlos erstellt würden.
Selbst wenn private Anbieter gewinnorientiert öffentlich finanzierte
oder auch indirekt subventionierte Angebote formulieren – rentabel
werden diese Maßnahmen auch in diesem Fall nur dadurch, dass der
Staat mittels seiner Förderung und durch seine Maßstäbe gleichsam
hindurch die Erzielung von Gewinn gestattet.

Ein Beispiel hierzu: Die Bundesanstalt für Arbeit schreibt regelmäßig
Integrationslehrgänge für problematische Jugendliche aus, die hierdurch an eine Ausbildung hingeführt werden und schließlich einen
Ausbildungsplatz erhalten sollen, so genannte „BBE-Maßnahmen".
Um diese Ausschreibungen bemühen sich gleichermaßen Träger aus
dem Bereich der Wohlfahrtsverbände, eingetragene Initiativen gemeinnütziger Natur und private, gewinnorientierte Bildungsunternehmen. Unabhängig davon, von wem der Lehrgang im konkreten Fall
dann tatsächlich durchgeführt wird, handelt es sich nicht um einen
privatwirtschaftlichen Bedarf, sondern um eine politische Maßnahme:

- Der Bedarf wird nach den politischen Vorgaben der Bundesanstalt für Arbeit vom lokalen Arbeitsamt formuliert und beruht
  nicht auf einer marktgängigen Nachfrage der Nutzer des Angebots (der Jugendlichen).

- Der „Produktzuschnitt" ist Bestandteil der Ausschreibung und
  wird nicht vom „Produzenten", sondern vom öffentlichen Kostenträger in seinen zentralen Grundzügen (Zielsetzung, Dauer, Ausstattung, Ablauf, Inhalte, Personalschlüssel, etc.) vorgegeben.

- Der Kostenträger ist damit nicht identisch mit dem Nutznießer
  der Leistung; der Anbieter kann beide mit gleichem Recht
  irgendwie als seine „Kunden" betrachten.

- Der Preis ist nicht frei gestaltbar, sondern über den gesamten
  Ausschreibungszeitraum (hier zumeist drei Jahre) fixiert.

- Die Erfolgsmaßstäbe der Leistungserbringung bestehen nicht
  nur in der Zufriedenheit der jugendlichen Angebotsnutzer, son

dern auch in der messbaren Erreichung der arbeitsmarktpolitischen Ziele der Maßnahme. Der Grad der politischen Zielerreichung beeinflusst wiederum die jeweiligen Erfolgschancen des Leistungserbringers bei erneuter Ausschreibung.

■ Der Kostenträger besitzt ordnungspolitisch-hoheitliche Kontrollrechte gegenüber dem Leistungserbringer und kann bei Nichterreichung der geprüften Qualitätskriterien Maßnahmen bis zur Schließung des Lehrgangs verfügen.

Alle diese Besonderheiten jenseits marktwirtschaftlicher Angebots-Nachfrage-Beziehungen treten unabhängig davon auf, ob Non-Profit-Organisationen oder gewinnorientierte Anbieter derartige Kurse durchführen. Ähnlich verhält es sich bei der Alten- und Krankenversorgung: Auch hier eröffnet der Staat im Rahmen von Beziehungen der „Public-Private-Partnership" auch Privaten die Teilnahme an der Konkurrenz um die Bereitstellung sozialpolitischer Leistungen, soweit sie die darin eingeschlossenen Bedingungen bezüglich der Ziele, Organisation und dem Ablauf erfüllen. Umgekehrt hat die Einrichtung eines Altenheims für Vermögende, die zur Gänze selbst bezahlen, nichts mit Sozial**politik** zu tun – unabhängig davon, ob dieses Heim von der Caritas oder einer privaten Anlegergesellschaft betrieben wird. Aus dem gleichen Grund fällt ein Bildungsträger, der Firmenschulungen durchführt, nicht unter unsere Definition Sozialer Organisationen.

Politisch-funktionelle Definition

Diese **politisch-funktionelle Definition** soll nicht darüber hinwegtäuschen, dass nach wie vor der Großteil der sozialpolitischen Leistungsangebote von Non-Profit-Organisationen erbracht wird, die als intermediäre Organisationen dem „Dritten Sektor"[3] zugerechnet werden. Nichtsdestotrotz schließt sie die wachsenden Formen von „Public-Private-Partnership" bewusst nicht aus, da auch hier ähnliche Organisationsprobleme vorzufinden sind, die aus der Besonderheit des sozialpolitischen Handlungsfelds „Soziale Arbeit" und aus den staatlichen Finanzierungs- und Gestaltungsbedingungen resultieren. Unterschiede ergeben sich hingegen hinsichtlich der ökonomischen Dynamik, die aus dem erwerbswirtschaftlichen Prinzip folgt – legt dieses den betreffenden Unternehmen doch einen viel strengeren Umgang mit dem Kosten-Leistungs-Verhältnis nahe – mit allen darin einge-schlossenen möglichen negativen und positiven Konsequenzen.

Die Definition Sozialer Organisationen über das politisch vermittelte Leistungsangebot verdankt sich letztlich der **Variabilität der Metho-den staatlicher Zielerreichung**: „Jene Staaten, die sich einer explizi-ten staatlichen Sozialpolitik verpflichtet haben, haben, idealtypisch gesehen, mehrere Möglichkeiten, diese so genannte ‚Unterversor-gung' über staatliche Maßnahmen zu kompensieren:

- Der Staat unterstützt Soziale Organisationen (z.B. Wohlfahrts-verbände) finanziell. Gewinnerzielung ist ‚moralisch verwerf-lich' bzw. wird ‚negativ sanktioniert'.

- Der Staat konzipiert ein eigenes ‚öffentliches' soziales Dienstleis-tungssystem. Gewinnerzielung ist ebenfalls ausgeschlossen.

- Der Staat delegiert gewisse soziale Maßnahmen und Aufgaben an private Anbieter (Indienstnahme Dritter), finanziert diese und lässt Überschüsse prinzipiell zu.

- Der Staat transferiert Kaufkraft direkt an die Bedürftigen und überlässt ihnen die Art der Bedarfsdeckung. (Folge: Die Bedürf-tigen können dann sowohl staatliche, private und frei-ge-meinnützige Dienstleistungsanbieter in Anspruch nehmen)."[4]

Also auch erwerbswirtschaftliche Träger erzielen ihre Gewinne im Rah-men sozialpolitischer Vorgaben nur deswegen und solange, wie sie den staatlichen Vorgaben gerecht werden und daher nicht marktver-mittelte Kostensätze finanziert bekommen, die – unter bestimmten Umständen – Gewinne zulassen. Rentabel im betriebswirtschaftlichen Sinne, als eigenes, von unabhängigen privaten Einkommenströmen getragenes Feld der individuellen Nachfrage, ist der Bereich sozialpoli-tischer Leistungen auch in diesem Fall nicht. Man findet daher immer häufiger Träger und Ansätze, die rein kostendeckungsorientierte Leis-tungsbereiche mit Angeboten zu mischen suchen, die unserem Modell des öffentlich legitimierten und finanzierten Gewinns entspre-chen oder gar echte, staatsunabhängige Konsumnachfrage abdecken wollen. Dennoch bleibt festzuhalten: Sozialpolitische Maßnahmen verdanken sich dem Umstand, dass die Versorgung von bestimmten, politisch definierten Gruppen bzw. in bestimmten, ebenso politisch festgelegten Lebenslagen aus der marktwirtschaftlichen Logik heraus- fällt. Deshalb „kommen wir zu dem Schluss, dass die Gesetze freier Marktwirtschaft keinen ökonomischen Ordnungsrahmen für wohl- fahrtspflegerische Leistungen darstellen".[5] Dem widerspricht nicht, dass heutzutage darauf geachtet wird, dass auch in diesen Bereichen so weit wie möglich Kosten erwirtschaftet und Versorgungsleistungen zu Preisen angeboten werden, die eine Teilrefinanzierung eröffnen. Im Gegenteil: Alle „Vermarktungsstrategien" haben diesen simplen Sachverhalt zur Grundlage. Umgekehrt nimmt die Identifizierung von „profit-centers" *innerhalb* des Sozialbereichs, in denen Gewinne erwirtschaftet werden können und die insofern privaten Rechts- und Eigentumsverhältnissen zugänglich sind, ihren Ausgangspunkt, wie soeben gezeigt, von der genau umgekehrten Sachlage. Der gesell- schaftspolitische Auftrag, die ausgleichende Funktion gegenüber Lebenslagen, die gerade als Resultat der marktökonomischen Maß- stäbe prekär, nur bedingt durch ökonomische Eigeninitiative bewältig- bar sind, steht im Vordergrund. Nur *davon ausgehend* wird u.U. ermit- telt, dass manche der zu erbringenden „Humandienstleistungen", die personenbezogen und gemeinschafts- bzw. politikabhängig erbracht werden, auch rentabel organisiert werden können. Letztlich ist also allen unternehmensrechtlichen Organisationsformen Sozialer Arbeit eigen, dass **sie *auf Basis politischer Zwecksetzung organisierte soziale Dienste*** sind – egal, ob diese von öffentlichen Trägern, den Verbänden der freien Wohlfahrtspflege, anderen frei-gemeinnützigen Organisationen oder privat-erwerbswirtschaftlichen Unternehmen bereitgestellt werden.

Der besondere Stellenwert der anerkannten Wohlfahrtsverbände ergibt sich aus der politischen Entscheidung, mit dem Subsidiaritäts- prinzip einen bedingten und zugleich förderungspolitisch abgesicher- ten **Vorrang freier, aber gemeinnütziger Organisationen** in der Wohlfahrtspflege einzurichten, die aus ihrem Selbstverständnis heraus gerade auch solchen Klienten persönliche Dienstleistungen in Form von vielfältigen Hilfen anbieten, die nicht als Gewinn versprechende, weil zahlungskräftige Nachfrager auf dem Markt auftreten können. Es liegt von daher auch nahe, dass die diskutierten Managementfragen eher die Wohlfahrtsverbände, sonstige gemeinnützige Träger und die öffentlichen Verwaltungen betreffen, da private Unternehmen zwar nicht unbedingt anderen Bedingungen der Leistungserstellung und Gewinn**erzielung**, aber anderen rechtlichen, steuerlichen und organisationshistorischen Maßstäben der Gewinn**verwendung** unterliegen.

Soziale Organisationen im System der Sozialpolitik

Dem spezifisch deutschen bzw. kontinentaleuropäischen System der Sozialpolitik liegt somit letztlich eine **politische Grundsatzentscheidung** zugrunde; man hat sich für eine von mehreren Möglichkeiten, nämlich für die Kompensation einer den politischen Prinzipien und Zielen insgesamt abträglichen „Unterversorgung", entschlossen: Der Staat überlässt gemeinnützigen Wohlfahrtsorganisationen den Vorrang beim politisch gewünschten, deshalb rechtlich definierten und garantierten Angebot von sozialpolitisch motivierten Maßnahmen. Parallel existiert ein eigenes öffentliches soziales Dienstleistungssystem in Gestalt von unmittelbar staatlichen Trägern und prüfenden bzw. finanzierenden Institutionen. Schließlich wird oft übersehen, dass in Gestalt von Wohngeld und anderen Beihilfen gleichzeitig direkt Kaufkraft an die Bedürftigen transferiert wird und zum Vierten immer schon ein Segment privater Anbieter in verschiedensten Bereichen, z.B. der Umschulung von Arbeitslosen oder der Heimunterbringung alter Menschen, vorlag, in dem auf Basis staatlich kontrollierter Rahmenbedingungen, die die politische Zweckerfüllung sicherstellen sollen, Gewinnerzielungsabsichten zugestanden wurden. Die offizialisierte und professionelle Sozial- und Gesundheitspolitik scheidet sich damit in Formen des kommerziellen, preisgesteuerten Austausches über den Markt und der dominierenden staatlich-hierarchischen Redistribution über Steuern und Pflichtversicherungssysteme. Ergänzt wird sie durch offiziell-ehrenamtliche Hilfen, informelle Hilfsnetzwerke und familiäre Selbsthilfe sowie durch institutionalisierte Selbsthilfeorganisationen. Wie sich die Gewichte innerhalb dieser Komplementärsysteme verschieben werden, hängt von den diskutierten sozialen Entwicklungen ab.

Aus dem Gesagten wird deutlich, dass unabhängig davon, welcher Realisierungsform von Sozialpolitik der Vorrang gegeben wird, es sich immer um *qualitative* **Versorgungs- und Humandienstleistun-**

gen handelt, **die einem *politischen* Auftrag entspringen**, der wiederum mit den Gesetzen, Nebenwirkungen und Unterscheidungen der Marktwirtschaft korrespondiert: Bestimmte Lebenslagen beinhalten Not, Verwahrlosung oder Existenzgefährdung; „der Markt" ignoriert diese Lagen, da er zum einen nur auf Geldsignale reagiert – wer kein Geld hat, kommt in ihm überhaupt nicht vor –, zum anderen, weil er sie – zumindest teilweise – selbst als Resultat seiner Logik hervorgebracht hat. So sind Rationalisierungen, die zu Arbeitslosigkeit führen, der Inbegriff und sachliche Zwang ökonomischer Effizienz, die der Wettbewerb stets aufs Neue verlangt. Und genau deshalb können die Versorgungs- und Dienstleistungen für „Problemgruppen" wie Behinderte, Arbeitslose, alte Menschen, sozial Schwache etc. nur bedingt vom verfügbaren Erwerbseinkommen des Einzelnen abhängig gemacht werden, wenn nicht ganze Teilgruppen und Leistungsbereiche im Rahmen des „Wohlfahrtssystems" aus diesem herausfallen sollen.

Natürlich kann „man" Wohlfahrtsdienstleistungen auch prinzipiell ausschließlich als marktgängige Leistungen zu nicht subventionierten Herstellungspreisen anbieten und rein von der zahlungskräftigen Nachfrage derer abhängig machen, die sich diese Preise leisten können, wie es die radikale Fraktion des Neoliberalismus fordert – um den Preis, dass man sich damit von jedweder Sozialpolitik verabschiedet und gesellschaftspolitische Folgewirkungen wie soziale Unruhen, Verwahrlosung von Teilen der Jugend etc. in Kauf nimmt. In Deutschland verfolgt allerdings niemand diese Extremvariante, so dass der sozialpolitische Auftrag nach wie vor in die Definition der Dienstleistungsziele eingeht. Häufiger findet man im wirtschaftsliberalen Umfeld hingegen die Vorstellung, dass Einkommenstransferleistungen anstelle direkter oder geförderter Leistungsbereitstellung neue, markteffiziente Anreize setzen und Freiheiten eröffnen könnten. Es mag Bereiche wie die Rentenversicherung geben, in denen dies durchaus eine diskutable Alternative darstellt; für Leistungen hingegen, die nur bedingt auf der freien Entscheidung der Klienten bzw. Nutzer beruhen, erscheint der marktgängige „Einkauf" von Leistungen durch den isoliert-privaten Bürger kaum machbar. Dies führt uns zur Frage des „Kundenstatus", der „Konsumentensouveränität" im sozialen Bereich, auf die wir im nächsten Punkt eingehen werden.

Insgesamt wird man sich auf eine Neuverteilung der Gewichte der verschiedenen Organisationsformen einstellen müssen. Die Politik versucht, einerseits durch Neudefinition der verrechtlichten Versorgungsansprüche, andererseits durch die Auslotung von betriebswirtschaftlichen Rationalisierungspotenzialen im Rahmen eines intensivierten Wettbewerbszwangs, die Gewichte zwischen den diversen Bereitstellungsformen von Wohlfahrtsdienstleistungen zu verschieben. Die Träger und Akteure Sozialer Arbeit werden deshalb Privatisierungsbestrebungen nicht einfach ablehnen können, sondern müssen in der Lage sein, darzustellen, ob die Privatisierung in diesem oder jenem Fall implizit veränderte Versorgungsmaßstäbe unterstellt oder nicht. Jedenfalls ist es nicht von vornherein ausgemacht, dass private Anbieter nicht manche bisher gemeinnützig getragene Leistung ohne Qualitätseinbußen produzieren könnten; umgekehrt aber genauso wenig, dass jeder politische Versorgungsanspruch im Rahmen von Privatisierungen erhalten werden kann. Wenn Rentabilitätsmaßstäbe die Bezugsbedingungen von Leistungen verändern, bewirken sie Verschiebungen innerhalb der angesprochenen Klientel und damit der impliziten politischen Maßstäbe! Dies tun sie damit nur dann nicht, wenn die sozialpolitischen Instanzen derartige Bestrebungen von vornherein ausschließen. Damit existieren Kriterien, mit denen angestrebte ökonomische Veränderungen in Wohlfahrtsorganisationen kritisch diskutiert werden können: Welches Konzept bewirkt im jeweils untersuchten Fall „nur" eine Veränderung der Effizienz, der organisatorischen Rationalität der Erstellung von Humandienstleistungen, welches Konzept impliziert dagegen veränderte sozialpolitische Zielsetzungen bzw. Qualitätsmaßstäbe? Die Klärung dieser Frage hat viel mit dem „Kundenbegriff" zu tun, in dem die betriebswirtschaftliche Weltsicht kulminiert.

2. Der Klient Sozialer Organisationen: Kunde oder Bedürftiger?

Was macht einen „Kunden" aus? Er entscheidet als souveräner Konsument gemäß seinen Präferenzen, welche der konkurrierenden Marktangebote seinen Bedürfnissen entsprechen – und dies natürlich nach Maßgabe seines Einkommens.

2. Der Klient Sozialer Organisationen: Kunde oder Bedürftiger?

Trifft diese idealtypische „Figur" der Ökonomie auf die Nutzer wohlfahrtspolitischer Leistungen zu? Zum Teil wohl schon – so wird sich ein begüterter älterer Mensch durchaus über diverse Angebote z.B. des betreuten Wohnens informieren, mehrere Alteneinrichtungen begutachten, um sich schließlich zu entscheiden, welcher Träger sein Vertrauen verdient oder ob er nicht doch möglichst lange auf sich allein gestellt bleiben will. Privat versicherte Kranke überlegen sich ebenso, ob sie noch in diesem Quartal zum Arzt gehen oder lieber warten, d.h. die Gesundheit auf ihrer Präferenzliste geringer werten und dafür die Rückvergütung einstreichen. Derartige Handlungs- und Entscheidungsspielräume sind natürlich nicht ganz unabhängig von der Schwere der Krankheit und damit dem Grad der Unabweisbarkeit des Bedarfs. Dies ist jedoch der entscheidende Punkt. Das Modell des Kunden unterstellt eine Freiheit der Wahl, die gerade im sozialen Bereich nicht immer gegeben ist:

■ Lebensnotwendige oder unverzichtbare Leistungen können nicht „ausgewählt" werden. Sie stehen auf keiner Präferenzliste, müssen einfach vorhanden sein, und zwar auch dann, wenn man sie gerade nicht bezahlen kann. Hier kann also von Präferenzen im eigentlichen, sprich: ökonomischen Sinn keine Rede sein. Dem Zuckerkranken steht nicht frei zu wählen, ob er auf seine Medizin nicht lieber zugunsten eines Wochenendtrips nach London verzichten soll – sonst endet die Reise (günstigenfalls) im Krankenhaus.

■ Nicht alles, was Menschen benötigen, findet auf der Ebene warenförmiger individueller Bedürfnisse statt, die in eine persönliche Dienstleistungsnachfrage übersetzt werden können: wer hat das „Bedürfnis" nach einer Maßnahme der Jugendhilfe? Die „Betroffenen"? Das Jugendamt? Der Maßnahmeträger? Hier ist es schwer, „Subjekt" und „Objekt" des Bedarfs, Angebot und Nachfrage zu unterscheiden, da die Übergänge fließend sind oder die systemische Gesamtstruktur der Hilfsleistung den Horizont bewusster, frei formulierter individueller, d.h. vereinzelbarer Bedürfnisse transzendiert. Wer also „Kunde" ist, scheint hier genauso unbestimmbar wie die Frage, ob man überhaupt von „Kunden" sprechen kann, nur im Einzelfall beantwortet werden kann. Die Entkopplung von Leistungsanbietern, Leistungsnutzern und Kostenträgern schafft ein politisch vermitteltes Drei-ecksverhältnis, auf das sich klassische kontrakttheoretische Über-legungen, die dem freien Warenverkehr von „Besitzindividualis-ten" entspringen, kaum anwenden lassen.[6]

- Schließlich gehören zur Klientel Sozialer Arbeit nicht wenige Nutzergruppen, die nicht nur auf bestimmte Hilfen angewiesen sind, sondern darüber hinaus auch nur bedingt über jenen Überblick und die souveräne Entscheidungsfreiheit verfügen, die der betriebswirtschaftliche Kundenbegriff voraussetzt. Ob psychisch Kranke, geistig Behinderte oder altersdemente Heimbewohner – allen ist eine eingeschränkte Entscheidungs-kompetenz eigen. Und auch bei den so genannten „Normalen" geraten nicht wenige gerade deswegen in das System sozialer Hilfen, weil ihnen in einer besonderen Lebenslage der Zugang zu Teilen ihrer persönlichen Ressourcen verstellt ist.

- Der nicht simpel individualisierbaren, den ökonomischen Nach-fragebegriff transzendierenden sozialen Bedarfsstruktur, die der Wohlfahrtspolitik zugrunde liegt und in die deshalb immer schon politische Definitionen des Bedarfs eingehen, steht ein „Angebot" gegenüber, das oft wenig mit den munter konkurrierenden Privat-firmen des freien Güter- und Dienstleistungsverkehrs gemein hat. Gerade weil das Angebot aus einem politischen Auftrag erwächst, der die historisch gewachsenen, karitativ motivierten Hilfsorgani-sationen ebenso einbezieht, wie er neue Anbieter ins Leben ruft, wird es seiner Form nach nicht auf einem individualisierten Markt angeboten und seinem Inhalt nach nicht als Preiskonkurrenz ab-gewickelt, die auf größtmöglichen profitablen Absatz zielt. Der besonderen sozialpolitischen Struktur der „Nachfrage" entspricht historisch die politisch-korporatistische Struktur des Angebots. Und selbst wenn sich das zunehmend ändert: Nahezu niemand stellt in Frage, dass auch private Anbieter nicht einfach soziale Dienstleistungen auf den Markt werfen können, sondern die marktwirtschaftliche Preiskonkurrenz in ein System staatlicher Qualitätsvorgaben und -kontrollen eingebunden sein muss.

Es gibt demnach vielfältige „Kunden" Sozialer Organisationen, die sich kaum in freier Entscheidung auf einen Wettbewerbsmarkt begeben, um nach Nutzen und Geldbeutel aus einem breiten Angebot von Produkten auszuwählen – dass aus den „sozialen Versorgungsleistungen" die „Wohlfahrt" und nicht ein z.b. „Markt für Sekundärhilfen" entstand, liegt auch an der besonderen „Konsum-" und „Klientenstruktur".

Positive Auswirkungen auf die Soziale Arbeit

Wenn man nun allerdings den Geltungsbereich des Kundenbegriffs im sozialen Bereich der Reflexion und damit wohl überlegten Einschränkungen unterwirft, so ist dies nicht gleichbedeutend damit, dass nicht einige Implikationen und Nebeneffekte dieses Wirklichkeitsbildes „Kunde" *positive* Auswirkungen auf die Soziale Arbeit haben können – stecken doch im Persönlichkeitsmodell „Kunde" einige Ansprüche an den Produkt- oder Dienstleistungsanbieter, die gerade Wohlfahrtsorganisationen zu denken geben könnten:

- Der Anbieter ist für die Bedürfnisse seiner Kunden da – und nicht umgekehrt.

- Er nimmt die Bedürfnisse als seinen positiven Ausgangspunkt – und damit als gegeben hin.

- Er respektiert deshalb die Wünsche seiner Kunden und trachtet danach, diesen möglichst gut gerecht zu werden.

Das *hohe Maß an Souveränität und Selbstbestimmung*, das dieses Modell einschließt, kann zumindest dazu beitragen, diese Selbstbestimmung so weit als möglich auch der Klientel der Sozialen Arbeit zuzugestehen, anstatt von vornherein davon auszugehen, dass es sich überwiegend um „Betreute", „Versorgte" etc. handelt, an deren Stelle wir zu entscheiden haben, wofür wir wohl auch ihre Dankbarkeit erwarten dürfen … Wo es machbar ist, müssen die Menschen selbst (mit)entscheiden können; viel zu lange ist die Selbstständigkeit der Nutzer von sozialen Leistungen auch dann ignoriert worden, wenn sie – und sei es auch oft nur eingeschränkt – vorhanden war; insofern muss man sich über die manchmal gehässige Attacke der Betriebswirte nicht wundern! Bei allen Schwierigkeiten der Praxis zeigt das neue Betreuungsgesetz, dass auch eine eingeschränkte Entscheidungsfähigkeit nicht zu Unmündigkeit führen muss – auch wenn eine solche Praxis schwerer zu organisieren ist.

Definition: Soziale Organisationen

Eine etwas differenziertere Analyse der betriebswirtschaftlichen Kategorie des Kunden ergibt daher, dass sie nur bedingt für den Wohlfahrtsbereich taugt, da dieser politische und ökonomische Besonderheiten aufweist, die aus seinem Auftrag resultieren. Veränderungen des Leitbildes, der potenziellen Leistungen und Angebote müssen darin ihren Ausgangspunkt nehmen und sich selbst Rechenschaft ablegen, welche (zukünftig denkbaren) Leistungsbereiche bzw. -veränderungen zu einer eher marktgängigen Angebotsform passen und welche Klientel immer – wenn auch effizienter und nutzerfreundlicher organisierter – Zuschussbetrieb bleiben wird, der ohne Subventionen nicht auskommt. Schließlich beruht die Notwendigkeit von Subventionen auf der Tatsache, dass die Bedürfnisse der Klientel den Markt nicht interessieren, da an ihnen nichts verdient werden kann.

Um nicht missverstanden zu werden: Hier wird nicht für die pure Aufrechterhaltung traditioneller Versorgungssysteme plädiert. Aber um die „Verkrustungen" zu verstehen, die im Wohlfahrtsgefüge entstanden sind, muss man anstelle vorschnellen Lamentos über angebliche „Betonköpfe" die systematischen historischen Zusammenhänge kennen: Die Besonderheiten der Wohlfahrtsleistungen, ihrer Herstellung, Klientel und ihres Entstehungsprozesses haben am Zustandekommen jener Ineffizienzen mitgewirkt, die den Verbänden heutzutage vorgeworfen werden.

Die Gewöhnung an einen scheinbar „unmündigen" Standpunkt der eigenen Klientel und an ein redistributiv-hierarchisches System der Leistungserstellung und Finanzierung hat lange Zeit die Augen vor betriebswirtschaftlichen Gestaltungsspielräumen und einer selbstbestimmteren Auffassung von seinen „Versorgten" verschlossen. Damit ist aber auch offensichtlich, dass die neuerdings kritisierten Praktiken der Verbände und Einrichtungen unter den alten politischen Bedingungen zweckmäßige organisationale Bewältigungsformen ihres Auftrags waren. Warum hätte man sich ändern sollen, wenn das „Zusammenspiel der Kräfte" auf Basis der gültigen Regeln genau so und nicht anders funktionierte? Neoliberale Betriebswirte können sich daher ihre Verachtung für angeblich „ineffiziente" Methoden und Strukturen sparen – die Kritik misst die wohlfahrtsstaatlichen Arrangements nicht an ihren Zielen oder ihrer Geschichte, sondern kontrastiert sie nur mit dem begriffslosen Idealbild des Marktes. Und dieser belohnt entgegen allen anders lautenden Mythen die möglichst effektive Befriedigung von Bedürfnissen nur insoweit, als sie auch eine **rentable** Befriedigung von Bedürfnissen darstellt.

Damit soll aber nicht die – bedingte! – Berechtigung einer Einbeziehung ökonomischer Methoden, Standpunkte und Begrifflichkeiten in die Leitung Sozialer Organisationen bestritten werden. Leistungen werden nicht einfach „gewährt", sondern Menschen angeboten, die doch großenteils selbst über ihre Bedürfnisse entscheiden können. Und: Leistungen müssen auch im Wohlfahrtsbereich so erbracht werden, dass betriebswirtschaftlich effiziente Kosten- und Zeitstrukturen vorliegen – was ja noch nicht heißt, dass man hier in jedem Fall rentabel arbeiten kann! Den „Non-Profit-Bereich" als solchen ökonomisch und leistungsgerecht gestalten, wäre dann die Devise dienstleistungsorientierter Wohlfahrtspolitik. Wenn jedoch „Effizienzsteigerung" mit „Einsparung" buchstabiert wird, können sich Dilemmata gegenüber einer fachlichen und normativen Perspektive ergeben, die struktureller Natur sind.

Auf Basis dieses Spannungsfeldes zwischen sozialpolitischem Auftrag und betriebswirtschaftlichen Erfordernissen reorganisiert sich der Wohlfahrtsbereich in den letzten und wohl auch in den nächsten Jahren. Die Finanzierung über staatliche Mechanismen wurde ergänzt durch eine Vielzahl privater Anbieter und semi-professioneller Selbsthilfeorganisationen, so dass abschließend folgende Systematik des Wohlfahrtsbereichs veranschaulicht werden kann:

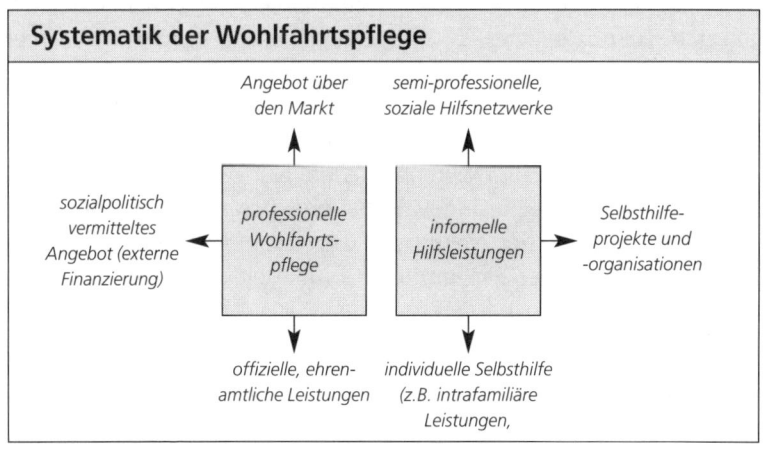

Systematik der Wohlfahrtspflege

Angebot über den Markt | semi-professionelle, soziale Hilfsnetzwerke

sozialpolitisch vermitteltes Angebot (externe Finanzierung) → professionelle Wohlfahrtspflege | informelle Hilfsleistungen → Selbsthilfeprojekte und -organisationen

offizielle, ehrenamtliche Leistungen | individuelle Selbsthilfe (z.B. intrafamiliäre Leistungen,

Definition: Soziale Organisationen

Die Pluralität von sozialpolitischen Anbietern entspricht so immer mehr der Pluralität und wachsenden Differenzierung von Lebenslagen, Lebensläufen und Bedürftigkeiten. Gleichzeitig entstehen durch diese Entwicklung immer mehr Übergänge und Komplementaritäten zwischen privaten Anbietern und Trägern der freien Wohlfahrtspflege einerseits, zwischen verschiedenen Arten der sozialen Tätigkeit andererseits. Zahlreiche Praktikanten, Langzeitarbeitslose und Schüler tummeln sich neben Freiwilligen bzw. Ehrenamtlichen, Hilfs- und Fachkräften. Wohlfahrtsverbände gründen gemeinnützige GmbHs aus, die operative Budgetverantwortung tragen und insofern im Rahmen ihrer steuerrechtlichen Beschränkungen wirtschaften müssen wie private Betriebe. Private und gemeinnützige Unternehmen werden gemeinsame Gesellschafter von Dachorganisationen, die sich z.B. um die Reintegration von Arbeitslosen kümmern. Nimmt man noch die wachsende Wahrnehmung der notwendigen Kombination von sozialen und wirtschaftlichen Aktivitäten in Gestalt von Firmenkooperationen mit Sozialorganisationen wahr, deutet sich hier auch eine Chance für die Sozialpolitik der Zukunft an. Kooperative Gemeinschaften, Netzwerke, Kooperationen von Trägern und regionale Verbundsysteme beinhalten nicht nur Rationalisierungspotenziale für die Organisationen, sondern auch Gestaltungspotenziale für eine innovative Soziale Arbeit.

Die bisherige Darstellung hat ergeben, dass die komplexe Struktur und Dynamik der an der Wohlfahrtspolitik irgendwie beteiligten sozialen Systeme – die „Wirtschaft", der „Weltmarkt", die „Wirtschaftspolitik", die „Haushalte" etc. – zu Effekten und Resultaten führt, die in ihrer Komplexität und Dynamik nicht allein aus ihrer inhaltlichen Problematik zu erklären sind. Der systemische Charakter der sozialen Prozesse bringt es mit sich, dass die Eigenheiten komplexer systemischer Vorgänge an sich betrachtet werden müssen: Nur dann kann man beurteilen, ob irgendwelche Innovations- und Veränderungsstrategeien sowohl den spezifischen Merkmalen des sozialpolitischen Handlungsfeldes als auch seiner Bestimmtheit als komplexes System mit zahlreichen Verweisungszusammenhängen, Rück-, Neben- und Wechselwirkungen gerecht werden.

Innovation und organisatorischer Wandel: Organisationen als komplexe soziale Systeme

3

Angesichts der skizzierten ökonomischen und sozialen Herausforderungen an die Politik betonen die politisch Verantwortlichen verschiedenster Länder und Parteien ihre Bereitschaft zu einer antizipatorischen, innovativen Politik. Ebenso versuchen die Leiter und Organisatoren der großen Wohlfahrtsverbände, die Führungskräfte verschiedenster Sozialer Organisationen, Vereine und Initiativen, durch neue Managementkonzepte dem rasanten Wandel ihrer Handlungsbedingungen gerecht zu werden. Neben den beschriebenen Charakteristika sozialwirtschaftlicher Organisationen müssen aber auch die Besonderheiten moderner Sozialsysteme und Organisationen als solche berücksichtigt werden, wenn man zu einer adäquaten Veränderungsstrategie der eigenen Organisation bzw. des eigenen organisatorischen Handelns gelangen will. Zwar mögen sich viele Managementtheorien sehr ansprechend anhören, aber ob auf ihrer Grundlage wirkliche Veränderungen initiiert und erfolgreich zum Abschluss gebracht werden können, hängt letztlich davon ab, ob die angebotenen Metaphern, hypostasierten Zusammenhänge und vorgeschlagenen Techniken zu den Charakteristika sozialer Systeme im Allgemeinen, Sozialer Organisationen im Besonderen passen. Diese spezifischen Merkmale sozialer Systeme sollen daher im Folgenden betrachtet werden, um dann die angebotenen Managementtheorien kritisch prüfen zu können: Passen sie einerseits zu den Eigenheiten des sozialen Arbeitsfeldes, werden sie andererseits den Erkenntnissen gerecht, die die moderne sozialwissenschaftliche Theoriebildung für die Entwicklung, Dynamik und Gestaltung Sozialer Systeme in ihren „Umwelten" bereithält? Denn wenn das Bild, das sich veränderungswillige Innovatoren in Unternehmen, Verwaltungen oder Sozialbetrieben von den prinzipiellen Einfluss- und damit Veränderungsmöglichkeiten bezüglich einer ungewissen Zukunft machen, nicht zutrifft, werden sie Instrumente, Vorgehensweisen und Methoden auswählen, die an dieser anders gearteten Wirklichkeit abprallen. Dies beflügelt zwar den Markt der Theorien und offeriert zahllosen Beratern eine dauerhaft sprudelnde Geldquelle, führt jedoch nicht zwangsläufig zu dauerhaften und sinnvollen Veränderungen.

1. Chaos und Ordnung: Komplexe Entwicklungen sind nicht planbar

Schon die Vielzahl der Konzepte, Zielvorstellungen und Lagebeschreibungen, die bezüglich des Managements von industriellen, sozialen und politischen Organisationen in Umlauf ist, verweist uns auf das grundsätzliche Problem, dass die *Antizipation*[1] der Zukunft systematische Schranken aufweist, die gerade durch neuere Erkenntnisse der wissenschaftlichen Forschung, insbesondere bezüglich der Dynamik nichtlinearer Systemverläufe, bestätigt werden.

Die „Chaostheorie"

Antizipation als menschliches Verfahren, mit dem Zukünftigen, Unbestimmten umzugehen, beinhaltet zwei wesentliche Aspekte: Zum einen ist ein Bild, eine Vorstellung von den zu erwartenden Ereignissen zu entwickeln, zum anderen müssen Handlungsstrategien kreiert werden, die diesen vermuteten Strukturen und Abläufen gerecht werden – und zwar hinsichtlich eines Ziels, das ein erwünschtes zukünftiges Ergebnis einschließt.

In klassisch-deterministischer Perspektive erschien die Lösung des Problems relativ einfach. Mit Hilfe wissenschaftlicher Analysen und Prognosen werden Entwicklungen ermittelt, auf deren Pfade dann die diversen Maßnahmen Bezug nehmen können. Der simple Sachverhalt, dass auch die profundesten Lageeinschätzungen und Vorausberechnungen die entscheidenden „Brüche", Wendepunkte der wirtschaftlich-sozialen Entwicklung nicht vorhersehen konnten – man denke nur an die „Asienkrise" 1998, den Zusammenbruch des Ostblocks etc. –, verweist uns darauf, dass in den wissenschaftlichen Prognosen *gar nicht die Zukunft repräsentiert wird*: Sie stellen vielmehr die Extrapolation vergangener Ereignisse unter gleichen Umständen dar – nach dem Motto: „So wird die Zukunft aussehen, wenn dies und das so weiterläuft wie bisher". Nur: wenn nicht – dann eben nicht! Und gerade Marktgesellschaften beruhen auf hochgradig individuellen, voneinander unabhängigen Entscheidungen, die sich zu einer Gesamtresultante addieren, die ex ante niemand gewusst, geschweige denn beabsichtigt hat. Hinzu kommt, dass über Rückkopplungsschleifen im

Prozessverlauf geringfügige Veränderungen, vermittelt *durch Lern- und Anpassungsprozesse* der jeweiligen Gesamtstruktur, zu weiteren Veränderungen führen, die damit unabsehbar geraten – zumindest kommt man ihnen nicht mit den herkömmlichen Mitteln der Extrapolation der Vergangenheit (vielleicht bei Variation der einen oder anderen Variable) bei.

Neuere Theorien – insbesondere die Theorie der nichtlinearen Dynamik komplexer Systeme[2] und die konstruktivistische Bewusstseinsforschung[3] – haben nun gezeigt, dass schon die Feststellung einer „Ordnung" als Strukturierung des Gegenstands Basis jeder wissenschaftlichen Analyse, nie unabhängig von einer Regel, von wahrnehmungsleitenden Gesichtspunkten möglich ist. Damit reduziert sich das „Zufällige", nicht Kontrollierbare auf die Aspekte der Realität, die keinen deterministisch aufgefassten Ordnungsprinzipien unterworfen werden können. Wenn aber aus „…der Phänomenologie eines Prozesses oder einer Struktur … im Allgemeinen nicht zweifelsfrei erkennbar (ist), ob sie einer Regelhaftigkeit genügt oder nicht"[4], dann schließen sich Zufall und Notwendigkeit, Ordnung und Unordnung, Vorhersehbares und Unvorhersehbares nicht in der Weise aus, wie sie es in der ganzen abendländischen Denktradition getan haben. Die widersprüchliche Einheit dieser Kategorien lässt sich mit Hilfe des Begriffs des „deterministischen Chaos" auflösen, mit dem wir uns im Folgenden auseinander setzen.

Die „Chaostheorie" nimmt ihren Ausgangspunkt von der Beobachtung, dass Systeme als zusammenhängende Ordnungen von Elementen unter bestimmten Bedingungen zwar bestimmbar, aber nicht vorhersagbar sind: Befindet sich ein System im Zustand der Instabilität, also einem Zustand, von dem aus es sich bei beliebig kleinen Abweichungen in zwei entgegengesetzte Richtungen entwickeln kann, so ist gerade deshalb die Richtung, in die es sich entwickeln wird, unbestimmbar. Jede noch so kleine Abweichung führt zur „Fehlerkatastrophe", die unmessbar kleinen Differenzen werden sich iterativ so „hochschaukeln", dass kein noch so leistungsfähiger Computer mehr angeben kann, welche Richtung das System einschlagen wird. In anderen Worten: Systeme im Zustand der Instabilität, also an Scheide- oder Wendepunkten – man denke an die Schiffsschaukel am Punkt ihres

1. Chaos und Ordnung: Komplexe Entwicklungen sind nicht planbar

Überschlags – weisen eine so genannte „sensible Abhängigkeit von den Anfangszuständen" auf. Damit sind sie wegen ihrer Systemeigenschaften, also notwendigerweise, in ihrer Entwicklung unbestimmbar, denn mikroskopische, nicht messbare Veränderungen summieren sich zu makroskopischen Zuständen. Insofern ist das Chaos determiniert: Es handelt sich um eine angebbare, auf bestimmten Systemeigenschaften beruhende und damit wissenschaftlich erfassbare Qualität! Dies ist auch mit dem berühmten „Schmetterlingseffekt" gemeint: Nur unter dieser Bedingung der „Scheidepunkt-Instabilität" kann der Flügelschlag eines Schmetterlings in Hongkong irgendwann einen Orkan in New York auslösen – wobei der Schmetterling weder die Energie für den Orkan bereitstellt noch bestimmt, dass er überhaupt stattfindet, aber er kann unter bestimmten Bedingungen wesentlichen Einfluss auf den Ort und den Zeitpunkt des Sturms haben. G. Küppers fasst dies so zusammen: „Voraussetzung für die Selbstverstärkung kleiner Abweichungen beim Schmetterlingseffekt ist das Vorliegen einer instabilen Situation. Erst dann kann eine mikroskopisch kleine Störung zu einer makroskopischen Veränderung führen."[5] Das Chaos als dauerhafte Systemeigenschaft setzt natürlich voraus, „dass das System *immer wieder* sehr nahe zu der Instabilität zurückkehrt, von wo es dann, in Abhängigkeit von winzigen Unterschieden, in entgegengesetzte Richtungen fortlaufen kann. Dies ist das so genannte *Reinjektionsprinzip*. Auf ihm beruht, in Verbindung mit wenigstens einer Instabilität, ganz allgemein das deterministische Chaos"[6]. Zentral hierbei ist, dass diese Zurückführung des Systems in einen instabilen Zustand vom System selbst herbeigeführt wird. Wenn nun die Ergebnisse, die Richtung, die ein chaotisches System einschlagen kann, nicht vorhersagbar ist, so heißt dies andererseits nicht, dass der Umkreis der möglichen Entwicklungen beliebig, unbestimmbar ist: „Alle Größen, die man an einem deterministisch-chaotischen System messen kann, verbleiben in einem endlichen Bereich, innerhalb dessen die Werte variieren …"[7] Noch komplizierter gerät die Sache dadurch, dass man die Gesamtheit der im Laufe der Zeit durchlaufenen Zustände des chaotischen Attraktors nur als Zustandsraum mit einer fraktalen Struktur erfassen kann: „Diese kann man sich als eine Art ‚Blätterteig' vorstellen, also eine in einem endlichen Raum befindliche, aber unendlich ausgedehnte Fläche."[8]

Anitzipation im Chaos

aus: Stahl/Schreiber, Die Lernende Region, a.a.O., S. 343

Wir finden also hier ein völlig neues *Nebeneinander von Ordnung und Unordnung*, Bestimmbarkeit und Unbestimmbarkeit: Während der Werte*bereich*, in dem sich das chaotische System bewegt, klar angebbar ist, tendieren die *möglichen einzelnen* Werte gegen unendlich und sind damit unbestimmbar! Diese paradoxe Ordnung zeigt sich auch darin, dass das deterministische Chaos bei regelmäßiger Messung der Häufigkeit von Ereignissen an einem bestimmten Ort des Systems invariante Häufigkeitsverteilungen aufweist – man denke hierbei an die Ergebnisse wiederholten Würfelns. „Die Unveränderlichkeit der Wahrscheinlichkeitsverteilungen reflektiert die in dem deterministischen System waltende Gesetzlichkeit."[9]

Bedeutung der „Chaostheorie" für Sozialsysteme

Welche Bedeutung haben die vorgestellten Überlegungen für unser Problem der Antizipation und der darauf aufbauenden aktiven, innovativen Gestaltung der ökonomisch-sozialen Wirklichkeit in sozialen Systemen und Organisationen?

- Wenn ähnliche Ursachen unterschiedliche Wirkungen hatten, glaubte man früher an den Zufall. Nun ist es möglich geworden, zu untersuchen, ob es sich hierbei nicht um eine Systemeigenschaft handelt, der „Zufall" also notwendig auftritt. Damit aber ist auch der Charakter und der Wertebereich des Zufallsprozesses angebbar, d.h. ein Möglichkeitsraum von Ereignissen, auf die man sich nicht in ihrer Gänze und Fülle, aber hinsichtlich mehrerer angebbarer „Ereigniswolken" durchaus einstellen kann. „Einstellen" kann aber nur gleichbedeutend damit sein, dass dem chaotischen Ereignisraum ein „Handlungsraum" von Strategien gegenübergestellt wird, die verschiedene Möglichkeiten der Reaktion auf verschiedene, letztlich unvorhersehbare Entwicklungslinien darstellen – wohlwissend, dass das eingreifende Handeln über Lernprozesse, Rückkopplungsschleifen etc. neue Ereignisketten hervorzubringen vermag, die eine erneute, zunächst unplanbare Veränderung der eigenen Handlungsstrategien notwendig machen usw. Die *Flexibilität von Strukturen und Handlungsmodellen, die Schaffung von Schnittstellen zwischen unterschiedlichen Entscheidungs- und Handlungsverläufen, das offene Eingehen auf die ständigen Neuentwicklungen, die bottom-up im System selbst entstehen, sind die notwendige planerische Konsequenz aus den faszinierenden Erkenntnissen der „Chaostheorie".* Damit wird erstmals der falsche historische Gegensatz zwischen „voraussehbar = planbar = determiniert" einerseits, „unvorhersehbar = unbeeinflussbar = zufällig" andererseits transzendiert.

- In praktischer Hinsicht beinhalten die neuen Erkenntnisse über das chaotische Wesen von Systemverläufen, dass bei Nichterreichen der Planungsziele nicht die Aufforderung an die Planer ergeht, noch mehr Daten, Gesetze, Richtlinien etc. zu erstellen, sondern diesem notwendigen Auseinanderfallen von Systembeeinflussung und Systementwicklung durch dynamischere und flexiblere Modelle Rechnung getragen wird, die die Zahl der Schnittstellen, der Übergänge zwischen Entwicklungsverläufen, also *Handlungsoptionen vergrößern*. Denn: „Im Falle komplexer Systeme sind Prognosen in der Regel nicht möglich, verallgemeinerungsfähige Lösungen eines Problems gibt es nicht, und es ist keine Sache der Erfahrung, den richtigen Weg gefunden zu haben. Denn selbst bei einem identischen Sachverhalt wiederholen sich die Ursachen niemals exakt; und ähnliche Ursachen haben unähnliche Wirkungen."[10]

■ Bezogen auf unser Problem der Innovation in Sozialen Organisationen, die ihre kreativen Potenziale in Innovationsdynamik umsetzen wollen, bedeutet dies, im Wissen um die Ungewissheit der Planungsergebnisse müssen *evolutionäre Prozesse von unten* ermöglicht werden, d.h. Strukturen als Netzwerke und offene Partnerships so gestaltet werden, dass ihr selbstorganisatorisches Anpassungspotenzial an die unvorhersehbare Dynamik ihrer chaotischen Umgebung deutlich gesteigert wird. G. Küppers formuliert diesen Aspekt treffend: „Planung dient nicht mehr dazu, Pfade in eine wünschenswerte Zukunft zu entwerfen, sondern ein Design für das Experiment Zukunft zu liefern."[11] „Design" ist hier gleichbedeutend damit, „Handlungsachsen" provisorisch durch einen Möglichkeitsraum von Ereignissen zu legen, deren Koordinaten bei Bedarf verändert werden können, ja die sich vielleicht sogar selbst den Bewegungen des Systems gemäß verändern.

■ Darin ist ein doppeltes Problem eingeschlossen: Die Organisation muss sich selbst in die Lage versetzen, den Veränderungsbedarf der „Koordinaten" wahrzunehmen, anstatt mit der „Verfeinerung" des bisherigen Instrumentariums zu antworten. Zugleich sind Methoden zu entwickeln, die die Umsetzung des Veränderungsbedarfs ermöglichen – und zwar nicht als einmaligen Vorgang, sondern als institutionalisiertes Programm – was irgendwie auch wieder einen Widerspruch darstellt. Ansätze zum „kontinuierlichen Verbesserungsprozess" arbeiten sich mehr oder weniger erfolgreich an diesem verschachtelten Dilemma ab.

2. Systemisches und evolutionäres Denken: Komplexe Prozesse erfordern komplexe Problemlösungen

Dynamische Systeme sind aber nicht nur tendenziell chaotisch, sondern verhalten sich auch im Rahmen ihres „stabilen" Wertebereichs alles andere als durch einfache Kausalketten berechenbar. Dementsprechende hilfreiche Hinweise für die grundsätzliche Konstruktion von Veränderungsmaßnahmen für Soziale Organisationen verdanken wir der modernen Theorie systemischer Vernetzungen und Abläufe. So analysieren die St. Gallener Professoren Peter Gomez und Gilbert J.B. Probst typische Denkfehler des Problemlösens in komplexen Situationen[12], die sich aus der Nichtbeachtung der grundsätzlichen Netzwerkdynamik komplexer Systeme ergeben.

Gomez/Probst geht es dabei nicht um die chaotische Dynamik, um unvorhersehbare Zustandsverzweigungen von Systemen, wie sie von der Chaostheorie thematisiert werden; ihre Analyse setzt unterhalb der Ebene chaotischer Dynamik an der „ganz normalen" *Komplexität ineinander verschlungener, vielschichtiger Entwicklungspfade* an. Sie versuchen, mit dem „Wirkungsdiagramm" eine „leistungsfähige Darstellungsform von Systemen" (G. Ossimitz) zu entwickeln: Alle wesentlichen Systemelemente werden als Knoten und Wirkungsbeziehungen zwischen diesen Systembestandteilen als Pfeile visualisiert. Dabei werden gleichgerichtete Wirkungen mit positivem, gegengerichtete mit negativem Vorzeichen versehen.

Rückkopplungsprozesse

Ziel ist, aus der Gesamtvernetzung von Wirkungsdiagrammen *Rückkopplungskreisläufe* zu erkennen. Die Analyse von Rückkopplungseffekten versucht, der Zirkularität vieler systemischer Prozesse gerecht zu werden: Ursachen und Wirkungen sind nicht einfach für sich stehende Faktoren eines einfachen kausalen Modells, sondern Wirkungen werden wieder zu Ursachen, sowie Ursachen selbst aus Wirkungen resultieren, bevor sie zu Wirkungen führen. Dabei lassen sich „positive", d.h. sich verstärkende Wirkungskreisläufe von „negativen" Feedback-Schleifen unterscheiden, die durch dämpfende Einflüsse zur Stabilisierung des Kreislaufs führen. Derartige Rückkopplungen sind charakteristisch für vernetzte Strukturen – unabhängig vom Ausmaß ihrer Komplexität und vom Grad ihrer Linearität. Auf unser Management-Problem angewandt, heißt dies, dass bei der Analyse mehr oder weniger problematischer betrieblicher Strukturen und Prozesse der interdependente Verursachungs- und Wirkungszusammenhang des als Netzwerk von Elementen betrachteten Gesamtsystems beachtet, besser noch im Modell vorgestellt und in verschiedenen Szenario-Varianten simuliert werden muss. Gomez/Probst differenzieren des Weiteren bezüglich des Wirkungsgrads einzelner Faktoren[13]:

- Aktive Größen beeinflussen andere Größen stark, ohne selbst stark beeinflusst zu werden.

- Passive Größen werden umgekehrt stark beeinflusst, ohne selbst großen Einfluss auszuüben.

- Kritische Größen beeinflussen andere Größen sehr stark und werden gleichzeitig stark beeinflusst.

- Neutrale (?) Größen beinflussen schwach und werden auch kaum beeinflusst.

Zwar kann der quantitative Ansatz jener eher technisch ausgerichteten Gedankenmodelle nicht umstandslos auf soziale Systeme oder gar Organisationen übertragen werden. Weder nimmt er auf den sinnhaften, interpretativen Charakter institutioneller Strukturen und Prozesse als „geronnene" Handlungen Bezug, noch kann er die Annahmen bezüglich der Handlungsgründe darlegen, die er doch immer unterstellen muss: „Rückkopplungen" ergeben sich ja nicht einfach so, sondern beruhen auf Anschlusspunkten an Handlungszielen und -kriterien, die vorausgesetzt sind. Dennoch lenkt die systemische Betrachtungsweise den Blick auf die kreislaufartige Vernetzung aller Wirkungszusammenhänge, die eine eindeutige und endgültige Unterscheidung simpler Ursachen und Wirkungen nicht erlauben. Zugleich gibt sie mit dem einfachen Hilfsmittel des Wirkungsdiagramms ein praktikables Instrument an die Hand, vernetzte, zirkuläre Prozesse auch im Betrieb zu analysieren und insbesondere die Sensibilität für stabilisierende und destabilisierende Rückkopplungsprozesse zu stärken: Die Betrachtung der Handlungen und Ereignisse in ihrer zeitlichen

Dynamik und Vernetzung lässt leichter beurteilen, ob und welche komplexen Resultate als unbeabsichtigte Gesamtresultante von Entscheidungen zu erwarten sind, die in unzulässiger Weise zumeist nur als „Nebenfolgen" vom Gesamtgeschehen isoliert werden.

G. Ossimitz fasst die sieben Regeln für Lenkungseingriffe, die Gomez/Probst als Essenz ihrer Analyse formulieren, wie folgt zusammen[14]:

- Passe deine Lenkungseingriffe der Komplexität der Situation an.

- Richte deine Maßnahmen auf die aktiven und kritischen Einflussgrößen aus.

- Vermeide unkontrollierte Entwicklungen mit Hilfe stabilisierender Rückkopplungen.

- Nutze die Eigendynamik und Synergien der Problemsituation.

- Finde ein harmonisches Gleichgewicht zwischen Bewahrung und Wandel.

- Fördere die Autonomie der kleinsten Einheit.

- Erhöhe mit jeder Problemlösung die Lern- und Entwicklungsfähigkeiten.

Systemisches Denken

G. Ossimitz entwickelt des Weiteren als Resultat seiner umfangreichen Analyse ein Modell für die Charakteristika systemischen Denkens. Es beinhaltet vier „zentrale Schlüsselkomponenten":

- „Vernetztes Denken: Denken in Rückkopplungskreisen, ‚feedback thought'

- Denken in Zeitabläufen: ‚dynamisches Denken'

- Denken in Modellen

- Systemgerechtes Handeln"[15].

Insgesamt machen Untersuchungen dieser Art deutlich, dass bei der Lösung komplexer systemischer Probleme häufig Denkansätze favorisiert werden, die vorsichtig als „naives Denken" gelten können. Forrester hatte schon 1969 eine Systematik dieser fehlerhaften Vorgehensweisen entwickelt, wie G. Ossimitz[16] zusammenfasst:

(1) Bei komplexen Systemen erreichen vernünftig erscheinende Maßnahmen häufig das Gegenteil der beabsichtigten Wirkungen: Sie verhalten sich „counterintuitive". Dies ist darauf zurückzuführen, dass unsere evolutionär herausgebildeten Wahrnehmungs- und Denkstrukturen mit der komplexen zeitlichen und örtlichen Parallelität verschiedenster Phänomene ebenso überfordert sind wie mit der Einschätzung sich zueinander zufällig verhaltender Vorgänge, die durch ihr zeitliches Nacheinander den Eindruck von Kausalität erwecken.

(2) Komplexe Systeme verhalten sich oft erstaunlich gleichgültig gegen die Variation verschiedenster Elemente, während sie andererseits auf einzelne Parameter äußerst heftig reagieren. Nicht jedes Phänomen oder jeder Prozess, auf die eingewirkt werden kann, entspricht in seinen Reaktionen dieser Einwirkungsabsicht!

(3) Neue Strategien liefern oft nur die alten unerwünschten Resultate: „Viele beeinflussbare Parameter sozialer Systeme können (recht massiv und auch unter hohem Mitteleinsatz) verändert werden, ohne dass dies einen nennenswerten Einfluss auf das Gesamtverhalten des Systems hat."[17] Werden nicht die kritischen, „neuralgischen" Elemente beeinflusst, kompensiert das System durch negative Rückkopplungsprozesse den Eingriff, gleicht ihn sozusagen durch beharrende Gegentendenzen aus.

(4) Umgekehrt gilt demgemäß, dass Eingriffe an den „richtigen Stellen" hochgradig wirksam sind und Auswirkungen auf das gesamte System haben, obwohl sie zunächst nur lokal ansetzen. Der „Pferdefuß" solcher Eingriffe ist damit ebenfalls schon angedeutet: Neben der Schwierigkeit, solche neuralgischen Punkte überhaupt ausfindig zu machen, können Irritationen sensibler Systemelemente zu unvorhergesehenen „Neben-, Rück- und Fernwirkungen" (Forrester) führen, die das gesamte System in eine ungewünschte Richtung treiben können.

(5) Soziale Systeme besitzen ein beträchtliches systemisches Beharrungsvermögen, aus dem heraus sie jeden Veränderungsversuchen entgegenwirken – und dies grundsätzlich, also unabhängig von der Art der beeinflussten Parameter. Der Sozialwissenschaftler D. Baecker präzisiert dieses Argument hinsichtlich des Umgangs mit Wissen in äußerst interessanter Weise, worauf wir später noch eingehen werden.

(6) Langfristiger und kurzfristiger Erfolg von Maßnahmen können sich, wie wir schon gesehen hatten, vehement widersprechen: so sehr kurzfristig die Situation noch verschlechternde Eingriffe langfristig von Erfolg gekrönt sein können, so sehr könne andererseits kurzfristig erfolgreiche Programme langfristig alles noch schlimmer machen …

G. Ossimitz fasst zusammen[18]: „Die Folge der angeführten Punkte (1) bis (6) ist, dass komplexe soziale Systeme zu einer *low performance* tendieren: sie verhalten sich anders, als man es intuitiv erwarten würde; erweisen sich immun gegen eine Vielzahl von steuernden Maßnahmen oder reagieren nur kurzfristig in der gewünschten Weise, während langfristig die Probleme durch die getroffenen Maßnahmen noch verstärkt werden."

Systemisch-evolutionäre Managementtheorie

Gegen die naive „Machbarkeits-Ideologie", die die Eigengesetzlichkeit dynamischer und komplexer Systeme unzureichend berücksichtigt, wendet sich auch F. Malik[19], der seinen Ansatz als systemisch-evolutionäre Managementtheorie kennzeichnet. Im Unterschied zur klassischen Betriebswirtschaftslehre geht er von unvollständiger Information aus. Organisationen versuchen immer, Ordnung in jenes Chaos des Nichtwissens zu bringen, was darauf hinausläuft, „dass die sozialen Institutionen durch den besonderen Umgang mit der sich im menschlichen Nichtwissen manifestierenden Komplexität als evolutionäre Anpassungen an dieses Nichtwissen entstanden sind".[20]

Eine evolutionäre Sichtweise beinhaltet insbesondere die Ablehnung der „Annahme, dass alle zweckdienlichen gesellschaftlichen Institutionen ausschließlich von Menschen, in zweckrationaler Absicht, gestaltet – konstruiert – wurden, also durch planvolles und absichtsgeleitetes menschliches Handeln zustande gekommen sind und aus diesem Grunde vom Menschen auch jederzeit fast beliebig geändert werden können."[21]

Betont wird von Malik demgemäß das evolutionäre „Gewordensein" und die damit verbundene Eigenart lebendiger Systeme[22]: „Lebendige und geistige Systeme verstoßen zwar nirgends gegen die Gesetzmäßigkeiten der nichtlebendigen, sie weisen aber *darüber hinaus* ganz andere, grundlegend verschiedene Eigenarten auf, die sich nicht reduzieren lassen." Eine Systematik von systemischen Ordnungen erweist, dass komplexe soziale Systeme „zwar das Ergebnis menschlicher Handlungen sind, nicht aber das Ergebnis menschlicher Absicht darstellen."[23] Dies bedeutet: „Da der Einzelne aber eben nicht allein ist, interferiert sein Handeln mit dem Handeln und den Absichten anderer, so dass das tatsächlich erzielte Ergebnis in aller Regel nicht mehr das von jedem Einzelnen beabsichtigte Resultat ist, sondern etwas von diesem Verschiedenes, Abweichendes – unter Umständen etwas völlig anderes und vielleicht sogar etwas, was niemand wirklich wollte."[24] Dieses logische und praktische Auseinanderfallen von zahllosen einzelnen Handlungen, die ihre eigenen Motive haben, und Resultaten, die sich ungeplant aus der Resultante dieser Handlungen ergeben, wirft ein kritisches Schlaglicht auf Managementtheorien, die glauben, auf der Ebene der Handlungsbeeinflussung bestimmte, der Betriebsführung genehme Ergebnisse sicherstellen zu können. Ohne Gespür für das vielschichtige Regelwerk, die aufeinander bezogenen und ineinander verschachtelten wechselseitigen Erwartungen, die die Organisation gleichsam als ihr Nervensystem durchziehen, verfällt man naiv-rationalistischen Kontrollphantasien, die der Wirklichkeit von sozialen Systemen nicht gerecht werden. *Vieles wird beabsichtigt, ohne dass es „herauskommen" kann, vieles „kommt heraus", ohne dass es gewollt wurde*; Regeln werden oft faktisch befolgt, ohne dass sie den Betreffenden explizit bewusst sein müssen. Systeme von Verhaltensregeln ergeben sich z.T. als quasi naturwüchsiger Anpassungsprozess im „Trial-and-Error-Verfahren" im Wechselspiel von System und Umwelt. Malik folgert aus seiner evolutionistischen Perspektive für das Management von Organisationen, dass dessen Prinzip letztlich darin bestehe, „auf Eingriffe in die Detailorganisation und die Detailfunktionen zu verzichten und statt dessen jene exogenen Rahmenregeln zu schaffen und zu kultivieren, die das endogene Wachstum von Ordnung und Komplexität möglich machen."[25] Gerade die sofortige Rückbezüglichkeit von Veränderungen des organismischen Systems auf sich selbst, der permanente „Test" der Überlebenstauglichkeit durch iterative Selbstanwendung macht den Erfolg evolutionärer Strategien aus: „Elementarer Baustein, die ‚Verkörperung' des Versuchs-Irrtums-Prinzips quasi, ist ein zirkuläres System des Informationsflusses, gerade stabil genug, um seine Zirkularität, seine Struktur zu bewahren, und doch variabel genug, um experimentieren zu können."[26]

Aus diesen Erkenntnissen resultiert für Malik eine veränderte Managementphilosophie, die sich deutlich von der klassischen Steuerungs- und Führungslehre absetzt:

- Soziale und wirtschaftliche Prozesse besitzen ihre eigene „inkremental-evolutionäre" Logik, in deren Ablauf Managemententscheidungen nur einen Einflussfaktor unter vielen darstellen, „der vielleicht – aber eben nur vielleicht und unter bestimmten Bedingungen – die Richtung des Verlaufes ändern kann."[27]

- Die auf „Versuch und Irrtum" beruhenden Selektionsprozesse stützen sich auf Regeln, „die wir zum größten Teil nicht kennen und nicht artikulieren und daher auch nur schwer ändern können".

- Nimmt man hinzu, dass soziale Systeme als selbstorganisierende und selbstregulierende Systeme zwar das Ergebnis menschlicher Handlungen, im Normalfall aber nicht Resultat menschlicher Absichten sind, so kann Management in solche Prozesse nur bedingt eingreifen; zudem hängt die Wirkung der Eingriffe entscheidend vom Ansatzpunkt der Maßnahmen ab: „Manche müssen wegen der inneren Prozesslogik wirkungslos verpuffen; sie werden absorbiert, ohne irgendeinen Wandel zu bewirken. Andere können potenziell zwar sehr große Änderungen bewirken, müssen in ihren Konsequenzen aber wieder weitgehend den selbstorganisatorischen und selbstregulierenden Kräften überlassen werden."[28]

■ Als Quintessenz seiner Erörterungen fasst Malik zusammen: „Management auf der Basis reduzierter Illusionen bezüglich der eigenen Wirksamkeit und der Machbarkeit ist realistisches Management und deshalb letztlich auch wirkungsvolleres Management."[29] Nur das Wissen um die „Grenzen der Machbarkeit und Beherrschbarkeit" ermöglicht jene **Bescheidenheit**, die allein Grundlage für eine vertieftere Einsicht in die Zusammenhänge organisationaler Prozesse und Veränderungen ist.

F. Malik untermauert und ergänzt die Analysen und Ergebnisse des eher technisch orientierten Systemdenkens, das sich mit der Logik und Dynamik von komplexen Problemlösungsstrategien befasst, um eine evolutionäre Perspektive. Deren interessantester Beitrag ist zweifellos die Einsicht in die Differenz von Handlungen, Absichten und Ergebnissen und in die Beschränkungen (und Chancen!), die sich daraus für das Management ergeben.

Problematisch erscheint aber die Ablösung rationaler betriebswirtschaftlicher Erfolgskriterien wie Gewinn durch eine simple Überlebensanalogie: Während das (Über)leben von Organismen eindeutig definiert werden kann, sind Organisationen soziale Gebilde, die sich als solche permanent verändern, ohne dass auf der Folie biologistischer Argumentation angegeben werden kann, ob die Organisation dabei mit sich identisch geblieben ist oder nicht – ist die neue, veränderte Organisation irgendwie „nur" die alte oder doch die neue? Hat die alte Organisation damit „überlebt" oder nicht?[30] Muss sie „verschwinden", um ihr „Ableben" konstatieren zu können? Was ist, wenn sie in einer anderen Organisation aufgeht oder mit ihr verschmilzt etc.? Die Grenzen einer biologisch-evolutionistischen Managementtheorie[31] verweisen auf die Notwendigkeit, die *soziale Eigenart von Organisationen als solche* zu untersuchen.

Zusammengefasst ergibt dies, dass Organisationen als *Systeme*, als komplexes Zusammenspiel von aufeinander bezogenen Elementen, Eigenschaften aufweisen, die jeder naiven betriebswirtschaftlichen „Eingriffsphilosophie" Hohn sprechen. Dies ist bei der Formulierung eines adäquaten Innovations- und Veränderungsmanagements zu berücksichtigen; daran sind auch die Eingriffskonzepte und Managementtheorien zu messen. Aber Organisationen sind auch und zuallererst *soziale* Systeme, wie bei Forrester zumindest schon unterstellt war. Auch Malik thematisiert Organisationen als soziale Systeme, bleibt aber der Analogie zu lebenden Systemen im Allgemeinen, die sich aus seinem biologisch-evolutionären Ansatz ergibt, weitgehend verhaftet. Erst die *soziologische Theorie* befasst sich mit den Spezifika, die sich daraus ergeben, dass der soziale Charakter von Organisationen *aus sich selbst heraus* ständig von neuem erzeugt wird, also auch aus sich heraus betrachtet und verstanden werden muss.

3. Kommunikation und Selbsterkenntnis: Organisationen beobachten und konstruieren sich selbst

Aus der allgemeinen Entwicklungsdynamik nichtlinearer, nicht-trivialer komplexer Systeme folgen also Begrenzungen für den Möglichkeitsraum rationaler Veränderungsstrategien von Organisationen. Aber Organisationen als komplexe **Sozial**systeme weisen zusätzliche Eigenheiten auf[32]: Soziale Systeme handeln und „reagieren" in einem komplexen Wahrnehmungskontext *geschichtsabhängig* und entwerfen *sinnhafte* Zukunftsbilder für weitere *Handlungen*. Gerade die neuere konstruktivistische Theorie hat gezeigt, dass das System damit *„laufend nicht nur auf eigene Entscheidungen und Umweltfaktoren reagiert, sondern auch auf die eigenen Zustände, in die es diese Entscheidungen versetzen. Und diese Zustände sind nur für das System selbst, aber nie für den externen Beobachter zu erschließen"*[33].

Im Klartext heißt dies, dass Organisationen letztlich nie auf die „Umwelt" selbst reagieren. Zum einen ist diese Umwelt immer schon durch die Sichtweisen der Organisation, ihre Zuschreibungen von Sinn, vorstrukturiert. Zum anderen *besteht die Organisation aus einer Fülle von Entscheidungsregeln, Handlungsweisen, Geschichten, Konfliktbearbeitungsregeln, Filtern, Barrieren, Symbolen, Metaphern und Sinnbildern, durch die sie sich ihre eigene Identität erst gibt.*

Welche Umwelteinflüsse nun in der Organisation welche Prozesse auslösen, wird damit immer auch *von der Organisation selbst* bestimmt; ihre grundlegenden sinnhaften Unterscheidungen, ihre Wahrnehmungsweisen, Regeln, Filter und Bearbeitungsmodi entscheiden, wie sich externe Einflüsse in ihr auswirken. Dies ist den Organisationen selten bewusst; viele Diskussionen um notwendige Veränderungen nehmen die betrachteten „Anstöße" von außen als quasi-objektive Einflussfaktoren, die durch geschickte, sei es reaktive oder „proaktive" Anpassungsmaßnahmen zu bewältigen sind. Zur grundsätzlichen Unberechenbarkeit der Zukunftsadäquanz von Veränderungsmaßnahmen, die sich aus der chaotischen Natur komplexer, multifaktorieller Systeme ergeben, sowie zur ineinander verschachtelten Rückkopplungsdynamik „normaler" Systemverläufe tritt somit noch der soziale Charakter von Organisationen hinzu: Sie sind „Fleisch gewordene" Unterscheidungen, die sich durch ihre spezifischen Blickwinkel, Regeln und internen Abläufe nicht nur gegenüber der Umwelt stabil zu halten suchen, sondern damit die Umwelt selbst nur in einer bestimmten Form „hereinlassen", d.h. wahrnehmen und bearbeiten. Die Organisation kommuniziert nur auf Grundlage dieser selbst geschaffenen und ständig selbst reproduzierten Eigenheit mit der Umwelt und – mit sich selbst. Sie ist die Organisation einer selbstgesetzten und durch sie selbst immer wieder erneuerten *Differenz*. Sie bestimmt sich nur dadurch, dass in ihr *andere* Kommunikationskanäle, Entscheidungsfilter und Sichtweisen aufgebaut wurden als „außerhalb". Jede Information von außen muss durch dieses *„Eigenbild"* der Organisation hindurch; Organisationen sind deshalb zwar offen für Materie und Energie, aber geschlossen für Information: Keine Information kann einfach so von außen herein, ohne durch die Organisation selektiert, geformt und interpretiert zu werden – *Wirkungen von außen im trivialen Sinne gibt es nicht*. Anders ausgedrückt: Jede Organisation schafft sich ihre Informationen, die sie scheinbar „von außen" bekommt, selbst, indem sie Umweltvorgänge im Rahmen ihrer Wahrnehmungsschemata überhaupt erst registriert. Diese Wahrnehmungen werden immer schon interpretiert und im Rahmen der vorgängigen Erfahrungen und Modelle einsortiert – und auf diese Interpretationen, die Bestandteil des eigenen Wirklichkeitsmodells geworden sind, wird reagiert! In den Worten des chilenischen Neurobiologen Humberto R. Maturana, der mit seiner naturwissenschaftlich fundierten Erkenntnistheorie die sozialwissenschaftlich-systemtheoretische Sichtweise revolutioniert hat: „Es gibt keinen ‚Input'. Die Interaktion eines Organismus mit dem Medium lösen die durch seine Struktur determinierten Strukturveränderungen lediglich aus. Und dies gilt nicht nur für Organismen, sondern trifft auf alle strukturdeterminierten Systeme zu."[34]

Organisationen sind daher gut beraten, wenn sie den Eigenanteil ihrer Informationen, damit auch den Konstruktionscharakter ihrer scheinbaren „Sachzwänge" zu erkennen suchten – denn eine simple „Innen-Außen-Beziehung" ist schlicht und einfach ausgeschlossen.

Selbstbetrachtung – Fehler erkennen

D. Baecker präzisiert damit die Kritik, die Forrester schon drei Jahrzehnte zuvor an einfachen Kausalketten zur Erklärung und Beeinflussung komplexer Systeme formuliert hatte, in einer Art und Weise, die die *zirkuläre Selbstbezüglichkeit* von Organisationen als sozialen Systemen hervorhebt. Organisationen bilden in ständiger Auseinandersetzung mit von ihnen wahrgenommenen und interpretierten Umweltfaktoren und damit sich selbst Strukturen selektiver Umweltbearbeitung heraus, die festlegen, welche Zusammenhänge „draußen" gesehen und welche Problembewältigungstechniken hierfür gewählt werden. In den pointierten Worten des radikal-konstruktivistischen Systemtheoretikers P. Fuchs: „Das System sieht, was es sieht, nichts sonst, und es bleibt dabei, dass diese Sicht intern konstruiert wird mit Operationen, die sich selbst dieser Sicht entziehen."[35] Beobachtungsorientierten Systemen bleibt damit ihre Entstehungsgeschichte als Geschichte der konstituierenden Unterscheidungen verborgen – muss doch die Wahrnehmung dieser Entstehungsgeschichte genau jene Unterscheidungen als Gesichtspunkte der eigenen Wahrnehmungsstrukturierung voraussetzen. In anderen Worten: Das System nimmt die Genese seiner erkenntnisleitenden Selektionen nur auf Basis dieser Selektionen wahr. Dadurch sind auch alle Veränderungen des Systems nichts anderes als Selbständerungen, die durch die Interpretation externer Ereignisse angestoßen, aber nicht determiniert und damit auch nicht erklärt werden können. Drastischer formuliert: „Alle Änderung (also auch Intervention) läuft über die Sicht des Systems mit Ausnahme der Änderungen, die es zerstören, weil sie nicht in diese Sicht kommen."[36]

Techniken sind daher in dieser Sichtweise *funktionierende Vereinfachungen*, die das System selbst erfolgreich konstruiert hat: „Die Voraussetzung dafür, dass Vereinfachungen funktionieren, besteht in der Isolierbarkeit der Kausalfaktoren. Immer dann, wenn es möglich ist, bestimmte Ursachen mit anderen Ursachen so zu verkoppeln, dass ausschließlich bestimmte Wirkungen erzielt werden und *weder andere Ursachen (Störungen) noch andere Wirkungen (Nebenfolgen) so ins Spiel kommen, dass die Kopplung selbst gefährdet ist*, kann man es mit technischen Lösungen versuchen. In allen Fällen, in denen das nicht der Fall ist, ist die Technik überfordert".[37] Nimmt man noch hinzu, dass „kausale Isolierungen" bei den ineinander verschlungenen, *sinnhaften* Bildern und Metaphern, auf deren Grundlage Menschen in der Organisation kommunizieren, kaum möglich sind, so ergibt sich hier ein *elementarer Zweifel an „technischen" Lösungen von Organisationsproblemen*. Weder lassen sich andere Verursachungen und Wirkungen im Sinne von „Störungen" und „Nebenfolgen" kontrolliert ausschließen, noch ist es möglich, klar umgrenzte Kausalfaktoren überhaupt zu formulieren.

Für ein Managementkonzept ist Rücksichtnahme auf fließende Übergänge, problematische Zusammenhänge und Prozessverwicklungen im Sinne einer erhöhten „Fehlerfreundlichkeit" (D. Baecker), die die Unberechenbarkeit organisationaler Abläufe positiv aufnimmt und damit kreative Lösungen zu fördern versucht, wichtig. Die „Lösung der Probleme" ist durch die *„Problematisierung der Lösungen"* (ders.) zu ersetzen! Dazu ist es erforderlich, von Bürokratie auf *Kommunikation* und von fester auf *lose Kopplung* umzustellen. Dadurch wird der Komplexität und wechselseitigen Offenheit von Beobachtungen und Operationen im System Rechnung getragen – Varietäten, also Spielräume eröffnen sich; Redundanzen stellen Ersatzstrukturen bei Störungen bereit.[38]

Kommunikation – Fehler vermeiden

Den Kommunikationsaspekt hat noch lange vor der modernen konstruktivistisch inspirierten Diskussion über soziale Systeme Karl E. Weick hervorgehoben, als er die „Tätigkeit des Organisierens" definierte als *„durch Konsens gültig gemachte Grammatik für die Reduktion von Mehrdeutigkeit mittels bewusst ineinander greifender Handlungen"*.[39] Kommunikativer Konsens muss dabei insbesondere bezüglich der Regeln für den Aufbau von sozialen Prozessen aus Verhaltensweisen und Interpretationen erzielt werden. „Organisieren ähnelt einer Grammatik in dem Sinn, dass es eine systematische Zusammenstellung von Regeln und Konventionen bedeutet, durch welche Folgen von ineinander greifenden Verhaltensweisen so zusammengefügt werden, dass sie soziale Prozesse bilden, die für den Handelnden verständlich sind."[40]

Weick nimmt damit eine Perspektive ein, die das *handelnde Organisationsmitglied* explizit einbezieht, anstatt sich auf die Abstraktionsebene von „Systemelementen" zu beschränken. Auch hier wird die Komplexität der Handlungsschleifen, das Nebeneinander von formalen und informalen organisatorischen Regeln betont, weshalb es „das Muster von Allianzen, Kausalschleifen und Normen (ist), das *zwischen* den Leuten existiert, was Kontrollversuche erfolgreich sein oder scheitern lässt"[41]. Die Nichtberücksichtigung der oft subrationalen wechselseitigen Beeinflussungen und Beziehungsmuster von Paaren/Gruppen von Organisationsmitgliedern durch die Führungsebene führt dazu, „dass Manager oft Tätigkeiten, die ihre eigenen Selbstregulierungs-, Formierungs- und Selbstkorrektur-Tendenzen besitzen, im Wege stehen."[42] Ähnlich dem St. Gallener Ansatz von Malik und Probst wird die begrenzte Reichweite und Irritabilität von gezielten Beeinflussungsmaßnahmen durch das Management betont und vor der Überschätzung von Mangementtechniken gewarnt – schließlich ist es auch nicht der Dirigentenstab, welcher die Integration des Orchesters bewirkt ...

Weick zieht aus seiner Analyse eine wichtige Schlussfolgerung: „Pläne sind wichtig in Organisationen, aber nicht aus den Gründen, welche die Leute annehmen."[43] Pläne sind vielmehr als „Symbole, Reklame, Spiele und Vorwände für Interaktionen" zu betrachten. „Ein großer Teil der Wirksamkeit des Planens lässt sich erklären durch die Tatsache, dass es bestimmte Leute miteinander in Kontakt bringt, sowie durch die Informationen, welche diese Leute über die *laufenden* Ereignisse austauschen."[44] Weicks These über die eigentliche, systemische Funktion von Planungsprozessen ist von mehreren Autoren aufgegriffen und auf Managementkonzepte allgemein angewandt worden.[45] Nur eine realistisch-pragmatische – und das heißt immer eine theoretisch fundierte! – Auffassung von dem, was Managementtheorien und -konzepte zu leisten vermögen, erlaubt dem Praktiker letztlich, jene reflexiv-kritische Distanz einzunehmen, die „richtige" Entscheidungen voraussetzen. Zur kritischen Distanz gehört auch das Wissen, dass die Strukturen von Organisationen komplexe, im Kern ungeplante Konstruktionen sind, die aus unzähligen Kommunikationsprozessen auf der Mikroebene erwachsen.

Grundlage für diesen Konstruktionscharakter organisationaler Wahrnehmung ist wiederum die spezifische Weise, wie *Menschen als sinnorientierte, psychische Systeme* ihre Welt konstruieren. Die eingehenden Sinnesdaten sind nur der Rohstoff, der im Gehirn in Formen übersetzt wird, die dem Gehirn selbst eigen sind: Die Interpretation unserer Wahrnehmung beruht immer schon auf den Kategorien[46], Strukturen, Unterscheidungen, emotionalen und rationalen Selektionsrastern, über die wir als Menschen, kulturell-soziale Wesen und biographisch geprägte Individuen grundsätzlich verfügen. Auf Basis elementarer, evolutionär verankerter Konzepte (Raum, Zeit, Kausalität, Finalität etc.)[47] bilden die verschiedenen menschlichen Gruppen und Gesellschaften kulturell-soziale Schemata aus, die aus „codes", Unterscheidungen als „Zugangsschlüssel" zur Welt bestehen. Die Codes konstituieren, bestätigen oder verändern sich selbst in der Kommunikation der Individuen; sie gehen also aus ihr hervor, liegen ihr zugleich zu Grunde und verändern sich in ihr.

Zusätzlich nehmen diese kulturellen Wahrnehmungs- und Unterscheidungsmuster in unserer individuellen Biographie eine jeweils besondere, einmalige Gestalt an. Jedes Individuum betätigt in seinen Wahrnehmungen, Beurteilungen und Bewertungen seine gesamte, unverwechselbare Geschichte, durch die die Ereignisse gleichsam „hindurch" müssen. In der Kommunikation dieser individuellen Weltbilder vergleichen wir diese schließlich und erfinden ein System wechselseitig geteilter Sinnbilder und Erwartungen stets von neuem. Eine kognitionstheoretische Perspektive, die soziologische Grundsachverhalte wie die Kontingenz wechselseitiger Erwartungen einbezieht, kann damit zeigen, dass schon unterhalb der Ebene einzelner Handlungsmotive, Interessen und bestimmter Erwartungsmuster allein die Struktur des kognitiven Zugriffs auf die soziale Welt besondere Konstruktionen von Organisation, Umwelt und Welt beinhaltet, die nicht einfach als äußerlich feststehende Sachverhalte fixiert werden dürfen.

Jene Konstruktionen, die aus geteilten Erwartungen, Unterscheidungen und Zwecksetzungen bestehen, erhalten in Organisationen eine
institutionalisierte Gestalt. Organisationen sind damit immer durch
soziale Handlungen vermittelte und integrierte Systeme, die selektiv
Umweltausschnitte definieren, wahrnehmen und bearbeiten. Dabei
unterscheiden sie sich auch danach, wie im Rahmen ihres „Blindflugs"
„Daten" durch welche Instrumente wie angezeigt und weiterverarbeitet werden. Ein Extrembeispiel: Wenn das Politbüro der KPdSU alle
Informationen, die Irritationen im System verursachen, als nicht-systemisch, als Machenschaft böser äußerer Feinde betrachtet, vergibt sie
sich die Möglichkeit, die eigenen Handlungsweisen und Systemstrukturen bezüglich der Umweltveränderungen kritisch zu reflektieren.
Damit sind zugleich praktische Bearbeitungsformen von Umwelteinflüssen prädeterminiert, die vor allem danach trachten, die systemischen Strukturen und Prozesse invariant gegenüber allen Turbulenzen
zu halten. Gelingt dies nicht, desorganisiert sich das System selbst,
weil sich externe Einflüsse als unbearbeitbare Störungen betätigen,
die zur Kumulation negativer interner Entwicklungen führen – wie im
betrachteten Fall auch geschehen.

Das Mittel, mit dem Organisationen ihre Zwecksetzungen, Raster und
Unterscheidungen in die Welt setzen, ist paradoxe Kommunikation:
„Etwas zu organisieren heißt, Festlegungen darüber zu kommunizieren, wie zu kommunizieren ist. Dabei unterliegt die Kommunikation
der Festlegungen bereits den Festlegungen, die kommuniziert werden" (Baecker). Diese Paradoxie bedeutet für das Management von
Veränderungen, dass der Festlegungscharakter von Organisation
selbst in das Blickfeld der Kommunikation geraten muss.

Metaphern als Wirklichkeit Sozialer Organisationen

In der Schaffung und Interpretation ihrer Festlegungen bedienen sich Organisationen oft einfacher *Metaphern* als Basis der Beschreibung ihrer selbst oder ihrer Umwelt, wie A. Schlee/A. Kieser herausarbeiten[48]. Durch den Vergleich mit bekannten Dingen eröffnet die Metapher ein assoziativ-bildhaftes Verständnis eines Sachverhalts noch vor seiner theoretischen Durchdringung – ein umfangreiches, oft kulturspezifisches Vorstellungsfeld wird aktiviert. Man denke als Extrembeispiel nur an die ideologische Sprache des Nationalsozialismus, der inhaltlich-argumentative Begründungen gleich durch eine metaphorische Sprache ersetzt hat, die sich vor allem biologischer Analogien bediente. Metaphern formen demgemäß durch ihre Vergleiche Wirklichkeit: „Sie wiederholen auf subtile Weise Dogmen einer Kultur und verleihen ihnen damit Glaubwürdigkeit; die für die Dogmen unpassenden Teile der Wirklichkeit werden verschwiegen."[49]

In der Perspektive konstruktivistischer Theorien ist dies nun nicht unbedingt ein Mangel, da der Zugang zur Realität sowieso nicht direkt sein kann, sondern über die Wahrnehmungsstrukturen und damit über die schon vorhandene Vorstellungswelt des Wahrnehmenden erfolgt. Metaphern lenken daher unser Denken. „Genauer: Unser Denken ist metaphorisch, und ohne Metaphern können wir nicht verstehen. Metaphern liegen an den Wurzeln unserer Weltanschauung, und unterschiedliche Metaphern sind wie unterschiedliche Linsen, durch die wir die Wirklichkeit erkennen können. Was die Metaphern betonen und was nicht, entscheidet letztlich, was als richtige Art der Organisation angesehen wird."[50]

Zugleich liegt damit in neuen Metaphern eine Chance, Neues auf eine bekannte Ebene zu transferieren und es dem Lernenden zu erlauben, das Konzept zu visualisieren. Die Bildhaftigkeit eröffnet Anknüpfungspunkte für ein spielerischeres Lernen.[51] „Metaphern ermöglichen jedoch mehr, als nur schon Bekanntes auf verständlichere Ebenen herunterzubrechen; sie schaffen vielmehr neue Wissenspielräume oder legen Grundsteine für neue Theorien, z.B. in ihrer Funktion als heuristische Metaphern."[52]

Damit wird eine neue, vielleicht etwas beunruhigende Sicht von Managementkonzepten und den dazugehörigen plakativen Metaphern und bildhaften Vorstellungen kreiert: Noch vor ihrer wie auch immer gearteten konkreten Brauchbarkeit, Anwendbarkeit erzeugen innovative Theorien der Managemententwicklung zuallererst neue Sichtweisen **auf** das Unternehmen, neue Unterscheidungskriterien **für** die Organisation, die im günstigen Fall gerade die „blinden Flecken" in den Blickwinkel des Managements geraten lassen, die zur gegenwärtigen Problemlage mit beitragen.

Insgesamt lässt sich dabei festhalten, dass soziale Systeme die Komplexität ihrer Umwelt immer in einer für sie spezifischen, quasi „bornierten" Weise bearbeiten und dabei versuchen, ihre eigenen Strukturen und Prozesse so anzupassen, dass ihre von ihnen selbst definierte und erzeugte Stabilität und Identität erhalten bleibt. Nun besitzen diese beiden Aspekte allerdings beträchtliches internes Widerspruchspotenzial: So kann die Erhaltung der Stabilität Veränderungen erforderlich machen, die die Identität des Systems als bisheriges, historisch gewordenes gefährden. Soziale Systeme bewegen sich damit immer auch im *Zwiespalt von Stabilität und Wandel*. Wie weit kann der Wandel gehen, ohne die Identität zu gefährden? Bringt Wandel auch langfristige Stabilität, oder gefährdet er diese vielmehr? Kann das Durchlaufen des Wandlungsprozesses in der Zeit so ausgehalten werden, dass sein Nutzen schließlich auch eintritt? Alle Managementkonzepte lassen sich letztlich auf dieser *Folie von Stabilität und Identität, Stabilität und Wandel* abbilden – meist stellen sie einseitige Lösungsvorschläge für dieses Grundproblem von Organisationen dar.

Das Management von Veränderungen in Sozialen Organisationen hat somit zur Bedingung, dass die Organisation sich in erster Linie *selbst beobachtet*. Das tun Organisationen zwar sowieso – durch diese Beobachtung ihrer eigenen Prozesse und Unterscheidungen bewerten die „dramatis personae" der Organisation sich selbst wechselseitig und deren Fortgang in der Organisation, so dass sie nie nur auf ihre eigenen Handlungsauswirkungen reagieren, sondern auch auf die Beobachtung und Bewertung der Wirkungen ihrer Handlungsauswirkungen. Aber: Nur wenn das Management sich dieser Beobachtungs- und Bewertungsvorgänge selbstreflexiv bewusst ist[53], sich also quasi beim Beobachten beobachtet, kann es wahrnehmen, welche Varietäten, Veränderungsalternativen und – angesichts verschiedenster Umweltszenarien – Optionen für die Zukunft konstruierbar wären. Die Reflexion über den konstruktiven Charakter der eigenen Organisation schafft erst jenes Maß an Selbstreflexivität, auf deren Basis das System alternative Entwicklungspfade seiner selbst diskutieren kann, indem es neue Metaphern für seine eigene Beschreibung kreiert. Denn: „Das System ist nichts anderes als ein Entwurf, der aufgrund der bisherigen Geschichte des Systems festlegt, was als Nächstes möglich ist."[54] Die Organisation als soziales System gestaltet ihre Geschichte aber im ständigen Wechselspiel mit interpretierten Umwelteinflüssen selbst. Sie muss daher ihre Geschichte beobachten und analysieren, um Handlungsspielräume erkennen zu können: Handlungsspielräume entstehen nämlich zuallererst dadurch, dass scheinbar feststehende, äußerliche „Einflussfaktoren" gleichsam „hereingeholt" werden in die Organisation und sich damit zu ihrem ureigenen Handlungsfeld umformen. Nur wenn die Organisation sich selbst Rechenschaft darüber ablegt, wie sie eine bestimmte Umweltbedingung (z.B. ein bestimmter Subventionierungsmodus als Basis der Refinanzierung) bisher bearbeitet, fallen ihr Alternativen auf, die sich bei Veränderung dieser Bedingung evtl. realisieren lassen. Die selbstreflexive Beobachtung eröffnet Handlungsoptionen, indem sie vieles, was bisher als notwendige Reaktion auf „außen" erschien, relativiert und als ein gemeinsames „Innen-Außen-Balance-System" unter zahlreichen möglichen erkennt. Umgekehrt kann so manche Regel als „von außen" vorgegeben dimensioniert werden, die zwar mit verschiedenen Herangehensweisen bearbeitet wird, aber letztlich nicht außer Kraft zu setzen ist.

4. Konsequenzen für die Management- und Veränderungspraxis

Sowohl die unberechenbare und vielschichtige Dynamik komplexer Systeme im Allgemeinen, wie sie von der „Chaostheorie" und neueren Ansätzen zur Systemanalyse herausgearbeitet werden, als auch der spezifische, kommunikative und konstruktive Charakter sozialer Systeme beinhalten einige Charakteristika, die Soziale Organisationen in ihren Veränderungsprozessen berücksichtigen müssen:

- Veränderungsprozesse finden stets unter den Bedingungen hoher Ungewissheit und einer grundsätzlichen Unplanbarkeit von bestimmten Resultaten statt. Zudem sind soziale Systeme zwar Resultat von – wie auch immer motivierten – Handlungen, aber selten Ergebnis von Planung. Die wirkliche, existierende Organisation stellt sich vielmehr als Resultante einer Vielzahl unentwirrbarer Handlungsverläufe dar, die nur zum Teil auf bewussten Regeln und „offiziellen" Strukturen beruhen. Kein Methodenkatalog und kein Managementsystem kann daher auch nur im Entferntesten garantieren, dass wegen seiner Anwendung bestimmte Resultate erzielt werden können. Nur bescheidenes Management ist deshalb wirkungsvolles Management, das sich seine Eingriffsansatzpunkte wohl überlegt und sich angesichts zu erwartender Abweichungen stets andere Optionen offen hält.

- Veränderungsprozesse sind immer in komplexe Rückkopplungsschlaufen von ineinander verschachtelten Ursache-Wirkungs-Zusammenhängen eingebettet, deren vielschichtige und oft widersprüchliche Dynamik im Zeitablauf nur mittels entsprechender Instrumente (Wirkungsdiagramme im qualitativen, iterative Simulationen im quantitativen Bereich) durchschaut werden kann. Insbesondere müssen Methoden des „systemischen Denkens" erlernt und angewandt werden.

- Veränderungsprozesse beziehen sich niemals ungebrochen auf objektive Daten, äußerliche Entwicklungen etc., sondern immer nur auf die Prozesse, die diese scheinbar externen Faktoren auf Grundlage der bisherigen Sicht- und Verfahrensweisen der Organisation in der Organisation „anrichten". Jede Organisation hat sich ihr eigenes Schicksal gebaut und wird dies weiterhin tun.

- Veränderungsprozesse erfordern damit zuallererst die selbstreflexive „Beobachtung" der eigenen Systemzustände und Bearbeitungsweisen von Umwelteinflüssen. Die Organisation muss ihre eigenen Leitbilder, Verfahrensweisen und Metaphern unter dem Gesichtspunkt ihrer erfolgten Auswahl aus einem Möglichkeitsraum untersuchen. Die Frage lautet also immer auch: Was haben wir, indem wir dies und das gemacht haben, nicht gemacht – und welche weiteren Entwicklungen wurden dadurch ausgeschlossen? Systemische Analyse betrachtet damit diejenigen Verhaltensweisen, die eine Organisation *immer wieder* zu dem machen, was sie ist, was sie glaubt zu sein und was sie sein will. Die formalen Strukturen werden unter dem Blickwinkel untersucht, wie sie diese Verhaltensweisen ermöglichen, fördern und fordern – und damit andere verhindern.

■ Für den *Informationsaspekt von Organisationen* ergibt dies ebenfalls Konsequenzen: Wenn der konstruktive Charakter von Organisationen angemessen berücksichtigt werden soll, dann sollte nicht so sehr auf die „technisch-organisatorische Seite innerbetrieblichen Information*transfers*" als vielmehr auf „die verstärkte Reflexion über Einflussvariablen und Mechanismen der innerbetrieblichen Information*transformation*"[55] Wert gelegt werden. Daraus folgt ein völlig anderes Modell von Wissensmanagement, als es von eher technisch orientierten Ansätzen als Problem der Daten- und Informationsspeicherung und des entsprechenden Zugriffs darauf formuliert wird.

■ Durch derartige selbstreflexive Prozesse allein, in denen die Organisation sich selbst als Urheber ihres praktizierten Weltbildes wahrnimmt, schafft sie sich die Grundlagen für ein Maximum an Szenarien der möglichen Varietät von Maßnahmen, Handlungen und Veränderungen. Dieses Eröffnen von Optionsspielräumen allein stellt sicher, dass auf Unvorhergesehenes mit alternativen Entwicklungspfaden reagiert werden kann. Bei der Auswahl jeden Entwicklungspfades muss mitgedacht werden können, was getan werden kann, wenn er sich als inadäquat erweist. Mit dieser *permanenten Möglichkeit der Ex-Post-Inadäquanz von Konzepten muss umso mehr gerechnet werden, je mehr sie in die Zukunft hineinreichen*.

5. Grenzen der systemischen Betrachtung: Macht, Interessenkonflikte und individuelle Handlungsmotive in Organisationen

Erfasst die systemische Analyse nun wirklich alle Aspekte, die für das Veränderungsmanagement von Sozialen Organisationen erforderlich sind? Schließlich bleiben systemtheoretische Erörterungen, gleich welcher „Schule" sie zuzurechnen sind, immer in spezifischer Weise „abstrakt":

Sie sehen von den Handlungs*inhalten* der *handelnden Individuen* ebenso ab wie von diesen selbst – also von ihren Handlungsgründen, Motiven, Zwecken und Interessen. Die systemische Perspektive untersucht das abstrakte Zusammenwirken der „Elemente" sozialer Systeme und die Gesetze, Eigentümlichkeiten und Dynamik, die sich aus der Komplexität jenes Zusammenwirkens ergeben. Manche Theoretiker wie Luhmann betonen sogar, dass die Individuen als „psychische Systeme" bestenfalls zur Umwelt sozialer Systeme zu rechnen sind; letztere wären rein aus sich selbst heraus zu erklären.

Dem steht gegenüber, dass die *Praxis* von Organisationen gerade auf jene von der Systemtheorie ignorierten *inhaltlichen* Handlungsgründe Bezug nimmt, ja sich letztlich auf sie stützt. So sehr einerseits aus dem systemischen Charakter von Organisationen formale Gesetzmäßigkeiten folgen mögen, die für deren umweltbezogene Dynamik äußerst bedeutsam sind, so sehr gilt andererseits, dass Organisationen immer als z.B. bestimmte Industriebetriebe, Wohlfahrtsverbände oder öffentliche Verwaltungen existieren, denen eine nicht unwesentliche *inhaltliche Bestimmung eingeschrieben* ist, wodurch sie sich von Organisationen anderer Zwecksetzung unterscheiden lassen: So wird sich die Polizei wohl kaum der Profitmaximierung widmen, während umgekehrt ein Automobilproduzent sich in der Regel nicht um die öffentliche Ordnung kümmert, sondern dies als Basis seiner Geschäfte voraussetzt. Dem widerspricht nicht, dass alle diese Zwecksetzungen im Rahmen der beschriebenen systemischen Dynamiken, Rückkopplungsprozesse und kognitiven Muster kontinuierlich produziert und reproduziert werden nach logisch-strukturellen Prinzipien, wie sie die Systemtheorie beschreibt. Aber: Wendet man nur diese Prinzipien an, so können kaum die Besonderheiten beispielsweise der (historisch gewordenen) Zielsetzungen des Caritasverbandes ermittelt werden, die in seine Strukturen gleichsam als materieller Inhalt eingegossen sind.

Daraus folgt auch, dass der von der konstruktivistischen Sicht bemühte Relativismus nur begrenzt Gültigkeit genießen kann. Auf der inhaltlichen Ebene sind konkrete Organisationen in vielfältige Arrangements eingebunden, die Aspekte von **Macht** beinhalten und auf **materiellen Ressourcen** oder **rechtlich** verbürgten Normierungen beruhen, zwischen denen nicht so einfach „optional" hin und her gesprungen werden kann. Die Ignoranz systemtheoretischer Argumentationen gegenüber den Handlungen selbst einerseits, gegenüber den historisch-materialen Eigenheiten von Organisationen andererseits, verführt dazu, die Relativität organisationaler Prozesse zu übertreiben und dadurch an Praxisrelevanz einzubüßen.

Ferner sind die Ziele, Motive und Motivationen der Organisationsmitglieder[56] nicht mit den struktur- und prozessimmanenten Zwecken der Organisation zu verwechseln – was auch für das Management gilt: Das, was eine Organisation im Rahmen eines gesellschaftlichen Systems wirklich bewirkt, und das, was die Führung zu bewirken oder eigentlich bewirken zu wollen glaubt, muss beileibe nicht zusammenfallen; von den eigenen Motiven der Manager ganz abgesehen, die sich durchaus in abstrakten Karrieremotiven erschöpfen können – die Erfüllung der (immer schon interpretierten) Organisationsziele ist dann für diese bestenfalls Mittel zum Zweck! Oder im umgekehrten Fall: Die Leitung eines kirchlichen Hauses mag sich u.U. nur dem Wohlergehen des Menschen gewidmet sehen – unabhängig davon, ob die ökonomisch-politischen Rahmenbedingungen seiner Arbeit jenen Standpunkt auch praktisch werden lassen. In beiden Beispielen fallen wirkliche (oder auch nur geglaubte) persönliche Handlungsmotive der leitenden Vertreter der Organisation und feststellbare Wirkungen, sprich: dauerhafte Ergebnisse derselben, auseinander.

Individual-, Gruppen- und Führungsinteressen

Die Mitarbeiter der Organisation wiederum verfolgen oft Ziele und Interessen, die sowohl von den Zielen der Führung wie von der strukturimmanenten Zwecksetzung der Organisation abweichen – schließlich ist eine moderne Organisation kein Abenteuerspielplatz und keine Selbsterfahrungsgruppe; vielmehr werden über sie Lebenschancen, Anteile am gesellschaftlichen Wohlstand und/oder Gelegenheiten und Ausmaß des „Mittuns", der sozialen In- und Exklusion, (mit)verteilt. Gegenläufige Interessen der Mitarbeiter oder von Mitarbeitergruppen entstehen vor allem dann, wenn die wachsende Zielerreichung der Organisation sich umgekehrt proportional zur Befriedigung der Mitarbeiterwünsche/-ziele verhält – schlichter: wenn der Erfolg der Organisation auf Kosten derer geht, die in ihr tätig sind. Wobei diese „Kosten" natürlich davon abhängen, wie die Mitarbeiter selbst ihre Interessen und Wünsche im Verhältnis zur Organisation wahrnehmen und definieren.

Gerade wenn in einer Organisation verschiedene Interessen vorliegen, verschiedene Gruppen sich in höchst unterschiedlicher Weise auf den Erfolg der Organisation und dessen Kriterien beziehen, gebraucht das Management normalerweise *Macht* als Instrument, um die von ihm definierten Erfolgsbedingungen in der Handlungsweise der Mitarbeiter Gestalt annehmen zu lassen. Organisationen sind nicht nur hierarchisch im Sinne einer Form der Kommunikation, die Unterschiede setzt und der Organisation somit eine Richtung, Identität gibt, sondern sind auch von Macht geprägt. Eine *unterschiedliche Verteilung von Ressourcen und Entscheidungskompetenzen* schlägt sich in unterschiedlichen Einkommenschancen und persönlichen Einflussmöglichkeiten nieder; dies wiederum lässt auf Führungsmethoden zurückgreifen, die durch das Androhen von Nachteilen Gefolgschaft zu erzwingen trachten. Dieser Aspekt wird in der Managementberatungsszene besonders gerne übersehen, da er nicht in das postmoderne Bild des „organischen Unternehmens" passt, in dem alle Mitarbeiter in der freiwilligen Verpflichtung auf die gemeinsame „Sache" aufgehen … Dabei ist die spannende Frage an dieser Stelle, ob sich die „Widerstände" gegenüber Veränderungen nicht nur der fehlerhaften Kommunikation derselben verdanken, sondern vielleicht auch dem vom

Management als gleichsam „blinder Fleck" ausgeblendeten Sachverhalt, dass die Interessen des Managements und mancher Mitarbeiter bezüglich der betriebenen Wandlungsprozesse auseinander gehen.

Schließlich ist noch die *Art der Handlungsmotive* zu berücksichtigen. Viele Managementtheoretiker machen es sich hierbei recht einfach. Während die klassischen Betriebswirte bruchlos rationale Handlungsgründe unterstellen, hat man bei den Vertretern der lernenden Organisation oft den Eindruck, die Mitarbeiter wären nur noch an psychologisch-emotional motivierten Selbstverwirklichungsidealen[57] orientiert. Beide Extreme gehen an der komplexen, vielschichtigen Struktur von betrieblichen Handlungsgründen vorbei: Kognitive Prozesse ordnen einerseits das Wahrgenommene und Angestrebte in ein System von biographisch verankerten Denk- und Lebensgestaltungsmustern ein; Gefühle und moralische Wertungen führen zu vorbewussten oder allgemein-gemeinschaftbezogenen Handlungsmotiven – und die vielbeschworenen Interessen umschreiben rationale, am individuellen Nutzen orientierte Bestrebungen, die wiederum häufig auf persönlichen Werten oder Zielen, die gar nicht bewusst sein müssen, beruhen. All dies ist in der Person, im handelnden Individuum untrennbar verwoben und fußt nicht nur auf biographischen Momenten, sondern auch auf den sozialen Rollen und ökonomischen Positionen, die eingenommen werden.

„Faustregeln" als individuelle Handlungsmuster

Eine Analyse der Komplexität von emotionalen, moralischen, subrationalen und rationalen Handlungsmotiven beschränkt zusätzlich die Planbarkeit organisationaler Veränderungen: Die handelnden Individuen ziehen eben nicht einfach rationale Schlüsse bezüglich der zweckmäßigen Mittel, um sodann Entscheidungen auf ihren ebenso rationalen Zukunftserwartungen aufzubauen, sondern bewegen sich in einem komplexen Kontinuum ineinander verschachtelter Motive, bei denen fallabhängig mal emotionale, mal rationale, mal moralische Momente im Vordergrund stehen. Deshalb kann man sich von der klassischen organisationalen Entscheidungslehre getrost verabschieden. Diese unterstellte nicht nur stets rational handelnde, Nutzen maximierende Individuen, sondern vor allem auch vollständige Information bezüglich aller Entscheidungsbedingungen, einschließlich der Erwartbarkeit verschiedener „Zukünfte". Der Soziologe A. Etzioni setzt dem umfangreiche Belege entgegen, „dass fast jede Wahl mit sehr wenig oder gar überhaupt keiner Informationsverarbeitung auskommt und in großem Maße oder vollständig aufgrund von affektiven Beziehungen und normativen Verpflichtungen getroffen wird"[58]. Er zeigt weiterhin, dass Menschen häufig auf Basis von heuristischen Konzepten, z.b. von „Faustregeln" entscheiden, die keineswegs auf vollständiger Information und Abwägung aller Fakten beruhen, sondern vielmehr von kulturellen Prägungen und biographischen Erfahrungen zeugen, selten widerspruchsfrei zueinander sind, spezifische Situationsfaktoren auf Basis scheinbar allgemeiner Wahrheiten interpretieren und sich stark an das individuelle Wertesystem und die dazugehörigen Emotionen anlehnen.[59]

Etzioni geht sogar so weit, dass er auf Basis dieser Argumentation den „Faustregeln" ihre Rationalität bestreitet. In seinem Sinne interpretiert handelt es sich bei heuristischen Techniken um einfache kognitive, häufig emotional fundierte Muster, die unter komplexen Bedingungen Handlungssicherheit ermöglichen sollen, woraus im sozialen Kontakt letztlich Institutionen hervorgehen[60] – ganz im Sinne von A. Gehlen, der die den Menschen entlastende Funktion derartiger Institutionen betonte.

Schließlich ist es gerade dieses *handelnde* Individuum, welches zwar nur in Teilaspekten seiner selbst in der Organisation agiert – weswegen es die Systemtheoretiker gleich zur Umwelt des Systems erklären –, aber selbst in diesen Rollen und Funktionen immer mit seiner gesamten biographisch erworbenen Sicht auf seine ureigene Welt aktiv ist. Für die *mikropolitische* Ebene der alltäglichen, ständig erfolgenden „kleinen" Entscheidungen heißt dies, dass die Möglichkeit des Wandels allein dadurch in jede Organisation prinzipiell eingelassen ist, dass ihre von den Systemtheoretikern verselbstständigten Routinen, Artefakte und Ablaufkriterien *stets Institutionalisierungen menschlichen Handelns* sind. Dass diese Institutionalisierungen einige komplexe Eigenschaften und Dynamiken aufweisen, die aus ihrer eigenen Ebene heraus beschreibbar sind, macht die beschränkte Berechtigung und den dazugehörigen Nutzen systemischer Betrachtungen aus.

Praktische Konsequenzen für die Modellierung Sozialer Organisationen

Organisationen mögen als institutionalisierte Muster sozialer Kommunikationen, als in Regeln gegossene Erwartungsverknüpfungen eigenständig beschreibbar sein und in sich und aus sich heraus dem Handeln der Organisationsmitglieder Richtungen vorzeichnen und Formen zur Verfügung stellen – *aber sie handeln nicht selbst*; der Subjektcharakter von Organisationen wird in der Sozialwissenschaft seit jeher kritisch diskutiert. Dann aber stellt sich die interessante Frage, wie die „Identität" der Organisation durch die Handlungen und Perspektiven ihrer Mitglieder konstituiert und aufrechterhalten wird; zugleich fragt sich, wer diese Identität unter welchen Voraussetzungen repräsentiert und in Entscheidungen umsetzt.

Im Management von Veränderungsprozessen sollte nicht vorschnell ein Menschen- oder auch Organisationsbild unterstellt werden, das einerseits *den Machtaspekt von Organisationen* ignoriert, andererseits die Organisationsmitglieder mit einer Primärmotivation versieht, um die herum stillschweigend ein Interventionsmodell gebastelt wird. Denn: Alle Eingriffe in soziale Handlungszusammenhänge, die oft so wundersam abstrakt und unverbindlich in systemtheoretische Metaphern gekleidet werden, müssen nicht nur durch das „Selbstbild", die spezifischen Wahrnehmungsschemata der Organisation hindurch, sondern vor allem auch durch die „Köpfe" zumindest einiger Organisationsmitglieder, um überhaupt dorthin zu gelangen! Zudem benötigen sie Ressourcen und haben die materialen Abhängigkeiten und Zwecke zu gewärtigen, in die wirkliche Organisationen immer eingebunden sind. Dies macht vor allem ein Konzept der Kompetenzentwicklung als zentrale Säule von managementgeleiteten Veränderungsprozessen erforderlich.

6. Spezifika des Systems der Sozialen Arbeit

Wie steht es nun um den Systembegriff in der Sozialen Arbeit? Zuweilen fällt einem im Umgang mit manchen Sozialpädagogen die Verwendung eines „Systemsprech" auf, der es im Wesentlichen bei der Betonung von Ganzheitlichkeit und komplexer Zusammenhänge bewenden lässt. Nicht ohne Grund haben wir daher versucht, allgemein(st)e systemische Charakteristika von komplexen Zusammenhängen und Phänomenen in sozialen Systemen einerseits sowie von subjekt-, handlungs- und interessenbezogenen Gesichtspunkten andererseits zu unterscheiden. Ansonsten läuft man nämlich Gefahr, systemtheoretische Gedanken jenseits ihres Gültigkeitsbereichs und ihrer Spezifität einfach den disparatesten sozialen Phänomenen überzustülpen. Dann ersetzt der Jargon das Argument: „Ebenso kann ein Problem als ‚strukturell bedingt' gekennzeichnet werden, wenn man es nicht verstanden hat, und eine Methode wird als ‚ganzheitlich' umschrieben, wenn es nicht gelingt, auf das zu achten, worauf es ankommt. (…) ‚System', das scheint eines der Zauberwörter, die man treffen muss, um als professionell, als kundig gelten zu dürfen."[61]

Systemtheoretische Analyse

Fuchs und Halfar versuchen, einige Kernpunkte einer Analyse der Sozialen Arbeit als System herauszuarbeiten: [62]

- Das Funktionssystem Sozialarbeit ist darauf spezialisiert, Exklusionen, die aus anderen Systemen resultieren, entgegenzuwirken, „Exklusionsschäden" durch Inklusion „abzumildern" sowie eine „Reinklusion" vorzubereiten.

- Durch die systemeigene Unterscheidung von „Fällen", die der Hilfe durch Sozialarbeit bedürfen, und „Nicht-Fällen" konstituiert sich das System Sozialer Arbeit als selbst konstruierte Differenzierung von „Klienten" und „Helfern".

- Klienten werden damit erst durch die Beobachtungsweise des Sozialarbeitssystems zu solchen gemacht. Klienten sind das notwendige Komplement zum Helfer, weswegen das System die Klienten auch benötigt.

- Bleiben die Klienten aus, muss das System daher neue Ideen entwickeln über Menschen, die als Klienten in Frage kommen.

Die Gründe für diesen Standpunkt sehen die Autoren in der Umstellung der Gesellschaften in der Moderne auf differenzierte Funktionssysteme, die ausschließlich nach ihrer Logik die Regulierung bestimmter gesellschaftlicher Lebensbereiche betreiben. Das Wirtschaftssystem reguliert damit gemäß den Mechanismen des Marktes die Knappheit und verteilt darüber Einkommenschancen, die sich nicht um Fragen z.b. der sozialen Gerechtigkeit kümmern. Ein anderes Beispiel: Das Rechtssystem misst die Handlungen der Bürger am Maßstab der Gesetzestreue, regelt hierüber die Erwartungssicherheit sozialer Handlungen, ohne die lebenspraktisch-individuellen Bedingungen derartiger Gesetzestreue anders zur Kenntnis zu nehmen als im Sinne das Strafmaß beeinflussender Nebenbedingungen. Wenn nun als Legitimitätsprinzip einer derartigen funktionellen Ordnung gilt, dass jeder an allen Funktionssystemen prinzipiell partizipieren können muss, dann bearbeitet das System der Sozialen Arbeit Exklusionen, die aus anderen Systemen resultieren und sich tendenziell zu verstärken drohen, so dass diese Exklusionen entweder vermieden, abgemildert oder rückgängig gemacht werden. Dazu arrangiert das System eine eigene Umwelt seiner Klienten, die dadurch erst zu solchen werden, dass sie in diese konstruierte (Ersatz)welt eintreten – mit dem Ziel, ihre Exklusion rückgängig zu machen. „Der Sozialarbeiter ist, so könnte man sagen, Umweltarrangeur, ein Soziotechniker, und er tut deswegen gut daran, sich mit den Strukturen und Prozessen der modernen Gesellschaft auszukennen."[63]

Fuchs und Halfar fordern gemäß ihrer ernüchternden Analyse die Ablösung von „Helfer- und Märtyrersyndromen" durch „Professionalität", auf der wiederum eine Standesethik aufbauen könnte, die aus folgenden Kernsätzen[64] bestünde:

- „Ich arbeite nicht am Menschen"

- „Ich bin kein Teil des Systems"

- „Es gibt keine Klienten, es sei denn, ich lege eine Akte (und Ähnliches) an"

- „Auch Klienten bewohnen nicht das System"

- Ich bin maßgeblich an der Stigmatisierung von Leuten beteiligt, die ich als Klienten beschreibe"

Damit wird das Augenmerk auf die konstituierenden Unterscheidungen gelegt, die die grundlegenden sozialen Kategorien des Systems Sozialarbeit hervortreiben, ja stets von neuem Wirklichkeit werden lassen. Den „Klienten" auf der einen Seite, den „Helfer" auf der anderen. Der perspektivisch gleichsam aller besonderen Inhalte, Selbsteinschätzungen, Bewertungen und moralischen Selbststilisierungen entkleidete Blick richtet sich auf einen zentralen „blinden Fleck" Sozialer Arbeit: das Gewordensein der eigenen Tätigkeit, ihr Resultatcharakter, der auf ständig neu reproduzierten Unterscheidungen, In- und Exklusionen beruht.

Sozialarbeit und Marktwirtschaft

An anderer Stelle verdeutlicht Baecker[65], dass Soziale Arbeit aus ihrer eigenen Perspektive mit „Helfen/Nicht-Helfen", „integriert/ausgeschlossen" und „hilfsbedürftig/nicht hilfebedürftig" Unterscheidungen verwendet, die im Unterschied zur Codierung der Wirtschaft („Zahlen/Nicht-Zahlen") immer einen „Schuss Moral" enthalten, wie Halfar[66] betont. Halfar zufolge sind die Codierungen der Sozialen Arbeit an Defiziten, kompensatorischen Erfordernissen, am Negativen orientiert, während die Wirtschaft positive Orientierungen enthalte, die vom Gewinner, vom Sieger – und nicht vom „Versager" ausgehen. Damit weisen Sozialarbeit und Wirtschaft grundverschiedene Unterscheidungen auf, die zu unverträglichen Einschätzungen von persönlichen Lagen führen können.

Zugleich machen die systemtheoretischen Analysen deutlich, dass das historisch gewachsene, spezifisch europäische Gesamtsystem aus marktwirtschaftlicher Ökonomie, marktwirtschaftlich orientierter Wirtschafts-, Finanz- und Steuerpolitik, politischer Demokratie und Sozialstaatspostulat auf dieser Abstraktionsebene allein kaum erfasst werden kann, da es seiner inhaltlichen Bestimmtheit entkleidet und auf das funktionelle Verhältnis von Teilsystemen reduziert wird, wobei die Legitimität des Gesamtsystems auf allgemeinen (Re)inklusionschancen beruhen soll. Der zu Beginn beschriebene komplexe Vermittlungsprozess zwischen wirtschaftlichen Entwicklungen, deren Wahrnehmung im Rahmen bestimmter Politik- und Gesellschaftsmodelle und den macht- und interessenpolitischen Auseinandersetzungen um die Realisierung der daraus abgeleiteten „Politiken" – im Sinne des englischen Ausdrucks „policies" – benötigt zu seiner Erfassung zusätzliche Argumentationsebenen. Dies zeigt sich am deutlichsten dann, wenn die Autoren vermuten, dass in Zukunft für die Soziale Arbeit „die Wirtschaft ... zu einem mehr und mehr relevanten Kopplungsfavoriten, in der Ablösung des politischen Systems"[67] wird. So sehr zusätzliche Ressourcen aus dem Bereich der Wirtschaft bezogen werden können – man denke nur an „Sponsoring" oder die „Seitenwechselprogramme", in denen Industriemanager wochenweise Sozialarbeit leisten –, so wenig handelt es sich dabei einfach um ein „System" neben dem „politischen System". Politische Akteure formulieren auf Basis vor allem der Wirkungen einer vom Ergebnis her subjektlosen Ökonomie, deren Gesamterscheinungsbild die ungewollte Resultante einer Vielzahl von Mikroentscheidungen darstellt, politische Postulate, Ziele und Programme. Dadurch werden der Sozialen Arbeit in der Form von Rechtsnormen Handlungsziele, Tätigkeitsbereiche, Finanzierungsbedingungen und die prinzipiellen Unterscheidungen vorgegeben, die die Klientelgruppen definieren. Von dieser Ebene kann nicht auf das „Wirtschaftssystem" gewechselt werden, ohne den Rahmen der Sozialpolitik erst einmal zu verlassen. Insofern ist es zwar sehr hilfreich, auf den Konstruktionscharakter der sozialen Gestalt „Klient" zu verweisen; dennoch handelt es sich hierbei aber vor allem um ein politisches Konstrukt, das die Sozialen Organisationen gleichsam mit Leben erfüllen, d.h. durch ihre Arbeit hindurch wahr werden lassen. Andererseits ist die wachsende Kooperation mit Wirtschaftsunternehmen tatsächlich zu beobachten und scheint in Zeiten knapper Kassen zusätzliche Spielräume zu eröffnen.

Aus ihrer eigenen Sicht besitzt die Soziale Arbeit immer auch die wertbezogene, moralisch-humanistische Dimension. Dies kann man bei der Untersuchung der Funktion Sozialer Arbeit nicht oft genug betonen, auch wenn sich der kritisch-systemtheoretische Blick der Autoren wohltuend vom rein subjektiven Idealismus weltanschaulich motivierter Sozialarbeit abhebt – diese verhält sich nicht selten ignorant gegen die politischen Zwecksetzungen, die ökonomischen Verteilungsgesetze und gesellschaftsstrukturellen Merkmale, auf denen ihre Tätigkeit beruht. Nichtsdestotrotz gehen die humanistischen Ideale über die historisch-politischen Auseinandersetzungen zum einen in die Politik ein, zum andern formen sie die Ausgestaltung der Tätigkeit an der Basis, in der Konfrontation mit den Klienten mit. Gerade weil in vielen Sozialarbeitsfeldern nicht einfach bestimmte Einzelmaßnahmen als einzig notwendige Realisierungsform der bezweckten Politik vorgegeben sind, sondern in der Kommunikation mit den Klienten für diese und mit diesen neue Lebens- und Handlungsperspektiven mit geformt werden, existieren nicht unbeträchtliche Handlungsspielräume im Mikrobereich, deren Ausgestaltung durchaus auch von der „Grundeinstellung" der professionellen „Helfer" abhängt. Zugleich kann eine einflussreiche Standesvertretung – die bei den Sozialarbeitern allerdings nicht in Sicht ist – versuchen, auf Basis ihrer Ansichten die bisher verfolgten Problemlösungsstrategien der Politik zu beeinflussen. Insofern gerät die Vorstellung vom Sozialarbeiter als „Soziotechniker" leicht in die Nähe des Zynismusverdachts, der die Einseitigkeit und Betriebsblindheit politischer Zwecksetzungen affirmiert, anstatt Gestaltungs- und Veränderungsspielräume aufzuzeigen. Damit soll übrigens nicht behauptet werden, dass diese Veränderungsspielräume immer auf der Ebene der Sozialen Arbeit selbst anzusiedeln sind.

Die Theorie der „Sozialwirtschaft"

Einen viel versprechenden Ansatz, der die verschiedenen inhaltlichen Ebenen sozialer Dienstleistungsproduktion, von der Sozialpolitik über die Verbands- und Einrichtungsebene bis zum Management Sozialer Organisationen selbst, als originären Wirtschaftssektor zu erfassen versucht, stellt die Theorie der „Sozialwirtschaft" dar, wie sie von B. Maelicke, Rolf W. Wendt und U. Arnold vorgelegt wurde[68]. Auch hier geht man von einem funktionellen Begriff sozialer Dienstleistungen aus, der „das Krankenhauswesen, die Jugend-, Familien-, Alten- und Behindertenhilfe, die Einrichtungen und Dienste für Personen in besonderen sozialen Situationen und die Aus-, Fort- und Weiterbildungsstätten für soziale und pflegerische Berufe"[69] umfasst. Allerdings wird ebenso deutlich, dass die privaten Anbieter nach wie vor nur einen geringen Anteil des Angebots ausmachen, während die gemeinnützigen Organisationen noch vor den Kommunen die Hauptproduzenten sozialer Dienstleistungen sind.

Der „Sozialwirtschaft-Ansatz" versucht nun, die Produktion sozialer Dienstleistungen in ein volkswirtschaftliches Gesamtkonzept einzubinden, das die in der Produktion sozialer Dienstleistungen dominierenden „Non-Profit-Organisationen" (NPO) als sozialwirtschaftliche

Organisationen (SWO) kennzeichnet[70]. Sie stellen als solche volkswirtschaftlich bedeutsame Wirtschaftseinheiten dar, die durchaus effizient wirtschaften müssen, deren Effizienzkriterien sich aber nicht mit erwerbswirtschaftlichen Organisationen decken, sondern durch eigene Ziele und Rahmenbedingungen geprägt sind. Damit wird die Definition „Sozialer Organisationen" enger gefasst als in Kapitel 2.

Die Vertreter des SWO-Ansatzes unterscheiden eine Makro-Ebene, die Ebene der Sozialpolitik, der volkswirtschaftlichen bzw. europäischen Einordnung und ordnungspolitischen Entwicklungen (Privatisierung, Markt und Staat etc.) von der Meso-Ebene, dem System der Träger, Anbieter und Handlungsfelder und schließlich einer Mikro-Ebene, die sich mit speziellen Management- und Organisationsproblemen befasst, die auch für Soziale Organisationen relevant sind. „Sozialmanagement" wird als eigener Ansatz getrennt von dieser eher allgemeinen Management-Ebene diskutiert.

Handlungszwänge des deutschen Wohlfahrtsstaatsmodells

H. Backhaus-Maul[71] schreibt dem System sozialer Sicherungen in Deutschland mehrere Funktionen zu: Es habe die Beitragszahler und Staatsbürger kollektiv ebenso gegen soziale Risiken abgesichert, wie es der Statusbewahrung von Mittelschichtsangehörigen diente; es legitimierte die Umverteilung von Erwerbseinkommen zugunster bedürftiger/einkommenschwacher Personengruppen und trug zur beruflichen Qualifizierung der Erwerbsbevölkerung bei. An anderer Stelle macht der Autor deutlich, dass diese Wirkungen mit der Fixierung auf Ehe und Familie sowie Erwerbstätigkeit im klassischen Sinne einhergehen. Dabei kompensiert Sozialpolitik nicht nur gewisse Risiken der „Erwerbsgesellschaft", sondern hält auch ein Minimum an Integration aufrecht, ohne z.B. den Mangel an Arbeitsplätzen grundsätzlich zu tangieren. So werden nicht nur schlechte Erwerbschancen kompensiert, sondern gleichzeitig „Erwerbsinteressierte auf Distanz zum Arbeitsmarkt" gehalten. „Der Mythos der Erwerbsgesellschaft kann so aufrechterhalten und das Versprechen auf eine hinreichende Zahl von Erwerbsarbeitsplätzen in eine unbestimmte Zukunft verschoben werden."[72]

Diesen nachgeordneten, kompensatorischen und legitimierenden Charakter wohlfahrtsstaatlicher Politik hebt insbesondere F.-X. Kaufmann[73] hervor. Das „wohlfahrtsstaatliche Arrangement" als „besonderer Typus der neuzeitlichen Gesellschaftsentwicklung" ruht auf mehreren Säulen:

- In der „Produktionssphäre" gelten Privateigentum und unternehmerische Dispositionsfreiheit, die aber einschränkenden Bedingungen unterworfen werden, um soziale Kosten als unerwünschte Effekte zu reduzieren.

- In der Verteilungssphäre wird die ausschließlich am Markt orientierte primäre Einkommensverteilung durch eine sekundäre, staatlich organisierte Verteilung korrigiert, die auch den „Nicht-Erwerbstätigen" und „unvermögenden Bevölkerungsgruppen" ein Einkommen sichert.

- In der Reproduktionssphäre werden die Leistungen der privaten Haushalte „durch öffentlich subventionierte oder voll finanzierte Leistungen" ergänzt und unterstützt.

Den Nutzen dieser Politik siedelt Kaufmann auf verschiedenen Ebenen an:

- Der wirtschaftliche Nutzen, der immer nur ein volkswirtschaftlicher ist, besteht im Schutz, der Förderung sowie in der Steigerung von Arbeitsproduktivität und Arbeitsbereitschaft des „Humankapitals" der marktwirtschaftlich verfassten Gesellschaft.

- Der politische Nutzen lässt sich durch die pazifizierende und gesellschaftsintegrative Wirkung des „Gesamtarrangements Wohlfahrtsstaat" charakterisieren, das ein komplexes System an Verhandlungen zwischen den „Sozialpartnern", wachstumsförderliche und doch auf Beteiligung ihrer Mitglieder bedachte Gewerkschaften, politische Demokratie und „Volksparteien", die sich über einen universalistischen Staatsbürgerbegriff definieren, unterstellt.

- Bezüglich der kulturellen Bedeutung hebt Kaufmann das normative Fundament des Wohlfahrtsstaates hervor, ohne das der pragmatische Nutzen einzelner sozialpolitischer Maßnahmen nie zu jenem umfassenden und homogenen System geführt hätte, das inzwischen zu einem „konstitutiven Element des normativen Grundkonsenses der europäischen Staaten" geworden ist.

■ Das Idealbild einer „sozialen Ordnung" verweist schließlich auf ein Spannungsverhältnis zwischen den Erhaltungsbedingungen und der Systemdynamik einer industriell-geldwirtschaftlichen Ökonomie, der Systemintegration, und den Erfordernissen eines normativ tragfähigen Zusammenlebens unterschiedlichster sozialer Gruppen, der Sozialintegration. Kaufmann macht damit ähnlich wie J. Beckert deutlich, dass die ökonomische Funktionsfähigkeit des Marktsystems auf außermarktlichen moralischen Ressourcen beruht, die immer sichergestellt sein müssen. Das wohlfahrtsstaatliche Arrangement trägt auf seine spezifische Weise dazu bei.

Dabei betont Kaufmann allerdings auch, dass die Effektivität der Sozialpolitik in der Vergangenheit in einem bestimmten Familiensystem mit der dazugehörigen Rollenverteilung, das stillschweigend zum affirmativen Ausgangspunkt moderner Wohlfahrtspolitik geriet, bestand.

Summa summarum gibt das wohlfahrtsstaatliche Arrangement den widersprüchlichen Anforderungen und Wirkungen, die die ökonomische Dynamik marktwirtschaftlich fundierter moderner Gesellschaften entfaltet, eine der Sozialintegration förderliche Verlaufsform, ohne die ökonomisch-sozialen Strukturen, Eigentums- bzw. Machtverhältnisse und Differenzierungen in Frage zu stellen, die diese Dynamik auslösen. Sozialpolitik schaffte damit eine systemische Balance, die die kurzfristigen, betriebswirtschaftlichen Erfolgskriterien, die keinerlei Gesichtspunkte außerhalb der Marktlogik in ihre Handlungsansprüche integrieren können, kompensatorisch mit den Erfordernissen einer gesamtsystemischen Stabilität zu versöhnen suchte.

Der Wohlfahrtsstaat als Gesellschaftsmodell beruht insofern auf normativen und sozialstrukturellen Voraussetzungen und setzt einen werte- und verfahrensbezogenen Konsens voraus, dessen Voraussetzungen, wie schon gezeigt, erodieren – und zwar in demographischer, ökonomischer, internationaler und kulturell-sozialstruktureller Hinsicht. Hier besteht Innovationsbedarf.

Das Gesamtsystem „Soziale Arbeit"

Analytische Ebenen von „Sozialer Arbeit"
Ebene des Gesellschafts- und Wirtschaftssystems Soziale Strukturen und Verhältnisse, wirtschaftliche Klassen und Ungleichheit, Erwerbsquellen, In- und Exklusion von Gruppen
Ebene der Politik Wahrnehmung der ökonomisch-sozialen Verteilungen als „Problem"; grundlegende Ziele und Verfahrensweisen im Umgang damit: Problemdefinitionen, Programme, Methoden, Gesetze, Verordnungen und daran geknüpfte prinzipielle Hilfsmöglichkeiten
Ebene der Organisation Konkrete Programme, Handlungsanweisungen, Nutzungsbedingungen etc.
Ebene des „Einzelfalls" Konkretes Vorgehen/Unterstützungsmaßnahmen für definierte Klienten-/Nutzergruppen

- Auf der „Ebene des Gesellschafts- und Wirtschaftssystems" finden wir die Eigentums- und Machtverhältnisse als grundlegende Unterscheidungen der Kriterien, anhand derer Produktion und Verteilung geregelt sind. Hier werden Erwerbsquellen definiert, wirtschaftliche Gruppen, Schichten und Klassen prinzipiell konstituiert, die In- und Exklusion von Gruppen strukturell „vorprogrammiert" – so führt z.B. der ökonomische Konkurrenzkampf zu einem entsprechenden Rationalisierungsdruck auf die einzelnen Unternehmen, der wiederum ganze Berufsgruppen oder Qualifikationen tendenziell überflüssig macht, andere aber neu entstehen lässt.

- Auf der „Ebene der Politik" werden die Resultate und Effekte der ökonomisch-sozialen Verteilungen vor dem Hintergrund komplexer integrativer Ziele, die über das politische Eigeninteresse an Wahlerfolg, Karrieren und Steuereinnahmen an den gesamtwirtschaftlichen Erfolg gekoppelt sind, wahrgenommen und zweckbezogene „Problemdefinitionen", also Unterscheidungen, vorgenommen. Daraus erwachsen im Gefolge der historischen Entwicklung eine Vielzahl von Ministerien, öffentlichen Verwaltungen, institutionalisierten Wohlfahrtsorganisationen (die häufig selbst wieder ihre politikunabhängige Geschichte haben, die als moralische Ressource oder weltanschauliches Normengefüge in die Gesamtentwicklung zum Sozialstaat eingehen), die auf Basis von Gesetzen, Verordnungen und Programmen die Klientelgruppen der Wohlfahrtspolitik prinzipiell festlegen. Sie fixieren damit auch allgemeine Zielsetzungen, Verfahrensweisen und Finanzierungsansprüche.

- Auf der „Ebene der organisatorischen Umsetzung", sei es durch kommunale oder gemeinnützig-freie Träger, werden diese Vorgaben wiederum im Rahmen der eigenen Handlungsphilosophie und organisatorischen Rahmenbedingungen interpretiert und in eine besondere Form gebracht. Organisations- oder trägertypische Konzepte versuchen, die allgemeinen politischen Vorgaben in spezifische Maßnahmenpakete und Handlungsstrukturen zu übersetzen. Als Charakteristika dieser Organisationen halten wir noch einmal die rechtliche Fundierung der Dienstleistungen als Ansprüche, die Entkopplung von Leistungsangebot, -nutzung und -kostenträgerschaft, die humanitär-normative Werteinbindung und die spezifische Fachlichkeit sowie die Abwesenheit eines ungeregelten Wettbewerbs und freier Preisgestaltung fest. Die vordrängenden erwerbswirtschaftlichen Organisationen weisen in der Regel weder den historisch verankerten Wertbezug noch die typischen rechtlich-ökonomischen Einschränkungen der kommunalen und gemeinnützigen Träger auf, sind aber zumeist über Gewährleistungs- und Verwendungsbedingungen im Rahmen der „Public-Private-Partnership" ebenfalls eng an die beschriebenen Bedingungen gebunden.

- Auf der „Ebene des ‚Einzelfalls'" ist der politisch definierte Klient dann mit dem konkreten Vorgehen eines speziellen, professionellen Helfers konfrontiert, der wiederum entlang sozialpädagogisch-professioneller Kriterien und persönlich-subjektiver Einschätzungen konkrete Pläne mit dem jeweiligen Klienten erarbeitet, manchmal auch gegen ihn verfügt.

Rückkopplungen im System der Wohlfahrtspolitik

■ Während die kompensatorische Funktion sozialpolitischer Maßnahmen grundsätzlich stabilisierend auf das gesamtgesellschaftliche System wirkt, enthält ihre Finanzierung aus dem ökonomischen System heraus potenziell destabilisierende Effekte: Die Bereitstellung von Wachstumsvoraussetzungen (Humankapital) bzw. die soziale Inklusion ökonomisch nicht inklusionsfähiger Personen wird durch einen Finanzierungsmodus vermittelt, der umso weniger Ressourcen für sozialpolitische Maßnahmen erlaubt, als – entlang der gegebenen Maßstäbe – Bedarf nach ihnen besteht. Hier ist dementsprechend auch der entscheidende Ansatzpunkt zu finden, aus dem heraus die Politik in ihrer Perspektive auf sich selbst Veränderungsbedarf entdeckt; nur hierüber nimmt sie die sozialstrukturellen, ökonomischen und demographischen Veränderungen wahr.

■ Wenn darüber hinaus sozialpolitische Maßnahmen durch Mitnahme-, Gewöhnungs- und Bürokratisierungseffekte die Probleme selbst verstärken, die sie zu bearbeiten vorgeben, existieren zusätzlich positive Rückkopplungsschlaufen innerhalb des politischen Systems Sozialpolitik – mit der Gewöhnung an bestimmte Subventionsleistungen z.B. trägt dann die Politik zur Verfestigung einer gewissermaßen inklusiv gestalteten Exklusion bei, indem sie die Bedürfnisschwelle für die Reinklusion in ökonomisch selbsttragende Erwerbsquellen heraufsetzt. In gewissem Maße erzeugt damit die Politik die Probleme stets von neuem, auf die sie reagiert.

■ Veränderungen auf Ebene 1 gehen demgemäß langsam, mit beträchtlichen Zeitverzögerungen vor sich; ihre Wirkungen werden oft nicht als solche, sondern als politiksystemimmanente Mangelerscheinungen wahrgenommen, die durch kurzfristig wirksame, aber langfristig kontraproduktive Maßnahmen bekämpft werden. Darin unterscheidet sich das „wohlfahrtsstaatliche Arrangement" nicht von typischen Entscheidungsfehlern in hoch komplexen Systemen.

■ Veränderungen auf Ebene 1 stellen sich als subjektlose Resultante einer Unzahl von Mikroentscheidungen und komplexer

Entwicklungszusammenhänge dar, die verschiedenste zeitliche Muster annehmen und dabei auch eine beträchtliche chaotische Dynamik entfalten können – man denke nur an krisenhafte Verwerfungen im internationalen Finanzsystem und deren Auswirkungen auf Beschäftigung, Außenwährungswert etc. Alle Versuche, ökonomischen und soziokulturellen Veränderungen durch punktuelle Subventionen (Familiengeld etc.) oder normative Appelle gerecht zu werden, negieren diesen Sachverhalt und laufen ins Leere.

Auf der Ebene der Politik ergibt sich ein widersprüchliches Bild: Als komplexes Feld sich gegenseitig voraussetzender Subsysteme, die ihre eigene Schwerkraft bezüglich der in ihnen inkorporierten Interessen, Ansprüche und systemischen Notwendigkeiten entfalten, *zeigt sich das institutionelle Gefüge des Wohlfahrtsstaates als durch externe Einflussnahmen nur graduell wandel- und beeinflussbar.* Alle Versuche der Einflussnahmen müssen gleichsam durch das System hindurch, sich seiner Problemsicht bedienen. Zugleich bestehen auf Basis der gewachsenen Strukturen intrasystemische Pfade, an die eine Vielzahl von institutionellen Regeln, Arbeitsplätzen und Interessen gekoppelt sind. Die daraus resultierende Pfadabhängigkeit verfestigt sich zu Tradition und Gewohnheit. Andererseits sorgt die normative und demokratische Fundierung sozialer Ansprüche, ihre breite kulturelle Fundierung insbesondere in den gebildeten Mittelschichten dafür, dass auf Basis der Wahrnehmung – und auch praktischen Gestalt! – von Verschiebungen auf Ebene 1 modifizierte politische Konzepte, Ziele und Programme formuliert werden, die die Form von neuen Parteien, Non-Government-Organisationen, Selbsthilfegruppen und auch innovativer Bestrebungen in gegebenen Organisationen annehmen können. In anderen Worten: Gerade weil das hoch komplexe, historisch im Spannungs- und Vermittlungsfeld von Ökonomie, normativen Orientierungen bzw. Traditionen und sozialintegrativen Funktionen herangewachsene Gebilde Wohlfahrtsstaat eben mehr als eine bloße Reaktion auf sozio-ökonomische Veränderungen, eine politische Anpassungsleistung darstellt, ist es Neuerungen dann zugänglich, wenn sie quasi aus innersystemischer Selbstschau heraus machbar oder sinnvoll erscheinen. In diese „Selbstschau" gehen nun eben auch normative

Orientierungen und vielfältige Verflechtungen mit Standpunkten und Organisationen am Rande der Wohlfahrtspolitik ein bzw. ist ein Verhandlungs- und Diskussionsprozess mit intermediären Leistungsträgern der Wohlfahrtspolitik institutionalisiert, durch die das politische System im engeren Sinne seinen Außenkontakt, seine Problemsicht auf sich selbst, vermittelt. Dies bedeutet, dass Organisationen durch ihre Maßnahmen auf ihrer Ebene gewisse Veränderungen vorbereiten oder austesten können, die dann von den politischen Entscheidungsträgern vor dem Hintergrund ihrer Problemsicht auf ihre eigenen Ziele und Vorgaben projiziert werden. Häufig stehen dafür auch Modellvorhaben bereit.

Die Ebene der Sozialen Organisationen zeigt sich damit neben der politisch-informellen Ebene der Initiativen als durchaus dafür geeignet, Veränderungs- und Innovationspotenziale zu formulieren und politisch zu transponieren. Gerade durch die Vielgestaltigkeit der Trägerlandschaft zwischen Markt, Drittem Sektor und Staat, die durch das deutsche Sozialstaatsmodell entstanden ist, existieren zudem zahlreiche Möglichkeiten der Kombination von Reorganisation und Neuformulierung der Hilfen, die sich aus Ansätzen der Kooperation und Netzwerkbildung ergeben. Andererseits entfalten auch die Wohlfahrtsorganisationen Beharrungstendenzen, die auf dem stabilisierenden Charakter des eingespielten Austauschsystems zwischen Kosten- und Leistungsträgern beruhen. Hier versucht umgekehrt die Politik in ihrem Eigeninteresse an kostengünstiger erbrachten Leistungen neue Rahmenbedingungen zu schaffen, die Reorganisations- und Anpassungsdruck erzeugen. Die neuen Vorgaben in Richtung leistungsorientierter Entgelte und des Qualitätsnachweises von Leistungen gingen in diese Richtung.

Was schließlich die Ebene Sozialer Arbeit[74] angeht: Hier vermengt sich im Klientenkontakt das Nebeneinander der unterschiedlichen Perspektiven, Sichtweisen und Interessen von Organisationen, Sozialarbeitern und der Klienten selbst. Die Freiheitsgrade, die die Politik gemäß einem Konzept von Wohlfahrtspolitik besitzt, das jeden simplen Funktionalismus ablehnt, gelten auch und insbesondere für die Soziale Arbeit. Der Nichtmessbarkeit pädagogischer Intervention, persönlicher Betreuung und Beratung, an der sich viele Qualitätsmanagementkonzepte abarbeiten, entspricht andererseits ein hochgradig individueller Pfad vieler Problemlösungen, der die Professionalität und die Wertorientierung des Helfers genauso erfordert wie die aktive Mitarbeit des Klienten. Die Dienstleistungserbringung des professionellen Helfers ist in komplizierte psychosoziale Kommunikationsstrukturen eingebunden, die in ihrer Entwicklungsdynamik nur bedingt messbar und kontrollierbar sind. Dies gilt zwar, wie wir gesehen haben, für alle komplexen Systeme – nur sind technische Isolierungen, wie sie im industriellen Prozess oder in der wissenschaftlichen Forschung unter bestimmten Bedingungen formulierbar sind, hier per se ausgeschlossen. Je persönlich aufwändiger und schwieriger die Klientel ist, umso weniger können oft die Effekte der eigenen Arbeit beurteilt werden. A. Strunk versucht, diesen hochgradig individuellen Charakter der „Klientenebene" durch den Begriff des „wilden Problems" zu erfassen[75]: „Wilde Probleme" sind zu Beginn des Versuchs ihrer „Zähmung" nicht vollständig und definitiv zu beschreiben; ihre Lösung ist schwer zu erfassen, sie sind einzigartig und lassen sich daher nur schwer übertragen; Lösungen sind irreversibel – zugleich gibt es aber keine fehlerfreien Lösungen. Freiheitsgrade der Problembeurteilung und -lösung in der Klientenarbeit resultieren insbesondere daraus, dass im „Fall", der individuellen Problemlage, persönliche „Fehler" und „Defizite" des Klienten, zufällige Momente seiner besonderen Biographie und systemische Exklusionsprozesse eine unentwirrbare Mischung eingehen. Genauso vielgestaltig sind dann auch die konkreten Handlungsvorschläge – setzt man eher an der geringen Eigenaktivität des Klienten an, oder bemüht man sich eher, durch eine als vordringlich interpretierte Stabilisierung seiner ökonomischen Lage die Voraussetzungen für verbesserte Eigeninitiative zu schaffen?

Innovationskonzepte der sozialen Arbeit richten sich daher einerseits auf die notwendigen Kompetenzen, die zu professionelleren Einschätzungen und Arbeitsweisen führen sollen, andererseits auf grundlegende Theorien zur Konstitution von Lebenswelten, die Ansätze der Veränderung im Mikrobereich bzw. auf sozialräumlicher Ebene erkennen lassen. In den 90er Jahren standen dabei die „Sozialmanagement"-Konzepte klar im Vordergrund.

Innovations- und Veränderungs- management Sozialer Organisationen: Strategien, Konzepte und Maßnahmen

4

1. Sind methodische Managementkonzepte für Soziale Organisationen brauchbar?

Begriffe, Inhalte und Methoden von Innovationsmanagement

Was ist eigentlich „Innovation"? Unter den Begriff „Innovation" werden die unterschiedlichsten Sachverhalte subsumiert[1]:

- „Innovation als Planung, Erzeugung und Durchsetzung neuer Produkte, neuer Produktqualitäten, neuer Produktionsverfahren, neuer Methoden für Organisation und Management sowie die Erschließung neuer Beschaffungs- und Absatzmärkte" (Schumpeter 1911).

- Innovation ist schöpferische Zerstörung (Schumpeter 1911).

- Der Innovationsprozess umfasst den gesamten Vorgang von der Entstehung einer Idee bis zu ihrer verbreiteten Anwendung in der Gesellschaft; der Prozess beginnt mit dem Erkennen eines Problems bzw. dem Finden einer Idee, erstreckt sich über die Problemlösung und die Schaffung von Produktionskapazitäten bis hin zur Einführung des neuen Produkts auf dem Markt (National Science Foundation).

- Innovation ist ein kontinuierlicher Strom richtungsweisender Produkte und Dienstleistungen sowie die insgesamt schnelle Reaktion auf veränderte Marktverhältnisse oder sonstige Umweltveränderungen (Tom Peters und Robert Waterman, 1986).

- Forschung macht aus Geld Wissen, Innovationen machen aus Wissen Geld (Verband der chemischen Industrie).

H.-J. Quadbeck-Seeger als ehemaliger Forschungsvorstand der BASF macht in der Vielgestaltigkeit der zusammengetragenen Definitionen von Innovation ihre diversen Facetten deutlich:

- Innovation bezieht sich auch im klassischen Sinne nicht nur auf Produkte, sondern lässt sich in Produktinnovation, Verfahrens- oder Prozessinnovation und soziale Innovation unterscheiden. Produktinnovation meint die bereitgestellten Produkte oder Dienstleistungen, Prozessinnovation die Herstellungstechniken, aber auch die organisatorischen Abläufe, und soziale Innovation als „Restkategorie" bezeichnet alle Neuerungen, die den Kommunikations- und Beziehungsaspekt der jeweils betrachteten Systemebene betreffen. Managementinnovationen liegen in ihrem übergreifenden Ansatz (Qualitätsmanagement; Wissensmanagement) oft quer zu dieser Unterscheidung. Manchmal greifen sie auch nur Teilaspekte eines Innovationsbereichs heraus, geben diesem aber unternehmensübergreifende Bedeutung (Business Process Reengineering, umfassende Marketing-Konzepte).

- „Innovation" umfasst den gesamten Ablauf der Implementierung und Markteinführung der Neuerung und beschränkt sich eben nicht auf die „Idee". Insofern ist Ideenmanagement als systematische Förderung und Evaluation kreativer Einfälle nur ein Bestandteil einer umfassenderen Innovationsförderung. Innovation als Prozess gliedert sich damit in die Phasen Ideenentwicklung – Konzeptfindung – Entwicklung der marktrelevanten Innovationselemente – Schaffung der Marktbereitschaft – Markteinführung.[2]

- Innovation meint, nach ihrem Außenbezug betrachtet, nicht nur die Produkte und Dienstleistungen, sondern auch „Innovativeness", Innovationsfähigkeit als systematisch verankerte, schnelle, effektive und generalisierte Anpassungsbereitschaft von Organisationen an externe Herausforderungen und Veränderungen. Neuere Konzepte betonen dabei, dass echte und effiziente Adaptivität nur in der „pro-aktiven" Gestaltung der Umweltbedingungen bestehen kann.

Des Weiteren unterscheidet Quadbeck-Seeger Basisinnovationen (Fundamente für weiterführende Entwicklungen), Schlüsselinnovationen (Türen für neue Möglichkeiten der Anwendung) und Querschnittsinnovationen (methodenorientierte Neuerungen als Impulsgeber für unterschiedlichste Themenfelder)[3].

Wie unbestimmt das Gesamtfeld der „Innovation" gemeinhin ist, zeigt sich darin, dass Quadbeck-Seeger zu den sozialen Innovationen die Sozialgesetzgebung, die Menschenrechte, aber auch den Versandhandel und die Selbstbedienung rechnet. H. von Pierer und B. von

Oetinger versammeln in ihrem Reader zum Thema „Wie kommt das Neue in die Welt?" Aufsätze über schwedische Reformpolitik, Learning Communities, Pioniergeist und Kreativitätstechniken neben Berichten über Unternehmenskulturen, Tüftler und kreative Menschen.[4]

Innovationsmanagement bezieht sich auf all jene Konzepte, Methoden und Verfahrensweisen, die die systematische Förderung und Erzeugung von Innovationen als Gesamtprozesskette bis zur erfolgreichen Einführung auf dem Markt oder im Betrieb beinhalten. Innovationsmanagement, wie es im industriellen Bereich entwickelt wurde, beschäftigt sich demgemäß mit allen Aspekten der Innovationsförderung:

- Der systematischen Generierung und Evaluation von tragfähigen Ideen und Vorschlägen zur Produkt-, Prozess- und sozialen Innovation (Ideenmanagement)

- Der Vermittlung von Schlüsselqualifikationen, übergreifenden Methodenkompetenzen und Kreativitätstechniken als Basis dieser Ideengenerierung

- Den Gestaltungsmöglichkeiten von innovationsfreundlichen, intra- und interbetrieblichen Organisationsstrukturen (lose Kopplungen, Netzwerke etc.)

- Den Aspekten einer innovationsförderlichen Unternehmenskultur und entsprechenden Kommunikationspraktiken

- Der systematischen Steuerung des Innovationsverlaufs durch richtigen Ressourceneinsatz, adäquate Personalauswahl/Teambildungen sowie den umfassenden Einsatz von Projektmanagement-Techniken

- Der rechtlichen Absicherung von Innovationen sowie dem Umgang mit Innovationswiderständen als zentrales Hindernis von Innovationsprojekten.

Die industrieorientierte Literatur konzentriert sich in der Regel auf Innovationsmanagement als Methodenkomplex der systematischen Produktinnovation; Prozess- und soziale Innovationen treten oft von vornherein als „neuer Management-Ansatz", als Managementinnovation auf, die keiner besonderen Einreihung in ein systematisches Innovationsmanagement bedarf.

Bezieht man das Innovationskonzept auf die innovative Weiterentwicklung oder Umformung des Gesamtunternehmens, analysiert und organisiert Innovationsmanagement die Bedingungen der Hervorbringung und Förderung von Managementinnovationen, die den Veränderungsdruck kreativ absorbieren, dem die Organisation ausgesetzt ist. Hier wird insofern eine „proaktive" Perspektive eingenommen, in deren Rahmen vorausschauend und aktiv die zukünftige Positionierung des Unternehmens verbessert werden soll, ohne erst den Veränderungsdruck abzuwarten, dem eine adaptiv orientierte Organisation unweigerlich immer wieder ausgesetzt ist.

Innovationsmanagement stellt damit nicht einfach eine zusätzliche Managementlehre dar, sondern eröffnet eine perspektivische Meta-Ebene, von der aus eine die Zukunft des Unternehmens aktiv antizipierende, gestaltende Sicht auf mögliche neue Produkte/Dienstleistungen, Techniken, Prozesse und intraorganisationale Beziehungen eingenommen wird. Wendet man nun den Standpunkt des Innovationsmanagements auf intraorganisationale Veränderungskonzepte im Sinne von Managementinnovationen an, ergibt sich ein systemisch-reflexives Verhältnis zu den herkömmlichen Managementkonzepten. Während diese sich zumeist umstandlos im Besitz umfassender Problemlösungen wähnen, indem sie sich in der aktuellen Problem- und Beratungsdebatte platzieren, kann Innovationsmanagement gerade so als antizipierende Generierung von Managementinnovationen betrieben werden, dass neue Konzepte von vornherein immer auch auf ihr zukünftiges Problemlösungspotenzial hin überprüft werden. Das proaktiv-vorausschauende Hervorbringen neuer strategischer oder prozessorientierter Ansätze kennzeichnet damit ein Innovationsmanagement, das auf die intraorganisationalen Strukturen und Prozesse ausgerichtet ist.

Innovation im sozialen Dienstleistungsbereich

Stichwort Produktinnovation: Wie gezeigt, bieten Soziale Organisationen nicht irgendwelche selbst entwickelten Produkte auf einem freien Markt an, der von souveränen Konsumenten dominiert wird, sondern erbringen überwiegend im Rahmen wohlfahrtsstaatlicher Ziele und

Normen definierte, als Ansprüche verrechtlichte und durch externe Kostenträger finanzierte sozialpolitische Dienstleistungen. Produktinnovation kann daher weniger die „Erfindung" und Platzierung neuer Produkte meinen – auch wenn hier durchaus auch Potenziale vorzufinden sind wie z.B. der Markt technischer Hilfen und altersgerechter Produkte für Senioren –, als vielmehr die kreative Neuorganisation, Neukombination, Ergänzung und kooperative Integration der vorhandenen Leistungen. Ausgehend von grundsätzlichen Betrachtungen zum Verhältnis von Klient und Hilfe einerseits, zu den Beziehungen verschiedener, komplementärer Leistungsbereiche andererseits, wird versucht, die Dienstleistungen klientengerechter und zugleich aktivierender, effizienter und zugleich effektiver zuzuschneiden. Umfassendere Innovations-Ansätze versuchen daher, im Sinne „lernender Gemeinschaften" oder „lernender Regionen" breit angelegte Kooperationsnetzwerke zu etablieren, die unterschiedliche Anbieter komplementärer sozialer Dienstleistungen ebenso einbinden wie kommunale Verwaltungen, Wirtschaftsbetriebe und freiwilliges Bürgerengagement. Management von Produktinnovation im sozialen Bereich ist daher vor allem Management von Kooperationen, Netzwerkbildungen und systematischer Verschränkung freiwilliger, semi-professioneller und professioneller Hilfen im Rahmen präventiver und sozialraumbezogener Handlungskonzepte.

Stichwort Prozess- und Sozialinnovation: Weil Soziale Arbeit als organisierter Prozess von der Klientenkommunikation nicht zu trennen ist, sondern die Erbringung sozialer Dienstleistungen immer schon in komplexe psychosoziale Prozesse und Kommunikationsstrukturen eingebunden ist, macht die Unterscheidung zwischen Prozess- und Sozialinnovationen in Sozialen Organisationen häufig wenig Sinn. Deshalb stehen Managementinnovationen im Vordergrund, die oft global an der Effizienz der Leistungserbringung der Sozialen Organisation ansetzen (Sozialmanagement) oder einen bestimmten Aspekt der Leistungserbringung übergreifend zu verbessern suchen und dabei auch das Verhältnis zu Kostenträger und Klienten bedenken (Qualitätsmanagement). In neueren Diskussionen wird auch gerne das Konzept der „lernenden Organisation", zumeist in Verbindung mit „Wissensmanagement", als eigener Ansatz aufgegriffen, um parallele

Innovationsbemühungen bezüglich Organisation und Leistungsangebot zu harmonisieren.

Innovationsmanagement in Sozialen Organisationen heißt damit zweierlei:

(1) Die Diskussion von neuen Managementkonzepten in den neunziger Jahren bemühte sich um intraorganisationale Veränderungen als Reaktion auf neue Anforderungen, die die Kostenträger im Rahmen der in den vorhergehenden Kapiteln beschriebenen gesellschaftlichen und ökonomischen Entwicklungen formuliert hatten: Übergang zu leistungsbezogenen Entgelten, Förderung des Wettbewerbs und Einforderung von Leistungsbeschreibungen und Qualitätsnachweisen. Hier standen Ansätze zum „Sozialmanagement" und „Qualitätsmanagement" im Vordergrund.

(2) Die Befassung mit sozialen Netzwerken, regionalen Koordinationszentren und Entwicklungsagenturen sowie neuen Formen der Integration von ehrenamtlicher, erwerbswirtschaftlicher und gemeinnützig-fachlicher Arbeit nimmt auf die begrenzten Finanzspielräume der Wohlfahrtspolitik und deren daran geknüpfte Neuorientierung Bezug: Wie gezeigt, fordert und fördert die Politik selbst einen stärkeren transregionalen und -nationalen Vergleich der Feinziele und Formen des Leistungszuschnitts, der die Träger zur Ausschöpfung von Rationalisierungs- und Innovationspotenzialen gleichermaßen bewegen soll. In der Form von Modellprojekten und mittelfristig finanzierten Kooperationsplattformen tragen Länder, Bund und insbesondere die Europäische Union zur Entwicklung neuer, innovativer Modelle der interorganisatorischen und interregionalen Kooperation bei, in denen verschiedenste Bereiche und Ebenen des lokalen oder regionalen Sozialraums kreativ verschmolzen werden sollen.

Welche Aspekte der Methoden und Techniken des Innovationsmanagements sind nun demgemäß als Konzepte brauchbar?

Bei der Beantwortung dieser Frage muss man sich auf die organisatorische Förderung systematischer Innovationsbereitschaft, den Umgang mit Innovationswiderständen und die Vermittlung innovationsorientierter Kompetenzen und Schlüsselqualifikationen konzentrieren. Gemäß den Spezifika sozialer Dienstleistungen spielen Methoden zur Generierung und Evaluation von Produktideen und zur Steuerung komplexer, eher technisch orientierter Innovationsverläufe für diese Betrachtung eine eher geringe Rolle.

Das Verhältnis Sozialer Organisationen zu Innovationen

Organisationen als komplexe soziale Systeme sind in ihrer Grundidee, in ihren traditionellen, auf Hierarchie und Bürokratie beruhenden Formen, immer auf Routineaufgaben[5] zugeschnitten. Sie tendieren daher in ihren Strukturen, Stellen, Sichtweisen und Regeln dazu, Innovationen zu unterdrücken. Innovationen als eben nicht in den Routinen und selektiven Wahrnehmungsmustern der Organisation verankerte Neuerungen stellen ein Störungspotenzial dar, das durch verschiedene intraorganisationale Mechanismen neutralisiert werden kann:

(1) Unzuständigkeit – niemand fühlt sich für etwas Neues zuständig, damit versandet die potenzielle Innovation gleichsam im „Niemandsland" der Organisation.

(2) Aussteuerung – die Innovation wird solange nach oben weitergereicht, bis sie sich vom Ort ihres Ursprungs bzw. ihrer fachlich kompetenten Realisierungschance so weit entfernt hat, dass sie ein Schubladendasein fristen kann.

(3) Kompetenzanmaßung – eine Abteilung oder ein Bereich versucht die Innovation an sich zu ziehen, um sie als ihren partikularen Erfolg verbuchen zu können; da die meisten Innovationen bereichsübergreifende Kooperation in Teams erfordern, wird sie dann selten realisiert.

(4) Filtereffekt – Vorgesetzte empfinden die Innovation als persönliche Kritik oder Störung der traditionellen Machtgefüge der Organisation; die daraus resultierenden Verzögerungen führen zur Demotiviation, zu Innovationswiderständen und letztlich zum Scheitern der zunächst hoch gesteckten Ziele.

Organisationstheoretisch betrachtet, bewegt sich eine Organisation immer im Spannungsfeld von Gewusstem und Nicht-Gewusstem, von als wissenswert Erachtetem und qua organisationaler Selektion Ausgeschlossenem, das als „terra incognita" erst gar nicht ins Blickfeld der Organisation gerät. Was in einer Organisation als notwendig und als unmöglich angesehen wird, stellt sich letztlich über Kommunikationsstrukturen und -spielräume her: „Einschränkungen der Kommunikationsspielräume sind bereits in den von der Organisation verwendeten Technologien, in bestimmten Restriktionen der physischen, mentalen und kulturellen Umwelt und nicht zuletzt in der bereits durchlaufenen Geschichte der Organisation enthalten."[6]

Wie kann diesen prinzipiellen Restriktionen durch die reflektierte Organisation des Innovationsprozesses selbst entgegengewirkt werden, so dass Innovation erleichtert oder gar gefördert wird?

Im technisch-industriellen Ansatz[7] wird hierbei zwischen Ideengenerierungsphase, Ideenakzeptierungsphase und Ideenrealisierungsphase unterschieden; der Bezugsrahmen für die Gestaltung der Organisationsstrukturen lässt sich über die vier Merkmalsdimensionen „Spezialisierungsgrad", „Zentralisierungsgrad", Standardisierungs- bzw. Formalisierungsgrad" sowie „Grad der Kommunikationsfreiheit" aufspannen. In allen drei Phasen müssen diese vier zentralen organisationalen Strukturmerkmale unterschiedlich ausgeprägt sein, wenn sie innovationsdurchlässig sein sollen:

- In der Ideengenerierungsphase tragen ein geringer Grad an Spezialisierung, Formalisierung und Entscheidungszentralisierung zu einer Öffnung des kreativen Potenzials der Organisation bei, da dadurch „Querdenken" erleichtert, ein möglichst ungehinderter Informations- und Kommunikationsfluss für die Vielfalt kreativer Lösungsangebote bei geringen institutionellen Präselektionsprozessen durch Vorgesetzte und organisationale Routinen sorgt.

- In der Ideenakzeptierungsphase wird die Ebene kreativer Einfälle und Visionen verlassen; Ideen werden auf ihre Realisierbarkeit hin geprüft, optionale Realisierungspläne erstellt und Entscheidungen vorbereitet. Dadurch ist ein höherer Spezialisierungs-, Standardisierungs- und Formalisierungsgrad der planenden und prüfenden Prozesse erforderlich – dies aber bei nach wie vor weitgehend partizipativer und offener Kommunikationsregelung, um das eigentliche Problem dieser Phase, Fähigkeits- und Willensbarrieren, konstruktiv überwinden zu können. Dies erfordert andererseits eine starke Entscheidungszentralisierung, ohne die weder Widerstände überwunden noch divergierende Pläne integriert werden können.

- In der Ideenrealisierungsphase wird das neue Produkt oder die Dienstleistung erstellt und angeboten; hier steigt notwendigerweise zwar der Spezialisierungs- und Formalisierungsgrad weiter an; Entscheidungsbefugnisse werden hingegen wieder stärker an die Fachabteilungen zurückgegeben, die auf Basis der erfolgten Selektionen – gleichsam als Subprojekte – die auf sie bezogenen fachlichen Teile des Umsetzungsprozesses selbst ausgestalten und verantworten können müssen. Umgekehrt ist jetzt eine stärkere Verbindlichkeit der Kommunikation, eine engere Eingrenzung der zugelassenen Kommunikationen auf durchführungsbezogene Probleme und Ergebnisse nötig; dies schließt die gleichzeitige Systematisierung des Informationsflusses ein, über den die Integration der Teilaufgaben vermittelt werden muss. Gleichermaßen wichtig erscheint die Anbindung an die Nutzer/Kunden des neuen Produkts, um über systematische Feedback-Schleifen Mängel und Fehler, aber auch Nicht-Akzeptanz, die die Einführungsphase oft begleitet, möglichst zeitnah bearbeiten zu können.

Deutlich wird hier die komplexe und reflektierte Kombination von verschiedenen Graden und Ebenen der Spezialisierung, Formalisierung, Entscheidungszentralisierung und Kommunikationsfreiheit im Fortgang des Innovationsprozesses als Ganzem, die eine hohe systemische Managementkompetenz seitens der Unternehmensführung voraussetzt: Fehler insbesondere im Grad der Kommunikationsfreiheit und dem Maß der engagierten Entscheidungsverantwortung in der Führungsspitze selbst resultieren leicht in Modellprojekten, die entweder über die Idee und erste Planungsschritte nicht hinauskommen, im Laufe des Implementationsprozesses an Halbherzigkeiten der Führung scheitern oder – im Falle geförderter Projekte – nach Ablauf der Subventionierung nicht überlebensfähig sind, weil sie die Akzeptanz durch den Kunden unabhängig von Fremdfinanzierungen/Kostenfreiheit nie gefunden haben.

Wie sieht es nun hinsichtlich der Effizienz des Innovationsprozesses bei Sozialen Organisationen aus?

Dem programmgemäßen Abschluss innovativer Projekte in Sozialen Organisationen stehen einige typische Widerstände und Hauptfehlerquellen entgegen:

- Eine systemische Reflexion auf die Widerstände und „Schwerkraft", die die Organisation qua Struktur, etablierten Interessen und eingefahrenen Routinen auszeichnen, findet häufig nur unzureichend statt. Die Erstellung einer Systematik der eigenen Strukturen, der gewohnheitsmäßigen Ansprüche und Verhaltenserwartungen von Mitarbeitern, Leitern (insbesondere der mittleren Ebene!) und nicht zuletzt von Kostenträgern und Klienten, die den geplanten Innovationsprozess behindern könnten, würde dem entgegenwirken.

- Das, was die Leitung des Verbands/der Einrichtung mit der Innovation erreichen will, wird zuweilen von den Mitarbeitern und unteren Führungsebenen nicht geteilt oder anders interpretiert. Häufig sehen die Mitarbeiter andere Motive am Werk als diejenigen, die von der Führungsebene kommuniziert werden. Insbesondere sollten Absichten der Steigerung der organisatorischen Effizienz nicht hinter blumigen Postulaten zur Leistungsqualität und Klientenzufriedenheit verborgen werden; vielmehr ist ihr Zusammenhang kritisch und offen zu diskutieren. Schließlich existiert in Sozialen Organisationen wegen der Wertbezogenheit ihres Handlungsfelds und der Gewohnheit kritischer Reflexion der eigenen Tätigkeiten auch ein beträchtliches Kooperationspotenzial.

- Die Managementinnovation, die von der Leitung implementiert werden soll, trifft das Problem nicht, dessentwegen die Innovation veranstaltet wird. So nützt beispielsweise eine DIN-EN-ISO-Zertifizierung bei einem Bildungsträger wenig, wenn der

Unmut und die Demotivation der Mitarbeiter, die auf schlechter Bezahlung, intransparenten Kommunikationsstrukturen und geringen Entscheidungsspielräumen seitens der Kursleiter beruhen, der eigentliche Grund für die geringe Verlaufs- und Ergebnisqualität der Maßnahmen darstellt. An den formalen Prozessen der Organisation orientierte Maßnahmen tangieren aber die eingefahrene Führungsstrategie der Leitung weniger – sie kann sich einen selbstkritischen Blick auf sich selbst ersparen. Wenn sich die demotivierten Mitarbeiter durch das neue Qualitätssicherungssystem zusätzlich eingeengt fühlen, so können kurzfristige Verbesserungen sogar durch langfristige Verschlechterungen des Problems abgelöst werden – wir erinnern uns an die systemische Fehleranalyse.

- Die Führungsebene verzichtet auf eine systematische, den gesamten Innovationsprozess umgreifende Projektsteuerung, die das wechselhafte und fragile Verhältnis von Kommunikationsfreiheit, Entscheidungszentralisierung und standardisierten Vorgehensweisen über alle Phasen hinweg planerisch berücksichtigt. Stattdessen wechseln sich Überregulierungen mit der Zerfaserung in relativ unstrukturierten Teamaufgaben ab.

Die korporatistische Struktur des sozialpolitischen Arrangements alter Prägung, das in vielen Teilen schon der Vergangenheit angehört, erschwerte Innovationsbestrebungen zusätzlich. In einem wohl geordneten, relativ stabilen System von gegenseitigen Verhaltenserwartungen, das auf Aushandlungsprozessen unter politisch beschränkten Wettbewerbsbedingungen beruht, bilden sich wechselseitige Loyalitäts- und Vertrauensbeziehungen aus, die an bestimmte Personen geknüpft sind. Existiert ein derartiges System über längere Zeit, etablieren sich in ihm quasi gewohnheitsrechtliche Ertrags- und Befugnisverteilungen, die gleichsam als Pfründe angesehen werden.

Das „Ausscheren" aus diesem System steht vor einer logisch-praktischen Schwierigkeit, die in der mathematischen Spieltheorie als „Prisoner's Dilemma"[8] berühmt wurde: Wenn ein „Spieler" ausschert, kann er sich unter Bedingungen beschränkter Information/Kommunikation nicht sicher sein, ob er nicht deshalb Nachteile zu erwarten hat, weil seine „Mitspieler" so weitermachen wie bisher und ihn damit an den „Rand" des Systems drängen. Sein „Vorpreschen" würde ihm nur dann Vorteile bringen, wenn die anderen „mitziehen". Eine Verbesserung für alle wird also dadurch verhindert, dass sich keiner des Verhaltens der anderen gewiss ist und daher ein unkalkulierbares Risiko einginge, wenn er allein für sich handeln würde. In anderen Worten: Wenn innovative Vorstöße ein eingespieltes System mit wohl verteilten und wechselseitig akzeptierten Vorteilen ins Wanken bringen können, unterbleiben sie als Einzelinitiative so lange, bis entweder über kommunikative Prozesse zwischen allen Beteiligten ein Innovationskonsens erzielt wurde, oder von einer übergeordneten Instanz die Innovation allgemein eingefordert wird – dann ist es egal, wann und wie die „Spielpartner" reagieren, weil auch sie letztlich sich dem Veränderungsdruck nicht entziehen können.

Innovationsfähigkeit als Fähigkeit zu organisationalem Wandel

Wie müssen nun Organisationen generell beschaffen sein, die einen hohen Grad an Innovationsfähigkeit, „Innovativeness", aufweisen?

Moderne, der zunehmenden Komplexität gewachsene Organisationen[9], die einer Vielzahl von wahrgenommenen Umweltveränderungen mit optionaler Organisationsinnovation begegnen können, müssen genau jene Ungewissheit wieder in die Organisation einführen, auf deren Absorption durch Bürokratie und Hierarchie die Funktionsfähigkeit der Organisation bisher beruhte. Innovative Organisationen müssen, folgt man neueren, systemisch orientierten Theorien, gleichsam die Unsicherheit, die sie auszugrenzen suchten, wieder in ihre Organisationsstruktur einbauen – Kommunikation ersetzt dann Autorität, Teams und Netzwerke treten an die Stelle von hierarchischen Strukturen, und der Versuch, Stabilität durch permanenten Wandel zu kreieren, löst die Aufforderung ab, im Wandel stabil zu bleiben. Darin sind etliche Dilemmata prinzipieller Natur eingeschlossen.

Innovationsfähigkeit als die Fähigkeit zu komplexem organisationalen Wandel im Sinne permanenter Produkt-, Prozess- und Sozialinnovation ist damit an Unternehmen geknüpft, die in der Lage sind, „sich selbst qua Reflexion unbekannt zu werden und als Rekursivität bestimmter Operationen wiederzuentdecken"[10]. Das Ganze läuft demnach darauf hinaus, dass Unternehmen sich selbst wieder quasi von außen beobachten, sich des Gewordenseins und des Selektionscharakters ihrer Maßnahmen und Strukturen bewusst zu werden suchen.

Teamorganisation und lose Kopplungen, also Netzwerkstrukturen, sind das organisationale Pendant zu dieser systemtheoretischen Innovationsphilosophie: Teams bleiben zwar zumeist als Projektteams in die Hierarchie eingebunden; aber indem sie es unmöglich machen, „horizontaler Kommunikation auszuweichen"[11], tragen sie zur Öffnung und Problematisierung der Wahrnehmungsmuster und Entscheidungsvoraussetzungen in der Organisation bei: „Wer es nicht gelernt hat, mit den Paradoxien der Gruppendynamik umzugehen, wird keinen Zugang zu den wichtigsten Entscheidungsabläufen innerhalb einer Organisation finden. Mitglied einer Organisation zu sein, ist eines, Mitglied eines Teams zu sein, etwas ganz anderes. Und bald wird ersteres nicht mehr möglich sein, wenn nicht letzteres gekonnt wird."[12] Indem Teams um die Ressourcen konkurrieren, die die Hierarchie vergibt, sind Teams zur ständigen Begründung ihrer selbst, zur Beobachtung der Fortschritte, Selektionen und Maßnahmen der anderen Teams und der Entscheidungskriterien der Hierarchie, die die Teams eingerichtet hat, gezwungen. Umgekehrt ist die Hierarchie genötigt, ihre Ressourcenentscheidungen auf Beobachtungen der Teams zu gründen. Insofern konstituiert Teamorganisation Strukturen, „die zur Bewältigung ihrer eigenen Komplexität gezwungen sind, laufend ihre relevante Umwelt auf Hilfestellungen, Störungen, Allianzen, Sprachregelungen und so weiter hin zu beobachten"[13]. Dies schafft Unsicherheit und absorbiert sie zugleich; Teamorganisation stellt sich in dieser Perspektive als Versuch dar, die Wandlungsfähigkeit der Organisation dadurch zu steigern, dass sie die Komplexität der Umwelt nicht rigide selektiert, sondern gleichsam hereinnimmt, um sie reflexiv bearbeitbar zu machen. Dabei ist allerdings zu beachten, dass Teamorganisation anspruchsvolle Voraussetzungen bezüglich Kompetenzenzwicklung und Integration der Mitarbeiter beinhaltet und parallel dazu unterstellt, dass die gebildeten Teams auch über adäquate Entscheidungsbefugnisse bzw. Berechtigungen zur weitgehend selbstständigen Organisation der eigenen Arbeit verfügen. Die Unmöglichkeit, „horizontaler Kommunikation auszuweichen", wird nicht immer als der Aufgabenerfüllung förderlich empfunden – Teams schaffen zuweilen erst die Probleme, die sie dann im Team kommunikativ lösen. Systemtheoretische Betrachtungen sind meistens zu abstrakt, um angeben zu können, unter welchen Bedingungen verschiedene Organisationsformen die gewünschten Effekte entfalten können.

Die Auflösung rigider Unternehmensstrukturen in offene Netzwerke, deren fachliche oder funktionelle Bestandteile sich innerhalb des Verbands oder der Organisation als prinzipiell selbst verantwortliche Dienstleister gegenübertreten, die einander wechselseitig als „Lieferanten" oder „Kunden" benötigen, stellt die zweite Schiene der organisationalen Steigerung der Innovationsbereitschaft dar. Indem Netzwerke ehemalige Untereinheiten einer hierarchischen Organisation verselbstständigen, schaffen sie Selbstverantwortlichkeiten, Risiken der Nicht-Kopplung und des Scheiterns im Sinne des Verfehlens der selbst verwalteten Budget- und Leistungsziele, auf deren Erreichung andere Bestandteile des Netzwerks angewiesen sind. Dadurch wird der Zwang zur netzwerkinternen Kommunikation als Mittel der Unsicherheitsreduktion und selbstständigen Informationsbeschaffung gleichsam als Anreiz in die neue Organisationsform eingebaut und durch den Umstand verstärkt, dass lose Kopplungen immer auch alternative Kooperationspartner ermöglichen – man muss sich durch Effizienz und Vertrauensbeziehungen ständig der Fortsetzung der Zusammenarbeit versichern, da ansonsten die eigene Position im Netzwerk gefährdet ist. Ansätze zur lernenden Organisation und zum Wissensmanagement setzen genau an diesem Punkt an, wenn sie die Vermittlung der Lernprozesse flexibler und fachlich kompetenter Mitarbeiter mit den organisationalen Veränderungen selbst problematisieren.

T. Stahl und R. Schreiber[14] heben zusätzlich auf die systematische Schaffung aktiver Schnittstellen zwischen den unterschiedlichen Bezugssystemen intra- und interorganisationaler Netzwerke ab; so sind in verschiedenen Aufgaben und funktionellen Einheiten zumeist Sichtweisen und Wirklichkeitsdefinitionen inkorporiert, die einen Teilaspekt des zu bearbeitenden Problems repräsentieren – so wird die Finanzabteilung einen anderen Blickwinkel auf die anzubietende Dienstleistung einnehmen als diejenigen, die die Dienstleistung nach fachlich-betreuerischen Kriterien entwickelt haben. Nur durch die etablierte Abgleichung der verschiedenen Standpunkte innerhalb der Schnittstellen kann die „Koproduktion von Innovation" gelingen. Schnittstellenkommunikation muss daher in regelmäßigen thematischen Innovationszirkeln fest etabliert werden: *„Es ist die produktive Konfrontation von unterschiedlichen Bezugssystemen (Management versus Mitarbeiter, Unternehmen versus Unternehmen, unterschiedliche Denktraditionen und -schulen, etc.), die Innovationen hervorbringen.* Um Innovationsfähigkeit systematisch in Strukturen und im individuellen Handeln zu verankern, müssen wir in Organisationen Zäune einreißen, unterschiedliche und sogar widersprechende Bezüge zulassen und existierende Konfrontation in Koproduktion gemeinsamer Lösungen verwandeln. Ein Konzept zum systematischen Einbau von Innovationsfähigkeit in unsere ökonomische und soziale Kultur muss das Erneuerungspotenzial, welches in der Konfrontation unterschiedlicher Referenzsysteme entsteht, dadurch voll zur Geltung bringen, dass die Schnittstellen der Konfrontation offen gestaltet werden."[15]

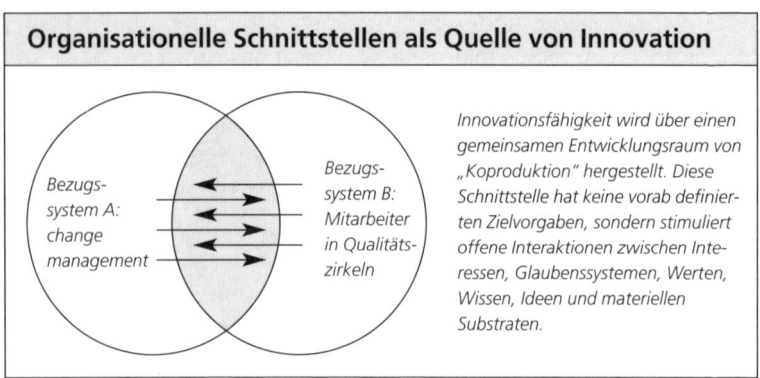

Organisationelle Schnittstellen als Quelle von Innovation

Bezugs-
system A:
change
management

Bezugs-
system B:
Mitarbeiter
in Qualitäts-
zirkeln

Innovationsfähigkeit wird über einen gemeinsamen Entwicklungsraum von „Koproduktion" hergestellt. Diese Schnittstelle hat keine vorab definierten Zielvorgaben, sondern stimuliert offene Interaktionen zwischen Interessen, Glaubenssystemen, Werten, Wissen, Ideen und materiellen Substraten.

aus: Stahl/Schreiber, Die Lernende Region, a.a.O. S. 353

Stahl/Schreiber sehen in diesem Verfahren die Chance, dass Schnittstellen generiert werden, die „multidimensional (unterschiedliche Funktionsbereiche betreffen), multilateral (Gestaltungsspielräume für alle Beteiligten eröffnen), offen (ohne äußere Zwänge, Vorgaben und Regeln) sind und damit verändernde Konsequenzen hinsichtlich der beteiligten Organisationen haben"[16].

Unterstellt ist dabei die Fähigkeit, mit der Konfrontation unterschiedlicher Referenzsysteme positiv umgehen zu können – also die Fähigkeit zur Selbstreferenzialität als Bereitschaft, den selektiven und einseitigen Charakter der eigenen Perspektive auf das Problem zu erkennen und zum Ausgangspunkt einer kritischen Diskussion machen zu können. Genau dies scheint Peter M. Senge mit den „Mentalen Modellen" zu meinen, wie in den Ausführungen über die lernende Organisation deutlich werden wird.

T. Stahl und R. Schreiber betonen des Weiteren die Voraussetzungen gelingender horizontaler, insbesondere interorganisationaler Vernetzungen:

- Sie bauen auf komplementären, gemeinsamen, parallelen, identischen oder kongruenten Interessen auf[17].

- Sie unterstellen gegenseitiges Vertrauen, das auf Face-to-Face-Beziehungen beruht.

- Die Akteure gestalten und kontrollieren das Netzwerk selbst.

- Die Beziehungen im Netzwerk sind offen und flexibel.

Diese Bedingungen gelten vor allem für transorganisationale Kooperationen. Innerhalb der Organisation hingegen können die Gewinne an Innovationsbereitschaft, die Teams und Netzwerke ermöglichen, nur eingefahren werden, wenn das rechte Maß an Hierarchie in den Gesamtprozess eingebunden ist: „Denn die Hierarchie ist für die Netzwerke wie für die Teams der einzige Anhaltspunkt für die Zurechnung von Entscheidungen. Netzwerke und Teams kommunizieren; Hierarchien handeln. (…) Alle sachrelevanten Entscheidungen werden in den Teams, Projekten und Netzwerken getroffen. Aber irgend jemand muss sie auch durchsetzen, das heißt gegenüber anderen Teams, anderen Projekten oder innerhalb der Kontaktpflege der Netzwerke durchsetzen, und das tun Hierarchien."[18]

Hier nähern sich der technokratische und der systemische Ansatz von Innovation einander an: Beiden kommt es auf das reflektierte Ausbalancieren von Momenten der Freiheit, Dezentralisierung und Kommunikation mit Erfordernissen der Entscheidung und Kontrolle und damit Formalisierung und hierarchischen Zentralisierung im Rahmen des Gesamtprozesses von Organisationsinnovation an.

Für die Praxis Sozialer Organisationen bedeutet dies, dass sie sich über die Phasen des Innovationsprozesses ebenso Rechenschaft ablegen müssen, wie sie innerhalb dieser Phasen die zu erledigenden Aufgaben und die darin involvierten Personen genau zu bestimmen haben. Daraus erst lässt sich qualifiziert ein Phasenmodell des zeitlichen Ablaufs gewinnen, in dem für jeden Unterabschnitt die beteiligten Systemeinheiten/Personen, die erforderlichen Kommunikationsstrukturen sowie die jeweiligen Freiheitsgrade in der inhaltlichen Aufgabenerfüllung fixiert sind. Dem zugeordnet werden kann ein Entscheidungsmodell, das sowohl der Führung wie den diversen Projektteams und Experten transparent macht, welche Entscheidungen sie selbst treffen können und welche sich die Leitung vorbehält. Ohne diese formale Führungsstringenz, die an intensive begleitende Kommunikation neben der und quer zur eigentlichen Projektkommunikation gebunden ist, mehren sich die Risiken der Innovationsverwässerung ebenso wie der Verzögerung durch organisationsimmanente Reibungsverluste.

Man kann diese Problematik auch auf die Ebene funktionaler Rollenverteilung im Projekt projizieren: K. Brockhoff[19] betont in Anlehnung an E. Witte, dass Innovationsprojekte der gezielten Promotion durch die Wahrnehmung personalisierter Rollen bedürfen, des „Machtpromotors", des „Fachpromotors" und des „Beziehungs- oder Prozesspromotors". Während der Fachpromotor als Fachexperte für die inhaltliche Ausgestaltung des Vorhabens verantwortlich ist, hält ihm der Machtpromotor gleichsam den Rücken frei, indem er die notwendigen Ressourcen erkämpft oder bereitstellt und sich konstruktiv mit der Projektopposition auseinander setzt. Der Beziehungs- oder Prozesspromotor kümmert sich schließlich um die Absicherung und Präsentation des Projekts nach außen, schafft Netzwerke der interorganisationalen Projektkooperation und sorgt für die Einhaltung der Projektablaufplanung, der Qualitätssicherungsmaßnahmen etc. Die Ausdifferenzierung der drei Rollen nimmt damit auf einer anderen Ebene auf das gleiche Problem Bezug, das zuvor entlang der Achsen Kommunikationsfreiheit, Standardisierung und Entscheidungszentralisierung formuliert wurde: Der fachliche Aspekt, der freie Kommunikation, freies Experimentieren professioneller Fachkräfte und Experten unterstellt, ist im Zeitablauf durch Entscheidungen auf das Organisationsziel zu beziehen und erfordert gleichzeitig eine von beiden Dimensionen logisch unabhängige Prozesssteuerung.

Innovation in industriellen Organisationen

Die beschriebene Offenheit der Kommunikationsstrukturen lassen sich natürlich auch speziell für Ideengenerierungsprozesse verwenden. In der Industrie sind oft regelmäßige Innovationsteams anzutreffen, die mittels der üblichen Kreativitätstechniken das kreative Potenzial der Mitarbeiter und Produkte/Dienstleistungen gleichermaßen auszuloten suchen und sich dabei Methoden wie Kundenbefragungen, Benchmarking, systematischer Internet-Recherche etc. bedienen. Einige Firmen leisten sich auch regelrechte „Innovationsscouts", die als freie Tester, Querdenker und Szenarioerfinder möglichen Entwicklungen auf der Spur sind. So entwirft beispielsweise Siemens mit der virtuellen Wissensstadt Xenia[20] ein offenes Denkmodell, das mit baulichen und örtlichen Gegebenheiten einen imaginären stofflichen Rahmen für eine Gedankenlandschaft bildet. Dabei sind immer sechs SATORI-Fragen zu stellen:

- **S**tart: Was ist los?

- **A**nalyse: Warum ist oder wird was geschehen?

- **T**ranszendenz: Was wollen wir überhaupt?

- **O**ption: Was können wir wagen?

- **R**esultate: Was soll sein?

- **I**nitiativen: Was muss veranlasst werden?

Auch wenn der Marktforschungs- und Produktentwicklungsstandpunkt industrieller Organisationen nur bedingt auf den Bereich sozialer Dienstleistungsproduktion passt, so können Soziale Organsationen von der Akribie, mit der die Industrie und der IKT-Sektor gesellschaftliche Entwicklungen betrachtet, durchaus etwas lernen. So hat z.B. eine Forschungsgruppe bei Daimler-Benz ein mehrstufiges Verfahren entwickelt, das auf drei einfachen Fragen beruht:[21]

- „Wie verändern sich zukünftig unsere gesellschaftlichen, politischen und wirtschaftlichen Umfelder?

- Welche dieser Umfeldentwicklungen beeinflussen die Lebensstile von Zielgruppen nachhaltig?

- Wie verändern sich vor diesem Hintergrund in den nächsten zehn bis 15 Jahren die Kundengruppen im Hinblick auf ihre sozioökonomische Lebenslage, ihre Werte und Einstellungen, ihr Freizeit- und Konsumverhalten?"[22]

Mit Szenario-Techniken, Umfeld- und Trendanalysen sowie der zukunftsorientierten Ideen-Werkstatt wird dann versucht, diese Fragen zu beantworten – wobei die Antworten wieder in einer Vielzahl von Optionen, Szenarien gipfeln, von denen jedes andere Anschlusspunkte für organisationale oder Produktinnovation bietet.

Zur Organisation von Innovation hat die genannte Forschungsgruppe folgende Prinzipien für Innovationsteams entwickelt[23]:

- Interdisziplinarität und Internationalität: Innovationen entstehen aus neuartigen Kombinationen und Anwendungen von weitgehend bekannten Elementen.

- Systemsicht und Methodenpluralismus: Innovationsteams betrachten Produkte, Prozesse und Zukunftsentwicklungen in einer ganzheitlichen Systemsicht.

- Hohe Kommunikations- und Interaktionsdichte und kreativitätsfördernde Arbeitsumgebung: Die ‚Heimbasis' der Innovationsteams dient als Drehscheibe des Wissens- und Erfahrungsaustauschs, dabei wird die Hälfte der Arbeitszeit vor Ort, beim ‚Kunden' geleistet.

- Multi-Teaming und Job-Rotation: Die Mitarbeiter arbeiten parallel in mehreren Projektteams, an verschiedenen Aufgaben, für unterschiedliche Kunden. Dies begünstigt das Entdecken neuer Zusammenhänge und den Transfer von Ergebnissen.

- Enge Kundenbeziehungen und vielfältige Kontakte im Unternehmensumfeld: Sie binden die Innovation an ihre Adressaten an und ermöglichen Synergien durch die Vernetzung mit ähnlichen oder komplementären Projekten.

- Unterstützung der Selbstorganisation in den Teams, Vermittlung an den Systemgrenzen, Schaffung von Schnittstellen: Die Abgleichung und Integration unterschiedlicher Sichtweisen und Perspektiven auf das Problem setzt kreative Lernprozesse in Gang.

1. Sind methodische Managementkonzepte brauchbar?

Ob solche Innovationsteams für Soziale Organisationen einen gangbaren Weg darstellen, sei dahingestellt; am ehesten sind sie auf Bundes- oder Landesverbandsebene der freigemeinnützigen Träger anzutreffen, wenn diese z.b. umfassende Organisationsreformen planen wie „Johanniter 2000" o.ä. Innovationsworkshops und entsprechende Konferenzen für Leiter und Fachkräfte finden erfahrungsgemäß schon häufiger statt, da sie als explorative Selbstverständigung noch geringere Anforderungen an eine systematische Innovationspraxis stellen.

Irgendwie ist jede Organisation, die Umweltveränderungen adäquate Innovationen entgegensetzen möchte, gehalten, ihre Ausgangskonstellation im Außen- und Innenverhältnis zu analysieren. Ein griffiges kleines Instrument hierfür ist z.b. das SWOT- Verfahren[24]: In Außen- und Innensicht werden hier Stärken (**S**trengths) Schwächen (**W**eaknesses) Gelegenheiten (**O**pportunities) und Bedrohungen (**T**hreats) einander gegenübergestellt. In moderierten Workshops versuchen die Teilnehmer/innen, sich über ihre wechselseitige Wahrnehmung von Merkmalsausprägungen in den bezeichneten Dimensionen der Organisation zu verständigen und daraus Innovations- und Veränderungsbedarfe abzuleiten. Interessant ist die Kombination von Innen- und Außenperspektive, die eine elementare Balance von Potenzialen (Stärken, Gelegenheiten) und Defiziten (Schwächen, Bedrohungen) ins Blickfeld geraten lässt. Zumeist erschließen sich im Rahmen von SWOT-Sitzungen weitergehende Fragestellungen, an die explorative Innovationskonzepte anschließen können.

Innovationsmanagement in Sozialen Organisationen

Innovative Organisationen analysieren durch den regelmäßigen Einsatz verschiedener Instrumente in Workshops, Innovationsteams oder Arbeitskreisen ihr Umfeld als möglichen Anlass für Innovationsdruck und vor allem – sich selbst. Sie wissen, dass ihre eigenen Strukturen und Abläufe, die in ihnen inkorporierten Interessen und Perspektiven auf sich selbst und ihre Umwelt, letztlich darüber entscheiden, was sie an Neuem „hereinlassen", wahrnehmen, bearbeiten – ja dass sogar ihre Sicht auf den Neuerungsdruck von außen durch die schon gegebene Organisation, ihre Form, ihre Routinen, ihre Geschichte, ihr Leitbild, ihre Aufgaben bestimmt ist. Genau genommen nimmt die Organisation nicht einfach ihre Umwelt wahr, sondern die Umwelt, die sie selbst auf sich bezogen hat: In der Analyse ihrer Umwelt erfasst die Organisation in reflexiver Form zuallererst ihren eigenen Zweck und die veränderten Bedingungen seiner Verwirklichung. Von diesem Standpunkt aus fällt es zumindest leichter, Ziel- und Klientelwechsel überhaupt ins Blickfeld geraten zu lassen, also beide Seiten des organisationalen Arrangements offen zu halten – neben der Veränderung der Organisation hinsichtlich veränderter Umweltbedingungen, aber monolithischer Ziele, kann dann eine Modifikation der Ziele, die ebenso Organisationswandel einschließt, als Alternative mit gedacht werden.

Zur Stärkung ihrer permanenten Innovationsfähigkeit muss sich die Organisation Strukturen geben, die ein Maximum an externer Unsicherheit, Komplexität, bearbeitbar machen, indem sie diese Komplexität durch selbstreflexive Strukturen gleichsam hereinlassen. Die Organisation ist dann in der Lage, durch ein ausgewogenes Geflecht von Teamstrukturen, Netzwerken und hierarchischen Kopplungen als Entscheidungsbedingungen sich selbst in ihrem Handlungs- und Veränderungsprozess zu beobachten und deshalb auch zu thematisieren. Insbesondere regelmäßige Prozesse der Schnittstellenkommunikation können dazu beitragen, die Vielschichtigkeit und Widersprüchlichkeit der Perspektiven innerhalb der Organisation im Verhältnis zu ihrer eigenen Aufgabendefinition zu erfassen. Dieses Konzept führt folgerichtig zu Verfahren der Selbstevaluation, durch die die Organisation ihre Selbstbeobachtung an ihre Aufgabenerfüllung rückkoppelt und als selbstkritische Bewertungsschleife etabliert.

Praktische Innovationsvorhaben müssen in ihrem komplexen und widersprüchlichen Verhältnis von Entscheidungszentralisierung, Kommunikationsfreiheit und intraorganisationaler Formalisierung verstanden und durch ein mehrstufiges, systematisches Projektmanagement methodisch durchgeplant werden. Dabei sollte die Leitungsebene sich durch regelmäßige Controlling-Eckpunkte und mitarbeiterbezogene Feedback-Schleifen darüber selbst Rechenschaft ablegen, ob das Innovationsvorhaben wirklich das Problem bearbeiten und lösen kann, für das es implementiert wurde, und ob die Mitarbeiter bzw. die verschiedenen betroffenen Organisationsebenen das Problem genauso verstehen wie die Führung. Schließlich wäre es für die Leitung wichtig zu wissen, ob die Absicht des Innovationsvorhabens, die kommuniziert wird, von den Betroffenen geteilt wird. Hinzu kommt, dass der von der Führung kommunizierte Zweck zwar geteilt werden kann, aber u.U. bestritten wird, dass das Innovationsprojekt darauf abzielt.

Dies verweist abschließend auf die Problematik der „Innovationswiderstände". Daran geknüpft ist die Frage nach den Charakteristika einer innovationsfreundlichen Organisationskultur und den dazu passenden Kommunikationspraktiken.

Dass die Organisation als komplexes soziales System selbst qua Tradition, Strukturen und Routinen vor allem in ihren hierarchischen Formen Neuerungen entgegenstehen kann, wurde ausführlich thematisiert. Hinzu kommen individual- und organisationspsychologische Aspekte. Gemäß den Untersuchungen der Psychologen I.L. Manis und L. Mann wenden Menschen auf Situationen mit Innovationsdruck ein dreistufiges Prüfverfahren an[25]:

(1) Im ersten Schritt wird geprüft, ob die Beibehaltung des gewohnten Verhaltens mit ernsthaften Gefahren verbunden ist. Ist das Ergebnis negativ, so bleibt tendenziell alles beim Alten.

(2) Wird die Fortsetzung der bisherigen Verhaltensweisen als gefährlich eingestuft, so wird im zweiten Schritt umgekehrt gefragt, ob an die Verhaltensänderung ernsthafte Bedrohungen oder Risiken geknüpft sind. Ist dies nicht der Fall, so kann eine konfliktlose Änderung vorgenommen werden.

(3) Wird allerdings auch die Verhaltensänderung für riskant gehalten, so fragt man danach, ob es Hoffnung auf eine bessere Lösung geben kann. Ist das der Fall, dann hängt die Reaktion von der für Informationssuche und -bewertung verfügbaren Zeit ab: Unter hohem Zeitdruck sind panikartige und irrationale Reaktionen wahrscheinlich. Erscheint auch eine bessere Lösung als unrealistisch, „so werden viele Menschen prüfen, ob die Innovation nicht einfach aufgeschoben werden oder die Entscheidung auf eine andere Person oder Gruppe verlagert werden kann"[26].

Ist diese Skepsis bezüglich der individuellen Innovationsbereitschaft berechtigt? Zumindest sind erfahrungsgemäß gewisse Zweifel gegenüber einem Menschenbild angebracht, das die „permanente Revolution" zu einem Herzensanliegen nach stetiger Sinnsteigerung strebender Mitarbeiter erklärt, wie man es bei Theoremen zur „lernenden Organisation" beizeiten findet. Festgehalten werden kann zumindest, dass vor allem Managementinnovationen in der Regel über komplexe Inhalte, die als Wissen formuliert sind, Ansprüche an Verhaltensänderungen formulieren, die von den betroffenen Personen auch zurückgewiesen werden können. Wie Baecker im Zusammenhang mit der Kommunikation von Wissen darlegt[27], kann Wissen in drei Dimensionen abgelehnt werden:

- In der Sachdimension: man hat von der Sache einen anderen Eindruck.

- In der Sozialdimension: man will kein Nichtwissen eingestehen bzw. lehnt es ab, etwas für wissenswert zu halten.

- In der Zeitdimension: man lehnt es ab, die Handlungskonsequenzen des korrigierten Wissens zu tragen.

Eine sozialtheoretische Betrachtung von Wissen verdeutlicht damit, dass die über Wissen transportierten Veränderungsansprüche für die Betroffenen keinesfalls eine Selbstverständlichkeit darstellen, sondern Neuerungen als Zumutungen erfahren werden können, die mit Ungewissheitserwartungen behaftet sind – gerade weil das „Neue" noch nicht in der Welt ist, sind seine Konsequenzen für das eigene Verhalten, den eigenen Status etc. zunächst nicht erfahrbar und damit auch nicht abschätzbar. Neuerungen schaffen damit Ungewissheit und Handlungsunsicherheit. Dagegen können auch noch so ausgefeilte Pläne nicht „anreden".

Was folgt daraus? Man braucht schon besondere Motive, um sich auf Verhaltensänderungen einzulassen! Wenn diese nicht über Zwang oder extrinsische Anreize zustande kommen sollen – was gerade in den komplexen psychosozialen Arbeitsfeldern Sozialer Organisationen absurd ist –, so können sie nur aus der Überzeugung resultieren, dass von der Veränderung keine Bedrohung ausgeht und zugleich die dennoch daran geknüpften Risiken eingegangen werden müssen, da sie Optionen eröffnen können, zu denen es keine Alternative gibt. Das „Gespür" für die Optionen muss ebenso wie die Abwehr der Bedrohungsangst aus der **Art und Weise der Kommunikation der Veränderungsansprüche** hervorgehen. Innovationsmanagement ist damit gerade in Sozialen Organisationen untrennbar mit einem Kommunikationsprozess verbunden, der nicht erst beim Innovationsvorhaben beginnt, sondern alle involvierten und betroffenen Ebenen und Mitarbeiter schon in die Analyse und Abgleichung der Problemsichten einbezieht, die die Leitungsebene an Innovation denken lassen. Innovation im Sozialbereich ist ohne erfolgreich und permanent kommunizierte Einsicht in die Innovationserfordernisse nicht zu haben.

Dem kommt eine Besonderheit Sozialer Organisationen, vielleicht sogar personenbezogener Dienstleistungen im Allgemeinen, entgegen, wie eine Untersuchung von G. Frank, C. Reis und M. Wolf[28] zeigen kann: Klientenorientierte, psychosoziale Hilfsleistungen sind nur beschränkt formalisierbar und erfordern von den Mitarbeitern/innen in diesem Bereich die Fähigkeit, für wechselnde, unvorhersehbare Problemkonstellationen ständig neue, individuelle Lösungen zu entwickeln. Insofern gehört der individuelle Dienstleistungszuschnitt, der in der Industrie in den letzten 10–15 Jahren als Novum entdeckt wurde, immer schon zur strukturell verbürgten Handlungslogik Sozialer Arbeit. Für die Führungskräfte bedeutet dies, dass sie das Handeln ihrer Mitarbeiter sowieso nur darüber „steuern" können, indem sie Interpretations- und Handlungsspielräume herstellen, diese sichern und dazu motivieren, sie „in fallgerechter Weise" auszulegen. Für alle Beteiligten verbindliche Interpretationsmuster und Entscheidungen sind daher nur über einen kommunikativen Prozess zu erreichen, der „bottom-up" die „Herstellung einer gemeinsamen Auffassung über die zu lösenden Aufgaben und Bearbeitungsmodalitäten" ermöglicht. Nicht nur innovative Projekte, sondern auch die gesamten alltäglichen Leitungsprozesse in Sozialen Organisationen erfordern eine starke Kultur- und Kommunikationsorientierung.

Innovationsmanagement bei Sozialen Organisationen wurde als methodischer Ansatz zur Generierung und Förderung von Dienstleistungsinnovationen im Sinne einer aktiven Neugestaltung des eigenen Aufgabenfeldes einerseits, als Meta-Ebene zur Generierung und

Beurteilung von Managementinnovationen andererseits umrissen. Wie grenzt sich nun davon Veränderungs- oder Change-Management ab?

Ansätze, Inhalte und Methoden von Veränderungsmanagement

Veränderungsmanagement als strategischer Ansatz geht von einer anderen Problemsicht aus. Die Unternehmen müssen auf den für dramatisch gehaltenen Wandel der Umweltanforderungen schnell und effizient reagieren; dafür benötigen sie in den Augen der Protagonisten einer Methodik des kontrollierten Unternehmenswandels ein eigenes, theoretisch fundiertes und praxisnahes Konzept: Die Bewältigung von externem Veränderungsdruck wird als spezielle Perspektive formuliert, die dabei helfen soll, der Permanenz und Unübersichtlichkeit vielfältigster Umbrüche in der Unternehmensumwelt gerecht zu werden. Zahlreiche Fachbücher und Artikel haben sich daher in den letzten Jahren mit Veränderungs- oder Change-Management befasst[29]; ebenso viele Unternehmen bedienten und bedienen sich der darin empfohlenen Vorgehensweisen, die ganze Heerscharen externer Berater nähren.

Change-Management als praktischer Ansatz bemüht sich um die Implementierung und den erfolgreichen Abschluss von organisationalen Veränderungsprozessen mittels einer umfassenden, methodisch reflektierten Meta-Perspektive – das Augenmerk liegt hier nicht auf Innovationen im Sinne einer Neuerfindung oder Neukombination von Produkten, einer neuen Verfahrenstechnik oder dergleichen, sondern auf dem konzeptionell fundierten Management von Prozessen verschiedenster Zielrichtung, die auf die interne Bewältigung von Veränderungsdruck gleich welcher Art abzielen. Alle Maßnahmen, die das Unternehmen dabei inszeniert, werden unter dem Gesichtspunkt „Veränderung" systematisiert und integriert. Im Vordergrund steht demzufolge die intraorganisatorisch-adaptive Umsetzung von als externe Ereignisse wahrgenommenen Umweltveränderungen in ein methodisches, systematisches Management des Wandels. Change-Management geht dabei ebenso wie Innovationsmanagement von der Permanenz und der neuen Qualität des Veränderungsdrucks aus, den die das Unternehmen umgebende ökonomische, soziale und politische Umwelt ausübt. Die deshalb erforderlichen permanenten Wandlungsprozesse des Unternehmens sollen umsichtig implementiert und durch begleitende Maßnahmen und Techniken der Mitarbeiterintegration abgesichert werden; zentrales Thema ist daher die prozessorientierte Planung und Gestaltung der organisatorischen Adaptionsversuche an unterschiedlichste Formen des externen Wandels. Change-Management-Konzepte beanspruchen, durch die Diskussion grundlegender Gestaltungsfaktoren und ihrem Anspruch nach problemübergreifend brauchbarer Implementationstechniken erfolgreichen organisationalen Wandels eine allgemeine Methodologie der Durchführung von mal proaktiv, mal reaktiv gedachten, im Kern aber adaptiven Veränderungen bereitzustellen.

Damit liegt erneut eine Meta-Perspektive vor, die einzelnen Managementmodellen wie Qualitätsmanagement, Business Process Reengineering usw. gleichsam vorgeschaltet ist: Keine bestimmte Veränderungsrichtung, kein besonderer Prozess- oder Strukturaspekt der Organisation gerät per se in den Blickwinkel, sondern alle denkbaren Veränderungen werden als Anpassungsprozesse betrachtet, die für ihren intraorganisatorischen Erfolg bestimmte Grundsätze beachten müssen und sich bestimmter Mittel, Methoden und Techniken zu bedienen haben. Change-Management nimmt damit auf den Umstand Bezug, dass den Unternehmen in den letzten Jahrzehnten „richtige" Konzepte der Unternehmensorganisation abhanden gekommen sind. Die Vision einer optimalen Organisationsstruktur[30] wird als unzureichend erkannt, da die Zweifel am deterministischen Weltbild inzwischen bis in die Chefetagen der Firmen vorgedrungen sind – komplexe Prozesse sind grundsätzlich unvorhersehbar; damit stellt sich die Angemessenheit von organisatorischen Maßnahmen zum einen immer nur ex post heraus, zum anderen sind die diversen Organisationsmodelle stets kontextgebunden, so dass neue Umstände das Unternehmen zur Revision von Strukturen und Prozessen zwingen, die quasi „gestern" erst als das „Nonplusultra" moderner Managementtheorie eingeführt worden waren. Damit wurde (und wird!) zwar einerseits der Jahrmarkt der „definitiven" Unternehmensmodelle kontinuierlich neu belebt, andererseits setzte sich aber im immer rascheren Wechsel der Ansätze und Berater doch die Einsicht durch, dass keines dieser Modelle von dauerhafter Gültigkeit sein kann.

Veränderungsmanagement als eigene Managementperspektive spiegelt insofern die Relativität aller Management-Ansätze in einem Umfeld raschen und stetigen Wandels wieder und ersetzt die Diskussion „richtiger" Organisationsmodelle durch Konzepte zur Steigerung der Wandlungsfähigkeit an sich: Deren Anspruch besteht in nichts Geringerem, als Ordnung in die vielfältigen Wandlungsprozesse und Veränderungsmaßnahmen zu bringen, mit denen Organisationen ihre vorgestellte Zukunft bewältigen wollen; es „geht um die Frage, wie in diesen auf Veränderung und Wandel ausgerichteten Organisationen Stabilität gesichert werden kann. Der Kunstgriff, der in Unternehmen angewendet wird, ist der, dass Regeln nun nicht mehr für das rationale Abwickeln des Alltagsgeschäfts, sondern für die rationale Gestaltung von Lern- und Wandlungsprozessen aufgestellt werden. Man hofft, zumindest in der Gestaltung des Wandels eine Rationalität zu finden, sozusagen eine Rationalität zweiter Ordnung."[31]

Change-Management-Ansätze versuchen demgemäß, den Grundgedanken der Steuerbarkeit und Regelhaftigkeit der Zustände des Unternehmens, der sich als obsolet erwiesen hat, auf die Wandlungsprozesse zu übertragen. Wenn es schon keine „richtigen" Organisationsstrukturen gibt, so sollen wenigstens allgemein gültige Kriterien und Methoden für „richtig" durchgeführten Organisationswandel bereitgestellt werden. Als Objekte des Wandels können die Unternehmensstrategie, Strukturen und Prozesse, Fähigkeiten und Verhalten, sogar die Unternehmenskultur dienen[32]; all diese Momente des betrieblichen Gesamtgeschehens gelten gleichermaßen als möglicher Ansatzpunkt von Veränderungen. Der Anpassungsgrad und die Zukunftsperspektive von Change-Management-Prozessen reichen von der taktisch-inkremental gedachten Feinabstimmung der Arbeitsorganisation bis zur strategischen, „proaktiven" Neuorientierung des unternehmerischen Handelns im Sinne innovativer Projekte. Allerdings ist festzuhalten, dass Innovationen und schlichte Verbesserungen im Rahmen des Change-Modells prinzipiell gleichwertig erscheinen, da beide ein Unterfall des allgemeiner konzipierten Wandels sind. Die Maßnahmen und Ratschläge von Change-Management konzentrieren sich daher auch auf den Durchführungsaspekt von Veränderungsprozessen aller Art; nichtsdestotrotz ist eine starke Affinität von Change-Management-Ansätzen zu Theorien und Praktiken der Prozessreorganisation festzustellen.

Wandel als Antwort auf permanenten Veränderungsdruck von außen

K. Doppler und C. Lauterburg zeichnen in ihrem viel beachteten Standardwerk zum Change-Management[33] ein düsteres Bild des wachsenden Veränderungsdrucks. Die dramatische Verknappung der Ressourcen Zeit und Geld bei gleichzeitig steigender Komplexität schaffen eine Vielzahl von Herausforderungen an den Berufsalltag des Managements[34]:

- Durchführen organisatorischer Veränderungen

- Schaffen eines intakten sozialen Arbeitsumfeldes

- Abbau hierarchischer Schranken

- Leistung erzeugen durch Synergie

- Flexibilisierung der Arbeitsformen und Arbeitszeiten

- Organisieren von Lernen und Entwicklung

- Frauen erobern Schlüsselpositionen

- Management von Konflikt- und Krisensituationen

- Entlassung von Mitarbeiterinnen und Mitarbeitern

- Aushalten innerer Zielkonflikte und Widersprüche

- Steuerung und Kontrolle durch Kommunikation

- Zukunftsplanung aufgrund komplexer Szenarien

- Integration durch Visionen und Leitbilder

Andere Autoren[35] richten ihr Augenmerk eher auf den permanenten Veränderungsdruck, der von der zunehmenden Geschwindigkeit des Wandels ausgehen soll, die durch die rasante Entwicklung der Kommunikationstechnologien erzeugt wird; dadurch entstünde ein wachsender Bedarf an hoch qualifizierten und teuren, damit oft auch eigenwilligen Mitarbeitern – die Bedeutung des Faktors Mensch wächst, der Mitarbeiter würde immer mehr zum limitationalen Faktor.[36]

Bronner und Schwaab wiederum gliedern die Unternehmensumwelt in fünf Bereiche, die allesamt tendenziell krisenhaften Veränderungsdruck mit sich bringen[37]:

- Ökologische Umwelt: Verknappung natürlicher und vom Unternehmen dringend gebrauchter Ressourcen

- Soziokulturelle Umwelt: Prozesse des Wertewandels führen ganze Produktfelder oder Märkte in die Krise.

- Politisch-rechtliche Umwelt: Restriktive Lohn- oder Steuerpolitik kann z.B. Unternehmensverlagerungen ins Ausland bewirken.

- Makroökonomische Umwelt: Finanzkrisen stürzen ganze Branchen in eine Rezession.

- Technologische Umwelt: Neue Technologien erzwingen ständigen Produktwandel.

Die Autoren machen zugleich deutlich, dass die Unterscheidung externer von internen Ursachen für Wandel schwierig ist, da sich beide Faktoren gegenseitig durchdringen und das Unternehmen nur über seine „Aufgabenumwelt" mit der „äußeren" Umwelt in Berührung kommt. Hier scheint der sozialtheoretische Sachverhalt auf, dass die Organisation in Gestalt ihrer mit verschiedenen Funktionen und Rollen versehenen Mitglieder selbst die Relevanzkriterien ausrichtet, entlang derer Umweltaspekte als systemrelevante[38] in ihr Blickfeld geraten; die Organisation kann nur auf sich selbst, auf die von ihr selektierten und gemäß ihren vorgängigen Erfahrungen, Strukturen und Problemlösungen perspektivisch zugeschnittenen Umweltausschnitte reagieren. Dies wird auch an der Schwierigkeit sichtbar, Anlass und Grund von Veränderungsprozessen zu trennen: Welche die Veränderung anstoßenden Phänomene kommen wirklich von „außen", sind „externe Ursache"? Welche dieser „äußeren Ereignisse" regen andererseits nur deswegen eine Veränderung an, weil sie einen organisationsintern schon längst vorhandenen Veränderungsbedarf quasi sichtbar machen, aktualisieren oder akzentuieren, demgemäß eher als „Auslöser" fungieren?

Wozu also die theoretisch offensichtlich unangemessene Unterscheidung von internen und externen Veränderungsfaktoren? Change-Management als Unternehmensphilosophie konstituiert mit der Veränderungs-Metapher[39] eine spezielle beratungsrelevante Weltsicht. Die behauptete zunehmende Geschwindigkeit eines immer unübersichtlicheren externen Wandels soll die Bereitschaft zur gleichsam „permanenten Revolution" als handlungsleitendes Modell der Unternehmensführung etablieren. Unterschiedlichste Bereiche, Ereignisse und Einzelthemen der „Außenwelt" werden vor der Folie des vom Unternehmen wahrgenommenen Zwangs zur Selbstbehauptung problemorientiert zugeschnitten. Change-Management subsumiert all diese völlig disparaten Phänomene unter einen gemeinsamen Gesichtspunkt: Die erforderliche *schnellere und wirtschaftlichere Bewältigung einer zunehmenden Vielfalt sich rasch ändernder Aufgaben*[40]. So komplex, chaotisch und disparat die aufgelisteten Umwelteinflüsse auch sind – ein regelhafter Kanon „guter" Prinzipien, Methoden und Techniken für das „Handling" dieser externen Anforderungen soll schon sein; dabei richten sich die „Design"-Vorschläge aber eben nicht auf die Organisationsstrukturen als solche, sondern auf die „Kniffe" in der prozessualen Gestaltung des Wandels, die gute Ergebnisse erwartbar werden lassen. Als zentrale Design-Bedingungen[41] für die organisatorische Verankerung der Bewältigungsfähigkeit von komplexen Zumutungen sind erneut „Netzwerke", „Prozessketten" und Teamorganisation" zu nennen, die durch eine adäquate Unternehmenskultur unterfüttert sein müssen, die die kreative Unruhe, Konfliktfähigkeit, Zusammengehörigkeitsgefühl und Kommunikation der Mitarbeiter steigert und durch Sinnvermittlung zu echter Motivation und Identifikation beiträgt. Umgekehrt haben die Führungskräfte jene strategischen, sozialen und persönlichen Kompetenzen zu entwickeln, die sie brauchen, um eine derartige Unternehmenskultur schaffen zu können.

Change-Management verweist damit auf einen konfliktreichen Ausgangspunkt seiner selbst: Einerseits wachsen mit dem vermehrten Einsatz hoch qualifizierter Mitarbeiter bei deren gleichzeitig erweiterter

Selbstständigkeit im Rahmen offenerer Organisationsstrukturen die Ansprüche, die an Arbeitsumgebung und -aufgabe, persönliche Sinngebung und Autonomie gestellt werden. Andererseits steigert sich damit auch die Abhängigkeit der Veränderungsprozesse von der „Einsicht" und Umsetzungsbereitschaft der Mitarbeiter: „Management per Anweisung und Kontrolle muss zunehmend ersetzt werden durch Vermittlung von Visionen und Identifikation mit den Zielen des Veränderungsprozesses. Die Mitarbeiter müssen für die Veränderungsziele und ihre Umsetzung ‚gewonnen' werden."[42] Change- oder Veränderungsmanagement befasst sich deshalb vor allem mit Techniken, die die systematische Integration der Mitarbeiter in den gesamten Veränderungsprozess, von der Problemdefinition bis zur Problemlösung, sicherstellen sollen.

Dabei werden im Wesentlichen drei verschiedene Steuerungsmodelle zugrunde gelegt, von deren Welt- und Problemsicht auch der Ansatzpunkt der angebotenen Modelle und Techniken abhängt.[43]

Der betriebswirtschaftlich-technokratische Ansatz bedient sich ungebrochen der Machtposition des Managements, um einen „top-down" organisierten Veränderungsprozess zu initiieren; die abgeleiteten Handlungskonsequenzen werden im Prinzip verordnet, über Zielvereinbarungen und Kontrollsysteme sichergestellt und durch Kommunikationsmaßnahmen begleitet, die den „Widerstand" gering halten sollen. Da es externen und internen Fachleuten obliegt, den Prozess zu definieren und letztlich zu steuern, kann auch von einem „Expertenmodell" des organisatorischen Wandels gesprochen werden. Es versteht sich damit von selbst, dass der technokratisch-betriebswirtschaftliche Ansatz vor allem implementierungsorientiert ist: Eine möglichst reibungslose Durchführung der im Rahmen von Projektmanagementmethoden präzisierten Prozessschritte steht an erster Stelle. Natürlich wird auch diese Vorgehensweise immer mehr mit Momenten der Kommunikationsorientierung angereichert; diese dient allerdings nur der kompensatorischen Abfederung eines an sich unabhängig von den Mitarbeitern formulierten Konzepts.

Unter dem Sammelbegriff „Organisationsentwicklung" (OE) haben sich in den letzten 20 Jahren Ansätze in den Vordergrund geschoben, die auf Basis verschiedenster Ergebnisse der Organisations- und

Arbeitspsychologie, der humanistischen Psychologie und der Mitbestimmungs- und Partizipationsdiskussion der 70er Jahre die ausdrückliche Einbeziehung aller Organisationsmitglieder bei Veränderungsprozessen betonen. Hintergrund ist die Annahme, „dass es einen genügend breiten Bereich gibt, in dem die Ziele und Interessen der Leitung mit denen der übrigen Organisationsmitglieder kompatibel sind, und dass jene Veränderungsmaßnahmen aus dem Gesamtspektrum der Alternativen ausgewählt werden, die diese Kompatibilität versprechen"[44]. Man kann hier insofern auch von einem „Emanzipationsmodell" des Wandels sprechen, als die Mitarbeiter auf Basis pädagogisch-psychologischer Konzepte zur Beteiligung an und schließlich zur Identifizierung mit den geplanten Veränderungen bewegt werden sollen. Die Organisationsmitglieder werden von Anfang an prozess- und entwicklungsorientiert in die Veränderungsmaßnahmen einbezogen. Dies geschieht hier häufig schon im Vorfeld der Formulierung eines Projektplans für den Veränderungsprozess, indem Mitarbeiterbefragungen durchgeführt oder Workshops zur Problemsicht auf die Organisation veranstaltet werden. Die „lernende Organisation" stellt eine Fortentwicklung des humanistisch-organisationspsychologischen Ansatzes dar, der die Restriktionen der klassischen OE zu überwinden sucht.

Noch in den Anfängen steckt die Etablierung eines systemisch-reflexiven Blickwinkels auf Veränderungsprozesse in komplexen Sozialen Organisationen, die Unternehmen ja immer sind. Wandel kann hier nur als eine komplexe Verschiebung der Organisationsperspektive auf sich selbst zustande kommen, die die intraorganisatorische Kommunikation der wechselseitigen Erwartungen, Sichtweisen, Befürchtungen und Interessen voraussetzt. Hier gibt es keine „richtigen" Instrumente und Ansätze; alle Innovations- und Veränderungsvorhaben sind kontext- und erfahrungsbezogen und gehen durch die organisationsgeschichtlich fundierten Strukturen und Selektionsmuster der verschiedenen Subsysteme der Organisation „hindurch"; die Organisation selbst legt fest, wodurch sie sich inwieweit und inwiefern ändern lassen will. Dieses Reflexionsmodell des Wandels geht damit von der Unausweichlichkeit unterschiedlicher Perspektiven in der Organisation aus, wobei die ebenfalls beschränkte Sichtweise der Führung keinen „Wahrheitsbonus" bezüglich der Adäquanz ihrer eigenen Veränderungsmodelle hat. Zugleich stellt der systemische Ansatz die positive

Wertung von Veränderung als Permanenzideal in Frage und thematisiert das Gleichgewicht zwischen Wandel und Stabilität, in dessen Wechselspiel jede Organisation ihre Identität bewahren muss. Auch folgt aus der systemischen Betrachtung ein recht eigenwilliger Standpunkt zur Steuerbarkeit von Veränderungsprozessen, wie wir in unserer abschließenden Würdigung sehen werden. Unthematisiert und damit ungelöst bleiben hier Fragen differierender Interessen- und Machtverteilungen innerhalb der Organisation, die in einer handlungstheoretischen und auf die materialen Ressourcen der Organisation orientierten Perspektive als zentrale Momente der Veränderungsproblematik betrachtet werden können. Auch ist der Subjektcharakter von Organisationen alles andere als unstrittig. Insgesamt können wir hier von einem „Reflexionsmodell" des Wandels sprechen.

Prinzipien und Gestaltungsfaktoren von Veränderungsprozessen

Welche Bedingungen müssen nun erfüllt sein, dass Veränderungsvorhaben gelingen können? Betriebswirtschaftlich-technokratische und an der Organisationspsychologie/-entwicklung orientierte Ansätze unterscheiden hier mehrere strategische und operative Ansatzpunkte, „Hebel" eines erfolgreichen Wandels bzw. Grundsätze, die beachtet werden müssen.

Daryl. R. Conner und E. Clements, die als Beispiel für einen eher technokratischen Ansatz gelten sollen, nennen vier strategische Gestaltungsfaktoren[45]:

- Flexibilität: Als zentral für eine hohe Anpassungsgeschwindigkeit und „Assimilierungsfähigkeit" gelten flexible Menschen, Teams und Unternehmen, die allen Veränderungen Positives abgewinnen und diese akzeptieren.

- Kenntnisse: Das Wissen um die Struktur der Veränderung und die Fähigkeiten aller Beteiligten, mit der „grundlegenden Dynamik organisatorischer Übergangszeiten" umzugehen, erleichtern die gelungene Anpassung. Insbesondere müssen die Rollen, die den Implementierungsprozess tragen, effizient gespielt bzw. organisiert werden: Der „Sponsor" hat die Macht, die Veränderung zu legitimieren und ökonomisch mit den nötigen

Ressourcen zu versorgen; die „Change-Agents" sind für die Durchführung, Entwicklung der Pläne, Kontrolle der Projektfortschritte etc. verantwortlich; die „Zielgruppe/Betroffenen/Beteiligten" müssen als von der Veränderung Betroffene informiert werden, „um die Veränderungen zu verstehen. Es wird von ihnen erwartet, dass sie sich darauf einstellen"[46]; als „Experten" gelten diejenigen, die die Veränderung mit ihrer Fachkompetenz unterstützen, ohne sie legitimieren zu können. Schließlich benötigt Veränderung ein hinreichendes Engagement der Promotoren und Organisatoren des Wandels, der „Sponsoren" und „Change-Agents", das sich durch die Bereitschaft zum nötigen Ressourceneinsatz, Zieltreue auch durch schwierige Phasen hindurch, Kreativität, Findigkeit und Einfallsreichtum sowie das Beharren auf der Gesamtstrategie auch gegen den Reiz kurzfristiger Erfolge auszeichnet. Die Unternehmenskultur als die „vorherrschenden Überzeugungen, Verhaltensweisen und Annahmen" darf zu guter Letzt den Zielen der Implementierung nicht entgegenstehen, da die Kultur sich dann gemäß den Erfahrungen der Autoren stets durchsetzen würde.

- Die Assimilierungsressourcen geben eine weitere strategische Ressource ab: Sind sie zu gering, so muss entweder die Zahl der Projekte verringert oder die – nicht näher untersuchte – „Assimilierungskapazität" des Unternehmens gesteigert werden.

- Den letzten strategischen Gestaltungsfaktor stellt der Aufbau der Implementierungsarchitektur dar, in deren Rahmen sich jedes Change-Projekt in sieben Phasen zergliedern lässt, denen Aufgabenbereiche entsprechen:

  Aufgabenbereich 1 – Klärung des Projekts: Hier müssen vor allem die „Sponsoren" einen Überblick über den Veränderungsumfang, die dafür angemessenen Ressourcen und das erforderliche Maß an „Mittun" (Commitment) gewinnen.

  Aufgabenbereich 2 – Ankündigung des Projekts: Ein „maßgeschneiderter" Plan zur „Optimierung" der einzelnen Prozesskonzepte ist zu entwickeln; der „Kommunikationsplan" gibt die betreffenden Informationen allen Beteiligten bekannt.

Aufgabenbereich 3 – Analyse: Mögliche Barrieren werden untersucht und dementsprechende Gegenmaßnahmen formuliert.

Aufgabenbereich 4 – Entwicklung eines Implementierungsplans: Hier ist die „Spezifizierung aller notwendigen Maßnahmen unter Einhaltung des geplanten Budgets" zu leisten, indem Strategien, Aufgaben, Verantwortlichkeiten und Zeitpläne – unter Berücksichtigung der „Barrieren" – abgeklärt werden.

Aufgabenbereich 5 – Durchführung: Der Implementierungsplan soll helfen, den Widerstand zu verringern und das „Engagement" für das Projekt zu steigern.

Aufgabenbereich 6 – Steuerung des Implementierungsprozesses und der Problemlösungen: Regelmäßige Zwischenberichte sorgen für die Unterrichtung der „Sponsoren" über Fortgang und Probleme des Projekts.

Aufgabenbereich 7 – Abschlussbericht: Er legt dar, in welchem Ausmaß die Ziele innerhalb der gegebenen Zeit- und Budgetplanung erreicht wurden und zeigt zukünftige potenzielle Problemfelder auf.

G. Zeiss, Projektmanagerin bei „Roland Berger & Partner", empfiehlt eine ähnliche Vorgehensweise[47]: In der „Aktivierungsphase" schiebt die Unternehmensleitung den Veränderungsprozess an und aktiviert die Mitarbeiter; in der „Konkretisierungsphase" arbeiten die Projektteams die definierten Prioritäten unter Einsatz aller bereitstehenden Ressourcen ab; in der „Weiterentwicklungsphase" sorgen „die Verantwortlichen" dafür, dass das Unternehmen nicht in die früheren Verhaltensmuster zurückfällt. Die Mitarbeiter werden dabei in Phase eins durch ein ausgefeiltes „Multiplikatorenkonzept", ein „Konzept der internen Berater" und ein „Konferenzkonzept" mobilisiert. Die Rolle der Sponsoren bei Conner und Clements nimmt hier die „Lenkungsgruppe" ein; „Kernteams" kümmern sich um das übergreifende Zeit-, Maßnahmen- und Ergebniscontrolling, „Projekt- und Aktionsteams" sind für die Umsetzung bzw. erste Pilotprojekte als Praxistests zuständig. Natürlich versäumt die Autorin nicht, auf Rückkopplungs- und Reflexionsprozesse im Sinne einer „lernenden Organisation", die Notwendigkeit einer aktiven Vertrauenskultur etc. zu verweisen, wie sie heute zum Standardrepertoire jeder gehobenen Managementpredigt gehören.

K. Doppler und C. Lauterburg können eher als Vertreter eines organisationspsychologischen Grundansatzes gelten. Demgemäß ist hier die formelle Prozesslogik erfolgreicher Implementierung nur mehr ein Punkt unter vielen; man befasst sich vorrangig mit den Grundsätzen des Vorgehens zur Gestaltung des Wandels, um daraufhin einen „Blick in die Werkstatt" zu werfen, in der Instrumente und Techniken für den Umgang mit den praktischen Problemen des Veränderungsprozesses angeboten werden. Die Grundsätze stellen das Pendant zu den referierten „Gestaltungsfaktoren" dar und verdienen daher eine genauere Betrachtung: Schließlich nützt das beste „Werkzeug" nichts, wenn es nicht zum zu bearbeitenden „Material" und seinen Eigentümlichkeiten passt. Doppler und Lauterburg distanzieren sich zunächst von der „Psycho-Logik des Misslingens"[48], wobei typische Denk- und Analysefehler aufgelistet werden: die Lösung als Teil des Problems, falsche Informationsstrategien gegenüber den Mitarbeitern, falsche Menschenbilder und Organisationsmodelle etc. Dem setzt man „Schlüsselfaktoren erfolgreichen Vorgehens" entgegen: Vertrauenskultur schaffen, in Prozessen denken, durch Kommunikation Vernetzungen etablieren, Lernen sicherstellen. Dem Problem widersprüchlicher Interessen von Kunden, Mitarbeitern und Anteilseignern glaubt man, durch eine radikale Prozesskettenorientierung gerecht zu werden: Ausgehend vom Markt und Kunden wird gleichsam von außen nach innen eine effiziente Prozesskette realisiert, die den kurzfristigen Bedürfnissen von Anteilseignern und Mitarbeitern zwar teilweise widersprechen mag, aber das langfristige Überleben sichert; den Bedürfnissen der Mitarbeiter den Vorzug zu geben, hieße hingegen, den Markt tendenziell zu ignorieren, was als „riskante Angelegenheit" betrachtet wird.

In dieser Prozessorientierung, die mögliche Konflikte zwischen Markt- und Mitarbeiterperspektive thematisiert, unterscheidet sich der organisationsentwicklungstheoretische Change-Ansatz von der Theorie der „lernenden Organisation", die, zumindest in ihren klassischen Publikationen, die Mitarbeiter ins Zentrum der Organisationspolitik rücken möchte, um hierüber die marktgerechte Veränderungsfähigkeit der Organisation sicherzustellen.

Das Ablaufkonzept von Change-Management-Prozessen stellt sich wesentlich differenzierter als im Falle technokratischer Ansätze dar: Man geht von einem in seinen Ursachen und Zusammenhängen noch nicht näher bestimmten Missstand aus, der vor allem eine umfangreiche Datenerhebung durch Mitarbeiterbefragungen, Experteninterviews etc. unterstellt.

Des Weiteren werden den Veränderungsprozess unterstützende Verhaltensgrundsätze für Führungskräfte formuliert, wie sie alle modernen Management-Theorien durchziehen:

- Ein „neues Denken" im Sinne von Zivilcourage, Mut zu unkonventionellem Denken und Handeln, unternehmerischer Risikobereitschaft sollen den „Sachbearbeitertyp" des Managements ablösen;

- Ein kritisches Arbeiten **am** System, die reflexive Distanz zu den etablierten systemischen Strukturen und Praktiken, sollen das Flickschustern von Mängeln **im** System verhindern;

- Indem der Vorgesetzte Berater, Coach und Förderer von Lernprozessen für seine Mitarbeiter ist, belässt er die Verantwortung für Entwicklung beim Betroffenen selbst, begleitet und unterstützt nur dessen ureigene Fortschritte;

- Durch Förderung von Teambildung, Gruppenarbeit, moderner Kommunikations- und Feedbacksysteme und die Schulung der dafür notwendigen Sozialkompetenz trägt die Führungskraft dem Anspruch Rechnung, dass alle Veränderungen von den Mitarbeitern eingesehen und getragen werden müssen.

Dem schließen sich Grundsätze an, die als **„Charta des Managements von Veränderungen"** deklariert werden[49]:

(1) **Zielorientiertes Management:** Die erfolgreiche Umsetzung von Projektzielen erfordert die Klärung einiger zentraler Fragen:

- Ausgangslage: Ausgangssachverhalte, Anlässe und Gründe der Veränderung

- Zielsetzung: Ergebnis- und Verlaufsziele des Projekts

- Erfolgskriterien: quantitative und qualitative Kriterien der Zielerreichung

- Organisation: Verantwortungs- und Aufgabenverteilung, Koordination und Steuerung

- Planung: Projektphasen, Meilensteine, konkreter Terminplan

- Kontrolle: Kontrolltechniken, Zwischenbilanzen, Reaktion auf Abweichungen

(2) **Keine Maßnahme ohne Diagnose:** Maßnahmen der Datenerhebung, -„verdichtung", Feedback (Beteiligte informieren) und Datenanalyse bringen Klarheit über den Ausgangszustand.

(3) **Ganzheitliches Denken und Handeln:** Doppler und Lauterburg plädieren hier dafür, das „Phänomen Organisation" unter drei Gesichtspunkten[50] zu betrachten:

- Strukturen: Aufbauorganisation, Ablauforganisation, Führungssysteme

- Verhalten: Motivation und Identifikation, Kommunikation und Kooperation

- Kultur: geschriebene und ungeschriebene Gesetze und Spielregeln, Belohnungs- und Sanktionsprinzipien

(4) **Beteiligung der Betroffenen:** Nur die Einbindung der betroffenen Mitarbeiter/innen in den Veränderungsprozess ermöglicht bessere Entscheidungen und damit praxisgerechte Lösungen, erzeugt Motivation und Identifikation. Für die Kompetenzentwicklung der Führungskräfte bedeutet dies, dass „gruppendynamische Basiskenntnisse" erforderlich sind.

(5) **Hilfe zur Selbsthilfe:** Nicht immer entsprechen die Kompetenzen der Mitarbeiter den in dezentralen, selbst organisierten Veränderungsprozessen implizierten Verhaltensprofilen; insbesondere die Beherrschung der Methodik von Problemlösungs-, Entscheidungs- und Kooperationsprozessen kann nicht stets vorausgesetzt werden. Feedback-Runden, systematische theoretische Ausbildung in

den genannten Handlungsfeldern sowie Unterstützung durch Moderation, Beratung und Ressourcenbereitstellung werden daher als unabdingbar betrachtet.

(6) **Prozessorientierte Steuerung:** Doppler und Lauterburg sind sich der Problematik von Veränderungsprozessen bewusst, die durch die Perspektive und das Handeln aller Organisationsmitglieder gleichsam „hindurch" müssen: Arbeitsprozessveränderungen sind an Lernprozesse geknüpft, die immer auch die Individualität und Emotionen der Beteiligten berücksichtigen müssen; das Tempo des Veränderungsprozesses sowie die laufende „Entstörung" der nie unproblematischen Projektentwicklungen erfordern regelmäßige Prozessanalysen, die Bearbeitung von Widerständen und Konflikten sowie eine „rollende Planung", die situative Gegebenheiten berücksichtigt.

(7) **Sorgfältige Auswahl der Schlüsselpersonen:** Hier wird betont, dass im Vorfeld der Veränderung die wichtigsten Verbündeten und „Opinion Leaders" ausfindig gemacht werden müssen sowie die geeigneten Mitarbeiter auszuwählen sind, die steuernde und koordinierende Funktionen einzunehmen haben.

(8) **Lebendige Kommunikation:** Information ist nicht Kommunikation; die Mitarbeiter/innen wollen erst für den Transformationsprozess gewonnen werden. Dafür sind gemäß den Autoren nicht nur eine Vielzahl interaktiver Veranstaltungen, Workshops, Gruppendiskussionen, Präsentationen notwendig – diese müssen auch in ein eigenes Kommunikationskonzept eingearbeitet werden, das festlegt, wer wann und wie aktiv in die Umsetzung des Konzepts einbezogen werden soll. Generell befürwortet man intensive, dauerhafte Kontakte mit der Basis.

Beim Vergleich der verschiedenen angebotenen Grundsätze, Prinzipien und „Erfolgsfaktoren" des Wandels fällt summa summarum ein entscheidender Punkt auf: Alle technokratischen und organisationspsychologischen Ansätze und Modelle zur Implementierung von Veränderungsvorhaben machen ein zentrales Dilemma deutlich – dem ständigen Bekenntnis zur Notwendigkeit des „Mittuns" der Mitarbeiter, zu ihrem intrinsischen Engagement und zur herausragenden Funktion ihrer aktiven Beteiligung am Veränderungsprozess steht insbesondere in technokratischen Ansätzen ein ausgefeilter Ratschlags- und Instrumentenkoffer gegenüber, der auf die alltägliche Problematik verweist, die von der geplanten Veränderung Betroffenen auch wirklich dafür zu „gewinnen", also zu Beteiligten zu machen: Stets gibt es Mitarbeiter, die sich auf allen erdenklichen Wegen gegen die angepeilten Veränderungen sperren; Organisationsstrukturen, -kulturen und organisationale Denkmodelle, die die Veränderungsmaßnahmen tendenziell in ihrem komplexen und oft informellen Räderwerk versickern lassen. Die Change-Management-Modelle beanspruchen nicht mehr, aber auch nicht weniger, als diese dem Veränderungsprozess inhärenten Gegensätze mittels ihrer mal ablauftechnischen, mal psychologisch-pädagogischen Methoden in den Griff zu bekommen.

Barrieren und Widerstände in der Veränderungspraxis

Die umfängliche Diskussion von Erfolgsbarrieren und -hindernissen der implementierten Veränderungsvorhaben[51] verdeutlicht, dass Veränderungsprozesse in Unternehmen stets doppelt existieren[52]: als der von der Leitung, den „Sponsoren", den „Change Agents" oder wem auch immer ausgearbeitete Plan, und die Veränderungspraxis, die komplett durch die „wirkliche" Organisation in ihrer gesamten Komplexität und Vielschichtigkeit hindurch muss. Daraus ergeben sich Abweichungen, die zugerechnet werden müssen. Bei einer Unternehmensumfrage von 1995 wurden z.B. als wesentliche Hürden bei gescheiterten Veränderungsanstrengungen der Widerstand der Mitarbeiter (58 %), die dysfunktionale Unternehmenskultur (43 %), inadäquate Managementkompetenzen (37 %) und unzureichende Kommunikation (26 %) genannt.[53] Der profilierte Managementexperte Reinhard K. Sprenger, der zahlreiche führende Unternehmen in Deutschland berät, bemerkt polemisch[54]: „Das Management stößt die Unternehmen von einem Organisationsdelirium ins nächste. Immer neue Managementmethoden sollen den Wandel beschleunigen. (…) Um nicht der Fortschrittsfeindlichkeit bezichtigt zu werden, nimmt man mindestens anglisierte Worthülsen in seinen Wortschatz auf, richtet Stabsstellen ein, bricht rhetorisch zu neuen Ufern auf und versichert sich allseits bester Absichten. Aber nur wenig bewegt sich. (…) Die Unternehmen sind voller Widerstand."

An welchen Grundeinstellungen und Vorgehensweisen scheitern Veränderungsprozesse angeblich? Was vor allem ist jener ominöse „Widerstand"? Immerhin weisen 89 % der Managementautoren unterschiedlichster theoretischer Präferenzen die „Überwindung von Barrieren unter den Mitarbeitern" als zentrale Erfolgsbedingung von Veränderungsprozessen aus, gleichrangig neben „der Einbeziehung Betroffener" und einer „konsequenten Problemorientierung", wie R. Röder im Rahmen einer empirischen Studie[55] zeigt. Dabei werden unterschieden:

- **„Barrieren des Wissens und Könnens"**: Hiermit werden qualifikations- und informationsbedingte Hindernisse bezeichnet.

- **„Willens- und Verhaltensbarrieren"** sollen „politisch-motivationale Hemmnisse" umschreiben: Unterschiedliche Interessenlagen führen zu einer möglichen Verweigerungshaltung.

- **„Einstellungsbarrieren"** liegen vor, wenn dem Veränderungsprojekt entgegenstehende Werthaltungen ermittelt werden können.

- **„Barrieren des Dürfens"** sind rein institutioneller Natur und spielen nur eine geringe Rolle.

Andere Autoren schließen den Widerstand der Mitarbeiter direkt mit den Mängeln des Managements bzw. der mangelhaften Durchführung des Implementationsprozesses zusammen:

- Eine ignorante und harte Vorgehensweise, die auf die Erklärung verzichtet, wem die Veränderung in welcher Hinsicht nutzt, erzeugt Angst und damit Widerstand.[56]

- Die Unternehmensführung reißt den gesamten Veränderungsprozess an sich und drängt die Mitarbeiter in eine Zuschauerrolle, die Passivität und Misstrauen erzeugt.

- Kontraproduktive Lösungen, die das Problem kurzfristig kaschieren, aber langfristig zum Teil des Problems geraten, werden bevorzugt.

- Insellösungen, die veränderungsfähige Abteilungen oder Sonderbereiche aufwändig etablieren, ohne die Organisation als Ganzes einzubeziehen, erzeugen besonderen Betreuungsaufwand, verstärken interne Widersprüche und Widerstände und sind daher tendenziell zum Scheitern verurteilt.

- Organisationen können sich nur schwer über die „Zentrifugalkraft" ihrer überkommenen Strukturen oder die „mentale Zentralverriegelung" ihrer Mitarbeiter hinwegsetzen; dementsprechend setzen Veränderungen die tradierten Hierarchieebenen, Zuständigkeiten und Ablaufmuster oft voraus, anstatt sie zum Kernpunkt der Veränderung zu erklären.

- Abwiegeln, Dramatisieren und Etikettenschwindel seitens der Führung verhindern eine ehrliche Auseinandersetzung um die anstehenden Veränderungsprozesse.

Aus der Perspektive der Mitarbeiter formuliert, lassen sich die beschriebenen Argumentationen auch als personale Implementierungshindernisse für Veränderungen[57] umreißen: Die Motivation, die Veränderungen mitzugestalten, fehlt, wenn die Gründe für die Veränderung weder bekannt noch verstanden sind; werden Nachteile für die eigene Position erwartet, wird Widerstand geleistet; ohne Einbeziehung der Mitarbeiter fehlt diesen das nötige Können und Wissen für die Unterstützung der Veränderungen.

Dem setzen die Vertreter des Change-Management eine Vorgehensweise entgegen, die erst einmal einfordert, die Betroffenen „dort abzuholen, wo sie sind"[58]:

- Wissen die Betroffenen über den Zweck, die Zielrichtung, die angestrebten Ergebnisse der Veränderung Bescheid?

- Was wissen die Beteiligten über die Hintergründe, Promotoren, Geschichte des Themas? Wie beurteilen sie diese Hintergründe? Wie stehen sie zu den Protagonisten des angestrebten Wandels?

- Von wem wird der von den Promotoren kritisierte Ausgangszustand überhaupt als Problem angesehen: „Wessen Problem ist das?" und „Wer sind die Verlierer der Problemlösung?"[59]

- Glaubt man der Unternehmensleitung die vertretenen Veränderungsziele? Oder vermutet man einen umfassenden Manipulationsversuch, eine Alibiveranstaltung oder gar eigennützige Absichten?

Man bemerkt: Fallstricke für den angestrebten Erfolg von Veränderungsprogrammen lauern überall im Unternehmen. Die Vielzahl der beschriebenen Barrieren, Hindernisse und Probleme, die ein Scheitern des Projekts verursachen können, kürzen sich letztlich auf drei Faktoren[60] zusammen:

(1) Die Mitarbeiter sind in ihren traditionellen Hierarchien, Funktionsbereichen oder Werthaltungen gefangen und sehen notwendige Veränderungen daher zu spät ein.

(2) Der Veränderungsprozess wird nicht genügend kommuniziert, sprich: „verkauft"; mangelndes Engagement oder fehlerhafte Informations- und Kommunikationspolitik der Führung sind schuld, dass die Mitarbeiter für das an sich sinnvolle Projekt nicht gewonnen werden konnten.

(3) Mangelhafte Planungen, Fehler in der Analytik, Methodik, in der Projektgestaltung usw. haben zum Scheitern geführt; dem Unternehmen fehlte die „methodisch-technische Kompetenz", schlichter: das „Werkzeug".

Wie S. Kühl betont, kann man sich zusätzlich noch auf den Standpunkt zurückziehen, dass das Management selbst „zu halbherzig" war; man sei nicht weit genug gegangen, die Ziele waren nicht ehrgeizig genug usw., usf. Damit kann der „schwarze Peter", den die Mitarbeiter vielleicht den Beratern zugeschoben hatten, von diesen an die Führungsspitze weitergereicht werden ...

Nachteile des Change-Managements

Veränderungsmanagement stellt sich als Programm des permanenten, methodisch angeleiteten Wandels dar: Nur so könne dem wachsenden Veränderungsdruck, der von der „Umwelt" ausgehe, begegnet werden. Übersehen wird dabei, dass nicht gewiss ist, ob ständige Veränderungen von Prozessen und Strukturen einerseits überhaupt das gewünschte Resultat, die Steigerung des Erfolgs der Organisation, die Sicherung ihrer Selbstbehauptung erbringen, andererseits machbar und erstrebenswert sind. Man kann insofern von einer unkritischen Idealisierung des permanenten Wandels sprechen, welche die Frage ausklammert, ob Veränderung als dominierende Strategie die systemische Stabilität und personale Integrierbarkeit von Organisationen gewährleisten kann. Diese einseitige Betrachtungsweise setzt sich in der Idealisierung einer hohen Veränderungsgeschwindigkeit fort: Es kann beileibe nicht unterstellt werden, dass rasche Anpassungsprozesse stets marktadäquater sind und überhaupt zu dauerhaften organisationalen Umstellungen führen können. Im Gegenteil – das Drängen auf erhöhte Geschwindigkeit der Implementierung enthält häufig ein mechanistisches Modell der Organisation und ein psychologistisches Bild der darin tätigen Menschen; die Erfahrung lehrt hingegen: „Nichts, was bleiben soll, kommt schnell"[61].

Die regelhafte Exaktheit, mit der in Change-Management-Ansätzen oft die Vorgehensweise festgelegt ist, die Einrechnung aller möglichen Eventualitäten, die wiederum mit einem Koffer voller Techniken beantwortet werden, und die Betonung einer Vielzahl von „Instrumenten" lassen ein Organisationsmodell vermuten, das sich gerade der beschränkten Vorhersehbarkeit und Planbarkeit von komplexen Prozessen nicht bewusst ist. Eben das „Herumreiten" auf einer tendenziell unbegrenzten Zahl potenzieller Widerstände sollte Zweifel an der Regelungsphantasie moderner Change-Manager aufkommen lassen. Erneut wird, nun allerdings auf einer Meta-Ebene, die Steuerbarkeit organisationaler Prozesse vorausgesetzt und dabei ignoriert, dass gerade Vorgänge mit einem hohen Freiheitsgrad nicht der „Verregelung", sondern breiter „Freiheiten" im Sinne einer Vielzahl von Optionen bedürfen, um möglichst den unterschiedlichsten Prozessverläufen mit kontextbezogenen Entscheidungen begegnen zu können. Sprenger pointiert dieses Nebeneinander einer rigiden Anpassungsideologie, die am besten jede denkbare Unbotmäßigkeit vorwegnimmt, um zu einem festgelegten Erfolg zu gelangen, und Flexibilitätsphrasen, die den Veränderungsprozess natürlich stets begleiten, ebenso bösartig wie treffend: „Mixed messages: Man will gleichzeitig Kreativität und Anpassung, Unternehmertum und ISO 9000, Höchstleistung und Unterwerfung. Viele Unternehmen drohen an ihren inneren Widersprüchen zu ersticken. Mitarbeiter müssen sich als Versuchskaninchen eines zynischen Verwirrspiels erleben, das entweder ihren Verblödungsgrad oder ihre Widerstandsfähigkeit gegenüber paradoxen Anforderungen testen soll."[62] Dieser widersprüchliche Standpunkt wird vor allem in der Metapher des „Instruments" offensichtlich:

- „Instrumente spalten die Situation in einen Instrumentierenden, gleichsam einen Arzt, Bildhauer, Manager, und einen Instrumentierten, den Mitarbeiter. Die Veränderungsrichtung ist damit klar definiert: Der ‚andere' soll sich ändern."[63]

- Des Weiteren, wie Sprenger erläutert, erschaffen Instrumente Realität, indem sie auf Probleme in vorgeformter Weise zugreifen, somit diesen eine von ihnen bestimmte Form geben und sie zugleich von sich fern halten: Nur über das „Instrument" wird das jeweilige Stück Realität bearbeitet. Indem Instrumente auf verschiedene Einzelphänomene angewendet werden, machen sie diese vergleichbar, gleichen sie unter dem Gesichtspunkt des Instruments aneinander an: „Instrumente wirken normend, normierend und normalisierend."[64]

- Schließlich führen die oft bescheidenen Resultate des Einsatzes von Veränderungsinstrumenten und -techniken selten zur Reflexion der Angemessenheit des Grundansatzes, sondern zur Verfeinerung des Instrumentenarsenals: „Neue Instrumente gebären neue Instrumente."[65] Natürlich sind diese Funktionen des „Instruments" nicht aus dem simplen Gebrauch des Wortes an sich abzulesen; entscheidend ist vielmehr, ob sich dahinter eine technizistische Machbarkeits- und Planbarkeitsphilosophie verbirgt, die der parallelen Betonung der Kreativität und eigenwilligen Beteiligung der Mitarbeiter am Geschehen diametral entgegensteht.

Im Hin und Her zwischen Managementtechniken und der Beschwörung engagierter Mitarbeiter als zentrale Erfolgsbedingungen betrieblicher Veränderungsvorhaben scheint ein bestimmtes Menschenbild auf – gerade moderne Konzepte betonen die Plastizität und Bildbarkeit des „Organisationsmenschen", der nur der pädagogisch-psychologischen Bearbeitung im Sinne der betrieblichen Ziele bedarf: „Viele der einschlägigen Konzepte könnte man ohne inhaltliche Korrekturen in den Justizvollzug und die Resozialisierungsdebatte übertragen. Die Sprache des unternehmensinternen Behandlungsvollzuges ist mit therapeutischen Metaphern geradezu durchtränkt und atmet durchgängig die Überzeugung, den anderen verändern und ‚bessern' zu können."[66] Diesem naiv-optimistischen Modell entsprechen weder die empirischen noch die theoretischen Befunde:

- Die kognitive Neurobiologie[67], die Menschen als komplexe psychische Systeme beschreibt, kann überzeugend darlegen, dass es sich hierbei um operativ geschlossene neuronale Systeme handelt, die niemals direkt auf Umweltreize reagieren, sondern auf die Zustände, die diese Reize **in ihnen** auslösen – einfacher gesagt: alles, was wir wahrnehmen und tun, muss durch unsere persönliche Perspektive hindurch. Dies ist gleichbedeutend damit, dass es keinerlei notwendige Verknüpfung von äußeren Beeinflussungsanstrengungen und der Handlungsreaktion darauf gibt; wir selbst entscheiden auf Basis unserer schon in unseren Blickwinkeln und Wahrnehmungsschemata eingespeisten Erfahrungen, was wir in welcher Weise als handlungsrelevant sehen wollen.

- Betrachtet man darüber hinaus das komplexe Gefüge von der bewussten Rationalität zugänglichen neuronalen Prozessen und subrationalen bzw. unbewussten Vorgängen, die elementare emotionale Bewertungsvorgänge einschließen[68], so wird klar, dass Wissen und die daran geknüpften Veränderungsansprüche nicht nur, wie wir schon gesehen haben, abgelehnt werden kann, sondern dies oft im Rahmen von Vorstellungen und Werthaltungen geschieht, die der direkten, zweckrationalen Beeinflussung nur beschränkt zugänglich sind.

- Die empirischen Ergebnisse[69] entsprechen dem durchaus: So scheinen z.B. für den Erfolg verschiedener Psychotherapien nicht so sehr das Konzept und die Beeinflussungsversuche der Therapeuten eine Rolle zu spielen, sondern der bewusste Entschluss, seine als problematisch erlebten Handlungsweisen als veränderungswürdiges und veränderbares Problem wahrzunehmen. Der Gang zum Therapeuten bekräftigt und symbolisiert diesen Entschluss – nur auf dieser Grundlage wirken die wie auch immer gearteten Ratschläge und Rezepte.

Menschen als vielschichtige Individuen werden der Steuerungsphantasie veränderungswütiger Managementprojekte demgemäß kaum gerecht. Zumindest können sie in ihrer Eigenart nicht die Hauptlast jener Anpassungszwänge tragen, denen für eine erfolgreiche Veränderungsstrategie angeblich entsprochen werden muss. Mit der Abwälzung des Gelingens von Change-Management-Vorhaben auf die Mitarbeiter, die entweder zu unflexibel sind oder die zu wenig kommunikativ betreut wurden, erfolgt eine Personifizierung des Scheiterns und damit eine Personalisierung organisationaler Widersprüche, Gegensätze und Dilemmata, die systematischer Bestandteil der Organisation und ihres Wirklichkeitsmodells sind: Eine systemisch-kritische Betrachtung wird oft recht schnell die Funktionalität von Abschottungen zwischen Abteilungen, von Abwehrhaltungen gegen den eigenen Status bedrohende Prozessveränderungen, von Begünstigungen botmäßiger Untergebener etc. nachweisen können. Zugleich wird sie dadurch aufzeigen, wie diese dem Veränderungsvorhaben entgegenstehenden Verhaltensweisen und Einstellungen in der bisher durchaus erfolgreichen Logik der Organisation, ihrem Ziel- und Aufgabengefüge, ihrer Geschichte und ihrem besonderen ökonomischen, sozialen oder politischen Kontext wurzeln. Die personalisierte Perspektive schiebt hingegen alles auf den Mitarbeiter zurück. Betört von der Wuschvorstellung ständiger, vorausschauender Veränderung wird ein gleichsam organisatorisches Schlaraffenland konstruiert, das Gestalt annehmen könnte, wären die Mitarbeiter nur nicht so unflexibel …

Conner und Clements gehen noch einen Schritt weiter[70] und kreieren das Desiderat eines „flexiblen Menschen", der in seinen Eigenschaften nur noch das personifizierte Ideal vom reibungslosen Gelingen des Veränderungsprozesses darstellt: Er gewinnt auch nach Erschütterung seiner Erwartungen sogleich sein Gleichgewicht wieder, behält einen hohen Produktivitätsgrad auch in unsicheren und mehrdeutigen Situationen bei, lässt sich durch Unsicherheiten weder psychisch noch physisch schädigen, ja er geht sogar gestärkt aus den Veränderungsprozessen hervor; kurzum: Er vermeidet „dysfunktionale Verhaltensweisen". In dieser Rede von dysfunktionalen Verhaltensweisen wird der geschätzte Mitarbeiter wieder auf das zurückgeworfen, was er für viele Organisationen letztlich immer noch zu sein scheint: jenes berühmte Rädchen im Getriebe, das zwar immer wichtiger werde, aber dabei bitte nicht stören soll …

1. Sind methodische Managementkonzepte brauchbar?

Dass Organisationen, insbesondere wirtschaftliche Organisationen, oft selbst die Gegensätze und Widersprüche erzeugen, die sich gegen ihre hehren Veränderungsanwandlungen sperren, bleibt damit oft ein blinder Fleck auf der von ihnen wahrgenommenen Landkarte ihrer selbst. Wie soll sich zum Beispiel ein Verkaufsmitarbeiter eines Großkaufhauses um die Qualität seiner Verkaufsgespräche sorgen, wenn er bisher in erster Linie mit Kassieren, Waren einsortieren und Herumstehen beschäftigt war und eine gewisse Ignoranz gegenüber der Bedeutungslosigkeit und Monotonie seines Tuns Bedingung seines erfolgreichen Mitspielens war? Warum soll sich der Kursleiter eines schlecht entlohnenden Bildungsträgers für Wissensmanagement begeistern, wenn er keinen Grund sieht, sein Wissen einem Betrieb zur Verfügung zu stellen, der ihm weder einen einigermaßen sicheren und gut bezahlten Arbeitsplatz bietet, noch in Aussicht stellt, dass ihm die Bereitstellung von Informationen zu irgendwelchen Vorteilen gereicht? Warum sollen sich in einem System lokaler Pfründewirtschaft, mit dem die Beteiligten bisher gut leben konnten, plötzlich alle Beteiligten für Wettbewerb begeistern? Die Promotoren von Veränderungen täten somit gut daran, erst einmal die bisherige, auf materiale Ressourcen, Machtverteilungen und Interessen beruhende Zweckmäßigkeit der Rituale, Verhaltensweisen, Intrigen und angeblichen Irrationalitäten in ihrer Organisation zur Kenntnis zu nehmen, um im zweiten Schritt zu überlegen, warum, wann und wie neue Handlungsformen, Einstellungen und Wahrnehmungsperspektiven, die zu einem Veränderungsvorhaben gehören, überhaupt notwendig – und dies im Sinne der Perspektive der Betroffenen selbst – werden können.

Das lautstarke Gejammere über den „Widerstand" bzw. die „Barrieren", an denen organisationale Veränderungsprozesse angeblich scheitern, erweist sich aus dieser reflektierteren Perspektive als Ignoranz gegenüber den in der Organisation und von ihr nahe gelegten, strukturell eingelassenen und ablauftechnisch, ja oft sogar rechtlich vorgezeichneten Handlungsmustern, die bisher die Last des organisationalen Erfolgs mitzutragen hatten. Diese Anpassungsleistung im komplexen Wechselspiel zwischen Organisation und individuellem Handeln, zwischen dem „System" und seinen „Agenten", die sich innerhalb seiner Logik und Erfordernisse erst zu solchen ausformen, ohne darauf beschränkt zu sein, wird verfehlt. Damit versteht die Organisation sich selbst und ihre eigene Geschichte nicht; das undurchdachte Gerede der Führungsriege von „neuen Ufern", zu denen man aufbrechen müsse, von „Visionen" und „Missionen", die erfüllt werden müssten, wird als kontrafaktisch durchschaut und nur bedingt ernst genommen. Es müssen schon gewisse Drohungen an die „gemeinsamen Veränderungsprozesse" geknüpft sein ... Damit verspielt man die Chancen, die sich aus gemeinsamen Reflektionsprozessen wirklich ergeben würden.

Grundsätze systemischer Veränderungsstrategien

Man kann es nicht oft genug sagen – Organisationen konstruieren in einem gewissen Sinn ihre Umwelt selbst: Von der Wahrnehmung neuer Herausforderungen der Umwelt bis zur Problematisierung von Widerständen und Veränderungsbarrieren – all dies beruht auf einem schon etablierten Wirklichkeitsbild, das in der Organisation in deren Strukturen und Prozesse eingelassen ist und zu dessen Änderung es mehr braucht als das personifizierte, zuweilen naiv anmutende Gegenbild zum Scheitern von Organisationsrevisionen, den lernfähigen und allzeit flexiblen Mitarbeiter.

Aus bisherigen Managementstrategien können somit gerade wegen der darin ausgeblendeten Aspekte der Umwelt bei veränderten Umständen Schwierigkeiten resultieren, die dann als unmittelbarer Ausdruck von externen Entwicklungen erscheinen. Organisationen bzw. die in ihnen Handelnden reagieren nicht einfach auf neue Umweltbedingungen, sondern auf die Wirkungen ihres eigenen bisherigen Unternehmenskonzepts, mit denen sie bis dato mehr oder weniger erfolgreich die an sie gestellten Anforderungen bewältigt haben – die Etablierung effizienter Zirkel der Selbstbestätigung erzeugen dabei in Organisationen stets von neuem den Eindruck, richtig gehandelt zu haben. Ist z.B. ein DIN-EN-ISO-Qualitätssicherungssystem installiert, so werden die Informationen, die dieses System hervorbringt, nur noch die Zielerreichung bezüglich seiner eigenen Qualitätskriterien betreffen – man wird also erfahren, ob die festgelegten Standards für die formelle Umsetzung des Qualitätssicherungssystems erfüllt wurden, sicher aber keine Information darüber erhalten, ob diese Standards irgendeinem inhaltlich oder ethisch definierten Qualitätsbegriff entsprechen. Die Organisation erfüllt also im besten Fall ihre eigenen Standards; diese selbst werden erst wieder Thema, wenn der Zirkel der Selbstbestätigung an seine Erfolgsgrenzen stößt.

Und was die Mitarbeiter angeht: Wenn es vorrangig um die Dokumentation der formellen Übereinstimmung eines Qualitätssicherungssystems mit vorgegebenen, allgemeinen Kriterien bezüglich seiner Beschaffenheit geht, kann man von den Mitarbeitern eben auch nur erwarten, dass sie sich um die Erfüllung dieser Erwartungen bemühen. Ihnen mangelnde Flexibilität oder moralische Indifferenz vorzuwerfen, wenn sich herausstellt, dass ein aufgabenbezogener Qualitätsbegriff praktisch verfehlt wird, geht daher völlig an der Sache vorbei. Die tragische Verlockung personalisierender Strategien beruht auf dem nicht leicht zu überblickenden Sachverhalt, *dass sich zwar alle Entwicklungen einzelnen Personen zuweisen lassen*[71], aber dennoch nicht in ihnen begründet sind. Die Personen handeln nicht einfach als „ganze Personen", sondern fügen sich mit ihren Funktionen, Rollen und Interessen in ein Sozialsystem ein, das komplexe und ineinander verschachtelte Rollen, Kommunikationsmuster und -kanäle, Machtstrukturen und Machtspiele, Rituale und institutionelle Arrangements ausgebildet, das seine eigene Geschichte, Logik und immanente Zwecksetzung entwickelt hat. Insofern – und **nur** insofern – stehen die „Personen" bezüglich der Organisation gleichsam außen vor, auch wenn sie Grundlage, Ressource der kommunikativen und institutionellen Ordnung sind. Als externe Ressource übrigens werden sie andererseits wieder zur Quelle von Innovation, indem sie auch in der Organisation eben nicht in den Bezügen aufgehen, in die sie in der Organisation verwickelt sind.

Kritische, problemorientierte Herangehensweisen berücksichtigen dieses komplexe Eigenleben der betrachteten Organisation, indem sie gerade die Funktionalität stabilisierender, plötzlich als „traditionell" verrufener Verfahrensweisen aufdecken und sich dabei nicht von der Oberfläche der formellen Beziehungsmuster und offiziellen Organisationsverlautbarungen täuschen lassen. Sie beobachten, wie sich die Mitglieder der Organisation im Dickicht interner Hierarchien aufeinander beziehen, sich Ressourcen verschaffen, informelle Koalitionen bilden, Macht einsetzen und unterlaufen – und sich dabei immer wechselseitig beobachten und überlegen, wofür ihr eigenes Handeln bei anderen steht und umgekehrt.

Bestätigt wird dieser Standpunkt durch die häufige Erfahrung, dass offizielle Verlautbarungen des Managements über den Fortgang oder gar den Erfolg des Change-Projekts erheblich von dem abweichen, was Mitarbeiter im informellen Kreis, sozusagen hinter „vorgehaltener Hand" kundtun. Leiter wären daher gut beraten, sich zu informieren, was das favorisierte Managementkonzept in einem Arbeitsbereich oder gar bei einer konkreten Tätigkeit, die aus guten intraorganisatorischen Gründen bisher genau so erledigt wurde, anrichtet.

Die Teamorganisation hat sich zu einem der Zauberwörter moderner Managementphilosophie entwickelt – gerade auch systemische Autoren wie Baecker schreiben der Team- und Netzwerkorganisation jene erhöhte Selbstreflexivität und Flexibilität zu, die notwendig geworden ist, um die proaktive Veränderungsfähigkeit der Organisation zu steigern. Dabei wird der Aspekt selbstständiger Handlungsfähigkeit, der Selbstorganisationsfähigkeit von Arbeitsgruppen, der in einem innovationsorientierten Teambegriff enthalten ist, oft nur wenig ernst genommen – manche scheinen zu glauben, ein Team bestünde im Zusammenstellen einer Arbeitsgruppe durch die Leitung, an die ein Gruppenauftrag ergeht.

Gerade in Sozialen Organisationen ist „Teamarbeit" ein sehr positiv besetzter Begriff[72], der mit partizipatorischen und demokratischen Idealen assoziiert wird. Häufig werden dabei verschiedene mögliche Definitionsbestandteile von Teamarbeit vermischt[73]: Teamarbeit kann einen wünschenswerten Zustand, qualitative Merkmale von Gruppen mit gemeinsamer Absicht, guter Zusammenarbeit und positiven Arbeitsbeziehungen sowie funktionale Merkmale von Einheiten, die für die Erbringung einer Leistung zusammenarbeiten müssen, beinhalten. Wie so häufig in der Managementlehre vermischt sich die Ebene des Wuschdenkens mit der der Realitätsbeschreibung, die psychosoziale mit der funktionellen Dimension. Wichtig wäre es deshalb, schon im Vorfeld Fixierungen eines gewünschten Zustands von der Frage der Zweckmäßigkeit zu trennen:

- Warum und für wen sind Teams notwendig? Stehen die ökonomischen Effekte für das Unternehmen im Vordergrund, oder sollen diese über eine höhere Mitarbeiterzufriedenheit durch Anreicherung der Arbeitsinhalte, Befriedigung sozialer Bedürfnisse etc. mittelbar erreicht werden?

- Wie und unter welchen Bedingungen an Zeit, Ressourcen etc. sollen diese Teams zusammenarbeiten?

- Welches Arbeits- und Kommunikationsverhalten verbinden wir mit diesem Begriff und erwarten wir von seiner praktischen Einführung?

P. Vaterl grenzt Effekte der Teamarbeit für das Unternehmen analytisch klar von Effekten für die Mitarbeiter ab[74]; die Wirksamkeit von Teams wird nicht zuletzt zentral davon abhängen, ob durch sie z.B. nur eine Leistungssteigerung durch Verschärfung des Wettbewerbsdrucks innerhalb des Teams angestrebt wird oder sie wirklich auf Bedürfnisse der Mitarbeiter reflektieren, deren Erfüllung auch positive Auswirkungen auf das Unternehmen als Ganzes erwarten lässt. Vergessen wird außerdem gern, dass Teams all jenen psychosozialen Dynamiken unterliegen, die für Kleingruppen charakteristisch sind[75]: Prozesse der Rollen- und Statuszuweisung, der Herausbildung informeller Kommunikations- und Informationswege, der Verteilung von Macht und Autorität sowie der Entwicklung eines gruppenspezifischen Normensystems. Dabei ist allerdings schon vorausgesetzt, dass Teams auch wirklich, d.h. in der Praxis existieren und nicht nur ein Konstrukt des Managements sind. Bleibt Teamorganisation in erster Linie ein Managementkonzept, dem sich die Mitarbeiter mehr oder weniger unwillig fügen – entsprechende Beobachtungen in der industriellen Fertigung lassen sich ständig der Presse entnehmen –, oder handelt es sich um ein den Mitarbeitern kommunizierbares System der Arbeitsteilung, das „nur" noch im Einzelnen umgesetzt werden muss?

Interessantes Praxisbeispiel

In einer Kommunalverwaltung, die in ihrem Aufgabenbereich Dienstleistungs- und Ordnungsfunktionen vereinigt, wird im Rahmen eines neuen, kundenfreundlicheren Verwaltungskonzepts die klassische divisionale Organisationsstruktur aufgelöst und Teamorganisation einge-führt. Indem jeweils eine über das Alphabet definierte Klientengruppe von einem sich untereinander austauschenden, gemeinsam zuständigen Team betreut wird, sollen Informationsdefizite und Bearbeitungs-verzögerungen, die sich aus der Trennung verschiedener Sachbearbei-terbereiche ergeben hatten, vermieden und damit die Leistungen kun-dennäher, effizienter und insgesamt reibungsloser erbracht werden. Dieses Konzept wird von den leitenden Mitarbeitern der Behörde begeistert vorangetrieben und führt schließlich zur Aufhebung der funktionellen Unterscheidung von Sachbearbeitungsbereichen. In Zukunft werden Beratungsleistungen für Klienten neben Antragsbear-beitungen auf Sachleistungen und Verhandlungen mit externen Kooperationspartnern von denselben Behördenmitarbeitern erbracht, die dafür ein Team bilden, das sich auf eine Buchstabengruppe be-zieht. Die Begeisterung dieser Sachbearbeiter verhält sich oft umge-kehrt proportional zu jener der Leitung: Die Stimmung ist bei vielen im Keller; so mancher Mitarbeiter an der „Basis" wähnt sich als „Depp der Behörde" – ob mit der Organisationsreform ein neuer Dienstleis-tungsstandpunkt einkehrt, wird eher bezweifelt. Wie das?

Genauere, informelle Gespräche ergeben, dass langjährige Aufgaben-teilungen Kompetenzen bei bestimmten Mitarbeitern angehäuft haben, die nicht so einfach auf die neuen „Team-Kollegen" übertrag-bar sind – schon gar nicht in der verfügbaren Zeit, die durch ein chao-tisches Nebeneinander vorher klar abgegrenzter und getrennter Auf-gaben zusätzlich eingeschränkt wird. Es wurde nämlich übersehen, dass die alte Arbeitsteilung zwar den Informationsfluss zwischen den Aufgabenbereichen verzögert, aber gleichzeitig für eine hoch speziali-sierte und routinisierte Aufgabenerfüllung gesorgt hat, die nun der gleichzeitigen Zuständigkeit der Teammitglieder für alle Aufgaben geopfert wird. Dies führt dazu, dass der einzelne Mitarbeiter u.U. zahl-reiche Klienten vor seiner Tür vorfindet, die einen Beratungsanspruch haben, gleichzeitig aber mit der Prüfung eines Antrags befasst ist, der abgearbeitet werden muss und den ganzen Vormittag blockiert. Unmut auf beiden Seiten ist vorprogrammiert.

Die verlangte Übertragung von Wissen im Team steht aber nicht nur vor einem Zeithindernis. Viele Kompetenzen existieren nur als „implizites Wissen", als erfahrungs- und personengebundenes Wissen, das z.b. in der Fähigkeit zur spontanen Einschätzung bestimmter biographischer Situationen oder persönlicher Klientenproblematiken besteht und nur schwerlich über formale Ausbildungsprozesse vermittelt werden kann. Schließlich ist dieses Wissen mit einer gewissen „Bereichshausmacht" verbunden, die dem betroffenen Mitarbeiter die Kontinuität seiner Position gewährleistet und damit Sicherheit stiftet.

Diese Sichtweisen bleiben all jenen Promotoren und Beratern von Veränderungsprozessen verborgen, die einfach unterstellen, dass es „eigentlich" den Mitarbeitern zum Vorteil gereicht, wenn sie sich mehr oder weniger freudig auf die neue Organisationsform einlassen. Dabei mag es sogar aus der Perspektive der Organisationsleitung gute Gründe für eine entsprechende Umstellung der bisherigen Verfahrensweisen geben; nur wird diese niemals von Erfolg gekrönt sein, wenn die „guten Gründe" als normativer Anspruch an die Mitarbeiter herangetragen und mit Hilfe eines pädagogisch-psychologischen Szenarios „kommuniziert" werden sollen: Diese Kommunikation setzt sich nämlich gerade über die bisherige Perspektive der betroffenen Sachbearbeiter und die ihr inhärente Zweckmäßigkeit hinweg. Außerdem: Was ist der Erfolg der Veränderung? Dass es überhaupt gelungen ist, sie einzuführen? Oder dass wirklich Bearbeitungszeiten verkürzt werden? Wie verhalten diese sich zur Mitarbeiterzufriedenheit und zum Krankenstand – ist mehr oder weniger Personal wie früher nötig? Sind die „Kunden" wirklich zufriedener? Und wenn ja: wirklich deswegen?

Zugleich verdeutlicht das Beispiel, dass auch keine der so hoch gelobten neuen Organisationsformen voraussetzungslos, also kontextunabhängig, von Vorteil ist. In soziologischer Perspektive kann Teamorganisation sogar ausgesprochen schädlich sein, wenn der damit erkaufte Verlust von Routinisierungsgewinnen nicht durch eine Zusammenarbeit ausgeglichen wird, die über die dafür benötigten Ressourcen an erhöhter Kommunikationszeit verfügt und nicht Fehler einzelner Teammitglieder zu Nachteilen für alle führen, so dass der Konkurrenzdruck jene kreative und reflexive Abstimmung und Aufgabenverteilung verhindert, für die Teams eingerichtet wurden. Teams entfalten nämlich ihre spezifischen Stärken der Integration differierender Perspektiven und daraus resultierender innovativer, gemeinsamer Lösungen vor allem bei schwach strukturierten und diffusen Problemstellungen, komplexen Planungsaufgaben und unsicheren Ausgangslagen[76], die durch die gemeinsame Diskussion seitens von Organisationsmitgliedern, die allesamt unterschiedliche Aspekte des Problems fokussiert haben, auf völlig neue Weise erschlossen und bearbeitet werden können. Kreative Teams beziehen ihre Kreativität demgemäß vor allem daraus, dass sie die widersprüchlichen Logiken, Aspekte oder Anforderungen innerhalb der Organisation in personalisierter Form in einer Arbeitsgruppe vereinigen, die unter dem „Zwang" steht, sich reflexiv und lösungsorientiert zu diesen Gegensätzen zu stellen. Die Einführung von Teamarbeit als Moment der Organisationsentwicklung ist daher immer auch der Beschluss, Differenzen, die die Organisation charakterisieren, streitbar auflösen zu wollen. Erfolgreiche Teams setzen damit ein **Organisationsentwicklungskonzept** voraus und haben gleichzeitig unvorhersehbare Konsequenzen für die Organisation selbst. Die Bildung und Entwicklung von Teams stellt hohe Anforderungen an ihre Einbettung in vor- und nachgelagerte Organisationsprozesse; ohne eine Veränderung der Gesamtorganisation, die generell auf flexiblere und reflexive Prozessarchitekturen abhebt – wie D. Baecker und T. Stahl/R. Schreiber dies z.B. deutlich machen – werden nur neue intraorganisationale „Bruchstellen" konstruiert, die die angestrebten positiven Effekte von Teamorganisation verhindern.

Ferner erfordert Teamorganisation frei verfügbare, zumindest aber am Teamzweck bemessene **Informations-, Ressourcen- und Aufgabenverteilungen** sowie die Möglichkeit zu jener selbstreflexiven Offenheit im Team, die eine zentrale Bedingung der Kooperationseffekte von echten Teams darstellt. Dem stehen in öffentlichen Verwaltungen oft beamten-, dienst- und haushaltsrechtliche Schranken entgegen, ebenso wie die ordnungspolitischen Funktionen und der daran gebundene Aufbau bürokratischer Entscheidungen im Widerspruch zur relativen Entscheidungsautonomie und Gestaltungsfreiheit stehen, die allein jenen produktiven Austauschprozess unterfüttern können, der für Teams charakteristisch ist.

Schließlich macht Teamorganisation Kommunikation unvermeidbar[77]: Der permanente Aushandlungsprozess von Blickwinkeln und Vorschlägen bedeutet, dass horizontale Kommunikation zum Regelfall wird und man sich ihr kaum mehr entziehen kann. Dies verursacht Stress und setzt Kompetenzen zu seiner Bewältigung voraus. Zumeist ist die Fähigkeit erforderlich, relativ offene und konfliktreiche Aushandlungprozesse, in denen die Rollen und das Verhalten aller Beteiligten ständig wechselseitig beobachtet und wiederum selbst zum Gegenstand der Diskussion gemacht werden können, ertragen und produktiv gestalten zu können. Teambildungen müssen also immer von einem **Konzept der Kompetenzentwicklung** begleitet werden, das die Fähigkeiten und persönlichen bzw. sozialen Kompetenzen, durch die allein Teams sich erfolgreich integrieren können, fördert und herauszubilden hilft.

Daher verwundert es nicht, dass Teams in zunehmenden Maße vor allem im gewerblichen Bereich kritisch diskutiert werden – vor allem dort, wo sie letztlich nur als Hebel einer gesteigerten Konkurrenz zwischen den Mitarbeitern dienen und hierüber direkte Kontrollmaßnahmen überflüssig machen sollten. Wenn dabei nur die unaufhebbaren Differenzen individueller Leistungsniveaus als Hebel der betrieblichen Leistungssteigerung betrachtet werden, trägt Teambildung sogar zur Verschlechterung des Gruppenklimas bei, weil der Kontrollanspruch des Unternehmens in die persönliche Verantwortung der Gruppenmitglieder implantiert wird, ohne dass diese selbst neue Arbeits- und Bewältigungsformen ihrer Aufgabe schaffen dürfen, die den besonderen Individualitäten der verschiedenen Mitarbeiter im Team gerecht werden. Teamarbeit als Instrument der erzwungenen Leistungssteigerung in einem Umfeld einfacher Produktionsarbeiten, die genauso gut in der Form des Nach- und Nebeneinanders organisiert werden können, wird daher oft den an sie gestellten Anforderungen nicht gerecht.

Unser Beispiel sollte verdeutlichen, dass es keinesfalls feststeht, ob Veränderungen jene prinzipiell positive Vorabbeurteilung verdienen, wie Unternehmensleitungen gern behaupten; Organisationen bewegen sich auf einem prekären Pfad von Stabilität und Wandel, der es einer reflektierten Managementperspektive geradezu verbietet, sich von vornherein auf eine der beiden Seiten zu schlagen – all die Routinen und eingeschliffenen Verfahrensweisen, die Veränderung qua

Prozess ausschließen, schaffen andererseits erst jene Identität und Kompetenz, auf deren Basis die Organisation Ziele formuliert und verwirklicht. Veränderungspromotoren sind daher gut beraten, sich so unvoreingenommen wie nur möglich beiden Seiten des institutionellen Arrangements zu nähern, durch das Organisationen unter bestimmten Rahmenbedingungen einen von ihnen wahrgenommenen Wirklichkeitsausschnitt bearbeiten: den Charakteristika der Organisation und der Umwelt, auf die sich die Organisation bezieht – aber immer schon als die, die sie ist. Selbstreflexives Veränderungsmanagement ist insofern empfänglich für die **Erfassung der mehr oder weniger verborgenen Zweckmäßigkeit bzw. Sinnhaftigkeit von Kommunikations- und Handlungsmustern,** durch die hindurch die Organisation ihre Existenz realisiert und sichert und die in ihrer Eigendynamik und Interdependenz weder vollständig voraussehbar noch beeinflussbar sind. Es heißt damit Abschied zu nehmen vom Steuerungswahn und stattdessen Veränderungen in einer Art und Weise anzugehen, in der die Organisationsmitglieder ihr eigenes bisheriges Verhalten reflexiv in seiner Zweckmäßigkeit begreifen, um sich selbst neue Handlungskonzepte erarbeiten zu können, die neue Optionen und Alternativen eröffnen. Ohne selbst erarbeitetes positives Interesse an jenen neuen Optionen bleibt der Veränderungsprozess der Organisation äußerlich – er versickert in ihrem „Kultur" genannten Kommunikationsgefüge, das alle etablierten, bewussten wie unbewussten, formellen wie informellen Austauschmuster und Wahrnehmungskanäle umgreift. Besonders deutlich wird dies am Konzept der „lernenden Organisation", das kritisch die Mängel der auf die Effizienz der organisatorischen Abläufe fokussierten Managementkonzepte aufgreift, um sie in einem neuen, umfassenderen Ansatz zu überwinden.

2. Innovation durch permanenten und selbstgesteuerten Wandel: „Die lernende Organisation"

Die Theorie der „lernenden Organisation" verdankt ihren Erfolg auf dem Jahrmarkt der Managementkonzepte nicht zuletzt den beschriebenen Mängeln prozessorientierter Reorganisationsstrategien, deren Effekte Reinhard K. Sprenger[78] ebenso schonungslos wie polemisch anprangert: „Nehmen wir das Beispiel ‚Lean Management': Bei chronischer spekulativer Magersucht wird die unternehmensinterne Gesamtpopulation mit Appetitzüglern ernährt. Die Exklusion der Mitarbeiter ist die Exklusion des ganzen Problems: ‚Wir können auch den Laden dicht machen, dann haben wir die Kosten auf Null.' Das Outsourcen, Downsizen und Leutehinauswerfen hat zwar Unternehmensberater reich gemacht, die Unternehmen aber nicht innovativer."

Unter Einsatz ausgefeilter Kommunikationsstrategien und Methoden zur Brechung des „Widerstands" arbeiteten Change-Manager und Unternehmensberater daran, von der Unternehmensführung entworfene Konzepte zur ökonomischen Reorganisation des Unternehmens so umzusetzen, dass die produktiven Kernprozesse effizienter – und das hieß in der Regel mit weniger Personal – vonstatten gingen. Das ganze beschriebene Instrumentarium von Mitarbeiterbefragungen, Projektmanagementmethoden, Arbeitsgruppen und Betriebsveranstaltungen konnte nicht darüber hinwegtäuschen, dass es sich hierbei um ein Veränderungsmodell handelte, das von der Leitung definiert war und auf die Steigerung der kurzfristigen Rentabilität der produktiven Kernprozesse abzielte. Dies hatte für die langfristige Veränderungs- und Innovationsfähigkeit der Organisation fatale Konsequenzen: „Nach dem Konzept des Lean Managements werden die Ressourcen der Organisation konzentriert und alle Einheiten auf den zentralen Wertschöpfungsprozess ausgerichtet. Dadurch sinkt die Wahrscheinlichkeit, dass organisatorische Einheiten die Zeit und die Kraft haben, ungewohnte Entwicklungen wahrzunehmen. Die ganze Mannschaft ist nur noch darauf ausgerichtet, die Organisation noch effizienter und stromlinienförmiger zu machen. Sie bemerkt möglicherweise gar nicht mehr, dass sie zwar effizient ist, aber leider die effizient hergestellten Produkte nicht mehr verkaufen kann."[79]

Die radikale und ausschließliche Konzentration des „Business Process Reengineering" auf die Kundenperspektive, von der her die bisherigen Prozessgestaltungen kritisiert und völlig neu entworfen werden, führt zu ähnlichen Konsequenzen: „Man ist kurzfristig zwar optimal an seine existierenden Kunden angepasst, verfügt aber nicht mehr über einen Blick für sich neu eröffnende Möglichkeiten."

Die einseitige Sicht auf die ökonomische Effizienz der Wertschöpfungsprozesse schafft blinde Flecken gerade im langfristigen Umweltverhältnis der Organisation. Indem die Perspektive radikal verkürzt wird auf die Problemstellung, „sich bessere Vorgehensweisen zur Erledigung der Arbeit"[80] auszudenken, die radikal an die Stelle der alten gesetzt werden, verengt die Organisation ihren Blickwinkel auf die möglichst produktive, sprich: rentable Herstellung der gegebenen Angebotspalette. Dadurch vernichtet sie aber eben jene kreative Redundanz, die „Puffer" und Spielräume, die Systemtheoretiker als Voraussetzung dafür zeigen konnten, dass Veränderungen „außen" auch zu neuen Optionen in der Organisation führen.

Die Theorie der lernenden Organisation als Unternehmensphilosophie versucht nun, gerade diese verengte Perspektive zu überwinden. Dabei lassen sich mehrere Schulen unterscheiden, wie F. Lehner in Anlehnung an Otala zusammenfasst:[81]

- „Philosophische Definition: ‚Wo Menschen ihre Fähigkeit, Ergebnisse, die sie sich wirklich wünschen, zu erreichen, ständig erweitern; wo neue und expansive Denkmuster gepflegt werden, wo kollektive Ziele freigesetzt werden und wo die Leute unaufhörlich lernen, wie sie zusammen lernen können' (Senge)

- Mechanistische Definition: ‚Eine lernende Organisation ist ein Unternehmen, das es versteht, Kenntnisse geschickt zu kreieren, zu erwerben und zu übertragen sowie sein eigenes Verhalten zu verändern, um neue Kenntnisse und Einsichten umzusetzen' (Garvin)

- Pädagogische Definition: ‚Es ist eine Organisation, die eine ununterbrochene und erhöhte Fähigkeit entwickelt hat zu lernen, sich anzupassen und ihre Kultur zu verändern. Ihre Werte, Firmenpolitik, Systeme und Strukturen unterstützen und beschleunigen das Lernen für alle Mitarbeiter' (Bennett und O'Brien)

- Adaptive Definition: ‚Es ist die absichtliche Tätigkeit einer Organisation, sich ständig zu verändern durch anpassungsfähiges und innovatives Lernen' (Dixon)

■ Organische Definition: ‚Eine lernende Organisation ist wie ein lebender Organismus, der aus befähigten, motivierten Mitarbeitern besteht, die in einer klar wahrgenommenen Symbiose leben, das Gefühl eines gemeinsamen Schicksals und Nutzens spüren, zusammen nach gemeinsam definierten Zielen streben und denen viel daran liegt, jede Gelegenheit auszunutzen, aus Situationen, Prozessen und Konkurrenz zu lernen, um sich den Änderungen in ihrer Umgebung harmonisch anzupassen sowie ihre eigene konkurrenzfähige Leistung und die ihrer Firma ständig zu verbessern' (Otala)."

Gemeinsam ist nahezu allen diesen Definitionen der mehr oder weniger explizite Blick auf die Mitarbeiter als Quelle organisatorischer Erneuerung. Die Theorien der „lernenden Organisation" setzen erneut am humanistisch orientierten Konzept der Organisationsentwicklung an, das aber erweitert und radikalisiert wird: Man stellt nicht nur den Mitarbeiter in den Mittelpunkt seiner Betrachtungen, sondern bettet die humanistische Grundorientierung ein in ein umgreifenderes Konzept, das Lernen zum zentralen Veränderungsmodus von Individuen und Organisationen erklärt.

Mitarbeiter als Zentrum und Kraftquelle der Organisation

P. Senge begreift lernende Organisationen als „Organisationen, in denen die Menschen kontinuierlich die Fähigkeit entfalten, ihre wahren Ziele zu verwirklichen, in denen neue Denkformen gefördert und gemeinsame Hoffnungen freigesetzt werden und in denen Menschen lernen, miteinander zu lernen".[82] Das Engagement und das Lernpotenzial der Mitarbeiter müssten auf allen Ebenen der Organisation erschlossen werden. Dies sei auch möglich, „weil wir tief in unserem Innern ein intuitives Lernbedürfnis haben" und „das Lernen nicht nur in unserer Natur liegt, sondern weil wir leidenschaftlich gern lernen".[83] Grundsätzlich ginge es darum, „die Verknüpfung der individuellen Persönlichkeitsentwicklung mit höherer wirtschaftlicher Leistung"[84] zu ermöglichen, indem die Mitarbeiter sich „voll und ganz" mit ihren Visionen und „höheren Zielen" in die Organisation einbringen können. Dies erfordert „dramatische Lernanstrengungen" auf Seiten der Mitarbeiter, die lernen, im Interesse des Gesamtunternehmens zu handeln, aber auch auf Seiten des Managements, das lernen muss, „das Prinzip der Persönlichkeitsentwicklung und Selbstbestimmung im ganzen Unternehmen zu verbreiten". Dabei ist die lernende Organisation sowohl Mittel zum Zweck – höhere wirtschaftliche Leistung, dauerhafter Erfolg am Markt –, aber auch ein Wert an sich: „Letzten Endes ist der zwingendste Grund für den Aufbau einer lernenden Organisation, dass wir gerne darin arbeiten möchten. Wir wollen es, weil es uns Freude macht; oder weil es im Moment nichts anderes gibt, was wir lieber mit unserem Leben anfangen würden, als eine lernende Organisation aufzubauen."[85]

Die Verbindung der „höheren Ziele" des Menschen mit seiner Arbeitsaufgabe gibt Senge als Trend und Notwendigkeit an, da die Fixierung auf materiellen Wohlstand zu einer eher „heiligen" Sichtweise der Arbeit hingeführt habe, bei der Sinnsuche im Vordergrund stünde. Der Mensch erscheint hier als Individuum, das seine Sinngebung nur in der visionären, gemeinschaftlichen Erfüllung eines höheren, gemeinsamen Zwecks erfährt. Die kreative Kraft, die Welt gemeinsam mit anderen zu formen, stellt dabei ein tiefes inneres Bedürfnis nach neuen Sichtweisen und befreienden Lernerfahrungen dar, das so elementar ist wie der Sexualtrieb.

Das Konzept der lernenden Organisation löst damit die reine Markt- und Kundenperspektive früherer Ansätze des Change-Managements durch eine Ressourcenperspektive ab, die eine stärkere Nutzung der im Unternehmen vorhandenen Potenziale bezweckt. Auch ohne die emphatisch-philosophische Fundierung von P. Senge ist den Ansätzen zur lernenden Organisation[86] gemeinsam, dass die Organisation als Sozialsystem aufgefasst wird, dessen Mitglieder durch ihre Wahrnehmungen, Orientierungen und Perspektiven den entscheidenden Erfolgsfaktor des organisationalen Wandels darstellen. Die lernende Organisation radikalisiert damit die Sichtweise der humanistisch motivierten Organisationsentwicklung: Mitarbeiter gelten nicht mehr nur als Betroffene, die in Wandlungsprozesse einzubeziehen sind, sondern als von vornherein Beteiligte, die im Idealfall in der Organisation an einem gemeinsamen Ziel arbeiten. Nur dadurch, dass in ihnen Veränderungen stattfinden, kann sich die Organisation so weiterentwickeln, dass sie permanent lernen und sich an neue Bedingungen anpassen kann.

Die fünf Disziplinen der „lernenden Organisation"

P. Senge formuliert „fünf Disziplinen", die die einzelnen Mitarbeiter und die Organisationen benötigen würden, „um aus einer lernunfähigen Organisation eine lernende zu machen"[87]:

- **„Systemdenken"**[88]: Durch Denken in systemischen Zusammenhängen erkennen die Organisationsmitglieder die Vernetzungen und Einbettungen, die Neben- und Fernwirkungen ihres Handelns und durchschauen typische organisationale Handlungsschemata, so genannte Archetypen. Die systemischen Gesetze und Mechanismen entsprechen dabei im Wesentlichen der Darstellung in Kapitel 3. Systemisches Denken gilt Senge als die zentrale, die anderen umgreifende „fünfte" Disziplin, mittels derer allein die verborgenen Feedback-Prozesse, Hebel und Mechanismen durchschaut werden können, durch deren Beeinflussung und Veränderung dauerhafte Verbesserungen und Erneuerungen allein möglich sind.

- **„Personal Mastery"** als Disziplin der „Selbstführung und Persönlichkeitsentwicklung" sorgt dafür, dass die in der Organisation tätigen Menschen sich stets von neuem ihrer „wahren" und wirklichen Ziele vergewissern und danach streben, diese in ihrer Arbeit, bei ihrer Aufgabe zu verwirklichen. Die Mitarbeiter versuchen, ihr Glück in ihrer Tätigkeit zu finden, die Führungskräfte verschreiben sich voll und ganz dem Wohl ihrer Mitarbeiter. Dadurch können die volle Entfaltung der Persönlichkeit und der finanzielle Gewinn, höhere Werte und geschäftlicher Erfolg tendenziell zur Deckung gebracht werden. Die immer vorhandene Lücke zwischen der eigenen „Vision" und der vorurteilsfrei wahrgenommenen Realität erzeugt zugleich eine ständige kreative Spannung, die das Handeln derer, die sich der „Personal Mastery" bedienen, beständig vorantreibt. Führungskräfte tragen am besten zur „Personal Mastery" ihrer Mitarbeiter bei, indem sie ein Unternehmensklima fördern, „in dem die Prinzipien der Personal Mastery zu etwas Selbstverständlichem werden. Das bedeutet, dass man eine Unternehmensumwelt schafft, in der die Mitarbeiter gefahrlos Visionen entwickeln und erforschen können, in der die Verpflichtung zur Wahrheit die Norm ist und in der das Infragestellen des Status quo erwartet wird – insbesondere wenn zu diesem Status quo gehört, dass man bestimmte unangenehme Aspekte der gegenwärtigen Realität ausblendet."[89]

- „**Mentale Modelle**": Damit sind die „Grundannahmen" (E. Schein), die impliziten Denkmodelle der Organisation gemeint. Alle Organisationsmitglieder müssen sich mit diesen grundlegenden Denkmustern befassen, um sich ihrer bewusst zu werden und sie damit beeinflussen zu können. Vor allem kann nur dann der Unterschied zwischen „verlautbarten Theorien" und „praktizierten Theorien" kritisch untersucht werden. Senge stützt sich hier auf die fast schon klassischen Analysen von C. Agyris und D. Schon[90], die zwischen „single-loop-learning" und „double-loop-learning" unterscheiden: Während „single-loop-learning" den Umgang mit Veränderungen durch Auswertung vergangener Erfahrungen und darauf aufbauende einfache Verhaltensanpassungen meint, hinterfragt „double-loop-learning" zugleich die grundlegenden Denkmuster, Wirklichkeitsmodelle und Prinzipien der Organisation, die auch als „theories-in-use" bezeichnet werden[91]. G. Bateson[92] geht noch einen Schritt weiter und fasst „single-loop"- und „double-loop"-Lernen zu einem Lernen erster Ordnung (Proto-Lernen) zusammen, das sich vom so genannten „Deutero-Lernen" unterscheidet: Hier kann auf der Meta-Ebene das „Lernen des Lernens", also der Set von Annahmen, auf deren Basis man die „theories-in-use" prüft, hinterfragt werden. Die lernende Organisation hebt sich dem Anspruch nach von anderen Change-Management-Philosophien ja gerade auch dadurch ab, dass sie ständig die „Grundfeste" der Organisation, ihre Realitätskonstrukte, in Frage stellt und dadurch die Zweckmäßigkeit der daraus abgeleiteten Strukturen und Prozesse kritisch untersuchen kann. Die Disziplin der mentalen Modelle will diese Fähigkeit schulen und nimmt dabei auf ein Lernverhalten mindestens zweiter[93] („Veränderungslernen") oder gar dritter Ordnung („Verständnislernen") Bezug.

■ **„Gemeinsame Vision"**: Nun muss die persönliche Vision, wie sie aus der Anwendung der „Personal Mastery" hervorgeht, zur gemeinsamen Vision fortentwickelt werden. Diese ist für Senge mehr als ein gemeinsames Ziel; schon eher eine fast metaphysische Kraft, die „ihre Macht aus einem tiefen gemeinsamen Interesse"[94] bezieht. Dieses Interesse ist wiederum identisch mit dem Bedürfnis, gemeinsam an einem bedeutsamen Projekt arbeiten zu wollen. Die gemeinsame Vision fördert wiederum die Risikobereitschaft und Experimentierfreudigkeit; nur sie verbürgt ein langfristig ausgerichtetes Denken und Handeln. Die Teilhaber der Vision fühlen sich voll und ganz dafür verantwortlich, dass die Vision verwirklicht wird.

■ **„Teamlernen"**: Senge erinnert den Leser daran, dass jeder Teams kennt, die genial harmonieren und daraus eine außerordentliche Leistung ableiten: Basketball-Mannschaften, Pop-Gruppen etc. Daher müssten die entwickelten gemeinsamen Visionen in Teams realisiert werden; Teams sind sozusagen der Transmissionsriemen vom Einzel- zum Organisationslernen: „Das individuelle Lernen ist in gewisser Weise irrelevant für das organisationale Lernen. Der Einzelne kann unter Umständen unentwegt lernen, ohne dass das Unternehmen etwas lernt. Aber wenn Teams lernen, werden sie zu einem Mikrokosmos für das Lernen in der gesamten Organisation. Gewonnene Einsichten werden in die Tat umgesetzt. Entwickelte Fertigkeiten können auch an andere Einzelpersonen oder Teams weitergegeben werden (…) Die Leistungen des Teams können zum Vorbild und zum Maßstab für das gemeinsame Lernen in der Gesamtorganisation werden."[95] Damit Team-Lernen effektiv ist, müssen Techniken des Dialogs und der Diskussion eingeübt werden, andererseits ist den „Abwehrkräften" zu begegnen, die sich bei der ungewohnten Offenheit und kritischen Atmosphäre in Lernteams einstellen können.

Wie können nun die beschriebenen „Disziplinen" in die Organisation eingeführt werden? Im „Fieldbook zur fünften Disziplin" stellen Senge et al. zahlreiche Kommunikationsmethoden, Workshops, Übungen und Szenario-Techniken vor, mit deren Hilfe Mitarbeiter die Beherrschung der fünf Disziplinen erlangen sollen. Die zur Implementierung nötigen Theorien, Methoden und Werkzeuge fußen auf einem ausgefeilten Leitgedanken, der die „Leidenschaft", den übergreifenden Sinn und Zweck des Organisationsumbaus, vermittelt, und werden unterfüttert durch „Innovationen der Infrastruktur", ohne die ein institutionelles Gerüst für dauerhafte Lernprozesse fehlt.

Gerade dieser Punkt verweist auf ein zentrales Problem der Theorie der lernenden Organisation: Wenn organisationale Veränderungen vom Individuum ausgehen sollen, daher konsequent mit der Schlüsselkategorie „Lernen" ein individualistisches Konzept von Organisationsentwicklung zugrunde gelegt wird, muss angegeben werden können, wie sich individuelle Lernprozesse in Organisationslernen übersetzen.

Organisationales Lernen: Das Problem der Transformation

Lernen wird sowohl in behavioristischen wie in kognitiven Lerntheorien als Prozess der individuellen Verhaltensanpassung beschrieben, der im Gegensatz zur Instinktsteuerung auf der Auswertung von Erfahrungen der Wirkungen des eigenen Verhaltens beruht, die in ein Verhältnis zu Erwartungen über Umweltzustände gesetzt werden. Der Grundgedanke, dass das psychische System aus sich selbst heraus sich selbst verändert, taucht im Organisationslernen als Ansatz der Selbstorganisation wieder auf.

Individuum und Organisation stehen prinzipiell im Verhältnis der Analogie nebeneinander; durch Prozesse der Kollektivierung und Institutionalisierung individuellen Lernens gehen persönliche Lernprozesse in die Organisation ein. Allerdings besitzt schon das Gruppenlernen eine andere Qualität, da Lernprozesse durch die eigene Ebene des „Sozialen" hindurch müssen: „Das Lernen wird geprägt durch die sozialen Interaktionsformen, d.h. (von) den sozialen Beziehungen und den darüber hinaus notwendigen *Kommunikationsprozessen*."[96] Damit stehen die Lernprozesse der Gruppe in keinem bestimmbaren Zusammenhang zum individuellen Lernen; die Lernfördermaßnahmen, die letztlich allesamt an der persönlichen Perspektivenveränderung ansetzen, können keine Beziehung zu welchen auch immer gewünschten Ergebnissen auf kollektiver Ebene angeben – der Kommunikationsprozess in der Gruppe bildet seine eigenen Rollen, Regeln und Häufigkeitsmuster aus, die in der Kommunikation selbst entstehen und nicht von den Gruppenmitgliedern her, aber auch nicht aus der Summe ihrer Auffassungen etc. abgeleitet werden können. Jeder kennt das Phänomen, dass schon zwei Menschen in einer bestimmten Beziehung Kommunikationsschemata ausbilden und Rollen einnehmen, die nur dieser Beziehung eigen sind, also nicht aus den einzelnen Personen, sondern aus dem Verhältnis heraus und den Kommunikationen, in denen es sich ausdrückt, bestimmt werden müssen. Schwer verständlich wird dieser systemtheoretische Grundgedanke dadurch, dass natürlich alle Kommunikationen und Verhältnisse, die Menschen eingehen, von ihnen ausgehen, aber nicht in ihnen aufgehen.

Damit hängt übrigens das Ergebnis von Gruppenbildungen wie Teamarbeit auch von den Rahmenbedingungen des Kommunikationsverhältnisses ab, als welches sich Teams darstellen, wie z.B. die Motivationen und Qualifikationen der Mitglieder, aber auch externe Zielvorgaben, Bezug zum Wettbewerb untereinander, der Zeit, die zur Ausbildung der Kommunikationsformen zur Verfügung steht etc. Deshalb sind Teams, wie wir zuvor schon am Beispiel herausgearbeitet hatten, an bestimmte organisationale Rahmenbedingungen und Ressourcen gebunden, die sie als **ein** Moment innovativer Organisationsstrukturen ausweisen, das nur in einem bestimmten Gesamtgefüge Sinn macht.

Auf der Ebene des sozialen Systems kompliziert sich die Sache weiter, da Organisationen überindividuell als Struktur- und Verweisungszusammenhang von Symbolen, Leitlinien, Bearbeitungsmustern und Entscheidungsregeln bzw. -instanzen existieren, in die gleichsam ein ebenso überindividuelles Organisationsziel eingelassen ist. Ob die wirklichen und dauerhaften Ergebnisse des organisationalen Handelns, ihre Funktion, darüber hinaus den gewussten und proklamierten Zielen entsprechen, steht übrigens noch auf einem ganz anderen

Blatt. Hier geht es aber vor allem um folgenden Sachverhalt: Inwiefern, inwieweit und in welche Richtung individuelle und auch teambezogene Lernprozesse von Organisationsmitgliedern in die Organisation Einlass finden, entscheidet sich vor allem durch den Vermittlungsprozess Struktur- und Prozessmerkmale der Organisation, ihren „Zwecken" und Ressourcen, mit den Kommunikations- und Entscheidungsprozessen der Mitglieder. Hier spielen auch informelle Beziehungen, dem Management verborgene, aber handlungsleitende Sichtweisen und „Auffangbecken" für formelle „Zumutungen" eine Rolle, so dass die Transformation der Lernprozesse in die Struktur der Organisation zumindest vom Ergebnis her unplanbar ist.

Neuere Autoren betonen deshalb[97], dass organisationales Lernen letztlich nur auf dem Hintergrund der Idee einer organisationalen Wissensbasis verstanden werden kann: Erst der Begriff des „Wissens" löst sich von der individualistischen Prozessperspektive, auf die beim „Lernen" abgehoben wird. Hier werden in den Formen des Wissens auch jene informellen Kommunikationsmuster, tradierten Regeln und sinnstiftenden Rituale thematisierbar, die unter dem Sammelbegriff „Kultur" oft als Restkategorie der strategischen Unternehmensplanung einsortiert werden.

Wird hingegen am „Lernen" festgehalten, stellt sich sofort die Frage, ob nur das Lernen bei Führungspersonen in irgendeiner Form auf die Organisation abgebildet werden soll, indem die Manager „Lernprozesse" bei Mitarbeitern „anstoßen". Dann wären wir wieder beim klassischen Modell von Change-Management angelangt. Oder lernen die Mitarbeiter gemeinsam? Hier wäre zu klären, wie in hierarchischarbeitsteiligen Organisationen, die Unternehmen, soziale Einrichtungen und öffentliche Verwaltungen nun mal sind, dieses Lernvorhaben initiiert und organisationsintern realisiert werden soll. Schließlich bleibt zunächst offen, ob organisationales Lernen entweder

- als (stellvertretendes) Lernen einer Elite
- als Veränderung des von allen geteilten Wissens
- als Veränderung des organisational verfügbaren Wissens oder
- als Veränderung der Organisation insgesamt

aufzufassen ist[98]. Außerdem: Bezieht sich Lernen auf die Entwicklung neuen dokumentierten Wissens oder auf die Kompetenzebene, die wirkliche Handlungsfähigkeit? Wie wird Handlungsfähigkeit beeinflusst oder verändert? M. Heiner ergänzt, dass die Wissensstruktur der Organisation verändert werden kann, ohne dass irgendein Mitglied der Organisation lernt: „'Veränderungen' der Wissensbasis der Organisation können, müssen aber nicht, auf das Einwirken von Mitgliedern der Organisation zurückzuführen sein. Das in Akten oder PCs gespeicherte Wissen kann ohne Zutun von Personen durch technische Defekte verloren gehen. Durch einen Unfall kann eine Person, die exklusiv über wichtige Wissensbestände verfügte, aus der Organisation ausscheiden. Ebenso kann der Eintritt einer Person die Wissensbasis der Organisation erweitern, ohne dass die bisherigen Mitarbeiter dies auch nur bemerken."[99]

Wann immer bestimmte Mitarbeiter lernen, sind ihre Lernerfahrungen nicht von ihrem persönlichen Kontext und ihrer Perspektive auf den jeweiligen Lerngegenstand zu trennen. Wie filtriert die Organisation dann daraus überindividuelle Wissensbestände, die auch dann fortwirken, wenn die Mitarbeiter, die sie geschaffen haben, längst aus dem Unternehmen ausgeschieden sind? Die einfach erscheinende Definition der lernenden Organisation als „(…) eine Organisation, die das Lernen sämtlicher Organisationsmitglieder ermöglicht und die sich selbst transformiert"[100] kompliziert sich damit zusehends: Wie sollen „sämtliche Organisationsmitglieder" lernen? Gleichzeitig? Unter Berücksichtigung der Hierarchien? Wie gehen diese Lernprozesse in die Organisation ein? Welchen Einfluss hat die Organisation auf Inhalt und Verlauf des Lernens? Wer ist das Subjekt der Organisation? Wie transformiert sich diese selbst? Handelt es sich dabei streng genommen um Lernen?

Die Ansätze der lernenden Organisation unterscheiden sich auch danach, wie sie diese Fragen beantworten. Einem methodologischen Individualismus, der organisationales Lernen auf aggregiertes individuelles Lernen reduziert, stehen Modelle gegenüber, die Organisationslernen analog zum individuellen Lernen beschreiben. Erst der Übergang zu reflektierteren Theorien des Wissensmanagements lässt erkennen, dass individuelles Lernen in der Organisation stattfindet, aber das Wissen der Organisation nicht ausmacht. Die Organisation stellt sich als Etablierung überindividueller Unterscheidungskriterien, Routinen und „kartographierter" Bestände des in Kommunikationsprozessen erarbeiteten Wissens dar, die Mitglieder der Organisation lernen; Wissen für die Organisation wird daraus aber nur, wenn die Ergebnisse der Lernprozesse in der Organisation nach deren Maßstäben selektiert und institutionalisiert werden. Umgekehrt wirken die Lern- und Kommunikationsprozesse der Handelnden auf die Sichtweisen und Selektionskriterien der Organisation zurück – insbesondere dann, wenn sie das Management als hierarchische Instanz tangieren, von der grundlegende Entscheidungen gesetzt werden. Handlungsweisen in der Organisation fußen damit einerseits auf institutionalisierten Regeln, verändern durch ihre „Freiheitsgrade", ihren interpretativen Charakter auf der Mikroebene, aber zugleich dieses Regelsystem selbst.

Organisationen weisen also Rahmenbedingungen für Lernen auf, an denen individuelle oder gruppenbezogene Lernprozesse vielfältig gebrochen werden; zugleich gehen diese organisationalen Faktoren in die Lernprozesse der Mitglieder von vornherein mit ein, gerade weil sie nicht als Individuen, sondern als Organisationsmitglieder handeln. Die Organisation existiert immer schon als Bündel von Strategien und Zwecken, als Geflecht von Strukturen und Ablaufregeln und schließlich als Muster informeller Kommunikationsprozesse und organisationsgeschichtlich begründeter Symbole, Rituale und Defensiven, auf die sich die Menschen als Organisationsmitglieder beziehen müssen.

Lernkonzepte werden daher zusehends durch Konzepte des Wissensmanagements abgelöst, die gerade den Transformationsprozess des Wissens der Organisationsmitglieder zum Wissen der Organisation und umgekehrt zu erfassen suchen.

Kritischer Diskurs zur „lernenden Organisation"

Problematisch erscheint zuallererst der Begriff des Lernens selbst: Es handelt sich um einen kognitiv-psychologischen Sammelbegriff, der bei Senge auf Prozesse der Unternehmensentwicklung übertragen wird, obwohl er als theoretisches Konzept eigentlich vor allem vom individuellen Wissenserwerb handelt. In der Theorie der „lernenden Organisation" werden alle informellen Vorgänge, die Eigendynamik institutioneller Bearbeitungsmuster und strukturell bedingter Verschiebungen von Abläufen gleichermaßen als „Lernen" charakterisiert. Dadurch verschwindet irgendwie der Unterschied zwischen kognitiven, individuellen Perspektivenveränderungen und organisationalen Entwicklungen. Derartige Entwicklungen lassen sich oft nur als intrasystemische Reaktion der Organisation auf ihre eigenen Bearbeitungsmodi, Wirklichkeitsdefinitionen und Maßnahmen verstehen. Anders gesagt: Viele Veränderungen in Organisationen sind gerade deshalb aushaltbar bzw. bedrohen die Identität der Organisation deshalb nicht, weil sie nicht als bewusste Entscheidung Einzelner zur Veränderung daherkommen, sondern als „Nicht-Lernen", als selbstverständlicher Sachzwang wahrgenommen werden, der eigentlich die bisherige Praxis fortsetzt, weshalb niemand beunruhigt sein muss ...

Vieles wandelt sich insofern graduell, ohne dass Lernen oder ein Initiator desselben auszumachen ist. Andernfalls überfordert man den Lernbegriff, wenn man ihm quasi als Blackbox jeden wie auch immer gearteten organisationalen Veränderungsvorgang zuschreibt. Andererseits brechen sich so manche Veränderungsvorhaben an organisationalen Eigenheiten und in die Organisation strukturell eingelassenen Anreizen zum „Weitermachen wie bisher". Diese komplexen und widersprüchlichen Prozesse können im Begriff des „Lernens" nicht angemessen berücksichtigt werden.

Die unkritisch-positive Bewertung von Lernen verdeckt damit den Sachverhalt, dass Organisationen Umweltveränderungen nicht nur zum Anlass von Wissensentwicklung und positiven Reaktionen nehmen können, sondern immer auch zugleich Informationen von sich fern halten und Veränderungsdruck standhalten können müssen, sollen sie im Wandel zu Stabilität fähig sein. Gilbert J.B. Probst und K. Romhardt entwerfen eine Systematik des organisationalen Vergessens[101]: Hierzu gehören die Trennung der Organisation von kompetenten Mitgliedern, die „innere Kündigung" als Weigerung, sein Wissen in die Arbeitsaufgabe einzubringen, die Auflösung eingespielter Teams, das Outsourcing von Funktionsbereichen und die kollektive Sabotage, um nur einige zu nennen. S. Kühl referiert K. Weick, der betonte, vermutlich „seien nur wenige Organisationen gescheitert, weil sie etwas Wichtiges vergessen hätten. Es sei viel wahrscheinlicher, dass Organisationen deshalb scheiterten, weil sie wegen der zurückliegenden Erfolge im Lernen und Wandeln vieles zu lange im Gedächtnis behalten haben und deshalb fortfahren, die Dinge so zu tun, wie man es bisher immer mit Erfolg getan hat."[102] Kühl verdeutlicht, wie erfolgreiches Lernen zum Verhängnis werden kann, da jede Organisation die Ergebnisse erfolgreicher Lernprozesse in ihr Regel- und Normensystem einbaut; darauf beruht ja gerade der Erfolg des Lernprozesses, dass er sich von den Köpfen seiner „Erfinder" löst und Eingang in die Routinen der Organisation findet – diese sind dann zwar neue Routinen, haben aber dadurch ihre organisatorische Form und ihren strukturellen Konservativismus nicht abgestreift. Damit scheint das „Lernen des Vergessens" im Sinne der Kritik der bisherigen Denkmodelle und Verfahrensweisen genau so wichtig zu sein wie das „Lernen des Lernens". Der Wechsel zwischen Lernen und Beharren, Wissenserwerb und Vergessen hat also systematische, oder besser: systemische Gründe: „Ein Unternehmen kann nur entscheidungsfähig bleiben, wenn vieles nicht gewusst wird."[103] Die Bedeutung von selbstorganisiertem Lernen und Wissen wird häufig überschätzt; G. Palm hält dem entgegen, dass erfolgreiche Akteure der Wirtschaft weniger durch ihren Informationsvorsprung, als vielmehr durch ihre „positive Rigidität" aufgefallen sind, mit der sie „als richtig vermutete Entscheidungen gegen innerorganisatorische Widerstände und kognitiven Ballast" umgesetzt haben: „Wissen und Erfahrung von heute sind die Ahnungslosigkeit von morgen und auch nicht auf der Systemebene aufzulösen."[104]

Damit befindet sich die Organisation in einem Dilemma: „Gelernt" wird ein neues Verhalten nur, wenn es sich von der Besonderheit einzelner Mitarbeiter oder Gruppen löst, indem es in die Strukturen, Regeln und Abläufe der Organisation implantiert wird. Dadurch werden die gelernten Verhaltensweisen aber auf Dauer gestellt und erweisen sich als Lernhindernisse, wenn die Umweltbedingungen erneute Verhaltensveränderungen nahe legen. In anderen Worten: Der „permanente Veränderungsprozess" als Ideal der Theorie der lernenden Organisation widerspricht den Grundprinzipien von Organisationen:

„Organisatorische Entscheidungen legen den Rahmen für spätere Entscheidungen fest. Alles spätere Lernen ist an diesen vorhandenen Strukturen orientiert. Das aus den bewährten Routinen und Werten bestehende organisatorische Gedächtnis beeinflusst, was später dazugelernt werden kann."[105] Daher verwundert es auch nicht, wenn zahlreiche Unternehmen, die irgendwann als lernende Unternehmen angepriesen wurden, wenige Jahre danach schon nicht mehr existierten. Den „Königsweg" zur dauerhaften, vorausschauenden Bewältigung von Marktveränderungen und anderen Umweltentwicklungen gibt es entgegen den Suggestionen der einschlägigen Managementberater nicht; was für bestimmte Bedingungen die angemessene, fleißig „erlernte", neue Strategie gewesen sein mag, kann morgen schon wieder falsch oder unangemessen sein. Die von Senge so emphatisch postulierte Schaffung einer generellen Veränderungsfähigkeit, die alle Situationen besser zu bewältigen hilft, widerspricht den Stabilitätsbedürfnissen und Routinen jeder Organisation.

Manchmal kommt es sogar noch schlimmer: Das z.B. als lernorientierter Veränderungsprozess eingeführte DIN-EN-ISO-Qualitätssicherungssystem engt natürlich auch den Blickwinkel der Organisation auf genau die Qualitätsphänomene ein, die das System misst bzw. überhaupt zulässt. Damit ist bei Problemen mit dem neuen System der Weg hin zu Verbesserungen und Verfeinerungen vorgezeichnet, die die organisationale Perspektive zu einem immer engeren Kanal verformen und zugleich eine Vielzahl von intraorganisatorischen „Sachzwängen" etablieren, die alle auf dem neuen QS-System beruhen. Die „Perfektionierung" von Lerneffekten, zu der Organisationen tendieren, schafft damit zugleich Lernhindernisse; weil so effektiv „gelernt" wurde, kann nun auf einmal nichts mehr Neues „gelernt" werden – die Organisation ist in eine „Lernsackgasse" oder „Kompetenzfalle" (Kühl) geraten.

Wie man es also auch dreht und wendet: Erfolg ist unter Bedingungen einer komplexen, unvorherbestimmbaren Situation, die von einer Vielzahl handelnder Organisationsmitglieder interpretiert wird, einfach nicht planbar. Managementtheorien suggerieren bevorzugt das Gegenteil und stiften damit für das Leitungspersonal ein Stück gern geglaubter Sicherheit, worauf die Verantwortlichen Wert zu legen scheinen. G. Palm weist darauf hin, dass auch bei den neuen Managementkonzepten das Paradox verdeckt werden muss, „dass in der Konkurrenz gerade weniger rationalistische Leistungen, schlechteres ökonomisches Handeln anderer notwendig vorausgesetzt werden, da nur so der eigene Rationalitätszuwachs eine wettbewerbserhebliche Bedeutung haben kann"[106]. In anderen Worten: Während die Organisation selbst so tut, als könnte sie den Erfolg ihrer Managementinnovationen planen, unterstellt sie gleichzeitig, dass die anderen dies gerade nicht könnten – oder zumindest viel später bzw. nicht so effektiv …

Hinzu kommt, dass der dauerhafte Erfolg von Konkurrenten oder anderen Unternehmen nicht durch allgemeine Managementstrategien wie die Einführung einer lernenden Organisation bewirkt werden kann, da er auf komplexen Gesamtarrangements beruht, die kaum zu „durchschauen" sind: „Gleichfalls führt der Anspruch auf ‚Nachhaltigkeit' zu Problemen, die in der Diskussion um lernfähige Organisationen meist verschwiegen werden: Nachhaltige Wettbewerbsvorteile zeichnen sich durch relative Seltenheit, Verwertbarkeit, Dauerhaftigkeit, aber auch durch Intransparenz, mangelnde Transferierbarkeit und somit fehlende Imitierbarkeit aus (…), wodurch die Einlösung dieses Anspruchs auf eine zielorientierte und planbare Gestaltung lernfähiger Organisationen noch weiter in die Ferne zu rücken scheint."[107] Damit vereinfacht das Konzept der lernenden Organisation die Managementrealität in einem Maße, dass geglaubt wird, die Stimulierung von organisationalen Lernprozessen verbürge einen erfolgreicheren Marktauftritt. Dem halten R. Reinhardt und P. Pawlowsky entgegen[108]: „Es fehlt (…) bislang jeder empirische Nachweis, dass lernfähige Organisationen tatsächlich als nachhaltige Wettbewerbsvorteile aufgefasst werden können."

Der Organisationsbegriff, der von vielen Anhängern der „lernenden Organisation" verwendet wird, hat letztlich trotz aller Betonung des „Systemdenkens" nur wenig mit den betrachteten systemisch orientierten Analysemodellen gemeinsam: Soziale Systeme werden aus der Perspektive eines naiv-individualistischen Handlungsansatzes bestimmt, von dem aus sich Organisationen als schlichte institutionelle Zusammenfassungen individueller Sichtweisen und Aktionen darstellen. Alles, was darüber hinausgeht, wird vor allem auf der „Berater&Ratgeber-Ebene" gern hinter der zuweilen esoterisch eingebetteten Formel „Das Ganze ist mehr als seine Teile" versteckt. Dabei wird übersehen:

- Organisationen setzen sich formell aus komplexen, institutionalisierten Kommunikationsmustern zusammen, die aus durch Symbole, Medien und Strukturen vermittelten Selektionsprozessen hervorgehen; damit gehen organisationale Strukturen aus Handlungen hervor, ohne aus ihnen zu bestehen, während umgekehrt diese Strukturen und Muster Handlungen selektieren, aber auch in diese eingehen, interpretiert und dabei neu konzipiert werden.

- Organisationen sind Strukturlogiken, „Zwecke" eingeschrieben, die in ihrer Geschichte und den darin aufgebauten, institutionalisierten Mustern und Normen wurzeln und sie inhaltlich definieren. Diese Zwecke werden in einem dynamischen Geflecht von artikulierten Zielen, Ressourcen, Hierarchien und Macht operationalisiert und verfolgt.

Die Vernachlässigung dieser systematischen Differenz und gleichzeitigen Verschränkung von Organisation und individueller Perspektive führt dazu, dass die Entwicklungsprozesse der Organisation unmittelbar mit den Einstellungen und Sichtweisen der Organisationsmitglieder zusammengeschlossen werden. Die bisherigen „falschen" Einstellungen müssen nur durch die „richtigen" ersetzt werden – dazu dienen die Techniken der fünf Disziplinen. Dass die „falschen" Sichtweisen und Verhaltensmuster Ausdruck der bisherigen „Lösungen" der Organisation sein könnten und darin durchaus zweckmäßig waren, wird in der Idealisierung der permanenten Veränderung völlig übersehen. Zudem mögen die Verfahrensweisen der Organisation zwar immer durch individuelle Entscheidungen und Handlungen vermittelt sein; aber dennoch besitzen sie in den organisationalen Bausteinen, Kommunikations- und Ablaufregeln eine überindividuelle Grundlage, die für die Organisationsmitglieder zielbildend ist: Wer z.B. in einem Wirtschaftsunternehmen vor allem nach der Befriedigung religiöser Bedürfnisse strebt und seine Handlungen danach ausrichtet, wird schnell als kontraproduktives Organisationsmitglied geoutet – es sei denn, das Unternehmen verdient sein Geld genau damit.

Für das organisatorische Lernen ist es somit zunächst völlig unerheblich, wie Menschen lernen[109]: Organisationslernen besteht nämlich insbesondere in einem Selektionsprozess, der menschliches Wissen danach bewertet, ob es den immanenten Zwecken der Organisation dient, über die diese sich als zielgerichtete, inhaltlich beschreibbare Organisation reproduziert. „Herausforderungen an die Lernfähigkeit eines Systems kommen somit zwar von außen, müssen aber in der eigenen Systemlogik zu Entscheidungen verarbeitet werden."[110]

Palm weist zurecht darauf hin, dass es überhaupt nicht als ausgemacht gelten kann, dass Lernen zu irgendwelchen, dem Unternehmen verträglichen Ergebnissen kommen wird. Umgekehrt gilt, dass Wissen nicht auf einen basisdemokratischen Selbstqualifizierungsprozess zu reduzieren ist, dessen Resultate dann über irgendwelche „Mechanismen" in die Organisation Eingang finden: Wissen muss so aufbereitet und nach dementsprechenden Kriterien bewertet werden, dass es den Zwecken der Organisation dienlich ist; dafür ist es sogar hinderlich, wenn jeder, der Wissen für seine Entscheidungen benutzt, sich dieses selbst erst in seiner Entscheidungsfunktion aneignen muss. Wissen für die Organisation ist eben etwas anderes als Wissen der Mitglieder. Neue Sichtweisen als mögliche Ergebnisse individueller oder gruppenbezogener Lernprozesse müssen daher oft gegen die vorherrschenden „mentalen Modelle" der Organisation, die die Leitungsebene repräsentiert, durchgesetzt werden und gehen nicht einfach harmonisch in die Veränderung der „Organisationsperspektive" über. Dieses Problem bleibt natürlich demjenigen verborgen, der Organisationsziele von vornherein mit individuellen Zielen der Organisationsmitglieder zusammenschließt; der Begriff des „Lernens" scheint dies nahe zu legen, da er die Anwendung und den Erwerb von Wissen in der Prozesskategorie der „kognitiven Veränderung", die Lernen nun mal ist, vermischt.

Dementsprechend schwierig gestaltet sich die Umsetzung, sprich: die Einführung einer lernenden Organisation. Es kommt nicht von ungefähr, dass Senge ein quasi natürliches Interesse am permanenten Lernen im Sinne von Selbstverwirklichung und zugleich ein ebenso dringendes Bedürfnis, diese am Arbeitsplatz zu erreichen, voraussetzen muss. Er bedient sich dabei einer Mixtur abstrakter Vorstellungen der humanistischen Psychologie über das Individuum, die ihrem Argumentationszusammenhang entrissen wurden, mit Anleihen bei kollektivistischen Gemeinschaftsidealen. Die wirklichen Unternehmen, Verbände und Verwaltungen sind hingegen keine idealtypischen Gemeinschaften, sondern komplexe Organisationen mit ökonomischen, politischen oder sozialen Zwecken, die ihrer Geschichte und Struktur ebenso eingeschrieben sind, wie sie sich aus den Ansprüchen ihrer jeweiligen Systemumwelten stets von neuem nähren. Sie kommen bei den Protagonisten der „lernenden Organisation" oft in einer derart abstrakten Form vor, dass Religionsgemeinschaften, Industriebetriebe und Popgruppen gleichermaßen als Anwendungsbeispiele dienen können. M. Heiner beleuchtet die problematischen Konsequenzen dieser Indifferenz: „Organisationen sind mit Sicherheit auch davon abhängig, dass gemeinsame Überzeugungen jenseits des zweckrationalen Kalküls bestehen, die eine gewisse Kohäsion trotz auseinanderstrebender Interessen gewährleisten. Nur dann können auch tiefer gehende konflikthafte Auseinandersetzungen geführt werden, ohne dass man gleich um den Bestand der Organisation fürchten muss. Die Überhöhung der Organisation als Glaubensgemeinschaft und identitätsvermittelnder Interaktionspartnerin birgt jedoch die Gefahr der Hypostasierung des Wertes von Organisationen, so als komme diesem Konstrukt ‚Kollektivsubjekt' von vornherein und immer ein Wert zu, den zu mehren und zu wahren die einzelnen Subjekte verpflichtet sind."[111]

Die Strukturen von Organisationen bestimmen den Zugang zu Lernen, indem sie ihre interne Verteilung von Funktionen, Rollen, Ressourcen und Macht zum Ausgangspunkt von Eintrittsbarrieren und Nutzungsregeln machen: „Führungskräfte/Mitarbeiter, die bewusst oder unbewusst in eine Lernbeziehung zueinander treten, bilden eben keine homogene Gruppe, sondern sie gehören unterschiedlichen ‚Managementfeldern' innerhalb der Organisation an."[112] Wolfgang O. Habelt weist auf die Hierarchie verschiedener „Spielfelder" in Organisationen hin, die ihre jeweilgen „Spielregeln" und damit Anpassungszwänge kennen[113]. Das „Bildungskapital" und die ökonomischen Aufwendungen dafür bestimmen die Position und damit den Zugang zu und Verbleib auf strategisch wichtigen Feldern. Habelt erweitert den ökonomischen Kapitalbegriff, um die unterschiedlichen Lernchancen in Organisationen erklären zu können: Ruf und Ansehen, Beziehungen und Netzwerke sowie Fähigkeiten und Handlungskompetenzen (Bildung) stellen spezifische Ressourcen an symbolischem, sozialem und kulturellem Kapital dar[114], die, mit bestimmten Positionen im hierarchischen „Spielfeld" verknüpft, über den Zugang zu Lernprozessen mitentscheiden. Ein realistischer Ansatz des Lernens in Organisationen muss daher die hierarchische Struktur dieser Organisationen, zumindest ihre Scheidung in „Mitarbeiter" und verschiedene „Leitungsebenen" berücksichtigen. Dies bedeutet, dass „Organisationsgemeinschaften" nicht einfach vorausgesetzt werden dürfen, wie Habelt betont, sondern man sich darüber klar werden muss, im Rahmen welcher Spielregeln die Organisationsmitglieder um Positionen und Rechte konkurrieren können, ohne die „Lerngemeinschaft" ad absurdum zu führen.

Die „lernende Organisation": Ein praktikables Modell?

Wenn man sich nicht über die realen Dilemmata von (sozial)wirtschaftlichen Organisationen als hierarchische, in ökonomische und politische Zusammenhänge eingepasste Gebilde hinwegsetzt, stößt man bei der Diskussion der gewaltigen Veränderungen der Arbeits- und Organisationswelt, die im Zuge von Globalisierung, Entgrenzung und Entmaterialisierung einer digitalisierten Ökonomie und einer zunehmend individualisierten Gesellschaft entstehen, auf elementar **politische** Fragen: Welches Verhältnis werden Ökonomie und Soziales in diesem Jahrhundert einnehmen? Wie können die sozialen Innovationspotenziale der neuen arbeitsorganisatorischen und technischen Entwicklungen entfaltet werden? Welche Rahmenbedingungen und Risiken sind dabei zu beachten? Die Dilemmata moderner Organisationsentwicklung stoßen damit auf grundlegende soziologische und gesellschaftspolitische Diskurse, die nie geführt werden können, wenn man naiven Gemeinschaftsidealen verhaftet bleibt.

Theoretisch fundierte Überlegungen, wie sie in den vorigen Kapiteln zum Innovations- und Veränderungsmanagement vorgestellt wurden, widersprechen sowohl der Veränderungsbegeisterung von Individuen im Allgemeinen als auch und vor allem der Veränderungsbereitschaft von Organisationsmitgliedern: Die in der Organisation tätigen Menschen betten ihr Handeln in der Organisation in instrumentelle Erwartungen bezüglich Karrieren und Gratifikationen ein und bewegen sich dabei in einem ausgeklügelten System von Hierarchien, Machtverteilungen und informellen Kommunikationsmustern, die sich zur Erreichung der Organisationsziele etabliert haben. Schließlich ist es überhaupt nicht ausgemacht, dass so übergreifende und grundlegende Ziele von Individuen wie Selbstverwirklichung von diesen immer am Arbeitsplatz angestrebt werden; gerade die neuere Diskussion um die „Erlebnisgesellschaft" sowie neue Formen der Arbeit thematisieren Fragen eines veränderten Gleichgewichts zwischen Erwerbsarbeit, Beziehungs- und Familiensphäre[115] und Formen eines wertbezogenen Engagements außerhalb der Arbeit. „Unternehmensziele sind nie auf allen Ebenen des Systems gleichzusetzen mit individuellen Zielen. Motivationen werden zu einem Desiderat, das in Freizeitgesellschaften immer stärker in die Lebenswelt verschoben wird."[116] Kühl hebt hervor[117], dass den Vorteilen der Identifikation der Mitarbeiter mit ihrer Arbeit – verstärktes Engagement, verringerter Kontrollbedarf – Nachteile gegenüberstehen, die gerade in der Identifikation mit bestimmten Tätigkeiten, Abteilungseigenheiten oder Dienstleistungen/Produkten wurzeln. Je mehr sich der Mitarbeiter emotional auf derartige Momente bezieht, desto weniger ist er wohl bereit, ihre Veränderung zu akzeptieren.

Die von Senge so geschmähte Orientierung an Geldzahlungen entlastet Organisationen somit auch, indem Entscheidungs-, Autoritäts- und Motivationsfragen getrennt bearbeitet werden können. Wer in erster Linie gut bezahlt werden möchte, sieht sich andererseits aber auch nicht aufgefordert, jede hierarchische Entscheidung und jede organisatorische Veränderung zum Material und Streitgegenstand seiner persönlichen Sinnsuche zu machen. Damit soll nicht einem kruden Materialismus das Wort geredet werden; die Idealisierung einer rein normativ begründeten Arbeitsmotivation ist angesichts der Komplexität des Machtgefälles in modernen Organisationen allerdings mit Vorsicht zu genießen. Die Aufgabenerledigung ist an gewisse Momente der Spezialisierung geknüpft, die die Arbeitsmotivation nur schwerlich auf das „Gesamtergebnis" fixieren lassen. Für Soziale Organisationen heißt dies, dass – auf Basis einer allgemeinen normativen Fundierung – eine fachliche Perspektive der Mitarbeiter, verbunden mit einem bestimmten beruflichen Status nebst einer als angemessen betrachteten Bezahlung, die Gewähr dafür gibt, dass nicht die permanente Verknüpfung von beruflichem Handeln und sozialpolitischen Grundsatzfragen die Organisation zur Handlungsunfähigkeit verdammt.

Letztlich zeigt sich die „Totalmobilisierung" der „Ressource Mensch", die von vielen Theoretikern der lernenden Organisation so gefeiert wird, als weder realistisch noch erstrebenswert. An die Stelle einer nüchternen, fachlich motivierten Professionalität, die gerade in Sozialen Organisationen immer auch an arbeitsbezogene Werte und Normen gebunden ist, tritt diffuse Begeisterung für abstrakte Selbstverwirklichungsideale und die darauf aufbauende Permanenz von Veränderungsprozessen, die keine Organisation einlösen kann oder will: „Organisationen existieren, weil die unter dem Label der ‚Selbstständigkeit' eingestellten Mitarbeiter eben nicht das tun, was sie wollen, sondern sich an bestehenden Erwartungen orientieren."[118] Und weiter: „In Organisationen geht es eben nicht vorrangig darum, interessante und liebenswerte Menschen kennen zu lernen, sondern darum, Tätigkeiten und Informationen in einer Weise miteinander zu verknüpfen, dass man anstehende Aufgaben erledigen kann."[119] Gerade Soziale Organisationen hatten ja umgekehrt damit zu kämpfen, dass die Vermischung von privaten Neigungen oder Lebensidealen und sozialpolitischen bzw. organisationalen Erfordernissen in den 70er Jahren zu einer basisdemokratischen „Graswurzelmentalität" geführt hatte, die ebenso sympathisch wie ineffektiv war – endlose Debatten über Grundsatzfragen und die Diskussion selbst kleinster Entscheidungsprobleme auf der demokratischen Spielwiese blockierten ein professionelles Handeln, das sich seines Auftrags und seiner politischen Zwecksetzungen bewusst war, dessen Spielräume es nüchtern auszuloten und auszufüllen galt. Wie wenig viele „Managementgurus" die konkreten Organisationen mit ihren besonderen Rahmenbedingungen interessieren, sieht man nirgendwo besser als bei dieser völligen Abwesenheit einer fachlich-inhaltlichen Perspektive auf das spezifische organisatorische Arbeitsfeld.

2. Innovation durch permanenten und selbstgesteuerten Wandel

Menschen nehmen in der Organisation eine Aufgabe wahr; die Leistung, die sie für die Organisation erbringen, steht im Mittelpunkt. Ist die Organisation mit ihren immanenten Zielen und der ihr eigentümlichen Strukturlogik erst einmal etabliert, so „besorgt" sie sich, soweit möglich, ihre Mitarbeiter. Damit soll nicht geleugnet werden, dass die Kreativität der Organisationsmitglieder eine entscheidende Quelle von Innovation ist und dass gerade tätigkeitsübergreifende Motivationen und Kompetenzen die einzelnen Mitarbeiter in die Lage versetzen, mit den unterschiedlichsten Situationen zurechtzukommen; jede Verwaltung bräche wohl zusammen, wenn nur „Dienst nach Vorschrift" geleistet würde. Darauf hingewiesen zu haben, ist auch ein bleibendes Verdienst der Theorie von der lernenden Organisation. Ein solcher Gedanke gewinnt natürlich unter Umständen an Zugkraft, die einen wachsenden Einfluss von immer qualifizierteren Organisationsmitgliedern auf das Ergebnis ihrer Aufgabenerfüllung beinhalten. Nur: Dadurch verschwindet keinesfalls die Differenz der Interessen zwischen Führung und Mitarbeitern, zwischen verschiedenen Abteilungen sowie diverser Organisationsmitglieder untereinander. Setzt man dem unkritisch die Rede von „Synergien" entgegen, so unterschlägt man regelmäßig die systematische Natur asymmetrischer Interessen und Sichtweisen innerhalb der Organisation. In der gut gemeinten Rede von „Ganzheitlichkeit" geht unter, dass in der Trennung von Abteilungen, Motivationen, Hierarchieebenen und Aufgaben auch Steuerungsvorteile von Organisationen begründet sind. Nicht jeder in der Organisation kann, soll, darf, will und muss sich mit allem beschäftigen; Hierarchien strukturieren Kommunikation, indem sie festlegen, welche Informationen für wen bedeutsam sind und wer auf Basis dessen Entscheidungen worüber zu fällen hat. Damit werden Differenzen und Gegensätze nicht kommunikativ beseitigt, gewiss; viel eher erhalten sie eine Verlaufsform in der Organisation, die sie überhaupt erst aushaltbar und bearbeitbar werden lässt. Aber sie verschwinden auch nicht einfach, indem man die Identität von persönlicher Selbstverwirklichung und organisationalen Zielen oder Aufgaben schlicht voraussetzt. Damit reduziert man Organisationen auf abstrakte Gebilde, die vor allem über gemeinsame Sichtweisen und mentale Modelle zu beschreiben sind, und vernachlässigt den entscheidenden Einfluss der „sozialen Fakten" (M. Heiner) einer Organisation wie Hierarchie, Macht, Einfluss und Bezahlung.

M. Heiner kritisiert daher zurecht, dass organisationales Lernen von Theoretikern/innen dieses Standpunkts häufig als „Selbststeuerung" und „Selbstbestimmung" konzipiert werden, „ohne sich dafür zu interessieren, inwieweit ‚Selbstbestimmung' und ‚Selbststeuerung' vielleicht nur bedeutet, dass Organisationsmitglieder auf der Grundlage einer Einschätzung der gegebenen Machtverhältnisse lieber in einer Weise über sich bestimmen und sich selbst steuern, wie sie meinen, dass es von ihnen erwartet wird. Sie passen sich dabei gegebenen Machtverhältnissen an, die nicht nur auf mentalen Konstrukten, auf ihren Bildern von der Realität beruhen."[120] Vielleicht wird deshalb vor allem gelernt, „wie man am glaubwürdigsten die gewünschte Zustimmung inszeniert"[121]. Die Harmonisierung von individuellen Lernprozessen und organisationaler Entwicklung gelingt vor allem dann nicht, wenn sich die differierenden Gesichtspunkte und handlungsleitenden Maßstäbe, die in die verschiedenen Hierarchieebenen der Organisation eingelassen sind, intraorganisationalen Zielkonflikten und widersprüchlichen Anforderungen verdanken. Die Zielkonflikte wiederum resultieren oft aus dem Verhältnis des betrachteten Systems zu seiner besonderen Umwelt: So mag z.B. der immanente Gegensatz von Kostenrationalität und psychosozialen Aspekten der Behindertenhilfe durch den immerwährenden Streit zwischen den Vertretern der fachlichen Betreuung und den Ansprüchen der Kostenträger, denen die Einrichtungsleitung irgendwie zu entsprechen hat, repräsentiert werden; dennoch handelt es sich letztlich um kein Lern- und Kommunikationsproblem, sondern um Fragen der grundsätzlichen Gestaltung und Zielsetzung von Behindertenpolitik. Dass in dieser Auseinandersetzung für alle Beteiligten ein hohes Maß an Selbstreflexivität, Konflikt- und Kommunikationsfähigkeit und Bereitschaft zu neuartigen, innovativen Lösungen von immensem Vorteil sein kann, wird damit keinesfalls bestritten.

Enthusiasten der lernenden Organisation wie P. Senge formulieren somit nicht nur ein naives Gemeinschaftsideal, sondern auch ein Ideal der Einheit verschiedenster Lebens- und Organisationsbereiche, die sich gerade in den letzten Jahren immer weiter ausdifferenziert haben, weil nur so ihre unterschiedlichen Motivationen und Zielsetzungen gegeneinander stabil gehalten werden können. Die geforderte „totale" Einbringung, visionäre Beteiligung hyperengagierter Mitarbeiter stellt immer auch einen verpflichtenden Anspruch dar, dem nicht alle Organisationsmitglieder mit der Begeisterung nachkommen wollen, die letztlich verlangt ist.

So verwundert es nicht, dass Edgar H. Schein die Wunschvorstellung von der begeistert lernenden Gemeinschaft endgültig entzaubert, indem er völlig unpolemisch Parallelen zwischen den Voraussetzungen und Vorgehensweisen der „Gehirnwäsche" in kommunistischen Straflagern und der erfolgreichen Einführung lernender Organisationen aufzeigt[122]: Die systematische und methodisch ausgefeilte Verunsicherung, mit der in Straflagern die kognitive Neudefinition des eigenen Lebens und bisherigen Handelns vorbereitet wird, ist für Schein durchaus mit der Frustration und Verstörung vergleichbar, die Angestellte oder Manager empfinden müssen, wenn ihnen plötzlich gesagt wird, dass die oft jahrzehntelang eingeübten und praktizierten Verfahrensweisen nun auf einmal falsch, ja schädlich seien. Um sich einen solchen radikalen Wandel zu eigen machen zu können, ist die Androhung von Sanktionen nötig; häufig steht die Angst um den eigenen Arbeitsplatz oder die Karriere im Hintergrund. Schein kontrastiert die geforderte „Team-, Wahrheits- und Vertrauenskultur" mit der wohl trainierten Selbstbehauptung der Organisationsmitglieder in einer individualistischen, wettbewerbsorientierten und auf den Leistungsvergleich erpichten Kultur, die gerade daraus ihre beachtlichen ökonomischen Erfolge schöpfte, und kommt zu dem Ergebnis, dass das Konzept der „lernenden Organisation" solcherart sozialisierten Mitarbeitern und Managern zunächst als reichlich verrückt erscheinen müsse. Gerade die idealistische Betonung, dass die lernende Organisation der Menschennatur gerecht wird und zur Harmonie zwischen innersten Lebenszielen bzw. allgemeinsten Überzeugungen der Mitarbeiter und den markt- und produktivitätsbezogenen Interessen des Unternehmens führt, bestärkt den Eindruck eines Glaubenssystems, das immun ist gegen die strukturellen Erfordernisse, immanenten Ziele und etablierten Routinen jedweder Organisation. Damit rächt sich, dass in der Regel weder das Lernen des Individuums noch der Begriff der Organisation inhaltlich in einer Weise präzisiert wurden, dass beide in ihren wie auch immer zusammenhängenden Entwicklungen erfasst werden können: Die Theorien der lernenden Organisation formulieren „ein subjektiviertes Organisationsverständnis ohne Subjekt"[123].

Zu guter Letzt zeichnen sich viele Ansätze der Managementlehre, so auch die „lernende Organisation", durch eine gewisse Ignoranz gegenüber den inhaltlichen Aufgaben, Zielen und Rahmenbedingungen der Organisationen aus, um die es geht: Wenn z.B. P. Senge die Vorstellung, Gewinnmaximierung sei Zweck von Unternehmen, als eine der „gefährlichsten Ideen" brandmarkt, die deshalb wirkt, weil die Menschen in der Organisation dieser Überzeugung sind, setzt er sich darüber hinweg, dass Gewinnerzielung ein über die „Mechanismen" des Marktes vermitteltes, als Erfolgsbedingung in die Entscheidungskriterien und Prozesse von marktwirtschaftlichen Privatunternehmen eingelassenes Strukturprinzip ist, dass nicht einfach durch die Veränderung persönlicher Perspektiven im Zuge von Lernprozessen aufzuheben ist. Schließlich existiert das Kriterium „Profit" nicht nur in den Köpfen karrieresüchtiger Manager und anpassungswilliger Mitarbeiter, sondern wird in der marktvermittelten Zielsetzung der Organisation, die Aufbau, Abläufe und Entscheidungsregeln daran ausrichtet, personenunabhängig garantiert. Ebenso wenig kann sich eine Soziale Organisation über die „Essentials" der aktuellen Wohlfahrtspolitik oder die Maßstäbe ihrer Kostenträger hinwegsetzen, indem die Mitarbeiter kreative Konzepte, Visionen und Ideale formulieren. Es ist daher stets die Aufgabe von Steuerungsgruppen im Rahmen des systematischen Veränderungsprozesses, parallel zu den Ergebnissen der verschiedenen Mitarbeiter-Projektgruppen diese hinsichtlich ihrer ökonomisch-politischen Machbarkeit zu sortieren.

Vorteile der „lernenden Organisation"

Ein Verdienst der Diskussion um die „lernende Organisation" ist nicht bestreitbar: Indem sie die Mitarbeiter, wenn auch oft in reichlich einseitiger und „naiver" Manier, in den Mittelpunkt des organisatorischen Veränderungsprozesses rückt, trägt sie zur Humanisierung der Sichtweise des Managements auf sein „Personal" bei. Was auch immer von den zahlreichen Workshops, Teamprozessen, Strategiewochenenden und Szenarioentwicklungen praktisch hängen bleiben mag, so kann die Organisation nicht hinter die damit erfolgte prinzipielle Einbeziehung der „Betroffenen" von Veränderungsprozessen zurück, ohne eine massive Demotivierung zu bewirken. Das Konzept zeigt sich darin als Reflex einer grundlegend veränderten Arbeitssituation, in der Firmen, Verbände und Verwaltungen tatsächlich in zunehmendem Maße auf das freiwillige und selbstbewusste Engagement ihrer Mitarbeiter angewiesen sind. Mit dem Ende der klassischen Massenfertigung, veränderten Bedürfnissen, Individualisierungs- und Globalisierungsprozessen entstehen ebenso neue wie gravierende Unsicherheiten, die von den Mitarbeitern nicht nur ausgehalten, sondern in einem relativ freien Arbeitshandeln auch bewältigt werden müssen. Dies können sie nur, wenn sie tatsächlich Spielräume haben und auch ernst genommen werden.

Die „lernende Organisation" erweist sich als eine ressourcenorientierte Konzeption, die durch Förderung der Selbstorganisationsfähigkeit von Organisationen als Ganzem deren Problemlösungspotenzial erweitern will. Der darin eingeschlossene selbstreflexive Blick der Organisation auf sich selbst stellt durchaus eine Kompetenz dar, die es sowohl bei den Mitarbeitern wie bei den Führungskräften zu fördern gilt. Allerdings sollte man sich im Rahmen einer kritischen, organisationstheoretisch fundierten Herangehensweise darüber im Klaren sein, dass zur „Selbsterkenntnis" immer auch die „blinden Flecken" gehören, da keine Organisation sich selbst vorurteilsfrei, gleichsam voraussetzungslos, betrachten kann – alle ihre diesbezüglichen Methoden benützen schon die Gesichtspunkte und Unterscheidungskriterien, auf die „geschaut" werden soll. Selbstbetrachtung wird das Paradox nicht los, von innen einen Blick nach innen zu werfen und sich dabei aller Sichtweisen, Wahrnehmungsschemata und Wirklichkeitskonstrukte bedienen zu müssen, die dem betrachtenden System eigen sind, aber unparteiisch betrachtet werden sollen. Hinzu kommt, dass Selbstorganisation in einem permanenten Spannungsverhältnis zur weiterhin existenten Hierarchie der Organisation steht, so dass ihre Ausgestaltung immer auch eine Machtfrage ist, die Aushandlungs-, Durchsetzungs- und Abstimmungsprozesse zwischen Gruppen, Hierarchieebenen und im allgemeinsten Sinne zwischen Leitungs- und Mitarbeiterebene einschließt. Ein realistischer Blick darauf sieht vielleicht sogar in der damit stets vorhandenen Spannung, den immanenten Konflikten von Veränderungsprozessen, die Chance zu innovativen Dynamiken, die selten aus der Harmonie, sondern viel eher aus der

Lösung von Gegensätzen hervorgehen. Zugleich schließt Wissen immer Nichtwissen, Wandel immer Stabilität ein; das Bisherige mag jetzt unzweckmäßig sein; falsch war es deswegen – bisher! – noch lange nicht; das Gelernte kann umgekehrt schon übermorgen der zentrale Bremsklotz sein …

In den richtigen Zusammenhang gestellt, könnte somit vor allem die Untersuchung der „mentalen Modelle" der Organisation ein nützlicher Ansatzpunkt sein, um Veränderungsprozesse über Marktanpassungsstrategien – im Sinne des „single-loop-learning" hinausweisen zu lassen. Viele einzelne Bestandteile des Konzepts der lernenden Organisation – das Systemdenken, eine wohl überlegte Teamförderung, selbstreflexive Zielfindungsprozesse, in die möglichst alle Mitarbeiter einbezogen werden etc. – erscheinen durchaus praktikabel; man darf sich bloß nicht darauf versteifen, dass die Organisation durch die Inszenierung permanenten Wandels und ständigen Lernens ihre Zukunftsprobleme besser lösen würde – weder kann durch „Lernen" die Zukunft vorweggenommen werden, noch ist die Veränderung ein Wert an sich für Organisationen, die sich ihrer Identität immer auch durch Routinen und die Verfestigung organisatorischer „Bauelemente" versichern müssen. Überhaupt tut ein gewisses Maß an kritischer Bescheidenheit im Umgang mit Managementkonzepten Not; G. Palm zitiert Hans Peter Fischer von Mercedes-Benz: „Wie sieht aber die Verbindung zu einer lernenden Organisation aus? Was bedeutet dieser Begriff in unserem Großunternehmen? Die Antwort ist wohl, dass man bei uns nicht wirklich lernt – man arbeitet! Woran? Wir bauen nach wie vor Autos und werden es auch in Zukunft tun."[124]

Organisationslernen in Sozialen Organisationen

Bei der Betrachtung Sozialer Organisationen muss man auf einige inhaltliche Eigenheiten des Handlungsfelds zurückkommen, die das Konzept der lernenden Organisation unter besondere Bedingungen stellen:

Soziale Arbeit findet immer als psychosoziale Kommunikation, Beziehungsarbeit, statt, deren Erfolg von der mentalen Offenheit kompetenter Fachleute lebt. Hier müssen nicht ständig Maßnahmen gegen die systematische Monotonie und Routine vieler Arbeitsprozesse ergriffen werden; Lernprozesse sind notwendiger Bestandteil der alltäglichen Arbeitssituation. Soziale Arbeit ist als normativ und politisch eingebundene Tätigkeit immer schon auf Selbstreflexion, Selbstvergewisserung der eigenen Handlungsgründe angewiesen; sie kann sich nicht auf Dauer aus individuellen Karriere- oder Einkommensmotiven nähren – dazu geben die Gehälter in diesem Bereich auch keinen Anlass. Ihrem selbstreflexivem, von komplexen Fachausbildungen getragenen Selbstverständnis ist es auch zu verdanken, dass in der Sozialen Arbeit etliche übergreifende und kritische Gesichtspunkte von vornherein zu bedenken sind, die dem erwerbswirtschaftlichen Bereich zunächst fremd waren: „Vieles von dem, was Wirtschaft und öffentliche Verwaltung für sich neu entdeckt haben, stammt aus dem Fundus der Sozialen Arbeit und entspricht deren Leitbildern (methodische Praxisreflexion, Eigenverantwortung der Mitarbeiter/-innen, Ganzheitlichkeit der Organisationsentwicklung etc.)."[125] Dies gilt insbesondere auch für die Aspekte der lernenden Organisation, die die Diskussion mentaler Modelle und ganzheitlicher, systemischer Sichtweisen beinhalteten; sie haben in den sozialen Bereichen eine langjährige, sowohl in ihren sozialkritischen wie ihren wertkonservativ-christlichen Momenten begründete Tradition.

Soziale Organisationen sind mit ihrer komplexen, multiplen Zielsetzung nicht von vornherein in mögliche Gegensätze zwischen Rentabilitätserfordernis der Firma und Mitarbeiterinteressen eingebunden; vielleicht können sie sich dadurch einiges an jenen moralisch-emphatischen Übertreibungen sparen, die immer dann zum Tragen kommen, wenn Interessengegensätze harmonisiert werden sollen. Andererseits bilden sich die Dilemmata und widersprüchlichen Anforderungen, die in das multiple Zielsystem Sozialer Organisationen eingelassen sind, auf die verschiedenen Ebenen und Perspektiven innerhalb der jeweiligen Organisation ab und können von daher zu anders gearteten, spezifischen Spannungen führen.

Wie die Untersuchung von G. Frank, C. Reis und M. Wolf zeigen kann, kommt hinzu, dass die notwendigen, psychosozial und fachlich vermittelten Gestaltungsspielräume der Mitarbeiter Sozialer Organisationen dort von vornherein einen Führungsstil nahe legen, der stets auf wechselseitige kommunikative Aufgabenvergewisserung angewiesen ist. Die Struktur sozialberuflicher Tätigkeit „erfordert den breiten Konsens über Werte, Zielstellungen, Interpretationen der wesentlichen Bestimmungen des Arbeitsfeldes und der möglichen Arbeitsmethoden. Führung muss bereit sein, sich immer wieder Kritik auszusetzen, nur so bleibt eine notwendige Diskurskultur, in der diese wichtigen Parameter beruflichen Handelns fachlich begründet werden müssen, erhalten."[126] Soziale Organisationen sind daher im Veränderungsprozess nicht nur auf organisationsentwicklungsorientierte Konzepte verwiesen, sondern können sie qua Eigenart auch leichter umsetzen als industrielle Organisationen, da sie weder dem Profitabilitätsdruck des Marktes in gleichem Maße wie diese standhalten mussten, noch dank ihrer besonderen Arbeitsformen die Mitarbeiter ohne Beteiligung zu Betroffenen machen können, wenn das gesamte Veränderungsvorhaben nicht Schaden nehmen soll: Viele Aspekte sozialberuflicher Arbeit sind nur bedingt regel- und kontrollierbar und daher immer auf das bewusste und aktive Einverständnis der fachkompetenten Mitarbeiter/innen angewiesen.

Ergänzt wird diese sachliche Notwendigkeit eines Veränderungsansatzes, der sich auf fachlich fundierte Organisationsentwicklungsprozesse stützt, durch eine moralische Dimension: Organisationen, die als „Non-Profit-Unternehmen" vorgeben, soziale Ziele zu verfolgen, können sich im Umgang mit ihren Mitarbeitern „nicht auf Grundsätze stützen, die von den diesen Zielrahmen prägenden Werten und Normen völlig unabhängig sind"[127]. Versuchen sie dies dennoch, so sind Legitimationsprobleme nach außen vorprogrammiert. So wurden dem Leiter eines regionalen Wohlfahrtsverbandes, der sich in der Betreuung von schwierigen Jugendlichen eine beinahe unangreifbare Marktposition erarbeitet hatte, von einem wichtigen Kostenträger im Rahmen von Konkurrenzausschreibungsverfahren aus Preisgründen einige wichtige Projekte entzogen. Die lokale „Sozialszene" war sich allerdings darüber einig, dass das rigorose Auftreten des Verbandsgeschäftsführers nach innen wie außen dem „Image" des Verbands geschadet habe; entsprechende Äußerungen aus dem Kostenträgerbereich fundierten diese Vermutung. Es zeigte sich, dass im Bereich auch ethisch-moralisch begründeter Wohlfahrtstraditionen ökonomische Verhaltensstrategien, die diese Dimension zu ignorieren versuchen, der Reputation schaden; moralische Verhaltenserwartungen, Einschätzungen der Solidität und Seriosität gehen damit in die Entscheidung über die Wahl des Dienstleistungsanbieters stets mit ein. Dies scheint einen gewissen Druck auf die moralische Dimension des Führungsstils in Sozialen Organisationen auszuüben und an humanistisch orientierten Ansätzen orientierte Veränderungsstrategien zu begünstigen. Inwieweit sich der Erwartungsdruck aber wirklich in ein insgesamt signifikant anderes Führungsverhalten umsetzt und wie sich Anspruch und (informelle) Wirklichkeit der organisationalen Beziehungen zueinander verhalten, vermögen nur sytematische empirische Studien zu klären. Daher sollte gerade in Sozialen Organisationen ein naiv-harmonistisches Organisationsverständnis vermieden werden; wenn man sich der Differenz der Sichtweisen und Interessen von verschiedenen Gruppen und Hierarchieebenen der Organisation bewusst ist, entsteht erst die Möglichkeit eines kritischen Dialogs, aus dem Veränderungskonzepte hervorgehen mögen, die tatsächlich auch von allen Personen und Gruppen geteilt werden – zumindest in dem Sinne, wie sie von diesen verstanden und in ihre Interessenlage integriert wurden …

Soziale Organisationen müssen sich bisher in der Regel keiner ungezügelten Marktkonkurrenz stellen; der Zwang zur permanenten Veränderung, dessen naive Befürwortung die „lernende Organisation" zum einseitigen und unrealistischen Modell geraten lässt, ist in dieser radikalen Form nicht gegeben. Veränderungen in Sozialen Organisationen sind daher nie von der Fachlichkeit und der spezifischen sozialpolitischen Aufgabe abzutrennen, da diese zentrale Rahmenbedingungen für das weitere Vorgehen mitdefinieren; so kann sich Qualitätsmanagement hier wohl kaum über die Vorgaben und Ansprüche der Kostenträger hinwegsetzen, die in bestimmten Gesetzen niedergelegt sind. Auch hierüber ist den inhaltsleeren, oft rein methodisch-abstrakt formulierten Ratschlägen eine nur bescheidene Relevanz eigen; sie sind nur brauchbar, wenn sie sich auf den „Boden" der sozialen Probleme und rechtlich-politischen Eingrenzungen herunterbrechen lassen, mit denen Soziale Organisationen zu tun haben.

In diesen Unterschieden deutet sich vorsichtig die Chance an, dass die positiven Momente und Anregungen, die die Managementphilosophie „lernende Organisation" durchaus beinhaltet, in Sozialen Organisationen ihrer ideologischen Übertreibungen besser entkleidet und in ein rationales Veränderungsmodell eingebettet werden können. Dann kann man von der „lernenden Organisation" doch einiges lernen:

Organisationen erzeugen im Handeln aller „Beteiligten" eine gemeinsame Wirklichkeitskonstruktion, die ihren Handlungen zugrunde liegt. Externe Entwicklungen und Marktveränderungen werden ebenso wie intraorganisatorische Probleme vor der Folie dieses Sets an Überzeugungen und Verfahrensweisen betrachtet, das damit bestimmte konforme Lösungen nahe legt. Gerade in Sozialen Organisationen entstehen daraus regelrechte organisatorische „Weltbilder", die tief in eine historisch verwurzelte Organisationspraxis und einen traditionellen normativen Bezug eingebettet sind. Traditionelle Modelle vom eigenen Auftrag und vom handlungsrelevanten Umfeld können den Blick auf neue Aufgabenfelder ebenso verstellen wie die Diskussion neuer Lösungen für alte, politisch vorgegebene Problemlagen der eigenen Klientel. Das „Aufbrechen" dieser mentalen Modelle setzt die Fähigkeit und Bereitschaft der Mitglieder der Organisation voraus, die „theories-in-use" kritisch zu reflektieren. Zugleich muss die Organisation vor allem in Gestalt der Leitungsebene diese veränderten Vorstellungen auch in sich „hereinlassen", ihnen Raum geben. Auf Grundlage der Metapher von der „lernenden Organisation" forciert damit das Management vielleicht ein zeitgemäßes, offeneres Verhältnis zu den Mitarbeitern und versucht, deren Kreativität, ihr „Unruhepotenzial" für ihre eigene Veränderung zu nutzen.

Damit sind die Führungskräfte von Sozialen Organisationen aufgefordert, Mitarbeitern ihre Ziele und Projekte offen zu beschreiben und ihnen die Beteiligung an deren Erarbeitung oder Neugestaltung zu ermöglichen. Die Diskussion um die „lernende Organisation" macht deutlich, dass alle dauerhaften Veränderungen der Organisation durch die Perspektive und das Handeln der Mitarbeiter hindurch müssen; und dies erreicht man nicht dadurch, dass „top-down" beschlossene Reformen über Kommunikations- und Motivationstechniken der „Basis" schmackhaft gemacht werden; das „top-down" in Angriff genommene Projekt muss „bottom-up", von unten nach oben, realisiert – und das heißt auch ausformuliert – werden. Soziale Organisationen, die sich dieses Sachverhalts bewusst sind, beginnen ihre Veränderungsvorhaben daher zumeist mit einem Leitbildentwicklungsprozess, der allen Mitarbeitern eine Diskussion der eigenen, zumeist widersprüchlichen und konfliktreichen Ziele und sozialpolitischen Einbindungen ermöglicht. Dabei vermeiden sie aber die Illusion, alle widersprüchlichen Zielelemente, die in unterschiedlichen Interessen sowohl innerhalb der Organisation wie auch den problematischen Anforderungen der politisch-ökonomischen Umwelt wurzeln, harmonisieren zu können.

Somit sind die Führungskräfte gehalten, die Entwicklungsmöglichkeiten ihrer Organisation im Blick auf die Potenziale und Entwicklungsmöglichkeiten ihrer Mitarbeiter zu formulieren.[128] Mitarbeiter sind nicht nur unter dem Blickwinkel der schon festgelegten Aufgaben, der Stellenbeschreibung, zu betrachten, sondern auch als offenes Potenzial anzusehen, von dessen Möglichkeiten her unkonventionell neue Tätigkeitsfelder oder Arbeitsformen angedacht werden sollten. „Organisationales Lernen" in einem rationellen Sinne versucht daher, Personalentwicklung – die eigentlich Kompetenzentwicklung ist – und Organisationsentwicklung so zu integrieren, dass diese beiden Säulen des organisationalen Veränderungsprozesses sich wechselseitig voraussetzen und durchdringen.

Wie aber betten die Mitarbeiter die Ergebnisse ihrer Lernprozesse in die „Sicht" der Organisation ein? Wie filtert die Organisation für sie relevantes Wissen heraus? Und wie kann dieses Wissen so institutionalisiert werden, dass es auch anderen Organisationsmitgliedern zur Verfügung steht? Diese Fragen führen direkt zum Thema „Wissensmanagement".

3. Organisationales Wissensmanagement: Wie kann die Organisation wissen, was Individuen gelernt haben?

Theorien des Wissensmanagements[129] versuchen, die Beschränkungen des Modells der „lernenden Organisation" dadurch zu überwinden, dass sie sich mit der Institutionalisierung der Lernerfahrungen befassen: Wie werden die von Individuen gelernten Inhalte in organisatorische Standards, Systemstrukturen, Ablaufprozesse, Programme und – nicht zu vergessen – „Spielregeln", Normen und Bewertungen übersetzt? Wissensmanagementmodelle setzen damit am materiellen Resultat an und „unterlaufen" hierüber die Idealisierung des Lernens, indem sie vor allem fragen, welches Wissen in der Organisation wo entsteht, wohin kommt und wie gespeichert, genutzt und fortentwickelt wird.

Ausgangspunkt sind auch hier die Veränderungen der Arbeitswelt in den letzten 15 Jahren: Die „Entmaterialisierung" der Ökonomie durch IKT-Techniken lässt den Produktionsapparat, die ökonomische „hardware", immer mehr zugunsten der Wissensbestände, Verfahrenstechniken und intelligenten Problemlösungen zurücktreten – Maschinerie kann fast überall produziert werden; die Lizenzen, Patente, das „Knowhow" der Wissenschaftler und Techniker bzw. das Praxiswissen des Fachpersonals als „software" der modernen Wirtschaft machen hingegen den Unterschied aus, der in immer mehr auf individuelle Bedürfnisse zugeschnittenen Märkten den eigentlichen Konkurrenzvorteil verschafft.

Dem korrespondiert die Aufwertung des Wissens zur entscheidenden Ressource nicht nur hoch qualifizierter Mitarbeiter, sondern auch der Organisation selbst: Jede Organisation verfügt über eine „organizational knowledge base" (R. Duncan/A. Weiss), eine organisatorische Wissensbasis, die alle für die Erreichung der organisatorischen Ziele notwendigen oder bedeutsamen Wissenselemente umfasst. Dieses Wissen steckt nun nicht nur in den Köpfen der Mitarbeiter, sondern verteilt sich auf unterschiedlichste organisationale Elemente wie Verfahren, Techniken, Dokumentationssysteme und ähnliche Wissensspeicher. „Wissensmanagement zielt darauf ab, Methoden, Systeme und Prozesse einzusetzen, die das Wissen kontinuierlich mehren und es schneller dorthin bringen, wo es gebraucht wird. (…) Im Zentrum des Interesses steht die Verbesserung der Wissenstransparenz, des Wissenserwerbs, der Wissensentstehung, der Wissens(Ver)teilung, der Wissensbewahrung und der Wissensnutzung."[130] Wissensmanagement[131] umfasst damit Aufgaben wie die technisch optimale Unterstützung von Speicherung, Zugriff und Austausch von Wissen, die Entwicklung organisationaler Strukturen, die als flexible Netzwerke von

Kompetenzen dienen sowie die Förderung der menschlichen Bereitschaft und Fähigkeit, Wissen zu entwickeln, zu kommunizieren und anzuwenden.[132]

Kernprozesse des Wissensmanagements

H. Mandl und G. Reinmann-Rothmeier unterscheiden vier Kernprozesse des Wissensmanagements[133]:

(1) **Wissensrepräsentation**: Zu ihr gehören das

- Identifizieren von Wissen sowie

- verschiedene Formen der Kodifizierung, Dokumentation und Speicherung von Wissen.

Ziel ist, unternehmensrelevantes Wissen in einem Format darzustellen, das die Weitergabe und den Austausch, die Bewahrung, Aktualisierung und Nutzung von Wissen ermöglicht und erleichtert: „Nur wenn im Unternehmen und vom einzelnen Mitarbeiter Wissen wie auch Nicht-Wissen erst einmal identifiziert werden, entsteht so etwas wie Transparenz, die allerdings kein Selbstzweck, sondern zielbezogen und kosten-nutzen-orientiert hergestellt werden muss."[134] Gilbert J.B. Probst und K. Reinhardt[135] weisen darauf hin, dass die Identifizierung von Wissensbeständen oft dadurch erschwert wird, dass Restrukturierungsmaßnahmen, Lean-Management und Reengineering informelle Netze zerreißen, wodurch die Intransparenz, die komplexe Organisationen kennzeichnet, noch erhöht wird. Sie schlagen daher „Wissenslandkarten" vor, die den systematischen Zugriff auf organisationale Wissensbestände erleichtern. Die Identifikation der Wissensbasis nimmt auf Vorstellungen und Probleme Bezug, wie sie schon in der Theorie der lernenden Organisation charakterisiert wurden. Die Bestände an Wissen, die zur Erledigung einer Aufgabe benutzt werden, umfassen die Wahrnehmungsperspektiven, Vorstellungen und „theories-in-use" der Mitarbeiter. Hinzu kommen organisationale Wissenselemente, die als Dokumente, Verfahrensanleitungen, etabliertes kollektives „Rezeptwissen" und gängige Bearbeitungs- und Übergabemechanismen vorliegen. Eingebettet ist dieses prozedurale Wissen in strukturelle Wissensmuster der Organisation, die ihre grundlegenden Weltbilder, den bearbeiteten Umweltausschnitt, die zentralen Selektionsmechanismen und die in die Organisationsziele eingelassenen Grundsatzentscheidungen betreffen, die wiederum den „Stil", die kulturellen Umgangsformen in der Organisation etc. prägen. Die organisationale Wissensbasis oszilliert dabei im Spannungsfeld „privaten" Wissens der Organisationsmitglieder, das als außerhalb der Organisation liegend beobachtet wird, und dem von allen geteilten Wissen der Organisation, in das neben den strukturellen Wissenselementen das kollektive Wissen der Organisationsmitglieder in ihrem Rollenbezug auf die Organisation eingeht. Über die Grauzone des für die Organisation verfügbaren, aber nicht in ihr geteilten Wissens sickert neues Wissen in die Organisation – bisher für extern, privat gehaltenes Wissen wird zum Organisationsbestandteil erklärt.

D. Baecker verdeutlicht diese Differenz zwischen individuellem und organisationalem Wissen: „Individuen wissen etwas anderes als die Organisation. Sie erinnern sich anders an andere Ereignisse. Sie vergessen anders und anderes. Sie erwarten anders. Und sie gehen anders mit Enttäuschungen um. (…) Wir können von einem Wissen in Organisationen nur sprechen, wenn wir in Rechnung stellen, dass es ein individuelles, und zwar ein vielfältig differenziertes, von unterschiedlichen Biographien abhängiges und unter unterschiedlichen Professionalisierungserwartungen stehendes individuelles Wissen einerseits gibt und ein kommuniziertes Wissen der Organisation andererseits."[136] Insofern ist die Individualität der Organisationsmitglieder, die nie als solche in die Organisation eingeht, zugleich Quelle von Innovation, da sie immer wieder Grenzüberschreitungen ermöglicht: Wenn z.B. eine soziale Einrichtung im Rahmen eines EU-geförderten Projekts Partnerbeziehungen zu Irland knüpft und die involvierten Sozialarbeiter ihre Sprachkenntnisse in die gemeinsame Projektabwicklung einbringen, dabei zugleich komplettieren und fachlich spezialisieren, wird das ursprüngliche Privatwissen der betreffenden Projektmitarbeiter für die Organisation verfügbar. Zum geteilten Kernwissen wird es nur dann, wenn daraus weitere Kooperationen und Aktivitäten im anglophonen Sprachraum erwachsen, die über interne Qualifizierungsmaßnahmen, Einstellungskriterien, fremdsprachige Fachdokumentationen, aufgabenbezogene Landeskenntnisse etc. in die organisationale Wissensbasis einfließen und eine Neuausrichtung der weiteren Projektstrukturen insgesamt bewirken.

Die kreative Identifizierung von Wissen an den „Rändern" der Organisation, bei Organisationsmitgliedern, „Kunden", Kooperationspartnern und Kostenträgern kann als Instrument der Wissensentwicklung genutzt werden, wenn dadurch das verfügbare Wissen gesteigert wird. Netzwerkstrukturen erleichtern das Verfügbarmachen solcher kreativer Randbereiche potenziell organisationsrelevanten Wissens, indem sie die Nutzung ad hoc, im Bedarfsfall, ohne dauerhafte Organisationsbindung, erlauben. Die Organisation braucht sich dann nicht dafür zu entscheiden, das gesamte neue Wissen in sich hereinzunehmen, obwohl sie es nur projektbezogen verwenden kann. Netzwerke machen damit externes Wissen verfügbar, ohne dass es in die organisationale Wissensbasis integriert werden muss. Das Wissen über das insgesamt nutzbare externe Wissen kann als „Meta-Wissen", „erreichbares Wissen" beschrieben werden. Indem sich die Organisation systematisch mit diesem erreichbaren Wissen befasst, eröffnet sie sich die Option des Zugriffs im Bedarfsfall. Insofern besteht Wissensidentifizierung immer in der Identifizierung des Wissens und des Nichtwissens. Dafür braucht es allerdings einen Maßstab, ein Relevanzkriterium, da „Nicht-Wissen" prinzipiell unendlich ist und nur als „noch-nicht-Wissen" für einen Zweck, eine Aufgabe, eingegrenzt werden kann. Franz P. Lang und F. Thielemann betonen daher folgerichtig die Erfordernis von Wissenszielen, die erst die notwendige zukünftige Ausrichtung der Wissensbestände definieren. Dabei können diese Bestände eben auch extern erworben werden und „aus zu rekrutierenden Spezialisten, aus einzukaufenden Technologie-Lizenzen oder aus zu integrierenden Fremdunternehmen bestehen"[137]. Probst/Romhardt unterscheiden „strategische Wissensziele", die das anzustrebende „Kompetenzportfolio" für die Zukunft beschreiben, und „operative Wissensziele", die für die Konkretisierung Sorge tragen[138].

(2) **Wissenskommunikation**: Sie schließt folgende Prozesse ein:

- Verteilen von Information und Wissen
- Vermittlung von Wissen
- Teilen und Ko-Konstruktion von Wissen
- Wissensbasierte Kooperation

Kommunikation von Wissen muss durch die subjektive Perspektive der Kommunikationspartner hindurch und dafür erst einmal angenommen werden; dass dies nicht selbstverständlich gelingt, macht die Forderung von Mandl/Reinmann-Rothmeier nach Förderung der Wissenskommunikation über Anreizsysteme, kooperationsförderliche Umgebungsgestaltung und spezielle Weiterbildungsmaßnahmen deutlich.

Hier unterscheiden sich „kulturgetriebene" von „systemgetriebenen" Ansätzen des Wissensmanagements[139]: Systemgetriebene Ansätze stellen die technischen Aspekte, die infrastrukturellen Voraussetzungen von Wissensverankerung, -kommunikation und -nutzung in den Mittelpunkt; eine effiziente Wissenskommunikation hängt hier vor allem von der Systemarchitektur ab, die über das Intranet den maßgeschneiderten Zugriff und damit die Verteilung von Wissen ermöglichen soll. „Kulturgetriebene" Modelle beziehen sich auf die Organisation als Sozialsystem mit eigenen kulturellen Normen und Regeln, weshalb der Prozess der Entwicklung gemeinsamer Perspektiven im Rahmen von kommunikativ vermittelten Lernprozessen im Vordergrund steht. Lang/Thielemann werfen dabei die zentrale Frage auf: „Wie bringt man das Personal dazu, Wissen nicht zu horten (im Sinne von: ‚Wissen ist Macht'), sondern dieses in geeigneter Form rechtzeitig weiterzugeben?"[140] Die Autoren plädieren für die Schaffung und Betreuung persönlicher Netzwerke, indem „regelmäßige Treffen gleichaltriger Firmenmitglieder", „regelmäßige Treffen von Spezialisten" und „interdisziplinäre Netzwerke" im Stil von Qualitätszirkeln gefördert werden. Dafür ist ein aktives Mangement notwendig, das verschiedenste Unterstützungsleistungen wie Moderation, Organisation etc. zur Verfügung stellt.

Zu berücksichtigen ist, dass Wissensverteilung immer Interpretations- und Selektionsleistungen beinhaltet, indem verschiedene Ereignisse und Erfahrungen unter bestimmten Relevanzgesichtspunkten als konvergent betrachtet werden, weswegen das Management oder Gruppen in der Organisation sie als informativ für andere Organisationsmitglieder halten. Diese wiederum müssen die aufbereiteten Wissenselemente als anschlussfähiges, brauchbares Material in dem Sinn betrachten, dass es für ihre speziellen Probleme taugt. Da die Verteilung von Wissen an die Aufbereitung und Artikulation eines Gemischs von Beobachtungen, Daten, Informationen und Handlungserfahrungen gebunden ist, findet es immer im sozialen Sinnzusammenhang statt: „In einer Organisation, in der Menschen zusammenarbeiten, treten Wissen und Können, artikulierte Kenntnisse und implizite Handlungsvermögen miteinander verknüpft auf. Sie sind füreinander Kontext und beeinflussen sich in einer Weise, die insbesondere durch die Organisation reguliert wird."[141] Die Organisationsmitglieder konstruieren in ihrem wechselseitigen Kontakt gemeinsam ihre Sichtweisen und Wissensbestände, so dass die Verteilung von Wissen immer auch Entwicklung und Generierung von Wissen ist. Die Organisation mit ihren in Strukturen geronnenen Zwecken stellt hierfür zugleich Selektionskriterien erwünschter, systemverträglicher und kontraproduktiver Wissenskommunikation und -entwicklung bereit; sie ist der Rahmen, in dem gedacht, gehandelt und entwickelt wird.

Zugleich beeinflussen die Organisationsmitglieder durch ihren Kommunikationsprozess, aus dem „mikropolitische" Veränderungen von Handlungsweisen und auch Entscheidungen folgen, die Selektions- und Wahrnehmungsmechanismen der Organisation, die „durch sie hindurch" wahrnehmen muss. Für die praktische Perspektive bedeutet dies, dass Wissensmanagement als Querschnittsaufgabe im Rahmen eines strategischen Konzepts in die Organisations- und Kompetenzentwicklung zu integrieren ist. Im Begriff des Wissens koppeln sich die an Unterscheidungskriterien, Mechanismen und Inhalte geknüpfte Identität der Organisation und die individuellen Kompetenzen der Mitarbeiter. Der Verweis auf die Möglichkeit des „Hortens" von Wissen zeigt zugleich, dass Wissen immer auch Gegenstand, Material und Mittel von Statuszuschreibungen, Karrieren und Einflussverteilungen in Organisationen ist, weswegen es immer auch in taktischer Absicht behandelt wird. Deshalb kann es natürlich auch abgelehnt werden.

(3) **Wissensgenerierung**: Sie umfasst

- Prozesse der externen Wissensbeschaffung (Neueinstellungen, Inanspruchnahme von Beratern/Dienstleistungen, Kooperationen etc.)

- Einrichten spezieller Wissensressourcen im Unternehmen (Entwicklungsabteilungen, unternehmensinterne Ausbildungsstätten etc.)

■ Schaffung personaler und technischer Wissensnetzwerke als Förderung innovationssteigernder Kommunikation (Externalisierung impliziten, also personen- und erfahrungsgebundenen Wissens)

Die Wissensgenerierung bezweckt vor allem die Steigerung der Innovationsfähigkeit der Organisation. „Als Schlüssel zur kaum kopierbaren Wissensgenerierung im Unternehmen wird inzwischen die Externalisierung impliziten (personen- und erfahrungsgebundenen) Wissens betrachtet, zu der in hohem Maße auch die Prozesse der Wissensrepräsentation beitragen."[142]

Die individuelle Wissensentwicklung beruht nach Probst/Romhardt[143] auf Kreativität als chaotischer Komponente und systematischer Problemlösungsfähigkeit als systematischer Komponente des Wissensentwicklungsprozesses, der durch Kontextsteuerung (Fördermaßnahmen, Vorschlagswesen, Anreizsysteme etc.) unterstützt werden muss. Kollektive Prozesse der Wissensentwicklung würden hingegen einer anderen Logik folgen; sie erfordern die Schaffung komplementärer Fähigkeiten, eine offene, vertrauensvolle Atmosphäre und eine hohe Kommunikationsintensität, wenn sie individuellen Prozessen überlegen sein sollen. „Think Tanks", „Lernarenen" und „interne Kompetenzzentren" können hierfür dienlich sein. Wendt erläutert Teamarbeit, Qualitätszirkel, Lernwerkstatt und Zukunftswerkstatt als „erprobte Formen gemeinsamer Wissensentwicklung"[144].

In einer Hinsicht steht die gemeinsame Wissensentwicklung vor dem gleichen Problem wie das Modell der „lernenden Organisation": Die Stabilitätsbedürfnisse der Organisation müssen ebenso in die Wissensentwicklung eingehen wie der Bedarf an zuträglichem Wandel; die Organisation muss Kriterien für die Brauchbarkeit von Richtungen der Wissensentwicklung vorhalten; schließlich muss angegeben werden können, was für das neue Wissen verlernt werden muss und wen das was „kostet". Gerade in Sozialen Organisationen besteht Wissensentwicklung ja selten in einem neuen „Prototyp", der neben die bisherige Produktpalette tritt, sondern wohl eher in neuen Herangehensweisen an die Klientel, Schaffung von Controlling- und QM-Instrumenten, innovativen Vernetzungsprojekten etc. Damit geht in der Regel auch das Problem einher, wer von dem neuen „Wissen" in welcher Weise betroffen ist. Zudem haften an den alten Methoden zumeist informelle Netzwerke, bisher brauchbare, nirgendwo niedergeschriebene Arrangements und Vorgehensweisen, die erst „verlernt" werden müssen. Wenn sich die Initiatoren von Wissensinnovationen darüber nicht kritisch und selbstreflexiv Rechenschaft ablegen, erzeugen sie mit der Schaffung neuen Wissens als quasi unbeabsichtigte Nebenfolge die Zerstörung von bewährten informellen Strukturen der Organisation. Danach wundert man sich, warum die neue „Systemarchitektur" trotz ihrer scheinbaren Angemessenheit zu bisher unbekannten Brüchen im Ablauf führt oder gar „unterlaufen" wird.

(4) **Wissensnutzung**: Zu ihr gehört die

- Umsetzung von Wissen in Entscheidungen und Handlungen

- Transformation von Wissen in Produkte und Dienstleistungen

Mit der Schaffung von Verteilungsmechanismen und Zugangsregelungen für Wissen ist dessen Nutzung noch lange nicht sichergestellt. Hier tauchen alle wohl bekannten „Widerstände" wieder auf wie die Beibehaltung bewährter Routinen, die Scheu, Wissen anderer zu benutzen, und die Angst, sich mit der Nutzung von Wissen auch generelle Verhaltensveränderungsansprüche einzuhandeln. Die Wissensnutzung stellt insofern den „Knackpunkt" des modernen Wissensmanagements dar, als sich in ihr alle Dilemmata wiederholen, die wir schon bei der „lernenden Organisation" kennen gelernt haben. In der Forderung nach Wissensnutzung verbergen sich Veränderungsansprüche, die die Leitung der Organisation an das Handeln ihrer Mitarbeiter stellt, sowie die Kritik eines bisher unzureichenden Wissens oder inadäquater Verfahren. Ebenso muss die Transparenz von verschiedenen individuellen Wissensniveaus und -beständen ausgehalten werden können in Organisationen, deren Mitglieder um Karriere, Einfluss, Status etc. konkurrieren und sich dabei auch ihres spezifischen Wissens bedienen. Wie auch Modelle der lernenden Organisation können sich Ansätze des Wissensmanagements nicht um Fragen der Hierarchie und Macht in Organisationen herumdrücken; Wissen ist nicht unbedingt Macht, stellt aber sicher auch ein Machtmittel in dem Sinn dar, dass mit seiner Hilfe eigene Ansprüche und Interessen von Individuen, Gruppen und Ebenen der Organisation befördert werden sollen und können.

Die Umsetzung von Wissen in Entscheidungen erfordert zudem Festlegungen darüber, wie Wissen von Entscheidungen getrennt werden kann – wenn die Entscheider selbst das Wissen erst aufbereiten müssen, haben sie kaum mehr Zeit zu entscheiden. Wie aber soll dann das Wissen vorliegen? Können Entscheidungen, die auf Wissen beruhen, aus Wissen begründet werden? Wer soll wofür worauf zugreifen können? Eine effektive Nutzung setzt nach vielen Autoren voraus, dass individuelle und organisationale Nutzungsbarrieren abgebaut und Arbeits- und Lernumgebungen gestaltet werden, welche die Wissensanwendung unterstützen. Worin aber bestehen die Barrieren? Können sie überhaupt für alle relevanten Wissensmomente abgebaut werden? Diese offenen Fragen verweisen auf eine soziologische Einbettung der Kategorien des Wissensmanagements: Ein technisch-informatorischer Begriff von Wissen ignoriert gerade die problematischen Bruchstellen zwischen individueller Perspektive und organisationalen „mentalen Modellen", Strukturen und Selektionskriterien, die die Theorie der „lernenden Organisation" aufgeworfen hatte.

Wissensbildung als Prozess: Explizites und implizites Wissen

Zuallererst muss Wissen von anderen, ähnlich verwendeten Begriffen abgegrenzt werden. Man kann Zeichen, Daten, Informationen, Wissen, Kompetenz und Weisheit unterscheiden[145]:

- *Zeichen*: Sie sind als kleinste Einheit (Ziffern, Buchstaben etc.) für sich genommen sinnfrei.

- *Daten*: Sie stellen eine sinnvoll kombinierte Folge von Zeichen dar, enthalten aber noch keine Verwendungshinweise und sind damit an sich bedeutungslos.

- *Informationen*: Hier handelt es sich um Kombinationen von Daten, die in einem Problemzusammenhang stehen und zur Erreichung eines Ziels oder zur Lösung einer Aufgabe dienen.

- *Wissen*: Wissen ergibt sich aus der systematischen Einbindung von Informationen in einen Erfahrungskontext, der ihnen Sinn und Bedeutung verleiht.

Damit wird auch deutlich, dass Wissen mit Sinn und Bedeutung nur unter der Voraussetzung entsteht, dass Menschen auswählen, vergleichen, bewerten, Konsequenzen ziehen, verknüpfen, aushandeln und sich mit anderen austauschen. Wissen ist immer soziales, sinnhaftes Wissen, das durch kommunikatives menschliches Handeln konstruiert wird. Deshalb kann Wissen auch nicht auf jene Wissensmomente reduziert werden, die personenunabhängig dargelegt und übermittelt werden können. Dies führt somit zur zentralen Unterscheidung von explizitem und implizitem Wissen:

- **Explizites Wissen**: Damit ist das Wissen gemeint, das sprachlich artikuliert werden kann, weil es einen systematisierten Argumentationsgang, Datensatz oder Set an bezeichenbaren Erfahrungen, Meinungen etc. beinhaltet. Dadurch ist es kommunizierbar, kodifizierbar und in einem Verwendungszusammenhang verwertbar. Allerdings sollte selbst hier berücksichtigt werden: „Ausdrückliches Wissen – das gesprochene Wort, ein Text oder eine andere symbolische Darbietung – schleppt stets eine Menge an Bedeutungsgeschichte und kulturellen Gehalten mit. Derlei Implikationen bleiben bei Transaktionen des Wissens verborgen, schon damit die Deutlichkeit einer Mitteilung nicht in ihnen untergeht."[146]

- **Implizites Wissen** bezeichnet jene Wissensbestandteile, die aus der Erfahrung hervorgehen, im lebendigen Handeln, in der Anwendung von explizitem Wissen, erworben werden und darüber an die Eigenschaften und mentalen Modelle der jeweiligen Person gebunden sind. Implizites Wissen ist damit kontext- und erfahrungsgebunden und deshalb nur bedingt explizierbar. So mancher Handwerksmeister hat im Laufe seines Arbeitslebens komplexe Problembeurteilungs- und Problemlösungsfähigkeiten entwickelt, die als Resultat seiner gesammelten Lebens- und Arbeitserfahrungen fest in das spontane, ‚vorbewusste' Beurteilungsvermögen seiner besonderen Person eingelassen sind. Solche „Vermögen" im Sinne von erfahrungs- und persönlichkeitsgeleiteten Handlungskompetenzen sind daher kaum umstandslos in schriftliche Anleitungen, Texte, „Gebrauchsanweisungen" und Datensammlungen zu übersetzen, durch die sie über die instruktive Befassung erworben werden können.

Nonaka knüpft an dieser Unterscheidung an, um eine Systematik der Übergänge zwischen beiden Wissensarten als Wissensbildungsprozess zu entwerfen[147]:

- **Sozialisierung**: Der erste Wissensbildungsprozess besteht in der Weitergabe von erfahrungs- und personengebundenem, impliziten Wissen durch Beobachtung, Imitation und gemeinsame Übung neuem, impliziten Wissens. Man denkt hier sofort an die mittelalterliche Handwerkslehre, in der der „Lehrling" in einem bis zu siebenjährigen komplexen Aneignungsprozess durch die imitierende Mitarbeit selbst die Fähigkeiten des Meisters zu erwerben sucht. Dabei hängt es von Persönlichkeitsmerkmalen wie Geschick, Aufmerksamkeit und Interesse ab, inwieweit und inwiefern das Weitergegebene überhaupt erlernt wird; in diesem „inneren", unkontrollierbaren Element findet sich hier zugleich die Quelle von Innovation. Indem das Wissen durch die einzigartige Persönlichkeit des Lernenden im Beobachten und Handeln „hindurch" muss, sind „chaotische", unvorhersagbare Variationen möglich, wenn nicht wahrscheinlich. Eine soziologische Sozialisationstheorie muss daher dieses individuell-erratische Moment als zentrale Dimension des sozialen Wandels akzeptieren. In der organisationalen Wirklichkeit werden vor allem grundlegende mentale Modelle, Organisationssichten und -„einsichten" sowie die kulturellen Eigenheiten, Kommunikationsstile etc. durch Sozialisierung weitergegeben. So mancher „Berufstypus", der einem im Lebensalltag als „typischer" Lehrer, Unternehmer, Moderator und Beamter begegnet, entsteht genau so: nicht durch Lesen von Büchern oder Vorschriften, sondern durch Beobachtung und Imitation der Kollegen im gemeinsamen Handeln.

- **Externalisierung**: Hier wird implizites Wissen der übertragbaren, durch Instruktionen vermittelbaren, zumeist schriftlichen Niederlegung zugänglich gemacht. Mehrere Industriefirmen wie z.B. Ford versuchen, das reichhaltige Prozess- und Fehlerwissen ihrer Industriemeister „herauszuholen" aus den Tiefen ihrer persönlichen Erfahrung, so dass es an neue Mitarbeiter weitergegeben werden kann. Die untrennbare Einbettung dieses Wissens in eben diese Erfahrung, in der Momente des gesamten Lebens der betreffenden Person unentwirrbar miteinander verwoben sind, setzt dem allerdings enge Grenzen. Gelingt die Externalisierung aber, so beinhaltet die dabei notwendige Verallgemeinerungsleistung die Möglichkeit von Verbesserungs- und Rationalisierungseffekten. Gerade auch im Sozialbereich spielt das implizite Wissen eine zentrale Rolle, da Sozialarbeit letztlich immer als personengebundene Beziehungsarbeit stattfindet, in die Persönlichkeitseigenschaften, tief verwurzelte Vorlieben und Abneigungen, Kommunikationsmuster und persönliche Handlungsnormen einfließen. Daraus werden auch Bestrebungen verständlich, gerade Sozialarbeiter zu animieren, sich selbst deutlicher über ihr Tun Rechenschaft abzulegen: Die individuelle, psychosoziale Perspektive auf die eigene Aufgabe erzeugt erfahrungsgemäß nur allzu leicht die Tendenz, die objektiven, explizierbaren Momente und Umstände des beruflichen Auftrags zu vergessen. Darauf beruht wohl auch ein gut Teil des Widerstands gegenüber QM-Bestrebungen, die das „Biotop" diverser personengebundener Sichtweisen und Handlungsarrangements zu stören drohen.

- **Internalisierung**: Hier läuft genau der umgekehrte Prozess ab. Dokumentiertes, vermittelbares, über Instruktionen erlernbares Wissen wird „verinnerlicht", indem es interpretiert und angewandt wird und hierüber in die allgemeine Handlungskompetenz der Person eingeht. Da dieser Prozess durch die ganze Person, ihre Anwendung und Übung, hindurch muss, sind Modifikationen des expliziten Wissens notwendiger Bestandteil des Internalisierungsprozesses – eine weitere Basis für sozialen und organisationalen Wandel. Indem das implizite, durch Internalisierung entstandene Wissen der Organisationsmitglieder in ihrer Kommunikation untereinander wiederum interpretiert und damit verformt wird, entsteht eine implizite Wissensbasis der Organisation im Sinne der geteilten Modelle und der insgeheim für selbstverständlich erachteten Kommunikations- und Entscheidungswege, Symbole, Rituale und Stilformen. Zahlreiche Veränderungsprojekte von Organisationen bleiben daher an der Oberfläche, wenn sie sich nicht die Mühe machen, zu untersuchen, wie kommuniziert wird und wie vor allem explizites Wissen wie z.B. Seminarinstruktionen in den Arbeitsalltag eingebaut werden. Dabei ist vor allem auch zu beachten, wie sich das neue, durch z.B. Fortbildung erworbene Wissen zu den mentalen Modellen und zugelassenen Alltagspraktiken der Organisation verhält.

- **Kombination**: Die Kombination von Inhalten und Elementen expliziten Wissens bezeichnet die Schaffung neuen Wissens, indem bestimmte, explizit vorliegende Theorien, Techniken oder Verfahrensweisen ausdrücklich auf neue Gebiete angewandt bzw. zu neuen Theorien, Methoden und Produkten kombiniert oder fortentwickelt werden. Dieser rationale, technisch-naturwissenschaftliche Prozess liegt der gezielten wissenschaftlichen und technischen Evolution von Wissen zugrunde und prägt die Innovationsdynamik der modernen Technikentwicklung.

Unsere Ausführungen machen ein zentrales Dilemma des modernen Wissensmanagement sichtbar: Ein Großteil des organisationalen und individuellen Wissens ist nicht transparent, nicht systematisch expliziert und dokumentiert und damit auch nicht unmittelbar fassbar und nutzbar. Intelligentes Wissensmanagement ist sich dieser unhintergehbaren Problematik bewusst und versucht, in einem „kulturgetriebenen" – besser: soziologischen – Ansatz, die „Schnittstellen" zwischen Organisation und Individuum so auszugestalten, dass die Durchlässigkeit zwischen individuellem und organisationalem Wissen erhöht wird. Ohne Wissen über die Selektionskriterien, „Sortiermechanismen" und informellen Sichtweisen der Organisation verlaufen u.U. etliche Initiativen, Qualifizierungen etc. im Sande, ohne dass die Initiatoren sich der Gründe hierfür vergewissern können. Umgekehrt führen organisationale Veränderungen, neue informationelle Systemarchitekturen etc. kaum zum gewünschten Resultat, wenn sie von den Organisationsmitgliedern abgelehnt und daher nie auf der Handlungsebene realisiert werden.

Wissen ist immer soziales Wissen: Arten des Wissens in der Organisation

Die Unterscheidung verschiedener Formen des Wissens, die als individuelles und organisationales Wissen ineinander verschlungen sind, verweist uns auf die offene Frage, welcher Art das Wissen in Organisationen nun eigentlich ist: Die Unterscheidungen bezüglich Explizierungsgrad, Prozess des Erwerbs, Speichermedium etc. lassen weiterhin offen, welche inhaltlichen Dimensionen von Wissen vorliegen. D. Baecker widmet sich diesem Thema und unterscheidet mehrere Arten organisationalen Wissens[148], die verschiedene Grundfragen der Organisation beinhalten:

Wissen über Produkte, Technologien und Produktionsprozesse (Produktwissen): Wessen und welche Probleme können mit einem bestimmten Produkt (Dienstleistung) auf welche Art und Weise gelöst werden (technisches Wissen über Schritte, Abläufe, Technologien)? Baecker rechnet auch das unternehmerische Fachwissen dazu, Produkte auf Probleme als deren mögliche Lösungen überhaupt beziehen zu können und das Interesse am Produkt hierüber wach halten zu können.

Gesellschaftliches Wissen (Standards von Verhaltenserwartungen): Was ist eine Organisation, wie funktioniert sie, was wird in ihr im gesellschaftlichen Normalfall erwartet? Hier geht es um soziales Grundwissen, resultierend aus sozialer Anpassung, das stets stillschweigend vorausgesetzt wird, wenn Menschen in Organisationen eintreten. Man weiß z.B., was an persönlichem Verhalten in einen Wirtschaftsbetrieb eingebracht werden kann und was nicht, welches Vertrauen man in gewisse Reaktionsweisen von Kunden setzen kann, welche Qualitätsmaßstäbe derzeit geteilt werden und welche nicht etc.

Führungswissen: Wie sind die Mitarbeiter/innen der Organisation in gewünschter Weise zur Mitarbeit zu motivieren? Wie ist die Organisation als Hierarchie zu führen und als arbeitsteiliges Gebilde zu koordinieren? Als zumeist implizites Wissen bezeichnet Führungswissen auch alle Verhaltenserwartungen der Führungskräfte, die sich auf die Karriere- und Gratifikationserwartungen der Mitarbeiter, die von ihnen erwartbare Disziplin und Loyalität beziehen, sowie die Methoden, mit denen auf diese Erwartungen eingegangen wird. Führungswissen ist dabei auf „blinde Flecken" angewiesen, indem es grundlegende Dilemmata moderner Organisationen rückverlagert in das Individuum, um sich selbst der Kritik entziehen zu können: „Die gängige Diskussion über Motivationstechniken der Personalführung hat vor allem darin ihren Sinn, *dieses Führungswissen nicht anzutasten und* *implizit zu lassen.* Stattdessen debattiert man Möglichkeiten der Beeinflussung psychischer Motivationshaushalte und individueller Kreativitätsbereitschaften, von denen alle Beteiligten bei minimalem Augenmaß wissen, dass sie an der Unzugänglichkeit der Köpfe ihre unüberschreitbaren Grenzen haben. Man debattiert Motivation und Kreativität dennoch, weil man damit einerseits die eigentlichen Autoritätsstrukturen der Organisation abblenden kann und andererseits die Unsicherheitsgefühle der Mitarbeiter so wecken und wach halten kann, dass die Chancen für Autorität eher steigen als abnehmen."[149]

Expertenwissen: Fachwissen, das in der Organisation unter Beteiligung externer Berater etc. für die Organisation bereitgestellt wird. Expertenwissen ist ein Verweis darauf, dass alle betriebswirtschaftlichen Prozesse auch anders konzipiert, anders operationalisiert werden könnten: Welche anderen Marketingstrategien und neue Zielgruppendefinition stehen den Organisationen offen? Kann sie die Kompetenzen der Mitarbeiter auch anders weiterentwickeln etc. Baecker weist darauf hin, dass dieses reflexive Wissen zugleich auf das nur partiell thematisierbare Führungswissen und das eher implizite gesellschaftliche Wissen Rücksicht nehmen muss.[150] Wichtig ist zugleich, dass Expertenwissen den Entscheidungsprozessen in der Organisation äußerlich bleibt, damit die etablierten Formen der Entscheidung weiterhin schlicht und einfach zur Verfügung stehen, was durch ihre Thematisierung und damit Problematisierung hintergangen würde: „Expertenwissen ist grundsätzlich Wissen über Umwelten. Nur so wird es in der Organisation akzeptiert, *denn nur so bleibt die Entscheidung der Organisation über die Verwendung des Wissens offen.* (…) Die klassische Organisation funktioniert nur, wenn sie in jedem Moment Entscheidung und Entscheidungsgegenstand trennen kann."[151] In anderen Worten: Auf der Leitungsebene kann nur entschieden werden, wenn die Entscheidung als solche nicht selbst zum Entscheidungsgegenstand gemacht wird, weil sich die Organisation ansonsten selbst paralysiert. Selbsthilfeorganisationen und politische „Basisgruppen" haben daraus oft bittere Lehren ziehen müssen. Kann dann Zuständigkeit, Form und Methodik der Entscheidung überhaupt nicht zum Entscheidungsgegenstand gemacht werden? Das ist damit nicht gesagt. Nur muss man sich darüber im Klaren sein, dass dies einer eigenständigen, von den sonstigen Gegenständen der Entscheidung getrennten Verortung im Entscheidungsprozess bedarf, der der

Widerspruch anhaftet, dass die Entscheider über ihr Entscheiden an sich zu entscheiden haben. Im Rahmen hierarchischer Organisationen ist daher immer eine höhere Ebene der Entscheidungskritik unterstellt, die die Entscheider zum Objekt ihrer Betrachtung und Entscheidung macht, dabei aber sich selbst „blinder Fleck" bleibt. Nur indem die Entscheider zur „Umwelt" anderer Entscheider werden, oder die Organisation durch Expertisen und Analysen von Experten sich selbst als quasi äußerlich – mögliche andere Organisationsmodelle usw. – betrachtet, ist dieser Widerspruch bearbeitbar: „Nur so kann die Paradoxie bewältigt werden, dass die Organisation *sich* (Entscheidungsgegenstand) verändern kann, dazu jedoch *dieselbe* (Entscheidungsträger) bleiben können muss. Am Fall des betriebswirtschaftlichen Wissens sieht man sehr schön, dass sich die Organisation den Zugriff auf dieses Wissen immer nur parallel zur Ablehnungsmöglichkeit dieses Wissens offen hält. Denn einerseits überzeugt es als Wissen über Möglichkeiten der Rationalisierung und Optimierung. Andererseits gilt es als akademisch und praxisfern."[152]

Milieuwissen: Hier handelt es sich um informelles, soziales Wissen darüber, wie die Dinge in der Organisation üblicherweise laufen: Was hat man von wem zu erwarten; welche Initiativen erscheinen Erfolg versprechend, und was kann man sich gleich ersparen? Was gehört zu den mehr oder weniger lächerlichen, da sowieso nicht ernst gemeinten Verlautbarungen und Initiativen der Führung? Wer intrigiert gegen wen in welcher Weise? Welche Rituale sind gemeinhin einzuhalten, wenn man Karriere machen will? Und vor allem: An wen muss man sich dabei – unabhängig von der formellen Hierarchie – halten? Welchen Verlauf nehmen Veränderungsvorhaben der Leitung im Normalfall? Wie stellt man sich am besten darauf ein? Milieuwissen betrifft damit auch den taktischen Umgang der Mitglieder mit der Organisation, der sich daraus ergibt, dass, wie bei der „lernenden Organisation" herausgearbeitet wurde, ein komplexes Geflecht verschiedenster Interessen und Erwartungen ist, die ständig miteinander interagieren: „Das heißt, man weiß, wann man in einer Organisation die eigenen Belange dadurch fördert, dass man seine Absichten oder seine Einwände gegen die Absichten anderer zum Beispiel in die Sprache der Selbstverständlichkeiten einer Organisation oder besser in die Sprache des Expertenwissens kleidet. Man weiß auch, wann man sich eher auf Rationalität zu berufen hat, weil das allgemein geteilte Bewusstsein für die Irrationalität der vorherrschenden Strukturen hinreichend groß ist, oder wann man sich eher auf Wissen zu berufen hat, wenn und falls es kein Problem ist, anderen Nichtwissen zu unterstellen."[153] Baecker macht des Weiteren deutlich, dass die Thematisierung von Nichtwissen und Irrationalität in sozialen Systemen, die in ihren eigenen Augen auf Vernunft und Wissen gegründet sind, der „sorgfältigen Abfederung" bedarf. Die Schwierigkeit bezüglich des Milieuwissens besteht nun darin, dass es sich „nicht explizieren und nicht funktionalisieren lässt, *weil es sich sofort zurückzieht auf ein Wissen des Umgangs mit Explizierungsanforderungen und Funktionalisierungszumutungen*"[154]. In anderen Worten: Der etwaige Versuch der Leitung, den beobachtend-kritischen Blick der Organisationsmitglieder, ihr „Hintergrundwissen" über „Spiele", Intrigen und inoffizielle, implizite Ziele der Organisation[155] offen zu legen und einzubinden, wird sofort wieder zum Bestandteil dieses Hintergrundwissens. Dieses Verhalten ist nicht allein aus der kognitionstheoretischen Perspektive zu erklären; die Beibehaltung der kritischen Distanz, wie sie sich im „Milieuwissen" ausdrückt, verweist zugleich auf unterschiedliche Interessen innerhalb der Organisation, denen ihre Konkurrenz um Macht, Einfluss, Status, Karrieren, Durchsetzung von Gruppenzielen etc. in gewissem Maße ein taktisches Verhältnis zur Organisation nahe legt: ständig muss beobachtet werden, wer sich gegen wen Vorteile zu verschaffen droht und wie man sich auf die Ziele und offiziellen Vorgaben, Verlautbarungen etc. der Organisation zu beziehen hat, wenn man seine eigene Position sichern und ausbauen will. Wäre die Organisation jene unmittelbare Gemeinschaft, zu der sie manche Protagonisten der „lernenden Organisation" stilisieren, so entfiele die Zweckmäßigkeit von Milieuwissen, da in einem ständigen Koordinationsprozess alle strittigen Fragen und wechselseitigen Interessen zusammengebracht würden.

D. Baecker beleuchtet einen zentralen Aspekt, den ein realistisches Wissensmanagement zu berücksichtigen hat: Wissen in der Organisation ist immer soziales Wissen, „*das in den Verhältnissen steckt und das uns in dem Ausmaß, in dem wir in ihnen stecken, zwangsläufig bekannt und unbekannt zugleich ist*"[156]. In der Kommunikation wird Wissen nicht nur vermittelt, sondern auch ausgewertet, weswegen es, wie wir an anderer Stelle schon ausgeführt hatten, immer auch abgelehnt werden kann – schließlich ist neues Wissen in der Regel mit dem

Anspruch verbunden, sein Verhalten zu verändern. Dabei ist die Wissensauswertung „nichttrivial", *„weil sie von den je aktuellen Zuständen eines Kommunikationsnetzwerks abhängig ist und dieses Netzwerk darüber mitbestimmt, welches Wissen zum Zug kommt und welches nicht"*[157]. Das Kommunikationsgeflecht der Organisation, das eine formelle (Dokumente, Berichte, Kanäle, Besprechungen etc.) und eine informelle Seite (kommunikativ etablierte mentale Modelle von Gruppen, Abteilungen oder der Gesamtorganisation, verschlungene mündliche Wege der Informationsverbreitung etc.) aufweist, selektiert jedes neue Wissen und gibt ihm besondere Formen und Inhalte, die außerhalb dieser Kommunikation nicht existieren: Wissen der Organisation ist immer – hochgradig „zurechtgeschnittenes" Wissen für die Organisation, das durch die Organisation „hindurch" gegangen ist.

Wissen in Sozialen Organisationen und in der Sozialarbeit

Wolf R. Wendt macht darauf aufmerksam, dass die sozialen Berufe in ihrer Berufspraxis die Lebenspraxis anderer Menschen zum Gegenstand haben. Dies beinhaltet einen fließenden Übergang zwischen alltäglichem, lebensweltlichem Handeln und beruflicher Intervention: „Die Professionellen begeben sich mit ihrem Wissen auf die Ebene des Verständnisses und der Lebenserfahrung ihrer Klienten. Es kommt auf Anschlussfähigkeit von beiden Seiten her an. Sie herzustellen, bleibt Sache der sozialberuflich Ausgebildeten."[158] Wendt hebt weiter hervor, dass das am meisten genutzte Wissen der Sozialberufler „Systemwissen" ist: „Sie kennen sich aus, wo die zuständigen Stellen sind, wo und wie sich Hilfen beziehen lassen, welche Wege gangbar sind. Zum Systemwissen gehören Ressourcen-Kenntnisse, Rechtskenntnisse, Fähigkeiten im Verwaltungsverfahren und, der Strategie des Vorgehens halber, politische Kenntnisse. Dieses Wissen und Können wird auszugsweise herangezogen, wenn der Sozialberufler mit Menschen arbeitet, die ihre Probleme und Schwierigkeiten allein nicht bewältigen."[159] Damit wird sichtbar, dass sich gerade im Sozialbereich eine Theorie des Wissensmanagements auf systematische Überlegungen zur Kompetenzentwicklung stützen muss: Wenn sozialberufliches Wissen nicht so sehr in formalisierten Ausbildungsprozessen erworben wird, als vielmehr bezüglich seiner Qualität und Handlungsrelevanz auf der persönlichen Integration verschiedenster expliziter und impliziter Wissensbestandteile beruht, die von der lebendigen Erfahrung leben, dann kommt es auf die gezielte Förderung der persönlichen Handlungskompetenzen selbst an. Schließlich müssen die Sozialberufler ihre Unterstützungs-, Betreungs- und Hilfsstrategien auf ständig neue, in ihrer Eigenart einmalige „Fälle" beziehen und sie dabei kontinuierlich reflektieren und modifizieren können.

Zur Verdeutlichung mag folgendes Beispiel dienen: In einem Gespräch mit einem Sozialarbeiter, der im Rahmen des Maßregelvollzugs in einer forensischen Klinik arbeitet, betonte dieser die Wichtigkeit der eigenen Lebens- und Berufserfahrung für den adäquaten Umgang mit „seiner" Klientel. Ein junger und unerfahrener Berufsanfänger z.B. täte sich schwer, die „gerissenen", oft sehr komplexen Strategien der Patienten zu durchschauen, da es ihm einerseits an der Erfahrung mit Menschen und damit an der Verfügbarkeit von erfahrenen, möglichen Handlungsmotiven fehle, andererseits der professionelle „Blick" auf die Klientel mit ihren typischen Eigenheiten nicht ausgebildet sei. Hinzu kommt, dass das richtige Maß, das „Austarieren" von Nähe und Distanz im Verhältnis zur Klientel, gerade in so hoch sensiblen Bereichen wie der Forensik eine langjährige Berufserfahrung voraussetze. Damit steht hier nicht das in der universitären Ausbildung erworbene Fachwissen, sondern die Kenntnis des komplexen praktischen Zusammenspiels aller in der forensischen Klinik bedeutsamen Motive, Strukturen, Handlungstaktiken etc. im Vordergrund. Ähnlich ergeht es einem Sozialarbeiter, der in die Betreuungstätigkeit einer lokalen Sinti- und Roma-Gruppe involviert ist: Das komplizierte Gemisch von kulturellen Besonderheiten, allgemeiner Ausgrenzung und wechselhafter kommunaler Minderheitenpolitik steht in keinem Lehrbuch; es muss in der Praxis erfahren werden. Genauso wenig ist es akademischen Instruktionen zu entnehmen, wie die Betreuungsaufgaben und sozialpolitischen Zielsetzungen der Sinti- und Roma-Hilfe im konfliktreichen kommunalen Interessengeflecht so zu verorten sind, dass möglichst viele Spielräume für die Erfüllung der eigenen Ziele entstehen.

Zugleich ist das „Systemwissen" der Sozialberufler auf eine ganz eigenwillige Weise beschränkt: „In der professionellen Arbeit erfolgt regelmäßig eine Selektion der Wirklichkeit des Lebens nach *Problemen*, die in ihr sozial und persönlich wahrgenommen werden. Die Professionellen sind Experten in der *Art und Weise des Umgangs* mit solchen Problemen – nicht in dem, was mit ihnen tatsächlich vorliegt."[160] Die Sozialarbeiter und ähnliche „Nahkämpfer" an der „Betreuungsfront" der Sozialpolitik müssen über die Ursachen der Problemlagen, als welche sie die Situation der Klienten wahrnehmen, gar nicht Bescheid wissen; im Gegenteil, viele Sozialarbeiter versichern einem im Gespräch mit ironischem Unterton, dass ein „Zuviel" an politischer, ökonomischer oder soziologischer Theorie im Sinne von Ursachenforschung das praktische Arbeiten eher behindere, da dieses Wissen für die berufliche Aufgabe eher unpraktisch sei – schließlich besteht das Geschick professioneller Sozialer Arbeit auch und gerade darin, im Rahmen vorausgesetzter gesellschaftlicher Umstände Hilfsangebote und Strategien für individuelle, als Fälle definierte Lebenslagen zu realisieren.[161] Da die typischen Problemlösungsstrategien von Sozialberuflern damit ihre politisch-systemischen Schranken aufweisen, verwundert es nicht, wenn Wendt vom *Phänomen der Überforderung* spricht: „Das formelle Hilfesystem ist offensichtlich nicht in der Lage, mit drängenden sozialen Problemen – Dissozialität Jugendlicher, Kindesmissbrauch, Suchtverhalten, Wohnungslosigkeit usw. – fertig zu werden. Die Sozialberufler bleiben oft ohne nachhaltige Wirkung in der Behandlung einer Symptomatik stecken und erleben danach ihren Einsatz als letztlich fruchtlos."[162]

In den Sozialen Organisationen, den „Humandiensten" spiegelt sich dieser ausgeprägt implizite Charakter des Wissens von Sozialberuflern darin wieder, dass sich die Mitarbeiter der insgesamt vorhandenen komplexen Wissensressourcen oft nur unzureichend bewusst sind. Zugleich bilden viele Organisationen quasi historisch gewachsene, mehrdimensionale Handlungsmuster heraus, in denen normative, rechtliche, organisationsgeschichtliche und gewohnheitsmäßige Verfahrensweisen in der Bearbeitung eines spezifischen Problems untrennbar verwoben sind. Diese Verfahrensweisen werden dann häufig auch lange beibehalten, da sie als solche nur bedingt bewusst sind. Dem kommt der Konservativismus der beruflichen Fachpraktiker, der in unserer Analyse regelmäßig aufscheint, entgegen: „Wer sich in seinem Handlungsfeld ,auskennt', belässt es auch gerne dabei. Ihn befriedigt die gewonnene Sicherheit. Das gilt für Sozialtätige wie für anderswo Berufstätige."[163] Zauner hebt hingegen hervor, dass die komplexen Wissensbestände in Non-Profit-Organisationen (NPO) die Chance eröffnen könnten, Wissen dort als „angemessenes und stimmiges Steuerungsmedium" anzusehen. Schließlich seien NPOs „im Allgemeinen auf hochgradig wertbezogene Ziele hin ausgerichtet"; da Geld als zentrales Steuerungsmedium ebenso ausscheide wie „Liebe", „Caritas" und „Solidarität" – man erinnere sich an die Individualisierungsthese und den Zerfall der sozialmoralischen Milieus –, könnte Wissen in seiner Doppelfunktion als Träger brauchbarer Informationen und Medium der Sinnstiftung die Rolle kommunikations- und verhaltenssteuernder Anreize in NPOs wahrnehmen. Zauner sieht dabei NPOs als wissenbasierten Organisationstypus, der zwischen dem überwiegend machtgesteuerten politisch-administrativen System und dem geldbasierten Wirtschaftssystem angesiedelt sei; auch wenn sich immer mehr der Zwang zur Adaption von betriebswirtschaftlichen, geldbasierten Steuerungsinstrumenten durchsetze, so liege die Chance für NPOs in der Entwicklung angemessener qualitativer Messgrößen, die angestrebte Wirkungsergebnisse organisationsspezifisch abzubilden hätten.

Allerdings bleibt hier anzumerken, dass die Forcierung qualitativer Richtgrößen – z.B. im Sinne einer „balanced scorecard" – unter dem Etikett „Wissen" zwei darin eingeschlossene grundlegende Dilemmata Sozialer Organisationen nicht beseitigt:

- In der systemtheoretischen Gegenüberstellung der Steuerungsmedien „Geld" und „Wissen" geht leicht verloren, dass es sich hierbei um politisch vermittelte Zielkonflikte handelt. Diese sind, wie wir gesehen hatten, tief in die Struktur und aktuelle Dynamik des „wohlfahrtsstaatlichen Arrangements" eingelassen und daher durch die Präzisierung der den Ökonomisierungsansprüchen entgegengesetzten qualitativen, sozialpolitischen und sozialmoralischen Aspekte Sozialer Arbeit als „wissensbasierte Steuerungsmedien" nicht aufzulösen.

- Bei aller Notwendigkeit der Professionalisierung ist eine Vereinfachung der Wirkungen Sozialer Arbeit auf messbare Momente des sozialberuflichen Arbeitshandelns nicht sinnvoll; gerade in Zeiten wachsenden Spardrucks ist unserer Erfahrung nach auch die oft von den Vorgaben kreativ abweichende Erfindungsgabe der mit den Klienten arbeitenden Fachleute gefragt; insbesondere die Ergreifung der Chance, durch Vernetzungen und Kooperationen Zielerreichungen zu verbessern, lassen organisationsbezogene Meßgrößen und Prüfkriterien leicht obsolet werden, da die verschiedenen Teilaspekte des umfassenden Hilfsprogramms nur bedingt über die Differenz der Organisationen hinweg vergleichbar sind. Hier muss ein ständiger interorganisationaler Diskurs zur Festlegung und kontinuierlichen praxisgeleiteten Revision von Handlungs- und Qualitätskriterien die Frage exakter Messungen und Festlegungen verdrängen.

Was folgt aus all dem für Wissensmanagementprojekte?

Wissensmanagement in der Praxis

Wissensmanagement kann als Querschnittsaufgabe nur in Angriff genommen werden, wenn der gezielte Umgang mit Wissen nicht auf die infrastrukturelle, technische Ebene reduziert wird, sondern von vornherein als sozialer Prozess dimensioniert wird. Bezüglich der Kernprozesse des Wissensmanagements bedeutet dies: Die „Kartierung" von Wissen als eigenes Projekt zu formulieren bzw. die Dokumentation von Wissen einfach in den „Organisationsraum" zu stellen, bringt insbesondere bei Sozialen Organisationen wenig. Breite Teile des Wissens liegen als kultur- und wertegebundenes implizites Wissen vor, in das die gesamte Organisationsphilosophie und -geschichte mit eingearbeitet ist. Wissensrepräsentation muss daher in einen Gesamtprozess der Strategieentwicklung eingebettet sein, in dessen Rahmen man sich dem vorhandenen organisationalen Wissen über die Analyse des Ist-Zustandes („Was machen wir?") im Verhältnis zum formulierten Leitbild („Was wollen wir machen?") nähert. Nur dann ist die Notwendigkeit der Erfassung von Wissen, das bisher einfach vorausgesetzt wurde, so zu begründen, dass die Fachpraktiker einen Bezug zu möglichen Verbesserungen in ihrer Arbeit sehen können.

Tätigkeitsbeschreibungen als Basis der EDV-gestützten Wissensdokumentation sind sinnvoll und regen die Reflexion über Handlungsmomente an, die wegen ihrer Erfahrungsgebundenheit und Vermengung mit lebensweltlichen Bezügen in der Regel theoretisch unbegründet praktiziert werden. Nur darf man sich keiner Illusionen über die Grenzen dieser Dokumentierbarkeit hingeben:

- Da die Dokumentation auf Explizierbarkeit beruht, gehen gerade jene impliziten Handlungselemente nicht in sie ein, die u.U. die besondere strategische Kompetenz der Einrichtung/der Sozialen Organisation ausmachen.

- Die Forderung nach Tätigkeitsbeschreibungen wird häufig als Zumutung empfunden, da befürchtet wird, dass damit eine Einschränkung von Handlungsautonomie einhergeht. Daher erfordern Maßnahmen zur besseren Wissensrepräsentation die Kommunikation von relativen Gewissheiten, dass das zu dokumentierende Wissen freiwillig genutzt werden kann, um die eigenen Berufshandlungen zu verbessern.

Die Kommunikation von Wissen ist generell problematisch, da Wissen in der Kommunikation durch die Selektionskriterien des jeweiligen Kommunikationsnetzes hindurch muss und mit seiner Kommunikation im Normalfall Nutzungsansprüche verbunden sind, die immer auch abgelehnt werden können. Ein Ansatz, der soziale und ökonomische Faktoren in der Organisation nicht beachtet und sich darüber hinwegsetzt, dass hier Individuen und Gruppen als Gehaltsempfänger, Statusinhaber und Personen mit spezifischen Normen aufeinander treffen und deshalb auch ein taktisches Verhältnis zur Organisation, in der sie arbeiten, einnehmen, versickert nur allzu leicht in verwinkelten Prozessen, die der eigentlichen Wissensnutzung vorausgesetzt sind. Strukturen der Wissenskommunikation müssen daher von der Wissensnutzung her aufgespannt werden.

Wissensnutzung kann nicht verordnet werden; vielmehr sind die Wissenssysteme, wie Baecker betont[164], so zu konstruieren, dass sie zum notwendigen Anschlusspunkt für richtiges Entscheiden geraten: Nicht die Kommunikation von Wissen steht dann im Vordergrund, sondern die Kommunikation **mit Hilfe von** Wissen – für legitimierte und kompetente Entscheidungen muss dann auf einen Wissenspool zugegriffen werden, damit die eigene Entscheidung anschlussfähiger und von daher sicherer wird. Die Wissensnutzung soll aber nicht die Entscheidung begründen helfen und insofern in Frage stellen, sondern unter der Voraussetzung, dass die Kompetenz zum Entscheiden gegeben ist, dieser Entscheidung ergänzende Hilfsmittel anbieten. Auch dann besteht keine Garantie der reibungslosen Nutzung; aber zumindest wird den Nutzern des Wissenspools ihre Handlungs- und Entscheidungssouveränität nicht (implizit) bestritten.

Ein Problem ist damit allerdings nicht aus der Welt geschafft: Die systematische Nutzung dokumentierten Wissens setzt zum einen voraus, dass die Organisationsmitglieder dieses Wissen wenigstens zum Teil preisgeben wollen, zum anderen bereit sind, die erhöhte Transparenz ihres Arbeitshandelns zu ertragen, die im nachvollziehbaren Zugriff auf Wissensdatenbanken u.ä. besteht. Wissensmanagement macht daher nur Sinn, wenn es nicht bloß Bestandteil der erwähnten Strategieentwicklung, sondern auch von Organisationsentwicklungsmaßnahmen ist, die die Handlungsautonomie und freien „Anschlusspunkte" der Organisationsmitglieder bzw. von Untereinheiten der Organisation so zu steigern suchen, dass die Zufriedenheit mit der eigenen Arbeit wächst – der Notwendigkeit, systematisch Wissen „herzugeben" und zu nutzen, steht dann die Erfahrung gegenüber, dass im Rahmen einer netzwerkorientierten Organisation Wissensnutzung die eigene Handlungs- und Entscheidungsautonomie unterstützt. Dem entspricht eine dezentrale Wissensverwaltung; nicht eine eigene Abteilung stellt Wissen her, zusammen oder zur Verfügung, sondern aus dem Entscheidungsprozess, aus den Aufgaben und Projekten der einzelnen organisationalen Einheiten geht Wissen hervor, weil es zugleich immer in sie eingeht; dieses Wissen wird dort und von denen dokumentiert und systematisiert, die damit zu tun haben; anderen (Abteilungen, Einheiten) steht es wiederum frei, zu beurteilen, inwieweit dieses Wissen zu ihrer Problemlösung beiträgt. Schließlich muss sichergestellt sein, dass die Untereinheiten, Abteilungen und Projekte der Trägerorganisation nicht mittels Wissensnutzung um knappe Mittel konkurrieren, weil ansonsten ein triftiger Grund besteht, sein Wissen nicht zur Verfügung zu stellen. Das Finanzierungs-Splitting darf deshalb nicht so aussehen, dass erfolgreichere Projekte anderen deshalb Ressourcen entziehen, weil sie sich des Wissens anderer bedient haben.

Hierzu ein Beispiel: Ein Bildungsträger führt ein Wissensmanagement-System ein, das über intranetgestützte Datenbanken Einträge über

Projekt-, Kurs- und Klientelerfahrungen erlaubt, die von anderen abgerufen werden können. In Gesprächen mit Kursleitern wird Skepsis über dieses Instrument laut; nur die „Selbstdarsteller" nutzten es als Forum; zugleich wisse man nicht, ob die Preisgabe von statusrelevanten Informationen nicht von möglichen Konkurrenten gegen einen verwendet werde. Der Bildungsträger weist eine unterdurchschnittliche Bezahlung und eine hohe Fluktuation von Kursleitern auf; auf dieser Grundlage geringer Identifikation mit der Organisation und eines hohen Arbeitsplatzrisikos wird Wissensbereitstellung eher als problematisch für die eigene Position im intraorganisatorischen Wettbewerb betrachtet. Umgekehrt kann Wissensbereitstellung belohnt werden, indem Projektmitarbeiter und -gruppen, deren Erfahrungen auch für andere verwertbar sind, dahin gehend begünstigt werden, dass ihnen projektübergreifende Zusatzfunktionen oder berufliche Aufstiege angeboten werden. Diesen Weg gehen viele Unternehmensberatungen. Je häufiger bereitgestellte Ressourcen von anderen Mitarbeitern oder Projektteams genutzt werden, desto mehr wächst Ansehen und Wertigkeit der Mitarbeiter, die dies ermöglicht haben, wie Lang und Thielemann am Beispiel der Unternehmensberatung „Arthur D. Little" zeigen.[165] Dabei ist allerdings eine projektorientierte Netzwerkorganisation mit relativ losen Kopplungen unterstellt, die in Sozialorganisationen nicht immer mit den Vorgaben der Kostenträger und den daran geknüpften formellen Verantwortlichkeiten harmonieren.

Die Einbindung von Prozessen der Wissensdokumentation und -entwicklung in ein umfassendes Konzept der Organisationsentwicklung unterstellt, dass die individuelle Kompetenzentwicklung der Fachpraktiker neben der organisationalen Komponente eigenständig gefasst und gefördert wird: Es wird viel zu häufig – insbesondere im Rahmen der Implementation von Qualitätssicherungssystemen – der Fokus auf die Prozessarchitekturen gelegt, ohne die Handlungskompetenzen der Mitarbeiter anders einzuarbeiten als durch Unterweisungsprogramme und seminaristische Schulungskonzepte. Wissensvermittlung sollte hingegen mit Methoden gemeinsamer Wissensentwicklung verknüpft werden; nur dann können die Vermittlung von Wissen und die damit verbundenen Ansprüche zum Nebenprodukt der Wissensaneignung werden.

Veränderungsstrategien für Soziale Organisationen: Etablierte Ansätze und aktuelle Problemfelder

5

1. Inhaltliche Rahmenbedingungen für Veränderungsmanagement in Sozialen Organisationen

Vor welchen besonderen Herausforderungen sieht sich die Gestaltung von Veränderungsprozessen in Sozialen Organisationen? In welchem Maße trägt die Steigerung intraorganisatorischer Effizienz zur Lösung der Zukunftsprobleme des Sektors sozialer Dienstleistungen bei? Zur Klärung dieser Fragen muss man auf die Besonderheiten des wohlfahrtsstaatlichen Arrangements zurückkommen: Wenn Veränderungsmanagement vom externen Veränderungsdruck ausgeht, interessieren die Spezifität dieses Drucks, die Strukturmerkmale Sozialer Organisationen, die bestimmen, unter welche organisationalen Bedingungen Anpassungsprozesse gestellt sind, sowie das „Steuerungsmodell", das Bestrebungen zur Implementation von VM-Methoden im sozialen Bereich zugrunde gelegt werden kann.

Im Unterschied zur industriellen Privatwirtschaft ist der Veränderungsdruck auf soziale Organisationen[1] über den Wandel der in den vorhergehenden Kapiteln ausführlich beschriebenen politischen Entwicklungen vermittelt: Die strukturelle Krise der Finanzierungsbedingungen der Sozial- und Gesundheitspolitik, die auf demographische, ökonomische und soziokulturelle Umbrüche zurückgeht, veranlasst die Sozialversicherungen und öffentlichen Kostenträger, generell auf Einsparungen zu drängen und zu diesem Zweck bisherige Kostendeckungen durch leistungsbezogene Entgelte und Fallpauschalen zu ersetzen. Gleichzeitig werden Leistungsbeschreibungen und Qualitätsstandards eingefordert und über die politisch betriebene Öffnung der Anbieterszene die ehemals korporatistischen Strukturen des Wohlfahrtswesens einem härteren Wettbewerb ausgesetzt. Daraus resultiert Druck auf die Kosten der Leistungserbringung nach innen; zugleich versuchen die öffentlichen Verwaltungen, aus ihrem engen haushalts- und beamtenrechtlichen Strukturrahmen selbstständige, zumeist gemeinnützige GmbHs auszugliedern oder durch die Einführung neuer Steuerungsmodelle die klassischen Sichtweisen bürokratischer Organisationsformen aufzubrechen. Sie schaffen so einen organisationalen Veränderungsdruck, der weit über die Einführung betriebswirtschaftlicher Standardinstrumente hinausgeht, da oft grundlegende Verhaltensmuster und Entscheidungsverläufe, die noch den alten, kommunalwirtschaftlichen Bedingungen entstammen, verändert werden müssen.

Damit unterscheidet sich der Veränderungsdruck auf Soziale Organisationen grundlegend von der Situation in der privatwirtschaftlichen Industrie, der die zahlreichen wohlklingenden Managementrezepte in der Regel entstammen: Die Industrieunternehmen und anderen privaten Wirtschaftsorganisationen außerhalb des Wohlfahrtsbereichs existieren im Normalfall immer schon als nicht nur auf Profitabilität bedachte, sondern genau auf diesen abstrakten ökonomischen Maßstab hin **organisierte** Gebilde. Ihre Perzeptionsmuster, Strukturen und Prozesse haben die Erfordernisse des Markterfolgs gleichsam in sich hereingenommen, ihn zum intraorganisationalen Bewährungsmaßstab umgeformt. Change-Management trifft insofern auf eine komplett ausgebildete betriebswirtschaftliche Organisation und beruht vor allem auf zwei intraorganisationalen Problemen:

- Wie stellt man sicher, dass die Organisation sich als Unternehmen auf dem Markt behauptet, indem sie veränderte Umwelt- und Marktbedingungen rechtzeitig erkennt und mit potenziell erfolgreichen Innovations- und Veränderungsstrategien beantwortet – oder noch besser diese externen Entwicklungen antizipierend vorwegnimmt und aktiv mitgestaltet?

- Wie bringt man die Mitarbeiter, auf deren freiwilliges Engagement man mehr denn je angewiesen ist und deren machtorientierte Kontrolle im Widerspruch zu ihren anspruchsvollen Aufgaben und Arbeitszusammenhängen steht, dazu, bei diesen ständigen organisatorischen Adaptionsprozessen so mitzutun, dass diese von Erfolg gekrönt sind? Es zeigt sich, dass auf die industrielle Erwerbswirtschaft bezogene Change-Management-Rezepturen in ihrem komplizierten Regelwerk von Konfliktmanagement-, Moderations- und Kommunikationstechniken oft recht umstandslos die Interessengegensätze, organisatorischen Widersprüche und Dilemmata verraten, auf denen sie beruhen.

Zugleich machen die diskutierten Ansätze der industriellen Privatwirtschaft aber auch klar, dass ein eindeutiger Erfolgsmaßstab und daran ebenso eindeutig geknüpfte Effizienzkriterien schon vorausgesetzt sind. Und wenn die Erfolgskriterien noch so blumig als „Selbstverwirklichung der Mitarbeiter", Erfüllung von „Visionen" und „Missionen" daherkommen, so steht ihr funktionaler Bezug auf den Unternehmenserfolg durch eine marktgerechte und rentable Produktion von Waren oder Dienstleistungen doch nie ernsthaft in Frage. Industrielle Organisationen definieren ihren Erfolg nun einmal über den Markt, der ihnen zugleich ihr Bestandskriterium im Absatz einer ausreichenden Anzahl rentabel produzierter Produkte oder Dienstleistungen vorgibt.

Soziale Organisationen befinden sich in einer ganz anderen Situation. Gerade zu Beginn der politischen Reorganisationsversuche, aber oft auch heute noch streiten sie intern, untereinander und mit diversen Kostenträgern überhaupt erst einmal darüber, woran sich ihre Leistungen messen lassen sollen, welche Ziele sie verfolgen und wie sich sozialpolitische Zielerreichung und betriebswirtschaftliche Effizienz zueinander verhalten. Von der schlichten marktwirtschaftlichen Klarheit des Mediums Geld als alleinigem Götzen der modernen Industrie ist insgesamt wenig zu spüren: „Im Non-Profit-Bereich werden (…) weder Produkte nach Maßgaben der Maximierung von Renditen und Marktanteilen verkauft noch ist eine Messung von Quantitäten, wie z.B. die im Krankenhaus steigende Patientenzahl pro Quartal, immer sinnvoll, da sie nichts über die Qualität der Behandlung und das Wohlbefinden der Patienten aussagt."[2] Selbst wenn sich das Gesundheitsministerium über letztere Kriterien in gewissem Maße hinwegsetzen sollte, um Kostenrationalität und das Auskommen mit immer beschränkteren Mitteln zu erzwingen: Es bleibt bei politischen Entscheidungen, die immer auch anders getroffen werden könnten. Hinzu kommt, dass Dienstleistungsqualität im Sinne von „Wohlbefinden" an personenbezogene Leistungen gekoppelt ist, die nur bedingt rationalisierbar sind. Im Unterschied z.B. zu Autoproduzenten sind Soziale Organisationen ja kaum in der Lage, durch die Rationalisierung der Herstellungsprozesse der Leistung/des Produkts eine gestiegene Qualität mit sinkenden Stückkosten zu verbinden. Ein ansprechendes „Ambiente" in Pflegeeinrichtungen kostet ebenso Geld wie die Intensivierung persönlicher psychosozialer Betreuungsmaßnahmen, ohne dass dadurch die „Ausbringungsmenge" zu steigern wäre. Sicher gibt es bezüglich der Prozessrationalität Ökonomisierungspotenziale, die nicht zu Lasten der Klienten gehen müssen, sondern umgekehrt durch die Verbesserung der Abläufe, Kompetenzen und Übergänge Zeit- und Finanzpolster für deren bessere Betreuung eröffnen. Dennoch bleibt das grundsätzliche Spannungsverhältnis zwischen der geforderten oder – je nachdem – erforderlichen Ökonomisierung sozialer Leistungen und deren vielschichtigen Ziel- und Qualitätsdimensionen erhalten. Zumeist ist es schon schwer genug, zwischen „Erforderlichem" und „Gefordertem" zu unterscheiden, da die Einrichtungen und Träger ihre eigenen, fachlich und normativ begründeten Vorstellungen über das „Notwendige" entwickelt haben. Auch die politischen Auftraggeber und Kostenträger können nicht allzu viel zur Aufklärung bezüglich der komplexen und widersprüchlichen Zielsysteme beitragen, da sie selbst fester Bestandteil des Ursachenkomplexes des beschriebenen Dilemmas sind. Irgendwie gehört das wohlfahrtsstaatliche Arrangement zum normativen Fundament moderner Demokratien und wird in seinen politischen und soziokulturellen Ergebnissen nach wie vor geschätzt – deutlich billiger sollte es in den Augen der Finanzpolitiker trotzdem schon sein. Dies liegt vor allem daran, dass die ökonomischen Wirkungen des wohlfahrtsstaatlichen Systems als zweischneidiges Schwert erscheinen: Sozialpolitik befriedet die Gesellschaft und stellt erst jene breite Verteilung von Massenkaufkraft her, auf die nahezu alle Branchen irgendwie aufbauen; zugleich beruht sie auf einem Finanzierungsverfahren, das sich zuerst einmal als ökonomischer Abzug bzw. als Steigerung der Lohnnebenkosten und damit der Lohnstückkosten bemerkbar macht. Zu welchen Resultanten sich die diversen, einander teils widersprechenden, teils sich verstärkenden Wirkungen aufaddieren, ist schon lange nicht mehr exakt ermittelbar.

Wer kann unter solchen Umständen schon noch sagen, für wen genau welche Leistungen in Zukunft bestimmt sein sollen und unter welchen Bedingungen? Mit welchen Zielen, mit welchen zu erwartenden Effekten – von den unbeabsichtigten Nebeneffekten ganz zu schweigen? Wenn weder die Ziele noch die Wirkungen Sozialer Organisationen umstandslos in handlungsleitende Kriterien überführt werden können, sind auch die Veränderungen, die erforderlich zu werden scheinen, reichlich unbestimmt. Man muss sich dann schon auf einen der widersprüchlichen Zielgesichtspunkte der an die eigene Organisationspolitik herangetragenen Ansprüche konzentrieren, will man konkrete Handlungsvorschläge entwickeln. Dabei nehmen die veränderten Ansprüche der Kostenträger für Soziale Organisationen oft die Rolle ein, die der Markt für die Privatwirtschaft spielt. Allerdings mit dem Unterschied, dass Gestaltungsspielräume effektiver Anpassungen weniger aus Produktinnovationen oder anderen marktorientierten Maßnahmen hervorgehen, sondern sich vielmehr auf Verhandlungsstrategien, Effizienzsteigerungen nach innen und bessere Ausschöpfung der Ressourcen des gesamten Handlungsfelds durch Kooperationen, Neudefinition und Ergänzung von Dienstleistungen etc. konzentrieren müssen. Vor allem können Soziale Organisationen eines nicht: Einfach ihr „Produkt" und seine Bereitstellungsbedingungen verändern; da es sich hierbei in der Regel um eine rechtlich umrissene, sozialpolitische Dienstleistung handelt, ist der Einfluss der eigentlichen Leistungserbringer darauf von vornherein begrenzt. Dies müssen alle Maßnahmen zum Organisationslernen, Wissensmanagement und alle sonstigen Veränderungskonzepte berücksichtigen, wollen sie nicht ihre spezielle Zielgruppe verfehlen.

Im Sozialbereich dominieren intermediäre Organisationen, die Schnittstellen zu den unterschiedlichsten Teilsystemen und damit Zielordnungen bzw. Handlungslogiken aufweisen und deren widersprüchliches Zielsystem ein stets veränderliches Resultat von politischen Programmen einerseits, der Dynamik des gesellschaftlichen Wirtschafts-, Sozial- und Wertesystems andererseits ist und zumeist ausgehandelt werden muss. Die Eindeutigkeit des Erfolgsmaßstabs fehlt ebenso, wie die Widersprüchlichkeit des Zielfeldes von Wohlfahrtspolitik die Aufgabe von Wohlfahrtsorganisationen zusätzlich erschwert. Die Unberechenbarkeit des Marktes ist hier oft durch die Unberechenbarkeit sozialer Dynamiken und politischer Entscheidungsverläufe ersetzt. Diese Organisationen zeigen darüber hinaus intraorganisatorische Eigenheiten, die auf ihrem intermediären Charakter beruhen[3]: Neben der Mehrdeutigkeit und Vielschichtigkeit von Erfolgskriterien besitzen sie oft ein höheres Maß an Konsensorientierung, eine stärkere Orientierung an informellen Regelungen und die Tendenz zur

Personalisierung von Konflikten[4], die in Wahrheit auf Strukturen beruhen, die oft gar nicht zur Diskussion stehen. Schließlich sollten Soziale Organisationen, in deren theoretischem Umfeld in wachsendem Maße ganzheitliche, problemorientierte Handlungsansätze vertreten werden, nicht auf jene Machbarkeitsideologien hereinfallen, die gerade in der Ausgefeiltheit der Methodenkoffer von Change-Management-Experten aufscheinen. Häufig wird hier nicht nur der Interessensaspekt ignoriert, sondern auch vernachlässigt, dass Mitarbeiter und Organisationen als komplexe psychische und soziale Systeme nicht im trivialen Sinn steuerbar[5] sind. Führungskräfte können deshalb nur gezielte Impulse geben, die die Organisation über die Aktivitäten und Interpretationen ihrer Mitglieder aufnimmt und auf ihre Strukturen und Prozesse bezieht. Die Organisation lässt diese Reize (besser: Irritationen) gleichsam herein und gibt ihnen Richtung und Form: „Da das System autonom in der Zuschreibung von Bedeutungen auf wahrgenommene Umweltreize ist, kann die Führungskraft nicht beeinflussen, was das System im Einzelnen mit den von ihr ausgestrahlten Impulsen macht"[6]. Damit ist der Einsatz von Techniken, die die Kommunikation der wechselseitigen Perspektiven von Führung und Mitarbeitern auf die geplanten Veränderungen ermöglichen und ihre Integration erleichtern, durchaus sinnvoll. Die Betonung liegt hier aber auf einem gemeinsamen Entwicklungsprozess mit ungewissem Ausgang und ohne dauerhaft nützliches Resultat. Ein kontinuierlicher Verbesserungsprozess ist demnach angesagt, der die ständigen, oft nur inkrementalen, manchmal fundamentalen Veränderungen der politischen, wirtschaftlichen und sozialen Rahmenbedingungen der sozialen Dienstleistungsproduktion über insitutionalisierte Selbstreflexionsprozesse gleichsam „hereinlässt" und zum Anlass für die regelmäßige eigene Weiterentwicklung geraten lässt. Diese schließt eine Planung der konkreten Veränderungsvorhaben im Sinne einer Methodologie von Veränderungsprozessen durchaus ein; allerdings sollten dabei die Erwartungen bezüglich Steuerbarkeit und Zeitrahmen dieser Prozesse etwas bescheidener gestaltet werden, als es in der Management-Literatur üblicherweise geschieht.

Insgesamt steht damit Veränderungsmanagement in Sozialen Organisationen als Antwort auf die Umwälzungen der neunziger Jahre vor einem ganz anderen Problem als der klassische erwerbswirtschaftliche Bereich: Bemühungen, die Reagibilität auf Umweltveränderungen zu erhöhen, die sowieso nur bedingt auf der Ebene der Unternehmensorganisation und „Produktentwicklung" bearbeitet werden können, oder die Mitarbeiter für die Permanenz betriebswirtschaftlicher Reorganisationsprozesse zu gewinnen, waren und sind zunächst sicherlich nachrangig. Aus historischer Perspektive betrachtet, mussten überhaupt erst einmal betriebswirtschaftliche Effizienzkriterien auf den eigenen Organisationsraum projiziert werden. Dies bedeutet, es muss überlegt werden, wie Effizienz in eine sozialwirtschaftliche[7], d.h. den sozialen Zielsetzungen verträgliche, aber dennoch ökonomisch fundierte Form gebracht werden kann. Parallel dazu wird die Frage der Leistungsziele aufgeworfen, die entsprechend den Anforderungen der Kostenträger immer genauer zu bestimmen ist und deren Erreichung gemessen werden soll. Natürlich müssen all diese Veränderungen mit den Mitarbeitern abgestimmt werden. Aber Veränderungsmanagement in Sozialen Organisationen ist nie ganz vom besonderen Charakter der Dienstleistung zu trennen.

2. Methodik des Veränderungsmanagements in Sozialen Organisationen

Gelingt es Sozialen Organisationen, diese Dilemmata von Veränderungsstrategien in die theoretische Konzeption ihres Vorgehens und in ihre praktischen Maßnahmen einzubeziehen? Veränderungsmanagementkonzepte als methodische Ansätze versuchen auch hier, allgemeine Vorschläge zur Vorgehensweise bei der Planung und Begleitung von Change-Projekten zu formulieren, die einige grundlegende Probleme der Dynamik und Gestaltung derartiger Vorhaben tangieren.

Auf dem ersten Kongress der Sozialwirtschaft zum Thema „Veränderungsmanagement in der Sozialwirtschaft" am 23./24.09. 99 in Kassel wurde breit über Methoden, Bedingungen und Anwendungsbeispiele von Veränderungsmanagement diskutiert. H.-W. Wetendorf erläutert in seinem Beitrag im zum Kongress erschienenen Sammelband die „Aufgaben und Anforderungen an das Management bei Veränderungsprozessen"[8]. Für ihn kreist der Veränderungsprozess um drei Kernfragen:

„1. Worauf soll der betriebliche Veränderungsprozess ausgerichtet werden? 2. Wie sieht die Ist-Situation im Betrieb aus? 3. Welche Grundlagen, Instrumente und Methoden werden für die Durchführung des Veränderungsprozesses benötigt?"[9] Darauf baut der Autor ein methodisches Modell der Prozessgestaltung von Veränderungsvorhaben auf, das folgende wesentliche Punkte beinhaltet[10]:

Zukünftige Entwicklungen des Umfelds fokussieren: Die Untersuchung der veränderten gesetzlichen Vorgaben, der zunehmenden Konkurrenz und neuer Bedarfslagen der „Kunden" soll „möglichst verlässliche Aussagen über zukünftige Entwicklungen und die sich verändernden Rahmenbedingungen" ermöglichen.

Betriebliche Grundfunktionen und Kernprozesse klären: Die Grundfunktionen wie „Ziele, Leitbilder, Struktur und Betriebskultur" müssen „innerhalb vorgegebener Rahmenbedingungen" grundsätzlich gestaltet werden; die Kernprozesse beschrieben zentrale, komplexe Abläufe wie Behandlungspflege, Aufnahme von Klienten etc. Wetendorf legt hier insbesondere auf die Wirkungszusammenhänge und deren Steuerung Wert.

Die wesentlichen Funktionen und Prozesse vor dem Hintergrund zukünftiger Umfeldentwicklungen konzeptionell integrieren: Im Rahmen eines systemisch-ganzheitlichen Konzepts, das die vielen Wirkungszusammenhänge und Vernetzungen sichtbar macht, sollen zukünftige Entwicklungslinien, Erfolgsfaktoren, Leitbilder etc. in ein schlüssiges Steuerungsmodell integriert werden.

Die Ziele des Veränderungsprozesses klären und fixieren: Die Benennung der Erfolgsfaktoren – zukunftsbezogene Stärken – und der Ziele/Ergebnisvorgaben ergibt ein Grobraster für eindeutige Prioritätensetzungen. Der Autor betont hier die Notwendigkeit begründeter und systematischer Verknüpfungen von Fragen der intraorganisationalen Veränderung mit Zukunftsfragen und gesamtbetrieblichen Zielen.

Die Ausgangssituation für den Veränderungsprozess analysieren: Als typische **Stärken** sozialwirtschaftlicher Betriebe werden hier das hohe Engagement der Mitarbeiter/innen, ein damit verbundenes gutes Image bei den Kunden und die hohe Aufgabenidentifikation der Mitarbeiter angesehen.

Typische **Schwachstellen** seien hingegen:

- Unklare Zuständigkeiten wegen unverbindlicher Arbeitsaufträge und veralteter Stellenbeschreibungen; zudem bestünden bei Funktionen mit gleicher Aufgabenstellung „zu den nachgeordneten Stellen sehr unterschiedliche Schnittstellenprofile".

- Unterschiedliche bzw. keine Vorstellungen über die Betriebssteuerung seitens der Leitungskräfte. Häufig fehlten ein gemeinsam geteiltes Begriffssystem für Managementfragen, „zum Beispiel eine klare Abgrenzung zwischen Leitbild, Zielen und Strategie sowie zwischen Zielen, Aufgaben und Methoden", weswegen die Arbeit in zentralen Handlungsbereichen unzureichend gestaltet und bewertet würde. Schließlich würde die betriebliche Funktion von Leitbildern oft nur unzureichend geklärt; zudem fehle eine strategisch orientierte Gesamtsteuerung.

- Fehlende und unzureichende Organisationsinstrumente. Je nach Ebene, an der die konkreten Change-Projekte ansetzen, würden unterschiedliche Instrumente benötigt, die häufig nicht einmal in ihren einfachsten Ausprägungen – Organigramm, Ablaufdiagramme, Führungstechniken etc. – zur Verfügung stünden.

- Uneffektives Besprechungswesen. Ein Mangel an Abstimmungs- und Orientierungsprozessen, klaren Ablauforientierungen und Themen- und Ergebniszentriertheit behindere die Effizienz von Besprechungen.

- Schwächen in der Führung und Zusammenarbeit/Betriebskultur: Wetendorf konstatiert, dass die Führung von Mitarbeitern instrumentell und zielbezogen zu wenig ausgearbeitet sei; eine Anerkennungs- und Kritikkultur fehle; in der Zusammenarbeit dominiere die informelle Ebene.

Methodische Grundlagen für den Veränderungsprozess herstellen: Als zentrale Instrumente werden hier Projektarbeit, Moderationstechniken und Selbstmanagement hervorgehoben.

Kommunikations- und Führungskultur verändern: Die komplexen Wirkungszusammenhänge „zwischen Umfeld, internen Betriebsfunktionen und -prozessen, Veränderungskonzept und Mitarbeitermotivation und -fähigkeiten" müssen begriffen sein, was zuallererst veränderte Denk- und Verhaltensmuster beim Management selbst voraussetzt. Hier wird die parallele Integration all der Aspekte gefordert, die im Rahmen unserer Analyse als strukturelle Dilemmata beschrieben wurden: Alte Sicht- und Verfahrensweisen müssen aufgegeben werden, um neue etablieren zu können; dafür benötigt man aber eigene motivatorische Maßnahmen, die durch ein Kommunikationskonzept zu unterfüttern sind; der Selbstständigkeit der Mitarbeiter soll mehr Raum gegeben werden, aber gleichzeitig deren „verbindliche Einbindung in ein betriebliches Zielsystem" erfolgen. Letztlich müssen „Kultur-, Kommunikations-, Bewusstseins-, Struktur- und Organisationswandel mit neuen Vernetzungen Hand in Hand gehen."[11]

Wetendorfs methodisches Ablaufschema orientiert sich damit an den klassischen Vorgaben zum Change-Management-Prozess. Allerdings verdeutlichen die Betonung der Umfeldeinbindung Sozialer Organisationen und das Augenmerk auf die strategische Verbindung von Ziel- und Umweltentwicklung, dass hier einer Besonderheit Sozialer Organisationen ausführlich Rechnung getragen wird: Gerade weil ihre Umwelt nicht nur in zwar unplanbaren, aber in Geld- und Nachfrageströmen aggregiert zu erfassenden Marktgrößen besteht, sondern ein Geflecht sich teils widersprechender Ansprüche verschiedener gesellschaftlicher Politikbereiche und Wertsysteme darstellt, ist die Verknüpfung von zukünftigen externen Veränderungen und eigenen Ziel- und Geschäftsfeldentwicklungen stets problematisch. Hinzu kommt, dass die sich oft naturwüchsig entlang rechtlicher Regelungen und traditioneller Auftragsbeziehungen herausbildende Angebotspalette von Trägern tatsächlich einen geringen Integrationsgrad aufweist und ursprünglich selten systematisch auf deren Ziele hin reflektiert worden ist. Dies hat sich in den letzten Jahren allerdings zu ändern begonnen. Schließlich deutet der Verweis auf verschiedene Schwächen von Wohlfahrtsverbänden und auf die Dominanz informeller Arbeitsweisen und unklarer Schnittstellen nicht nur auf ein Professionalisierungsproblem, sondern auch darauf, dass die Besonderheiten sozialer Arbeit Freiheitsspielräume und Unschärfen etabliert haben, die für die Aufgabenerfüllung eben auch ihre Zweckmäßigkeiten aufweisen. Die geforderte Kombination der Erhöhung des Handlungsspielraums der fachberuflichen Mitarbeiter, die ständig fallorientierte Modifikationen ihrer Vorgaben vorzunehmen haben, mit ihrer Einbindung in ein immer auch Kontrollkriterien enthaltendes Zielsystem dürfte daher auch unter Zuhilfenahme der ausgefeiltesten Techniken immer eine Gratwanderung darstellen – der Verweis Wetendorfs darauf, dass Leitbilder oft recht unvermittelt neben der Alltagspraxis stehen, erklärt sich in diesem Lichte als strukturelles Problem von Zielorientierungen, die je nach politischer Konjunktur von den Kostenträgern verschieden akzentuiert werden. Die Krankenhausfinanzierung z.B. stellt hierfür beredte Zeugnisse zur Verfügung: Während man Mitte der 90er Jahre Gefallen an der theoretischen und organisationspraktischen Abspaltung von so genannten „Hotelleistungen" fand und den Aspekt individueller Kundenbetreuung auf zahllosen Podien diskutierte, führten in den letzten Jahren die Fallpauschalierungen in die umgekehrte Richtung – sie zeigten den geschätzten „Kunden", dass die Strukturzwänge einer gesetzlichen Krankenversicherung nur schwer an das Idealbild patientengerechter Versorgung anzupassen waren. Ob die Perspektive, in Zukunft „aus dem Krankenhaus geworfen zu werden, sobald man wieder kriechen kann", wie es ein Klinikdirektor dem Autor gegenüber polemisch ausdrückte, zur Optimierung der Dimension Patientenzufriedenheit beiträgt, bleibt daher abzuwarten.

Mut zur Veränderung

Spricht dies gegen methodische Planungsmodelle von Veränderungsprozessen? Gewiss nicht; Veränderungen brauchen immer den Mut, mit Widersprüchen, Ungewissheiten und komplexen Zusammenhängen selbstbewusst umgehen und Lösungen finden zu wollen – nur sollte bezüglich der Anforderungen an Kommunikations- und Steuerungsprozesse umgekehrt vorgegangen werden: Nicht der Anspruch, über methodisch ausgefeilte Instrumente und Techniken die Effektivierung des organisationalen Leistungsprozesses in möglichst kurzer Zeit erreichen zu können, steht dann im Vordergrund, sondern eine Beschreibung der bisherigen Anforderungen und der expliziten oder impliziten Zweckmäßigkeit der fachberuflichen Arbeitshandlungen, organisationalen Kommunikations- und Führungsmuster. Selbst offensichtlich „widersinnigen" Handlungsstrategien wohnt oft eine Logik inne, die auf das informelle Ausbalancieren von organisationseigenen Dilemmata abzielt. Die Perspektiven, Interessen und Methoden der mit den Klienten arbeitenden Fachpraktiker müssen daher immer von vornherein nicht nur in die Umsetzung, sondern auch in den Zuschnitt des Veränderungsvorhabens einbezogen sein. Manche Einrichtungen gehen daher den Weg, die Ziele eines Veränderungsprozesses von Projektgruppen entwickeln zu lassen, die alle betroffenen Mitarbeiter repräsentieren und sich dabei externer Ressourcen ebenso bedienen können, wie sie sich mit einer Steuerungsgruppe auseinander setzen müssen, die die der Fachlichkeit als Rahmenbedingungen beigestellten gesamtorganisatorischen, rechtlichen, ökonomischen und politischen Aspekte auszutarieren sucht. Sowohl Führungskräfte wie Mitarbeiter müssen sich darüber im Klaren sein, dass die darin eingeschlossenen Konfliktlinien systemisch-systematischer Natur sind und daher eine reflektiert-rationale Suche nach Kompromissen auf beiden Seiten voraussetzen. Dieses Problem limitierender Rahmenbedingungen für die fachlich und normativ definierte Aufgabenstellung ist auch nicht durch die Forderung nach einer wachsenden Autonomisierung von Abteilungen und Arbeitsgruppen aus der Welt zu schaffen; in der privaten Erwerbswirtschaft wählt man daher Lösungswege, die die marktbezogenen Beschränkungen und Anforderungen durch wirtschaftliche Verselbstständigung oder zumindest durch deren Simulation in die (teil)autonomen Einheiten selbst reimplantieren – die Schaffung unmittelbarer unternehmerischer Verantwortlichkeit und die Simulation von Tauschbeziehungen sollen hier das implizierte Kontrollproblem entschärfen. Dieser Weg ist im Bereich sozialer oder arbeitsmarktpolitischer Dienstleistungen nur bedingt gangbar; er stößt vor allem dann auf unüberwindbare Hindernisse, wenn die

Rechtsansprüche auf einen bestimmten Standard oder ein festgelegtes Niveau von Leistungen hoheitlich fundierte Leistungsstandards formulieren, mit denen nicht flexibel umzugehen ist: So sind Leistungsabteilung, Arbeitsvermittlung und Arbeitsberatung in Rechtsform gekleidete staatliche Unterstützungsformen der Arbeitsämter, die in ihrer wechselseitigen Zuordnung nicht über die Simulation von Marktbeziehungen ökonomisiert werden können. Erst die Privatisierung der Arbeitsvermittlung z.B. löst dieses komplexe Arrangement auf und verändert die Gestaltungsmöglichkeiten von Grund auf – mit welchen Resultaten und Nebeneffekten auch immer.[12]

Somit sind Veränderungsaktivitäten in Sozialen Organisationen immer auf die Ebene der **integrierten Zielklärung und Umweltanalyse** verwiesen, auch wenn sie scheinbar marginale, organisatorische Verbesserungsprojekte in Angriff nehmen. Gerade weil die bisherigen organisationalen Strukturen und Prozesse nicht von ihrer historischen Genese im Rahmen des „wohlfahrtsstaatlichen Arrangements" zu trennen sind, müssen alle Veränderungen durch die kritische Diskussion der zukünftigen Neuverortung der Einrichtung, des Verbands oder des gemeinnützigen Unternehmens hindurch. B. Maelicke macht dies in seiner Forderung nach umfassenden Maßnahmen **der strategischen Einbindung** von Organisationsentwicklungsprojekten deutlich, die auch einen eigenen Begriff von der Verbindung der Qualitätsdimensionen sozialer Arbeit mit sozialwirtschaftlich modifizierten Konzepten betriebswirtschaftlicher Steuerung entwickeln müssen.[13] B. Lakes[14] schreibt der strategischen Ebene in NPO die zusätzliche Funktion zu, zwischen normativen und operativen Zieldimensionen zu vermitteln: „Nicht alles, was operativ machbar oder notwendig ist, stimmt mit ethischen, moralischen oder generell mit Wertvorstellungen im Verband überein."[15] Die normative Orientierung des Verbandes erfülle wichtige Funktionen für seine interne und externe Legitimierung. Diese Analyse konnte zeigen, dass auch im Rahmen modernisierter Leitbilder und eines professionalisierten Verständnisses sozialer Arbeit das Spannungsverhältnis zwischen Normen und betriebswirtschaftlichen Effizienzkriterien nie ganz aufzulösen ist: Die sozialpolitische Zweckbindung offizieller sozialer Arbeit und damit Sozialer Organisationen beinhaltet immer normative, politische Vorgaben der Aufgabenerfüllung – unabhängig davon, ob der konkrete Verband diese normativen Leitlinien in seine eigene Verbandsgeschichte einordnen und dazu aus sich selbst heraus begründen kann oder ob dafür ein aufgabenbezogenes Verständnis der sozialen Arbeit erst entwickelt werden muss. Im Wettbewerb der Anbieter werden an gemeinwirtschaftliche Verbände mit sozial-moralischer Legitimation nach außen zudem auch besondere Ansprüche der Nutzergruppen auf kostengünstige und qualitativ hochwertige Leistungsangebote gestellt werden, so dass die Wertbindung des Verbandes zu zusätzlichem Effizienzdruck führt, dessen betriebswirtschaftliche Umsetzung nach innen dann von den Mitarbeitern als nicht mit den Werten der Organisation vereinbar erachtet werden kann. Soweit viele Soziale Organisationen ökonomischen Sparzwängen seitens der Kostenträger durch verstärkte Akquirierung von Fremdmitteln zu begegnen suchen, verschärft sich dieser Konflikt zusätzlich, da die Spendenbereitschaft der Bürger an einen einwandfreien sozialen Leumund gebunden ist. Einzelne Korruptionsfälle auf Landes- oder Bundesebene machen sich sofort als tendenzielle Legitimationskrise nach außen bemerkbar, wie einige Verbände oder Träger vor kurzem schmerzlich erfahren mussten.

B. Lakes weist der Strategie dabei die Aufgabe zu, als vermittelndes Glied zwischen normativer (Werte) und operativer Ebene (Mittel) wirksam zu werden. Dabei könne man z.T. auf die integrierende Kraft von Vision, Mission oder der Verbandskultur zurückgreifen; allerdings seien „Visionen" bezüglich des übergreifenden, zukunftsbezogenen Zielrahmens zumeist selbst Bestandteil der normativen Ebene. Die Autorin sieht vier Strategietypen, die das Spannungsverhältnis positiv beeinflussen können:

„Beseitigen der Zwänge": Operative Zwänge werden hier dadurch beseitigt, dass sie in gewissem Sinne „unterlaufen" werden, indem die Organisation ihre traditionelle Finanzierungsbasis transzendiert. Beispielsweise durch Spendenmarketing werden Mittel akquiriert, die Handlungsspielräume in Richtung der normativen Zielerfüllung eröffnen. So können etwa zusätzliche Zeitpolster in der Pflege geschaffen werden, die über den eng dimensionierten Zeitrahmen der nach der Pflegeversicherung abrechenbaren Leistungen hinausgehen.

„Langfristige Änderung der Wertvorstellungen": Wird z.B. die Akzeptanz der Mitarbeiter gegenüber betriebswirtschaftlichen Instrumenten und Techniken erhöht, wächst der operative Spielraum in der Organisation.

„Mit Widersprüchen leben": Lakes ordnet dieser Strategie die passive Akzeptanz von Rahmenbedingungen zu; hier ginge es darum, mit den gegensätzlichen Zieldimensionen im Sinne eines ständigen Spagats zurechtzukommen.

„Harmonisierung von Legitimität und Effizienz": Diese Strategie ist bestrebt, den „vermeintlichen Gegensatz von Legitimität und Effizienz durch neue Ideen und Vorgehensweisen zu überwinden: so wird Effizienz z.B. nicht umstandslos als Kostenreduktion buchstabiert, sondern über Verbesserung der Kommunikation, Kooperationsstrukturen, Projektarbeit etc. zu erreichen versucht.

Kritisch sei hier angemerkt, dass gerade die letzten beiden Strategien sich in keiner Weise widersprechen müssen, sondern in ihrer Kombination der Besonderheit des sozialpolitischen Handlungsfeldes gerecht werden. So kann die „Akzeptanz von Gegensätzen" auch ein Stück organisationaler Weisheit darstellen: Wenn die Sozialpolitik, das „wohlfahrtsstaatliche Arrangement", einen permanenten Balanceakt zwischen konfligierenden, dynamischen Gesichtspunkten der Gesellschaftsentwicklung darstellt, dessen Voraussetzungen daher jenseits des Einflusses einzelner Organisationen und Verbände liegen, kann aus dem Wissen um die verschiedenen, oft gegensätzlichen Aspekte der eigenen Zielerfüllung durchaus eine reflexive Strategie folgen, die ihre Kraft nicht in unrealistischen Harmonisierungsbestrebungen verpuffen lässt. Damit ist vielleicht auch der Weg dazu offen, Zielkonflikte nicht personalisieren zu müssen und daher verständige Kompromisse suchen zu können, die neue Ideen und ungewöhnliche Wege einbeziehen, ohne sie mit Lösungserwartungen zu überfrachten. Insofern wird sich wohl keine der bezeichneten Strategien als apodiktischer Lösungsweg realisieren lassen. Nur die in einem reflektierten Sinne „bescheidene" Kombination kann dazu angetan sein, intraorganisational neue Spielräume der Zielerfüllung zu eröffnen. Auf die strategische Orientierung von Veränderungsmaßnahmen in Sozialen Organisationen kann deshalb keinesfalls verzichtet werden; die einzelnen Handlungsfelder der operativen Organisationsgestaltung sind stets im Gesamtzusammenhang der Spezifika des politischen Handlungsauftrags an Anbieter sozialer Dienstleistungen zu sehen.

Die Debatte um „Sozialmanagement" und die Entwicklung entsprechender Konzepte war ein erster und umfassend angelegter Schritt in Richtung Neubestimmung der eigenen Arbeitsweisen.

3. Sozialmanagement als umfassende Managementinnovation für Soziale Organisationen

In den neunziger Jahren begann sich im Bereich sozialer Dienstleistungen eine neue Perspektive auf die Erhöhung von Effizienz und Effektivität Sozialer Organisationen durchzusetzen, die unter dem Titel „Sozialmanagement" als umfassende Managementinnovation propagiert und implementiert wurde. Man wollte sich dabei betriebswirtschaftlicher Methoden und Techniken bedienen, ohne die Spezifika des sozialpolitischen Auftrags zu ignorieren. Insoweit stellt das Sozialmanagement-Konzept einen Ansatz dar, der im Prinzip die beiden Meta-Betrachtungsebenen von Innovations- und Veränderungsmanagement in sich zu vereinigen suchte: Eine umfassende Managementinnovation sollte die Dienstleistungen und die Organisation selbst fit für zukünftige Herausforderungen machen – die Organisation sollte sich „ändern". Der Schwerpunkt lag dabei allerdings eindeutig auf der Steigerung der Effizienz Sozialer Organisationen, indem man diese oft zum ersten Mal mit Sichtweisen und Methoden aus dem Bereich der industriellen Erwerbswirtschaft konfrontierte, die in der wissenschaftlichen und verbandlichen Diskusssion zumeist kritisch auf den sozialen Bereich bezogen worden waren. Ob und inwieweit dieses auf die intraorganisationale Perspektive konzentrierte Konzept die Probleme Sozialer Organisationen lösen kann, bleibt zu prüfen.

Ansätze des Sozialmanagements

Die **Praxis** des Sozialmanagements bedeutet den wie auch immer gearteten Versuch der Integration von Mitteln und Methoden der betriebswirtschaftlichen Unternehmensführung[16] in die Soziale Arbeit, um den in diesem Buch ausführlich diskutierten politischen, sozialen und ökonomischen Veränderungen besser begegnen zu können. Damit wird eine neue Art der Problemsicht etabliert, die einerseits die intraorganisationalen Strukturen und Prozesse in den Mittelpunkt der Diskussion rückt, andererseits Gesamtkonzeptionen und Steuerungsmodelle für Soziale Organisationen in ihrer besonderen Umwelt entwickelt. Historisch betrachtet löste der „Sozialmanagement-Ansatz" damit zwei „gescheiterte" Ansätze ab[17]:

In den **siebziger** Jahren stand ein eher **gesellschaftsveränderndes Konzept** im Vordergrund, das Sozialarbeit als Vehikel einer verändernden, „revolutionären" Politik begriff; Sozialarbeit hatte die Funktion, Leute für die politische „Abschaffung ihres Elends" zu mobilisieren; parallel dazu wurde Sozialarbeit sogar von den Sozialarbeitern selbst als „Kurieren an Symptomen" oder gar als „systemstabilisierend" denunziert. Man solidarisierte und identifizierte sich mit seiner Klientel und versuchte, durch radikal-kritische Denkansätze das System gleichsam von innen her zu destabilisieren. Dass die so Angesprochenen dabei zumeist kaum mitzogen – wenn sie überhaupt die Anliegen der Systemkritiker verstanden hatten – führte zu jenen endlosen Strategie- und Theoriedebatten, die inzwischen zum bleibenden Fundus der Selbstironisierung der „Szene" geworden sind.

In den **Achtzigern** erfolgte dann im Rahmen der Ökologiebewegung und ihrer esoterischen Ausläufer ein **Rückzug in die „Innerlichkeit"** – die Betonung der individuell-psychologischen Befindlichkeit war angesagt; Sozialarbeit hatte vor allem in der individuellen Betreuung und Befähigung, der Aufarbeitung autobiographischer Konflikte zu bestehen. Als positives Ergebnis wurden Methoden der Supervision, systemische Therapieformen und ein gewisser Grundstock an Erkenntnissen der humanistischen Psychologie fest im Sozialbereich verankert. Auch hat das Andenken alternativer Lebens- und Problembewältigungsformen zu zahlreichen kleinen, aber innovativen Projekten, Selbsthilfegruppen, Genossenschaften und unabhängigen Vereinen geführt, die die Verbandsträger, öffentlichen Verwaltungen und etablierten sozialen Einrichtungen mitbeeinflusst haben – man denke nur an die Veränderungen, die der Bereich der psychiatrischen Versorgung durchgemacht hat.

Mit dem Scheitern linker Globalkonzeptionen einerseits, den psychologistischen Deprofessionalisierungstendenzen andererseits, die beide den eigentlichen Aufgabenbereich von Sozialarbeit verfehlten, fiel es in den neunziger Jahren der Sozialmanagement-Perspektive relativ leicht, ihren Ansatz als den „richtigen" zu propagieren. Sozialmanagement in diesem Sinne setzte von vornherein auf **professionalisierte, fachlich kompetente Sozialarbeit**, die, weltverändernder Illusionen beraubt, pragmatisch für **machbare Problemlösungen** für verschiedene Klientele eintrat, und dies im Rahmen der bestehenden Verhältnisse. Ebenso spielte natürlich der erwähnte politische und ökonomische Veränderungsdruck eine Rolle; vor allem auch die aus der Finanzmisere erwachsende Stärkung der Position der Kostenträger gegenüber den Leistungserbringern und Einrichtungen schlug sich in gesetzlichen Veränderungen nieder, die vom Jugend- und Sozialhilfebereich bis zur Altenpflege Qualitätsansprüche sowie Zweckmäßigkeits- und Sparsamkeitsnachweise zum Regelfall machten. Deshalb verwundert es nicht, dass gerade der Qualitätsaspekt zu einem zentralen Ansatzpunkt der Sozialmanagement-Praxis in den Sozialen Organisationen geriet.

Mit der gleichzeitigen Veränderung der Wettbewerbsbedingungen zeigt sich zum Ende der 90er Jahre, „dass historisch, weltanschaulich oder sozialpolitisch begründete Abgrenzungen des Sektors sozialer Dienstleistungen von der gesamt-volkswirtschaftlichen Entwicklung nicht mehr aufrechterhalten werden können. Die Kriterien Non-Profit-Orientierung und Gemeinnützigkeit erweisen sich für die erforderliche Herausbildung einer eigenständigen und zukunftsfähigen sozialpolitischen Konzeption und Dienstleistungsstruktur nicht mehr als genügend tragfähig. Es geht nunmehr darum, Gemeinsamkeiten, aber auch Trennendes zwischen For-Profit-Organisationen, Non-Profit-Organisationen und Sozialwirtschaftlichen Organisationen genauer herauszuarbeiten mit dem Ziel, für die Nutzer und Kunden eine bestmögliche Dienstleistung zu einem möglichst günstigen Preis verfügbar zu machen."[18] Damit begannen für Soziale Organisationen die Grenzen zwischen dem viel geschmähten Profit-Bereich und ihrem normativ orientierten Selbstbild unsicher zu werden – ein Nährboden für Veränderungen entstand; alte Unterscheidungen reichten zur Abgrenzung und damit zur Definition des eigenen Handelns nicht mehr aus. Die Sozialen Organisationen, irritiert von der Kritik der Kostenträger und verunsichert durch die beginnende Neudefinition der Wettbewerbsbedingungen, begannen schließlich selbst skeptischer auf ihre bisherige Leistungserbringung zu blicken; die Skepsis wurde durch plakative Vorwürfe wie „Organisationsversagen" oder „funktionaler Dilettantismus" noch verstärkt.[19] J. Merchel betont[20], dass hierbei auch die wachsende „Profilerosion der Verbände" eine Rolle spielte, die mit der Auflösung ihrer traditionellen Sozialmilieus und der daran geknüpften normativen Strukturen konfrontiert waren; ein Rückgang der ehrenamtlichen Mitarbeit und eine zunehmende „Verbetrieblichung" der Organisationskultur waren die Folge. Interessanterweise erlebten die Wohlfahrtsverbände damit eine im Vergleich zur industriellen Privatwirtschaft umgekehrte Entwicklung: Während dort in den neunziger Jahren versucht wurde, eine betriebswirtschaftlich-rational begründete Arbeitsmotivation durch emphatische Identifikationsstrategien wie die „lernende Organisation" zu ersetzen, so waren die Wohlfahrtsorganisationen umgekehrt immer mehr auf sachlich-wirtschaftliche Verhaltensaspekte zurückgeworfen, die z.T. mit traditionellen Werthaltungen konfligierten. Auch hier erweist sich, dass die kontextunabhängige Bewertung von intrinsischen und extrinsischen Aspekten der Arbeitsmotivation keinen Sinn macht: anknüpfend an S. Kühl ist zu betonen, dass traditionelle, intensiv über soziale, politische oder religiöse Wertsysteme vermittelte Motivationsbestandteile gerade wegen der damit verbundenen starken Identifikation mit bisherigen Verfahrensweisen und Arbeitsmethoden zu einem rigiden Konservativismus tendieren – eine Haltung, die keine Organisation brauchen kann, die sich wachsendem Veränderungsdruck durch ihre spezifische Umwelt ausgesetzt sieht.

Es verwundert daher nicht, dass die Sozialmanagement-Diskussion fast immer in eine Professionalisierungsdebatte eingebettet ist, die fachlich begründete, pragmatische Arbeitshaltungen zu definieren und propagieren sucht. In deren Rahmen wird die eigene Tätigkeit als stark wertbezogenes Handeln gesehen, aber gleichzeitig auch als „bezahlter Auftrag", Beruf, der relativ unabhängig von den eigenen Wertsystemen in einem sozialpolitischen Zielgefüge wurzelt, das selten unproblematisch ist.

Wie hat sich die Sozialmanagement-Diskussion nun aus dieser Problemstellung heraus entwickelt? Anfänglich ließen sich im Wesentlichen drei Grundrichtungen des Sozialmanagements[21] unterscheiden:

Betriebswirtschaftlicher Ansatz: Er bezweckte vor allem eine Steigerung der Effizienz in sozialen Einrichtungen, z.B. durch die Verbesserung des Rechnungswesens und die Intensivierung der Managementqualifikationen der Leitungskräfte. „Auf der Basisebene (bis zur mittleren Hierarchieebene) sieht dieser Ansatz eine Verbesserung der Kenntnisse und Fertigkeiten der Sozialarbeiter in moderner Informations- und Kommunikationstechnologie vor".[22]

Systemischer Sozialmanagementansatz: Vor allem die ältere Sozialmanagement-Literatur stellt organisationspsychologische Momente wie Förderung der Teamarbeit oder Kommunikationstechniken in den Vordergrund.[23] Die Prozesse des Formulierens von Zielen, des Planens und Entscheidens, seine organisationalen Voraussetzungen und Methoden werden untersucht. A. Müller-Schöll[24] betonte im Unterschied zu älteren Konzepten, dass Sozialmanagement auf die Organisation als Ganzes zu beziehen ist; auch die Mitarbeiter der Durchführungsebenen sind einzubeziehen. Soziale Organisationen werden als lebendige Systeme angesehen, die in einem gemeinsamen Prozess Ziele finden, Probleme lösen, organisieren, planen und entscheiden müssen.

Ganzheitlicher sozialökologischer Ansatz: Dieses theoretische Modell wurde von B. Maelicke und B. Reinbold entwickelt und vertritt den Standpunkt einer innovativen Organisationsentwicklung. Hier wird zwischen interner und externer Organisationsentwicklung (OE) differenziert: Die interne OE umfasst die Definition des Leitbilds, die Zielformulierung, die Aufgabendefinition, die Aufbau- und Ablauforganisation, das Führungs- und Mitarbeiterverhalten, die Vernetzung nach außen, die Realisierung von innovativen Projekten und das Sozialmarketing. Die externe OE bezieht sich auf die Kooperation der Dienste im Stadtteil, die Vernetzung und Dezentralisierung und strebt durch die Schaffung von Verbundsystemen den Aufbau einer Sozialgemeinde an. Ganzheitlichkeit umgreift bei den Autoren das gesamte Beziehungsgeflecht der Organisation und schließt Stärkung der Selbstverantwortung, Transparenz, Teamarbeit und Abbau von Hierarchien ein. Der in der externen OE sichtbare, explizite Außenbezug drückt sich in einer gesamtgesellschaftlich orientierten, „sozial-ökologischen" Perspektive aus, die auf die Stärkung des Selbsthilfepotenzials, auf Alltags- und Lebensweltorientierung und Partizipation von Klienten abzielt.

Es wird deutlich, dass der „Trend" in Richtung immer komplexerer Ansätze des Sozialmanagements ging, die sich bewusst waren, dass die Reorganisation und betriebswirtschaftlich gestützte Neuorientierung Sozialer Organisationen nie getrennt von ihrer besonderen Einbindung in das System staatlicher Sozialpolitik, ihrem spezifischen „Verhandlungs-, Gestaltungs- und Finanzierungsdreieck" zwischen Leistungsträgern, Kostenträgern und Klientengruppen betrieben werden konnte.

Sozialmanagement als Systemsteuerung Sozialwirtschaftlicher Organisationen

B. Maelicke hat zusammen mit U. Arnold und Wolf R. Wendt[25] seine Überlegungen zum Sozialmanagement zu einem umfassenden Sozialwirtschaftsansatz weiterentwickelt. Dabei wird zwischen einer „Makro-, Meso- und Mikroebene" unterschieden. Zur Erinnerung:

- Auf der „Makro-Ebene" wird die Produktion sozialer Dienstleistungen in die „Dritte-Sektor-Forschung" und den Gesamtrahmen der deutschen und europäischen Sozialpolitik eingebettet. Darauf aufbauend zeichnen die Autoren die Privatisierungsdiskussion kritisch nach und versuchen, die Entwicklung des Marktes für soziale Dienstleistungen abzuschätzen.

- Die „Meso-Ebene" umfasst eine Darstellung des gesamten Anbietersystems sozialer Dienstleistungen sowie eine Analyse ihrer Handlungsfelder. Hier wird die intermediäre Perspektive der Umsetzung des „wohlfahrtsstaatlichen Arrangements" in organisationale Strukturen, Hilfesysteme und Klientelgruppen entfaltet.

- Auf der „Mikro-Ebene" werden die Besonderheiten der Dienstleistungsproduktion sowie eine Typologie der Sozialen Organisationen nebst ihrer Rechtsformen entwickelt. Qualitätsmanagement, Sozialmarketing, Marktorientiertes Fundraising, Finanzierung sozialer Dienste und neue Steuerung/Budgetierung präsentieren die Autoren als dem eigentlichen Sozialmanagement vorgelagerte, übergreifende Managementthemen: „Viele Probleme und Aufgaben des Lenkens und Gestaltens sind in FPO, NPO oder SWO gleich gelagert. Sie alle benötigen Finanzmittel, die Arbeitskraft des Personals und die Steuerungs- und Kontrolltätigkeit von Führungskräften. (…) FPO, NPO und SWO benötigen ein Management, das Ziele formuliert, Pläne erarbeitet, Entscheidungen fällt, die Umsetzung von Planungen begleitet und unterstützt, Ressourcen (personell und materiell) zur Verfügung stellt und die Prozess-, Struktur- und Ergebnisqualität überprüft sowie kontinuierlich verbessert."[26] Sozialmanagement als „Strategie der Systemsteuerung" ergibt sich hingegen direkt aus den spezifischen Anforderungen, die an das Management von „Non-Profit-Organisationen" bzw. von „sozialwirtschaftlichen Organisationen" gestellt sind.

Zu diesen Besonderheiten, die Sozialmanagement als eigenes zentrales Konzept erfordern, gehören:

- Die Orientierung an gemeinnützigen Zwecken: Sie erfordert eine nach innen und außen diesen Zielen entsprechende Managementorientierung; auch die Mitarbeiter erwarten in einer Sozialen Organisation einen anderen Führungsstil und ein anderes Kommunikationsverhalten.

- Mitwirkung von Ehrenamtlichen und Mitgliedern: Sie spielen nicht nur bei der „Basisarbeit" eine Rolle, sondern sind an zahlreichen Führungsentscheidungen in ihrer Funktion als Vorstände, Vereinsleitungen, Ausschuss- und Kontrollgremienmitglieder beteiligt. Die hauptamtlichen Leiter müssen sich daher eines speziellen Handlungsrepertoires versichern, um in diesem komplizierten Geflecht von Interessen und Entscheidungsträgern die Gesamtentwicklung des Betriebs optimal fördern zu können.

■ Probleme der Messung von Effektivität und Effizienz: Maßgeblich sind häufig die Finanzierungsrichtlinien der zuständigen Sozialleistungsträger; da in der Regel keine Marktpreise existieren, entfallen Gewinne als Erfolgsmaßstab. „Der Wegfall dieser Rahmenbedingungen hinterlässt ein Steuerungsproblem, das für das NPO-Management inner- und außerbetriebliche Ersatzmechanismen erfordert. Innerbetrieblich sind durch die Fachkräfte und durch das Management Effektivitäts- und Effizienzkriterien zu entwickeln, die sowohl die fachliche Steuerung als auch die betriebswirtschaftliche Kontrolle ermöglichen. Für alle Arbeitsfelder und Dienstleistungsbereiche sind deshalb fachliche Standards erforderlich, die für die Kunden, die Finanziers, die Fachkräfte und das Management überprüfbar und vereinbarungsfähig sein müssen. Klare Produktbeschreibungen und Qualitätsmanagement auf den Ebenen der Prozess-, Struktur- und Ergebnisqualität sind die dafür erforderlichen Steuerungsinstrumente. Zur Messung der betriebswirtschaftlichen Effizienz ist die Kosten- und Leistungsrechnung geeignet, aussagefähige Kosten- und Nutzenanalysen vorzunehmen und die für die Steuerung des Aufwandes erforderlichen Daten zur Verfügung zu stellen."[27]

Dabei geben sich die Autoren keinerlei Illusionen über die Gestaltbarkeit der Produktion sozialer Dienstleistungen hin; diese wird „weitgehend durch die jeweils zuständigen Sozialpolitiker auf Bundes-, Landes- und kommunaler Ebene gesteuert" – woraus sich ein „Vorrang des öffentlichen Interesses vor den Individualbedürfnissen der Nutzer/Klienten" bei standardisierten Dienstleistungen ergebe. Dementsprechend habe das Management seine Marketing- und Akquisitionsstrategien auf die Kriterien und Vorgaben der Sozialpolitiker bzw.

deren exekutierender Organe auszurichten. Sozialmanagement wird hier als rationale Systemsteuerungsstrategie Sozialwirtschaftlicher Organisationen formuliert: Der gegebene Umbau der politischen und volkswirtschaftlichen Rahmenbedingungen in Richtung „Sozialwirtschaft", d.h. einer von bestimmten normativ-politischen Voraussetzungen geprägten, aber dennoch ökonomisch eingebetteten Dienstleistungsproduktion, wird durch entsprechende Maßnahmen insbesondere der Standardisierung, Formalisierung und wohl überlegten Ökonomisierung der organisationalen Leistungserbringung aufzufangen versucht. Dabei sollen natürlich die Besonderheiten des sozialen Arbeitsfeldes berücksichtigt werden.

Sozialmanagement als Systemsteuerung geht demgemäß von der Voraussetzung aus, „dass das herkömmliche Instrumentarium des Führens und Leitens von Betrieben und Unternehmen nicht ausreicht, um die besonderen Zielsetzungen und Aufgabenwahrnehmungen Sozialer Organisationen effektiv und effizient zu steuern".[28] Sozialmanagement untergliedert sich in diesem Modell in folgende Bereiche:

- Unternehmensphilosophie, Leitbild, Corporate Identity

- Ziele und Aufgaben

- Aufbau- und Ablauforganisation

- Personalmanagement

- Führung und Zusammenarbeit

- Ehrenamtlichkeit

- Innovationsmanagement

- Controlling

Diese „Einzelelemente" stehen für den Autor in einem systemischen Zusammenhang und charakterisieren sowohl den Entwicklungsstand der Organisation wie die Steuerungs- und Interventionsschwerpunkte des Managements. „Die Hauptaufgaben des Managements sind die der ständigen Analyse und des Steuerns bzw. Unterstützens von Veränderungsprozessen, die das Unternehmen lernbereit und überlebensfähig erhalten."[29]

Einzelne Elemente des sozialwirtschaftlichen Sozialmanagement-Konzepts sind nun etwas genauer zu betrachten, um den Management-Ansatz zu charakterisieren.

Unternehmensphilosophie, Leitbild, Corporate Identity

Hier knüpft Maelicke an der industriellen Erwerbswirtschaft an, die erkannt habe, dass reine Profitorientierung heutzutage als Credo nicht mehr ausreiche; vielmehr erwarte der Kunde eine Darstellung des Unternehmens, die dem Produkt zusätzliche Attraktivität verleihe. „Für NPO/SWO bedeutet dies, dass sie bezogen auf ihre sozialen Dienstleistungen gegenüber den Nutzern/Kunden wie den Mitarbeitern deutlich herausarbeiten und darstellen müssen, wie sich in der konkreten Leistungserbringung jeweils die spezifische Ethik des Moralunternehmens realisiert."[30] Neben den Vorgaben der Fachlichkeit und der in Gesetze gegossenen Ansprüche der Kostenträger, die den grundsätzlichen Leistungszuschnitt definieren, müssten Standards und Markenzeichen entwickelt werden, „die für die Mitarbeiter verbindlich und für Kunden deutlich erkennbar und unterscheidbar sind". Der Autor räumt der Entwicklung einer stimmigen Unternehmensphilosophie, die sich in ein Leitbild und Kommunikations- und Präsentationsprinzipien des sozialwirtschaftlichen Unternehmens umsetzt, eine zentrale Bedeutung für die strategische Gesamtausrichtung im Sinne einer umfassenden Unternehmenssteuerung ein: Im Diskussions- und Klärungsprozess über das eigene Leitbild erarbeiten die Mitarbeiter einen für sich verbindlichen Handlungsrahmen, der als strategisches System folgende Aspekte umgreift:

- Leitidee (Mission)

- Strategische Erfolgspositionen (spezifische Fähigkeiten und Erfolgspositionen des Unternehmens, die es aus der Konkurrenz herausragen lassen)

- Produkt-/Marktziele

- Funktionale Ziele und Strategien (bereichsbezogene Feingliederung; z.B. Marketing, Finanzen etc.)

- Unternehmensgrundsätze (Verhalten nach innen und außen)

Zentral für eine Leitbildentwicklung, die ihre Funktion der Identifikation und Motivation der Mitarbeiter nicht verfehlen soll, ist die systematische Einbindung der Mitarbeiter. Hier greift Maelicke auf die bekannten Prozessinstrumente zurück, wie sie im industriellen Change-Management entwickelt wurden: Umfassende Info zu Beginn, Arbeit und Konsensbildung in Gruppen entlang von Leitfragen, Umsetzung der verschiedenen Vorschläge in einen Leitbildvorschlag durch die eigens eingerichtete Projektgruppe.

Ziele und Aufgaben

Aus dem Leitbild leiten sich Prozesse der Zielfindung ab; Maelicke unterscheidet dabei zwischen den Zwecken und Zielen Sozialer Organisationen[31]:

- Zwecke kennzeichnen die Leistung für die Gesellschaft, „aus deren Erfüllung die Organisation ihre Existenzberechtigung ableitet";

- Ziele sind „die von Organisationen bzw. ihren Teilnehmern/Mitarbeitern selbst formulierten Vorstellungen über zukünftige Zustände und Verhaltensweisen".

In Anlehnung an C. Horak wird des Weiteren zwischen Leistungswirkungszielen, Aufgaben/Leistungserbringungszielen, Potenzial-/Verfahrenszielen und sonstigen Formalzielen unterschieden. Die Leistungswirkungsziele sind auf die Interessen der Anspruchsgruppen ausgerichtet; dabei kann es zu unterschiedlichen Interessenlagen kommen, so dass Zielkonfliktregulierungen nötig sind. Die Leistungswirkungsziele definieren die Ziele für die konkrete Dienstleistung; Potenzialziele beziehen sich auf Ressourcen und Prozesse; Formalziele unterfüttern das inhaltliche Zielsystem durch die Kriterien der Effektivität und Effizienz. Schließlich sind die Ziele in ein möglichst präzises System der Zielbewertung und Zielrealisierung einzubetten, das auf der Mitarbeiterebene als Zielvereinbarungsprozess und Aufgabenbeschreibungskatalog umgesetzt wird.

Aufbau- und Ablauforganisation

Maelicke nimmt auf die systemtheoretische Unterscheidung von formeller und informeller Ablauforganisation Bezug und betont, dass das „informelle System" sich durchaus mit dem formellen Aufbau der Organisation harmonisieren lasse: „Gerade soziale Unternehmen, die sich durch personale Dienstleistungen auszeichnen, benötigen vielgestaltige Kommunikationsformen und spontane Kooperationen der Fachkräfte untereinander als wesentliches Moment für Motivation und Effizienzsteigerung. Diese ungeschriebenen Regeln, die zumeist den individuellen Bedürfnissen der Gruppenmitglieder nach Orientierung und emotionaler Anerkennung entsprechen, können die überwiegend sachbezogenen und rationalen Systeme der Aufbau- und formellen Ablauforganisation wirksam ergänzen. Durch ihre Vermittlungsfunktion für Sicherheit und Positionierung im Betrieb tragen sie zur Arbeitsplatzzufriedenheit und zum Wohlbefinden der Mitarbeiter bei. Ihre Wirksamkeit ist beständig und bei anstehenden Veränderungen erweisen sie sich als ein beträchtliches Widerstandspotenzial"[32]. Indem die Führung die Auswirkungen ihrer rational und umfassend geplanten Veränderungsmaßnahmen auf die informelle Ablauforganisation untersucht, kann sie vorausdenkend die Wirkungen ihres Handelns abschätzen und berücksichtigen.

Personalmanagement

Maelicke hebt hervor, dass der „rapide Wandel der gesellschaftlichen Rahmenbedingungen" erhebliche Anpassungsanstrengungen seitens der NPO/SWO erfordert. Erhöhte Professionalität verlangt systematische Fort- und Weiterbildung; die Organisationen müssen die Einsicht in die ständige Innovations- und Qualifizierungsbereitschaft ihrer Mitglieder erzeugen und zugleich auf die Dilemmata eingehen können, die intrinsisch motivierte, wertbezogen handelnde Mitarbeiter für die anstehenden Notwendigkeiten hinsichtlich ökonomischer Effizienz und Effektivität mitbringen. Hinzu kommt der Wandel der Arbeitsmärkte, Medien und Technologien sowie der Rechtsformen, Trägerstrukturen und des organisatorischen Rahmens des Personalmanagements.

3. Sozialmanagement als umfassende Managementinnovation

Eine ganzheitliche, integrative und strategisch ausgerichtete Personalarbeit in NPO/SWO umgreift damit die Bereiche Personalplanung, -suche, -auswahl, -einstellung, -einführung, -integration, -betreuung, -motivation, -förderung, -entwicklung, -bestandsanpassung und -verabschiedung. Maelicke hebt einige zentrale Punkte hervor, die für NPO/SWO beachtenswert wären:

- Bei der Personalsuche ist die Balance zu wahren zwischen dem Interesse, von außen „frischen Wind" und neue Ideen in die Organisation hereinzunehmen, aber zugleich motivierte Mitarbeiter nicht dadurch zu frustrieren, dass hausinternen Bewerbungen nicht der Vorrang gegeben wird.

- Die Personaleinführung muss gerade bei NPO/SWO die anfänglich eingebrachte Motivation in kompetentes und weiterhin motiviertes Arbeitshandeln zu überführen suchen. Eine intensive Einbindung und Begleitung (Gesprächsrunden, Paten/ Mentoren, organisatorische Unterstützung im Alltag etc.) ist daher zwingend notwendig.

- Bezüglich Personalbetreuung/-motivation wird betont, dass die Arbeitsbedingungen in NPO/SWO oft zu wenig Freiräume, Partizipationsmöglichkeiten und Eingehen auf die besondere Belastungssituation der Mitarbeiter ermöglichen. Führungsgrundsätze, die Förderung von Teamentwicklung und Kommunikationsprozessen und auch verbesserte Sozialleistungen könnten hier Abhilfe schaffen.

- In der Personalförderung/-entwicklung sollte die ganze Palette der modernen PE-Maßnahmen berücksichtigt werden; so auch Aufgabenwechsel, -erweiterung, -anreicherung. Vor allem Coaching- und Supervisionsprozesse können im Bereich sozialer Dienstleistungen dazu beitragen, hochkomplexe und emotional belastende Arbeitssituationen neu zu definieren und zu bewältigen.

- Notwendige Personalanpassungen können auch in der Wachstumsbranche Sozialwirtschaft in Zukunft zu Kündigungen führen; eine „Outplacement"-Beratung soll den betroffenen Mitarbeitern Hilfen zur persönlichen Bewältigung und zum beruflichen Wiedereinstieg anbieten.

Führung und Zusammenarbeit

Maelicke versteht Systemsteuerung von NPO/SWO „vorrangig als Aufgabe der Führung durch das Management". Ein Paradigmenwechsel, die Abkehr von mechanistischen und hierarchischen Führungsmodellen in NPO/SWO sei dafür notwendig. Führung im organisationalen Kontext bedeute hier, „eine eigenständige Linie (zu) finden zwischen der menschenorientierten und der sachorientierten Führung und den Selbstmanagement- und Selbstorganisationskräften im Unternehmen."[33] Des Weiteren wird Führen in Sozialorganisationen als Prozess verstanden, der die Koordination der verschiedenen Einfluss- und Handlungsbereiche, mit denen diese konfrontiert sind, im Sinne eines modernen Netzwerkmanagements leisten muss. Dementsprechend können Führungsfunktionen auch durch Prozesse der Selbstorganisation und des Selbstmanagements ersetzt werden. „Allerdings müssen Aufgaben und Rollenverteilungen, Zuständigkeiten und Verantwortungsbereiche klar definiert sein."[34]

Ehrenamtlichkeit

Eine weitere Einbindung ehrenamtlicher Tätigkeit in die zunehmend professionalisierte Arbeit Sozialer Organisationen wird als dringend angeraten betrachtet. Allerdings weist Maelicke auf die Notwendigkeit von Statusverbesserungen, organisatorischen Hilfen, Fort- und Weiterbildung, Supervision etc. hin und gibt zu bedenken, dass ehrenamtliche Tätigkeiten immer auch als Instrument von Kosteneinsparungen benützt werden können.

Innovationsmanagement

Hier nimmt Maelicke auf viele Argumentationsstränge und Techniken Bezug, die in vorhergehenden Kapiteln schon einmal dargestellt wurden. Zusätzlich wird eine für NPO/SWO präferierte, von Pümin und Imboden entwickelte „Unternehmens-Dynamik-Strategie" vorgestellt, die im Wesentlichen auf drei Säulen beruht:

- „der Konzentration auf attraktive Nutzenpotenziale

- der Multiplikation der mit der Erschließung von Nutzenpotenzialen verbundenen Geschäftsaktivitäten

- des Einsatzes von Dynamik-Promotoren, also unternehmerisch denkenden und handelnden Persönlichkeiten."[35]

Das Modell strebt eine Erhöhung des Nutzens für möglichst viele Anspruchsgruppen wie Klienten, Kostenträger, Mitarbeiter etc. an. Nutzenpotenziale bezeichnen attraktive, innovative Geschäftsfelder, die durch ihre nachhaltige, gezielte Bearbeitung multiplikative Effekte hinsichtlich der Bündelung verschiedener externer und interner Potenziale ermöglichen. Der Ansatz kann damit als strategisch ausgerichtete, potenzialorientierte Methodik verstanden werden, die sich von der produktverhafteten Perspektive des klassischen Innovationsmanagements zu lösen versucht. Ansonsten lässt er sich in den Rahmen der schon diskutierten, grundsätzlichen Problematik von Innovationsbestrebungen einordnen.

Des Weiteren wird auf Projektmanagement als Innovationsmethode und auf spezielle Widerstände gegen Innovation im sozialen Bereich eingegangen, die bereits thematisiert wurden.

Controlling

Maelicke hebt hervor, dass in NPO/SWO der Controlling-Aspekt, die Notwendigkeit eines internen Informationssystems und der systematische Aufbau desselben noch nicht hinreichend Beachtung findet; als Informationsquelle würde in erster Linie die Finanzbuchhaltung herangezogen, Kosten- und Leistungsrechnung werde hingegen nur selten als Entscheidungsgrundlage genutzt. Er setzt dem die umfassende Erfordernis eines derartigen Informationssytems entgegen: „Gerade in der derzeitigen Phase der zunehmenden Komplexität ist Controlling als Mittel zur Verbesserung von Führungsleistungen auch in NPO/SWO unverzichtbar. Durch Feedback- und Feedforward-Informationen bekommen die Leitungskräfte die Möglichkeit, bei ansteigendem Legitimations- und Erfolgsdruck argumentativ wirksam auftreten zu können. Weil ein funktionierender Markt sozialer Dienstleistungen sich noch nicht entwickelt hat, müssen NPO/SWO in den Aufgaben der Planung, Steuerung und Kontrolle besonders qualifiziert sein."[36] Die Einbeziehung der Kosten- und Leistungsrechnung, der Budgetierung und des Soll-Ist-Vergleichs wird von daher für ein modernes, als Systemsteuerung aufgefasstes Sozialmanagement als unverzichtbar gesehen; zugleich wird vor der Nichteinbeziehung von Mitarbeitern und Bürokratisierungstendenzen im Gefolge mangelnder Datenselektion gewarnt.

Insgesamt handelt es sich beim vorgestellten Sozialmanagement-Modell also um einen zentralen Ansatz, der Sozialmanagement als Konzept der Systemsteuerung sozialwirtschaftlicher Organisationen in einen umfassenderen Managementrahmen sowie eine komplexe Theorie der sozialen Dienstleistungsproduktion einbettet. Bemerkenswert ist vor allem die systemisch-strategische Orientierung und der Versuch, im Begriff der Sozialwirtschaft die ökonomischen Einbindungen, Anforderungen und Wirkungen des „wohlfahrtsstaatlichen Arrangements" auf die organisationale Ebene herunterzubrechen. Das Gesamtkonzept ist praxisrelevant und wird in Einrichtungen angewandt; Beispiele hierfür finden sich in der Zeitschrift „Socialmanagement".

Sozialmanagement als Innovationsstrategie für das Gesamtsystem Sozialer Arbeit

Der Ansatz von G. Gehrmann und Klaus D. Müller hebt sich schon in seinem Ausgangspunkt von Sozialmanagement-Modellen ab, die sich vor allem auf die organisationale Perspektive, also die Strukturen und Prozesse der Sozialen Organisationen beziehen: Hier wird nicht von vornherein der betriebs-, volks- oder sozialwirtschaftliche Blickwinkel eingenommen, sondern die Soziale Arbeit selbst als Brennpunkt der Realisierung wohlfahrtsstaatlicher Arrangements ins Zentrum der eigenen Überlegungen gerückt.

Die Autoren leiten Sozialmanagement als Antwort auf die „Legitimationskrise" Sozialer Arbeit ab, die sich aus dem kolonialisierenden Griff fremder Dsiziplinen befreien und sich endlich auf ihre eigenen Konzepte und Methoden besinnen müsse, mit denen sie zur Problemlösung beitragen könne – nämlich der „Verbesserung der sozialen Situation und Lebensführung der Person in ihrem sozialen Umfeld". Pragmatische, sozialarbeiterisch orientierte Maßnahmen haben bestimmte Ansprüche zu erfüllen: „Alltagstaugliche, professionelle Konzepte und Methoden müssen normalkundentauglich sein, dienstleistungsorientiert, respektvoll gegenüber den Klienten/Kunden und deren Grundrechte achtend, in der Lebenswelt wirksam (d.h. nicht nur im Beratungssetting) sowie stärken- und ressourcenorientiert, planbar, realisierbare und operationalisierbare Ziele setzend, überprüfbar und evaluierbar, um aus Fehlern zu lernen und in der Ausbildung vermittelbar sein."[37] Eine qualifizierte fachliche Perspektive und ein reflektierter, auch auf Effizienz und Effektivität bedachter Pragmatismus werden im Rahmen eines genuin sozialen Gestaltungskonzepts für Soziale Arbeit benötigt; die Loslösung von traditionellen, politisierten oder psychologistischen Sichtweisen und Handlungsstrategien unterstellt zugleich eine eigene Ethik, Begriffsbildung/Sprache, eigene Arbeitskonzepte und praxistaugliche Verfahren der Aktivisten Sozialer Arbeit. Gehrmann/Müller nehmen eine Legitimationskrise der Sozialen Arbeit wahr, die sich bisher immer von anderen gesellschaftlichen Teilsystemen und Wissenschaftsbereichen die Sichtweisen hat vorgeben lassen. Die Verschärfung der sozialen Gegensätze im Gefolge der Integration der ehemaligen DDR sowie die Mittelverknappung der Kostenträger bewirken Herausforderungen und Legitimationsprobleme der Sozialen Arbeit, die ihre Aufgaben, die Organisationsformen ihrer Dienste, die Handlungskompetenzen ihrer Angehörigen, die Problemlösungskapazität und Qualität ihrer Dienstleistungen für die Klienten und die Ökonomie und Effizienz ihrer Dienstleistungen betreffen.

Gehrmann/Müller nehmen damit eine ganz andere Perspektive auf die Praxis Sozialer Organisationen als der zuvor vorgestellte Ansatz ein: Ihr Anliegen ist nicht so sehr die betriebswirtschaftliche Einbindung und Fundierung Sozialer Organisationen, sondern vor allem die Neu-Reflexion der Aufgaben und Wirkungen sozialpolitischer Aktivitäten aus der Handlungsperspektive der Berufspraktiker – sie setzen an der Schnittstelle von Betreuungs- oder Hilfsaktivitäten zum Klienten selbst an. Dementsprechend kritisch fällt ihr Urteil über die Wohlfahrtsverbände aus, die häufig ihre eigenen Privilegien, Pfründe und Ansprüche für wichtiger erachten als die Klienteninteressen. Ebenso deutlich setzt man sich vom Kundenbegriff ab, der die Wirklichkeit sozialer Notlagen und politischer Leistungsbereitstellung nicht erfasst. Sozialmanagement-Wissen kann daher nicht als „Herrschaftswissen und Kompetenzvermittlung an die Führungskräfte" konzipiert werden[38], sondern muss sich auf das Selbstmanagement, die Arbeitskonzepte und -methoden der „Basisarbeiter" selbst beziehen. Die Sozialmanagement-Perspektive rechtfertigt sich in diesem Konzept aus einem politischen Realismus, der pragmatisch die Chancen und Wirkungen Sozialer Arbeit abschätzt: „Solange niemand einen vernünftigen Weg in eine bessere Gesellschaft zeigen kann, müssen wir aus dieser – sicher mit großen Fehlern behafteten – das ‚Beste' machen, das heißt für größtmögliche soziale Gerechtigkeit und die bestmögliche Abfederung der sozialen Folgen sowie weitestgehende Umweltverträglichkeit des Wirtschaftens sorgen. Wenn wir auch die Realisierung einer alternativen Gesellschaftsform derzeit nicht sehen, so sehen wir uns und die Sozialpolitik wie auch die sozialen Berufe in der Verpflichtung, insbesondere die unmenschlichen sozialen Folgen privatwirtschaftlicher Macht und Herrschaft anzuprangern und sozialhumane Werte dagegenzusetzen"[39].

Dieser kämpferisch-normative Pragmatismus benötigt Sozialmanagement, da nur adäquate organisationale Rahmenbedingungen die Fachlichkeit der Sozialen Arbeit unterstützen können. Die Frage des Managements von sozialen Einrichtungen ist daher immer schon mit der Frage nach Konzeption und Arbeitsmethoden der handelnden Praktiker verbunden. Deren Professionalisierung als Mittel, ihre von ihnen selbst festgelegten Erfolgskriterien zu überprüfen und in der Öffentlichkeit durchsetzungsbereit zu präsentieren, unterstellt eine systematische Reflexion der eigenen Arbeit. Die Verknappung an Mitteln erfordert zugleich eine Erhöhung der Arbeitseffektivität.

Die Autoren verwahren sich gegen eine simple Übernahme staatlicher Zielvorgaben oder kritische Relativierungen von Zielen der Sozialarbeit entlang einzelwirtschaftlicher Kriterien: „Die Effektivität Sozialer Arbeit kann nicht nur an einer einzelnen Maßnahme diskutiert werden, sondern auch im sozialen Bereich müssen endlich ökologische Gesamtrechnungen aufgestellt werden, wie dies mittlerweile im Verhältnis von Ökonomie und Ökologie begonnen hat."[40] Die Zielerreichung Sozialer Arbeit ist damit generell nicht über ein trägerinternes Zielbewertungssystem zu ermitteln, sondern letztlich eine gesamtgesellschaftliche Frage: „Der ökonomische Einsatz von Mitteln darf jedoch nicht nur auf die partielle Arbeit eines einzelnen sozialen Leistungsträgers bezogen werden, sondern muss auch sozialplanerisch an gesellschaftlich entstehenden sozialen Kosten gemessen werden."[41] Damit halten Gehrmann/Müller der gegenwärtigen, auf isolierte und individualisierte Kompensationsstrategien konzentrierten Sozialpolitik kritisch den Spiegel vor Augen: Da niemand den Gesamtzusammenhang problematischer Karrieren wie Arbeitslosigkeit, Wohnungsnot, Drogensucht etc. wahrnimmt und daher auch kein System der „sozialökologischen Gesamtrechnung" existiert, das über Träger, Maßnahmen und Zeithorizonte hinweg die Kosten und Effekte gesamtgesellschaftlich bilanziert, die in den verschiedenen, gegeneinander ignoranten Teilsystemen „produziert" werden, sind die gegenwärtigen Systeme der Zielbeschreibung und Effektivitätsmessung völlig unzureichend. Ein präventiver Denkansatz hingegen versucht, diesen Gesamtzusammenhang des Sozialen Lebens des Einzelnen im Rahmen einer sozialräumlichen Perspektive herzustellen; wenn Kosten reflexiv auf die Zukunft bezogen werden, erscheint die Effektivität bestimmter, z.B. jugendpolitischer Maßnahmen in einem ganz anderen Licht: „Wie ‚teuer' im übertragenen, aber auch finanziellen Sinne kommt eigentlich eine zerstörte Lebensperspektive eines heute 10-Jährigen?"[42]

Um diese kritische Perspektive begründet in die öffentliche Debatte hineintragen zu können, braucht es Sozialarbeiter, die nicht nur Praktiker, sondern vor allem Fachleute sind. „Fachleute werden Praktiker dann, wenn sie konzeptionell und methodisch professionell arbeiten, wenn sie die Organisationsstruktur ihrer Einrichtung und ihres Trägers innovativ verändern und wenn sie – aus diesen Gründen heraus – für soziales Management aufgeschlossen sind, verstehen, was auf diesen Handlungsebenen geschieht und geschehen muss, und wenn aus ihrer Mitte ausreichend viele und gut qualifizierte Sozial-Manager hervorgehen, die auch die Leitung übernehmen können, um dieses Feld nicht Fachfremden zu überlassen."[43]

Daraus resultieren fünf Aufgaben des Sozialmanagements:

- Überprüfung der Ziele und der Dienstleistungen der Sozialen Organisation: Durch eine professionelle Untersuchung der Organisation werden Schwachstellen und Fehlentwicklungen aufgedeckt und neue, ganzheitliche Konzepte entwickelt, die die Ebenen der Organisation, der Zielentwicklung, der Mitarbeiter untereinander und der Klienten sowie die Dokumentation und die konkreten Arbeitsvollzüge umgreifen.

- Verbesserung der Kooperationsbeziehungen zwischen sozialen Einrichtungen und die Einbeziehung der Sozialen Organisationen in die regionale Sozialplanung mit Hilfe „systematischer Entwicklung, Pflege und Intensivierung der Zusammenarbeit mit anderen Sozialen Organisationen, Dienstleistungsagenturen, Behörden und Selbsthilfegruppen, die für die Erfüllung ihrer Arbeit wichtig sind."[44]

- Innovationsfähigkeit herstellen und erhalten: „Viele Träger und Einrichtungen Sozialer Arbeit sind eigentlich längst tot, sie merken es nur nicht. Eine ‚tote' Einrichtung ist eine, die nicht gemerkt hat, dass ihre Klientel längst andere Bedürfnisse entwickelt hat, als durch sie realisiert werden können."[45] Im Vordergrund stehen demgemäß die Adressaten und nicht die Kostenträger Sozialer Arbeit; Innovationsfähigkeit schließt explizit die Kooperation mit Selbsthilfegruppen und die ständige Beobachtung „sozialer Entwicklungen und Herausforderungen" ein.

- Personalplanung und Personalführung: Führungskräfte sind demnach vor allem dafür verantwortlich, ein adäquates Betriebsklima zu erzeugen und die Arbeitsmotivation durch die Unterstützung einer effektiven Zusammenarbeit zu fördern. Dazu gehört auch, dass innovative Ideen gewürdigt und die Leistungen entsprechend honoriert werden.

- Verbesserung der Effizienz der Einrichtung und der Effektivität der Arbeit: Zu einem System sozialer Dienstleistungen in einer demokratischen Gesellschaft gehört, dass Soziale Arbeit nicht nur selbstbewusst auftritt, sich ihres Werts bewusst ist und demgemäß angemessen bezahlt wird, sondern auch professionell und effizient geleistet wird.

An diesem Programm, der theoretischen Einbindung des Sozialmanagements orientieren sich dann auch die vorgestellten Themen und Techniken:

Anstelle des komplexen Systems einer „top-down"-gesteuerten Leitbildentwicklung der Organisation, die zu ausdifferenzierten, komplexen Zielen führt, deren Erreichung über Führen durch Zielvereinbarung überwacht und gesteuert wird, tritt hier ein „aufgabenorientiertes Management", das in einen handlungstheoretischen Bezugsrahmen eingebunden ist und versucht, die Methoden von Management und Sozialer Arbeit noch vor jeglicher organisationaler Umsetzung theoretisch zu begründen und zu vermitteln. Dies geschieht in vier Schritten:

(1) Aus bereichsspezifischen ethischen Grundpositionen, die nach einem speziellen, von den Autoren entwickelten Verfahren (Rating-Assessment) auf die berufliche Praxis bezogen werden, werden in einem kommunikativen Prozess Handlungsziele abgeleitet, die als Maximen und Kriterien für die spätere Überprüfung der Handlungsresultate gelten können.

(2) Im zweiten Schritt muss die Eigenständigkeit des Berufsbildes der Sozialen Arbeit analysiert werden, um die berufliche Identität beschreiben zu können.

(3) Da der Ansatz am Schnittbereich von Individuum und sozialarbeiterischem Handeln ansetzt, ist es nur konsequent, in sozialräumlicher Perspektive die Problemlagen zu bestimmen, die sich im Berührungsfeld zwischen dem Individuum und seiner sozialen Lebenswelt ergeben. Somit ist nicht weniger gefordert als eine Theorie der sozialen Lebenswelt und der Problemlagen, die als Störungen zwischen den Gesellschaftsmitgliedern und ihrem sozialen Umfeld genauer erfasst werden müssen.

(4) Mit Hilfe des „Rating Assessment" soll nun angegeben werden können, „wann und in welcher Hinsicht und in welchen Bereichen eine eigenständige sozialarbeiterische Praxis unter fachlichem Urteil als ‚gelungen' oder ‚weniger gelungen' bezeichnet werden kann"[46]. Weitere Analyseinstrumente, Kenntnisse und Erfahrungen müssen hierfür u.U. herangezogen werden; z.B.

Untersuchungsverfahren für soziale Problemlagen oder spezielle Arbeitsmethoden.

Damit formulieren die Autoren ein Grundmodell, das von einer handlungs-, lebenswelt- und fallorientierten Theorie der Sozialen Arbeit ausgeht und explizit Ziele und Aufgaben Sozialer Arbeit weder aus der Zentralperspektive der Kostenträger noch aus der intermediären, von organisationalen „Sachzwängen" geprägten Sicht der beauftragten Leistungsträger entwickelt, sondern eine eigene Ethik und Aufgabenbestimmung Sozialer Arbeit aus einem sozialreformerischen, aber von pragmatischer Professionalität unterfütterten Impetus abzuleiten sucht. Alle weiteren Schwerpunkte und Themen ihres Konzepts fügen sich in dieses Grundmodell ein:

- Personalmanagement: Der auf den beruflichen Klienten und Praktiker in ihrem „Zusammenspiel" bezogenen Grundhaltung entspricht eine Führungsphilosophie, die die Eigenständigkeit, Durchsetzungsfähigkeit und Entscheidungskompetenz fachlich kompetenten sozialarbeiterischen Handelns ernst nimmt und nach Kräften fördert. Die Organisationsstrukturen haben dem zu entsprechen und beinhalten klare Zuständigkeiten, überschaubare Kommunikationswege und wechselnde, themenbezogene Teambildungen. Wenn die Bedürfnisse der Sozialarbeiter im Sinne der Maslow'schen Pyramide berücksichtigt werden und ihr Beruf als Beruf wie jeder andere, mit seinen eigenen Normen, Fachlichkeiten, Aufgaben und Kompetenzen aufgefasst wird, ist für die Arbeitsmotivation am besten vorgesorgt.

- Ressourcen-Management: Auch hier wird die Verbindung mit den Inhalten der Einrichtung gesucht und unseriösen Versuchen, Einsparungen auf Kosten der Einrichtungsqualität zu erreichen, eine Absage erteilt. Lean-Management im sozialen Bereich macht nur unter Rückgriff auf Rationalisierungseffekte Sinn, die sich aus der besseren Koordination der getrennt voneinander bearbeiteten Problemlagen und der Kooperation der verschiedenen damit befassten Träger, Gruppen und Organisationen ergeben.

- Des Weiteren stehen Social Marketing und Sponsoring, Qualitätsmanagement sowie Arbeitskonzepte und Methoden im Vordergrund, die das sozialarbeiterische Handeln, den Klientenkontakt selbst betreffen: Selbstmanagement, sozialräumliche Assessment-Konzepte, Rating-Assessment, Case-Management etc. Diese können im Rahmen unseres Untersuchungsziels aus Platzgründen nicht weiterverfolgt werden.

Damit zeigt sich das vorgestellte Modell als umfassender und kritischer Versuch, Sozialmanagement von den Problemen, Zielen und Inhalten der Sozialen Arbeit her zu denken. Natürlich können auch Gehrmann/Müller dabei den wirtschaftlichen Aspekt nicht ignorieren; nur warnen sie ausdrücklich davor, Controlling von Unternehmensprozessen in Sozialen Organisationen auf den Aspekt wirtschaftlicher Effizienz zu beschränken: „Die Frage der Wirtschaftlichkeit Sozialer Organisationen ist wichtig und auch hier müssen Verbesserungen erreicht werden. Entscheidend ist dabei, dass die Qualität der Dienstleistungen für die Betroffenen zumindest erhalten bleibt oder besser noch erhöht werden kann."[47] Darin scheint der altbekannte Gegensatz zwischen Qualität und Ökonomie, Ethos und Finanzierung auf, um den sich kein Sozialmanagement-Konzept herumdrücken kann. Die Autoren betonen deshalb, dass sowohl strategisches wie operatives Controlling in Sozialen Organisationen einer Berücksichtigung der humanitären Ziele und der fachlichen Aspekte bedarf; Controlling habe sich deshalb nicht nur auf die strategische Unternehmensentwicklung und die operative Unternehmenseffizienz, sondern auch auf die Unternehmensethik zu beziehen, aus der überprüfbare, fachlich-soziale Ziele folgen. Die Harmonisierung zwischen beiden Aspekten ist allerdings im Rahmen der vorgegebenen, standardisierten Leistungsstrukturen nur bedingt möglich, weswegen die Autoren für die Einbeziehung informeller Hilfssysteme und unkonventioneller, vernetzter Lösungen plädieren. Innovationsmanagement im sozialen Bereich scheint kaum möglich zu sein, ohne den vom wohlfahrtsstaatlichen Arrangement gesteckten Rahmen zu transzendieren.

C. Bader[48] hingegen sieht in den strukturverändernden Aspekten von Sozialmanagement schon die Chance, eine „ganzheitliche, sozialökologische Orientierung" einerseits und eine „zweckrationale, ressourcenoptimierende Sichtweise" andererseits zu versöhnen. Der Autorin zufolge hat dies vor allem die Führung von Sozialen Organisationen zu leisten, die sowohl die „Nähe zu den KlientInnen und KundInnen", die „Marktorientierung" und die „Zusammenarbeit der Mitarbeiter" sicherstellen soll. In der Person der kompetenten Leitung soll durch Kommunikation Einsicht in die Notwendigkeit von ökonomischen Veränderungen vermittelt werden, die von der mittleren Führungsebene an die Mitarbeiter weitergegeben werden soll – die Abteilungsleiter benötigen hier „Überzeugungskraft, die Fähigkeit zu begeistern und zu motivieren. Sie brauchen außerdem analytische Fähigkeiten, um für die Mitarbeiter einsehbar und zweifelsfrei aufzuzeigen, dass sich diese oder jene Veränderung ‚lohnt'."[49] Dass dabei die Mitarbeiter ständig ihre Arbeit überdenken und beurteilen sowie neue, ungewohnte Wege gehen müssen, erscheint auch C. Bader als „unbequeme" Anforderung. Aber wie schon bei Spalink et al. braucht man daher zum Gelingen des Veränderungskonzepts Mitarbeiter, „die mitdenken, mitgestalten (dürfen)" – natürlich nachdem sie die Notwendigkeit der Veränderungen dank ihrer Führungskräfte eingesehen haben.

Hier scheint ein zentrales Problem durch, das der gesamten Management-Diskussion auch im sozialen Bereich unterlegt ist, aber selten systematisch und konzeptionell fundiert behandelt wird: Gerade Veränderungsprozesse und Innovationen in einem ungewissen, dynamischen Umfeld haben nicht nur mit den organisationsbezogenen Widersprüchen zwischen Stabilität und Wandel, zwischen rationalem Konzept und dessen Umsetzung in einem organisationskulturellen Beziehungsgeflecht zu kämpfen, sondern vor allem auch mit der „Schwerkraft", die bisherige Verhaltensweisen für Führungskräfte und Mitarbeiter entfalten. Veränderungsprozesse benötigen deshalb ein realistisches Konzept der Kompetenzentwicklung vor allem für die mittlere Ebene der Abteilungsleiter, an deren Handlungskompetenz letztlich die Dauerhaftigkeit und Qualität der Umsetzung von Veränderungsmanagement in Sozialen Organisationen geknüpft ist. Schließlich wird auf dieser Ebene der Konflikt zwischen ökonomischen Zielaspekten und den fachlichen und normativen Ansprüchen der mit den Klienten arbeitenden Mitarbeiter ausgetragen. Zugleich benötigen die Mitarbeiter in ihren zumeist mit großen Spielräumen behafteten Handlungsfeldern die Kompetenz, durch Prozesse des Selbstlernens und der Selbstorganisation die neuen Ansprüche in ihre eigene Sicht ihrer Aufgaben zu integrieren und dabei neue Möglichkeiten, eigene Anwendungen und Kompromisse auszuloten.

Die Quadratur des Kreises?
Dilemmata von Sozialmanagement-Vorhaben

Die Theorie und Praxis des Sozialmanagements lässt sich entlang von polaren Orientierungen einordnen:

Strukturelle, organisationale Orientierung
kontra Handlungsorientierung:

Veränderungsprozesse und neue Verfahrensweisen müssen sich immer auf die Organisation als System, die in ihr geleistete Vergegenständlichung von sozialpolitischen Zielen als Strukturen, Mechanismen und Bearbeitungsregeln beziehen und zugleich die Handlungen der Mitarbeiter zu beeinflussen suchen, durch die – und damit durch sie „hindurch"! – erst die strukturell eingelassenen Vorgehensweisen praxiswirksam werden. Demgemäß können Sozialmanagement-Konzepte mehr auf der Ebene der Sozialen Arbeit als Schnittstelle zum Klienten selbst oder der Ebene der organisatorischen Umsetzung des „wohlfahrtsstaatlichen Arrangements" angesiedelt werden; die psycho-soziale, kommunikative Dimension des Klientenbezugs lässt grundsätzlich immer andere Perspektiven zu als diejenigen, die die Führung gleichsam als legitime Routinen vorgeben will.

Führungsorientierung kontra Mitarbeiterorientierung:

„Top-down"-Ansätze stehen mitarbeiterzentrierten „Bottom-up"-Entwicklungsprozessen gegenüber. Über Organisationsentwicklungskonzepte wird versucht, beide Perspektiven zu verbinden, ohne das in ihnen eingeschlossene Dilemma völlig ausschalten zu können, dass die Mitarbeiter andere Aspekte des Zielsystems stärker gewichten als die Leitungsebene, in deren Aufgabe die Berücksichtigung der (oft restriktiven) ökonomischen Rahmenbedingungen integriert ist.

Kostenträgerorientierung kontra Klientenorientierung:

Veränderungsprozesse in Sozialen Organisationen gehen nicht allzu selten von Ansprüchen der Kostenträger auf „ökonomischere" Leistungserbringung aus; zugleich will die fachlich-soziale Perspektive der Klientenzufriedenheit gewahrt sein, die sich zugleich immer mehr als Gebot des „Markterfolgs" – man denke z.B. an den Altenheimbereich – und damit zumindest mittelbar als ebenfalls „ökonomischer" Gesichtspunkt erweist. Die Qualitätsmanagement-Diskussion in der Alten- und Behindertenhilfe reflektiert dieses Dilemma[50]. Die Forderung der meisten Vorschläge zum Innovationsmanagement in Sozialen Organisationen, möglichst vielen „Stakeholders" gerecht zu werden, ist gut gemeint, löst aber das Problem nicht.

Betriebswirtschaftliche Orientierung kontra normative
und fachliche Orientierung:

Hier lässt sich die „Ebene der ökonomischen Effektivität und Effizienz" von der „Ebene der sozialökologischen Zielerreichung" (Bader) unterscheiden, wobei gleich zwei mögliche Konfliktlinien auszumachen sind:

- Die ökonomischen Reorganisationszwänge können auf Kosten dessen gehen, was bisher als Maßstab einer fachlich angemessenen und dem wertbezogenen Selbstverständnis entsprechenden Betreuung/Versorgung/Hilfe galt;

- Die normative Ebene selbst ist nur als konfliktreiches Aushandlungsfeld und Selbstdefinitionsprozess der jeweiligen Sozialen Organisation zu erfassen, so dass dieser Zielbereich selbst keinen klaren Maßstab in sich trägt; ambitionierte Leitbildprozesse versuchen, diesem Dilemma gerecht zu werden.

Anpassungsorientierung kontra innovative, sozialreformerisch
motivierte Orientierung:

Es macht schon einen Unterschied, ob ein Gesamtkonzept sich z.B. intensiv mit Fragen der Prävention, einer sozialpolitischen „Gesamtrechnung" und den ökonomischen Verursachungsfaktoren von zahlreichen „Fällen" befasst und damit von vornherein von der Begrenztheit, ja Widersprüchlichkeit betriebswirtschaftlich ausgerichteter, intraorganisatorischer Anpassungsversuche weiß oder ob geglaubt wird, dass mit besonders ausgefeilten Techniken Zielerreichung und Kostensenkung zu harmonisieren wären. Diesen Fehler vermeiden zwar gerade umfassende, profunde Managementkonzepte und Sozialtheorien, indem sie die verschiedenen Aspekte zu integrieren suchen; in der Organisationspraxis ist das Problem dennoch schwer lösbar, wenn man nicht ein Umdenken in Richtung umfassender interorganisationaler Netzwerke einleitet, die präventive Strategien formulieren und dabei von politischen Reformen begleitet sein müssen. Die Ebenen der organisationalen Leistungserbringung, des kooperativen Wirkungsgefüges und der politischen Zielsetzungen müssen klar unterschieden werden, weil die Zielerreichung und damit der Erfolg ebenfalls nur ebenenspezifisch angegeben werden können.

Zwei Beispiele sollen dies verdeutlichen: Ein Beschäftigungsprojekt für psychisch Kranke, dem Mittel gestrichen werden sollen, verweist auf die Einspareffekte, die es durch Verhinderung von teuren Psychiatrie-Aufenthalten erzielen kann, wenn bei Anzeichen von Krisensymptomen einzelner Klienten gezielte Stabilisierungsmaßnahmen eingeleitet werden. Was nützt dies aber, wenn in völliger Abwesenheit einer sozialpolitischen Gesamtrechnung beide Kostenpositionen nicht gegeneinander gehalten werden, weil die Kostenträger schlicht und einfach nichts miteinander zu tun haben? Oder was stört einen traditionell denkenden Jugendamtsleiter u.U. die erneute Einweisung eines Dauer-Problemfalls in den Strafvollzug, wenn ihm dadurch die Reflexion über teure Betreuungsmaßnahmen erspart – und zwar im doppelten Sinn! – bleibt? Solange nicht die Kosten und langfristigen Effekte der verschiedenen institutionellen Bearbeitungsebenen biographischer Problemlagen – und das heißt immer: einzelner Menschen, die ihr Problem im Zeitablauf und über viele bis alle Lebensbereiche hinweg entfalten! – in einer sozialräumlichen Perspektive fokussiert werden, ist eine Beurteilung der Effektivität der einzelnen Hilfsmaßnahmen eigentlich unmöglich.

Strukturorientierung kontra Kompetenzorientierung:

Veränderungsprozesse scheitern in Sozialen Organisationen unserer Erfahrung nach auch daran, dass die systematische Kompetenzentwicklung der Mitarbeiter der verschiedenen Ebenen – auf denen ja auch verschiedene Kompetenzen bei der Realisierung des Veränderungsvorhabens benötigt werden! – vernachlässigt wird. Zwar wird im Rahmen von ausgefeilten Strategien der Organisationsentwicklung versucht, „Bottom-up"- und „Top-down"-Momente zu verbinden, die Mitarbeiter in Projektgruppen an der Problemanalyse und Zielentwicklung teilhaben zu lassen etc., aber selten wird explizit erkannt, dass dafür kontinuierlich neue Kompetenzen aufgebaut werden müssen.

Die Praxis von Sozialmanagement in Sozialen Organisationen muss sich insofern mit grundlegenden Dilemmata auseinander setzen, die einerseits in jede Organisation eingelassen sind, andererseits auf den Besonderheiten des Bereichs sozialer Dienstleistungen beruhen: Die gegensätzlichen Zielsetzungen und widersprüchlichen Anspruchshaltungen der Politik gegenüber den „Leistungsträgern" bildet sich in diesen gleichsam ab, um dort als „Organisationsproblem" bearbeitet zu werden. Daraus resultieren charakteristische Problematiken für Soziale Organisationen:

Die Zielproblematik:

- Wie verhalten sich unsere vielfältigen Ziele zueinander?

- Welche Ziele sollen, welche müssen derzeit im Vordergrund stehen?

- Welches Ziel ist selbst nur Mittel? In welches organisationale Wirkungsdiagramm und in welchen politischen Wirkungsgesamtzusammenhang ist unser Zielsystem eingebettet?

Hier empfiehlt es sich, anstelle der in der Leitbildentwicklung üblichen Auflistung von Zielen und Unterzielen einmal tatsächlich ein realistisches, systemisches Wirkungsdiagramm der Organisationsziele zu erstellen.

Die Strategieproblematik:

- Wie kann man in einem politisch regulierten Markt, der nur bedingt den Produktzuschnitt nach eigener Vorstellung erlaubt, eine eigenständige und langfristige Strategie entwickeln?

- Können Marktsegmente erschlossen und integriert werden, die die Abhängigkeit von politisch vorformulierten Leistungen verringern helfen?

- Wie können diese Elemente in das Gesamtkonzept eingepasst werden?

Erfahrungsgemäß tun sich die traditionellen, gemeinnützigen Verbandsorganisationen schwer, gewissermaßen zwei Logiken in sich hereinzunehmen; der lukrative Markt z.B. für vermögende Senioren wird daher häufig den Privaten überlassen.

Die Qualitätsproblematik:

- Wie verhalten sich betriebswirtschaftliche, soziale und fachliche Qualitätselemente zueinander?

- Welcher zeitliche und wirtschaftliche Aufwand für die Implementation von Qualitätsmanagementsystemen ist vertretbar?

- Stehen mit dem gewählten System qualitätssichernde oder qualitätsentwickelnde Aspekte im Vordergrund?

- Wie verträgt sich der wachsende Kontrolldruck der Kostenträger mit den Qualitätsansprüchen des Leistungsträgers an sich selbst?

Die Diskussion um die DIN-ISO[51] zeigt, dass die zirkuläre Messung, ob die Kriterien des QS-Systems erfüllt sind, noch keine inhaltlichen Qualitätsmaßstäbe vorgibt und schon gar nicht zur systemischen Qualitätsentwicklung beiträgt. Viele Organisationen versuchen daher, den Zertifizierungsprozess in ein Organisationsentwicklungskonzept einzubauen.

Die Kompetenzproblematik:

- Welche Kompetenzen zur Bewältigung der Veränderungen werden einerseits von den fachlich kompetenten Betreuern, andererseits auf den verschiedenen Leitungsebenen zusätzlich benötigt?

- Wie und wobei können diese Kompetenzen aufgebaut werden? Welche Rolle spielen dabei verschiedene Momente des Wissensbildungsprozesses?

So schwierig es ist, parallel zum organisatorischen Entwicklungsprozess in der Organisation Kompetenzen aufzubauen, die über ihre eingefahrenen Sichtweisen und informellen Beziehungsmuster hinausweisen, so problematisch erscheint es in der Regel, durch externe Instruktion, d.h. den Besuch von Fortbildungsseminaren, Kompetenzentwicklung zu betreiben, wenn diese am expliziten Wissen orientierte Strategie nicht in ein Gesamtkonzept eingebunden ist, das auch implizite Wissensbestandteile, persönliche Kompetenzen, Anwendungspraxis und die Handlungsmotivation selbst umgreift.

Der bewusste Blick auf die prinzipiellen Gegensatzpaare und Problematiken von Veränderungsmanagement in sozialen Organisationen kann dazu beitragen, Methoden und Vorgehensweisen auszuwählen, die die jeweils „andere Seite" ebenfalls in Rechnung zu stellen suchen. Zwar mag es fraglich sein, ob dies immer gelingt. Aber im anderen Fall riskiert man „blinde Flecken", die sich als „ungewollte Nebenwirkungen" oder gar als Kluft zwischen Vorhaben und Resultat bemerkbar machen.

Rezeptionswege und praktische Probleme von Sozialmanagement-Konzepten

Wie fanden die beschriebenen Modelle und Methoden des Sozialmanagements Eingang in die Praxis Sozialer Einrichtungen und Organisationen? Erst einmal muss man sich dieser Frage von der Seite der Kompetenzbeschaffung nähern. Sozialmanagement als allgemeines Konzept umfasst zunächst immer zweierlei: Eine umfassende theoretische Perspektive, wie, in welcher Form und mit welchen Schwerpunkten Soziale Organisationen betriebswirtschaftliche Instrumente in ihre organisationale Gesamtkonstruktion integrieren können, sowie einen „Instrumentenkoffer" („tool-kit"), welche konkreten Managementtechniken und betriebswirtschaftlichen Werkzeuge sie dabei einsetzen müssen. Offen bleibt in den Lehrbüchern und Materialienordnern zum Sozialmanagement notwendigerweise sowohl der Transfer auf einzelne Organisationen und Einrichtungen als auch die Beantwortung der Frage, wodurch diese die Qualifikationen und Kompetenzen, die zur Implementierung von Sozialmanagement-Konzepten notwendig sind, gewinnen.

Hierbei sind mehrere Strategien des Kompetenzerwerbs denkbar:

- Fort- und Weiterbildung von Mitarbeitern innerhalb der Organisation

- Verstärkte Anwerbung von Studienabsolventen, die schon Sozialmanagement-Kenntnisse besitzen

- Andere externe Rekrutierungsstrategien wie z.B. die Zusammenarbeit mit Bildungsträgern, Arbeitsämtern oder Personaldienstleistern. Hier kann wieder zwischen der Rekrutierung betriebswirtschaftlicher Fachkräfte auf dem freien Markt und der Gewinnung von sozialpädagogischen Fachkräften mit entsprechender Zusatzausbildung über die Weiterbildung von Arbeitslosen oder anderen Gruppen von beruflichen Wiedereinsteigern/innen (z.B. Sozialpädagoginnen nach einer Familienpause) unterschieden werden.

Die externen Strategien verfügen über charakteristische Vor- und Nachteile:

- Betriebswirtschaftliche Fachkräfte hatten zumindest in der Anfangsphase zu Beginn der 90er Jahre oft keine Erfahrung mit den besonderen Anforderungen und Strukturen des Sozialbereichs und den daran geknüpften normativen Erwartungen und Kommunikationsstilen. Dafür war ihnen eine breite Praxiserfahrung in ihrem speziellen Berufsfeld eigen. Da jedoch Soziale Organisationen im Rahmen ihrer wohlfahrtsstaatlichen Einbindung eine völlig eigene Organisationswelt ausgebildet hatten, waren die in der Erwerbswirtschaft erprobten Strategien nicht einfach auf den Bereich sozialer Dienstleistungen übertragbar.

■ Motivierte und berufserfahrene arbeitslose Sozialpädagogen/innen können zwar all jene auf Soziale Organisationen und Soziale Arbeit bezogenen „Insider"-Kenntnisse" vorweisen, die für Organisations- und Leitungsaufgaben hier unabdingbar sind; andererseits fehlte es ihnen in der Anfangsphase der Sozialmanagement-Diskussion häufig an pragmatischer Professionalität und betriebswirtschaftlichem Wissen. Dies galt sowohl für Studienabgänger als auch für viele berufserfahrene Kräfte, die sich vor allem auf klassische Klientenarbeit konzentriert hatten. Zudem setzte sich Sozialmanagement ja erst im Laufe der neunziger Jahre als bedeutsamer Bestandteil des sozialpädagogischen Studiums durch; und dies auch nur an bestimmten Fachhochschulen, die hier eine Vorreiterrolle übernommen hatten. Die externe Rekrutierung von im Sozialmanagement ausgebildeten Sozialpädagogen war damit an die Notwendigkeit langwieriger Fortbildungsstrategien gebunden, die entsprechende Kooperationen mit innovativen Weiterbildungsträgern, Fachakademien oder (Fach)hochschulen voraussetzten.

Umgekehrt standen für die Einführung derart umfassender Perspektivenveränderungen, wie sie im Rahmen der Sozialmanagement-Konzeptionen vorgesehen war, zu wenig Zeit und Ressourcen zur Verfügung, um sie ausschließlich über interne Schulungen innerhalb der Organisation vorantreiben zu können. Hinzu kam, dass gerade die organisationsspezifische „Betriebsblindheit" im Sinne der von uns diskutierten systemischen Organisationstheorie, die sich bei traditionellen Sozialen Organisationen häufig in einer gewissen emotionalen Abwehrhaltung gegenüber betriebswirtschaftlichem Denken ausdrückte, eine Einbeziehung externer „Change-Agents" ratsam erscheinen ließ. Denn selbst bei „gutem Willen" verformt und verengt jegliche tradierte Organisationspraxis den Blickwinkel der Mitarbeiter, die diese Praxis tragen, also auch erfolgreich in sie „hineinsozialisiert" wurden, derart, dass ein gewisses Maß externer Anbindung und Reflexion von Veränderungsprozessen unverzichtbar ist: Das Dilemma, in die Organisation neue Perspektiven durch diese selbst hindurch hineinzutragen, so dass die Organisation an sich etwas verändern soll, was sie gerade bisher erfolgreich beibehalten hatte, gibt ja den Ausgangspunkt von professioneller Unternehmensberatung ab. So weit zur Systematik möglicher Beschaffungswege von Sozialmanagement-Qualifikationen. Beschaffung von Qualifikationen setzt aber schon veränderungsbezogene Absichten voraus. Wodurch wurden diese ausgelöst?

Mitarbeiterbefragung zu Praxis und Ergebnissen des Sozialmanagements

Eine interessante Untersuchung zur Praxis des Sozialmanagements hat C. Bader[52] vorgelegt; in diesem Rahmen wurden 1998 an ca. 100 zufällig ausgewählte Einrichtungen in Hessen und Sachsen-Anhalt Fragebögen zum Sozialmanagement verschickt, die von Mitarbeitern der Leitungsebene beantwortet werden sollten. Bezüglich der Rezeption von Sozialmanagement ergab sich daraus folgendes Gesamtbild:

- Die wissenschaftliche Diskussion, der Bereich Aus- und Weiterbildung sowie die wissenschaftliche Reflexion der Tätigkeit sozialer Einrichtungen konfrontieren die Mitarbeiter und Einrichtungsleiter zuallererst mit dem Begriff und Konzepten von Sozialmanagement; die Anforderungen, Notwendigkeiten und praktischen Bezüge des Alltags mögen zwar die Phänomene erzeugen, die in der Organisation als Veränderungsdruck wahrgenommen werden – die neue Perspektive hingegen bedarf eines Außenbezugs, durch den erst ein neuer Interpretationsrahmen angeboten wird. C. Bader fasst zusammen: „Zwar wurde in den Antworten eine Vielzahl von Bestimmungen dessen wiedergegeben, was ‚Sozialmanagement' sein sollte oder könnte. Dennoch war erkennbar, dass die Antworten eindeutig Resultat von theoretischer Befassung sind, von Reflexionen, wie sie in Studium und Literatur zu finden sind. Und noch etwas wurde sichtbar: Es gibt große Erwartungen seitens der ‚Praxis' an die Konzepte des Sozialmanagements: Sie sollen Mittel sein, die drängenden Probleme besser zu bewältigen."[53] Dieses Ergebnis wird den dargelegten Überlegungen zur Funktion von

„Managementphilosophien" gerecht: Veränderungsdruck wird über „Metaphern" und griffige „Formeln" in Veränderungsbereitschaft übersetzt; weder die Anforderungen von Kostenträgern noch die zumeist allgemein und pauschal gehaltene Kritik externer Beobachter aus ganz anderen Bereichen ersetzen plakative, aber dennoch bereichsbezogene Grundideen, die das Wagnis, neue Wege zu gehen, theoretisch unterfüttern und in das Chaos möglicher Rezepte und Handlungsweisen eine verständige Ordnung bringen. Dabei besteht die Stärke der elementaren „Steuerungsformeln" zunächst gerade darin, dass verschiedene Mitarbeitergruppen, Leitungsebenen und Führungskräfte ihnen ihren eigenen, unterschiedlichen Inhalt geben dürfen; im gemeinsamen Bezug der unterschiedlichen Sichtweisen und Interessen auf eine „Managementphilosophie" kann im günstigen Fall ein echter Kommunikationsprozess über die diversen Ziele und Ansprüche angestoßen werden, die in der Organisation präsent und mehr oder weniger wirksam sind.

■ Die befragten Mitarbeiter[54] nannten demgemäß eine Vielzahl von Zielen und Inhalten des Sozialmanagements, die neben Aspekten der Führungskultur, ganzheitlichen und vernetzten, fachlich professionellen Problemlösungen auch Probleme der Budgetierung, der Effizienzsteigerung und des Controlling umfassten. Dabei wurde „Sozialmanagement" als Konzept verstanden, das den Spezifika des sozialen Bereichs gerecht zu werden sucht: „Der weitaus größte Teil der Befragten verbindet mit ,Sozialmanagement' Konzepte, Techniken und Methoden für eine wirkungsvollere Führung und Leitung der Einrichtung und erhofft sich darüber vermittelt Möglichkeiten zur Verbesserung der Arbeitsbedingungen der Mitarbeiter, die sich dann auch in einer qualitativ besseren Arbeit niederschlagen."[55] Die Befragten schienen auch davon auszugehen, dass es sich hierbei um einen dynamischen Prozess, nicht ein statisches Konzept handelt. Die betrachtete Untersuchung zeigt, dass im Unterschied zur theoretischen Auseinandersetzung die Funktion von Sozialmanagement als Antwort auf gesamtökonomische und politische Veränderungen kaum eine Rolle spielt; für die leitenden Mitarbeiter standen vielmehr die Chancen im Vordergrund, die in einer umfassenden intraorganisatorischen Ressourcenmobilisierung gesehen wurden. Reibungsflächen oder grundlegende Problematiken, die gemäß unserer Analyse in den unterschiedlichen Perspektiven und Zielaspekten eingeschlossen sind, wurden auf dieser Ebene scheinbar nicht thematisiert. C. Bader wertet dies als Indiz einer Verankerung von Sozialmanagement-Ansätzen in der Praxis, dass der politisch-ökonomische „Ausgangspunkt" von Sozialmanagement-Bestrebungen gleichsam „vergessen" wurde und die mit diesem Konzept verbundenen Sichtweisen in das gültige Wahrnehmungsrepertoire der Organisationen aufgenommen wurden.

Welche Schwerpunkte wurden nun bei der Einführung in der Praxis gesetzt? Die einrichtungsbezogenen Umsetzungen[56] beinhalteten Konzepte zur

- Verbesserung der Organisationsstrukturen

- Verbesserung der Führung bzw. des Führungsstils

- Verbesserung der Qualität der Dienstleistungen

- Organisationsentwicklung.

„Mehr als die Hälfte der Befragten nannten die Organisationsentwicklung als das Management-Konzept, das in ihrer Organisation eingeführt und umgesetzt worden war. Fast die Hälfte der Mitarbeiter erklärten, dass auch im Bereich der Leitbildentwicklung, der Corporate Identity und der Öffentlichkeitsarbeit Management-Prinzipien umgesetzt werden. Ein hoher Anteil der Mitarbeiter gab an, ein Qualitätsmanagement in ihrer Organisation eingeführt zu haben bzw. gerade einzuführen. (…) Festzuhalten bleibt, dass Anlass und Grund für die Entscheidung der Leitung, Managementkonzepte einzuführen, in erster Linie die Gesamtstruktur der Einrichtung und ihr Erscheinungsbild nach außen ist."[57]

Damit reflektieren die Gründe der Einführung von Sozialmanagement aber auch die zentralen Veränderungslinien, die bereits herausgestellt wurden:

- Die Forderung der Kostenträger nach kostengünstigerer und zugleich ergebnisorientierterer Leistungsbereitstellung ließ die Organisationen auf die Strukturen und Prozesse der Produktion ihrer Dienstleistung sowie auf deren Eigenschaften schauen.

- Der neue, politisch inszenierte Wettbewerb zu privaten Anbietern lenkte das Augenmerk auf den eigenen Auftritt nach außen.

Handlungswirksam wird der Veränderungsdruck von außen aber nur dadurch, dass die Organisation ihn auf sich selbst projiziert und durch die Brille ihrer Ziele, Strukturen und Prozesse wahrnimmt. Darin liegt natürlich auch die gleichzeitige Beschränkung der Bearbeitungsmöglichkeiten: Indem die externen Entwicklungen in organisationale Entscheidungen zur intraorganisatorischen Umgestaltung übersetzt werden, werden sie zwar durch die Organisation bearbeitbar, aber zugleich auch politisch vorausgesetzt – die Sozialen Organisationen müssen sich ändern, nicht die Politik. Auf diesen Punkt kann man in Zeiten, in denen sozialkritische Aspekte schon im Ansatz als Utopie abgetan werden, die sich der Macht des Faktischen – oft reicht hier schon das Schlagwort „Globalisierung" – zu beugen haben, nicht oft genug hinweisen.

Doch welche Ergebnisse wurden in den Sozialen Organisationen, die Sozialmanagement-Konzepte zu realisieren suchten – wobei, wie Bader betont, nicht alle Einrichtungen die einzelnen Maßnahmen in ein umfassenderes Konzept eingeordnet hatten –, wirklich erzielt?

Die von Bader befragten Mitarbeiter/innen zeichnen ein komplexes Bild[58]:

- Knapp ein Drittel der Mitarbeiter/innen gibt nur vage Antworten bezüglich der Frage, was nach der Einführung der Management-Konzepte anders geworden war. Sie hatten „kein eindeutiges Urteil über die Wirkungen der Management-Konzepte, die in ihrer Organisation umgesetzt worden waren".

- Diejenigen aber, die die Veränderungen in ihrer Wirkung auch präzise beschreiben konnten, beurteilten sie überwiegend positiv. Als negative Auswirkungen, die ein geringer Teil (unter 10 %) der Befragten konstatierte, wurde vor allem das administrative oder organisatorische Chaos benannt. Bader schließt daraus auf Probleme der Umsetzung und effektiven Implementation in manchen Einrichtungen.

- Von den nahezu zwei Dritteln der befragten (leitenden!) Mitarbeiter, die sich positiv über die Wirkungen der Einführung geäußert hatten, wurde vor allem betont, dass sich die Kommunikation zwischen Führung und Mitarbeitern, unter den Mitarbeitern selbst, die Dienstleistung als solche, die Effizienz des Arbeitens sowie der praktische Erfolg der Organisation verbessert hätten. Die Organisation wäre leichter lenkbar und flexibler geworden; eine höhere Transparenz, Motivation und Selbstständigkeit der Mitarbeiter wird wahrgenommen.

Warum also die ganze Diskussion um „Barrieren", organisationale Widersprüche etc.? Wenn man den Zusammenhang von einem Lob der Einführung von Management-Konzepten und den wirklich eingetretenen Resultaten quantitativ genauer betrachtet, ergibt sich schon ein etwas anderes Bild: „Nur in einem Bruchteil der Fälle, in denen in den Einrichtungen Maßnahmen des Qualitätsmanagements, der Verbesserung der Organisationsstrukturen, der Verbesserung der Führungsstruktur und dergleichen eingeführt wurden, wurden hinterher von den Einrichtungen bzw. deren Mitarbeitern auch Resultate als tatsächlich eingetreten beschrieben, die mit der Einführung der genannten Konzepte bezweckt und beabsichtigt gewesen waren. (…) Mithin ergeben sich aus diesem Vergleich Hinweise darauf, dass offensichtlich die Umsetzung der Management-Konzepte nur in begrenztem Umfang den Erfolg zeigen, den die entsprechenden Maßnahmen ihrer Sache nach eigentlich bezweckt haben oder hätten müssen."[59]

Wichtige Ansatzpunkte der Interpretation dieses Sachverhalts ergeben sich aus weiteren Resultaten der Untersuchung: Knapp die Hälfte der Mitarbeiter nehmen „eine eher zwiespältige oder teilweise sogar negative" Haltung gegenüber den diskutierten Management-Projekten ein; nur knapp ein Drittel sieht sie sehr positiv. Dabei fällt auf, dass diese Sicht vor allem von jenen Mitarbeitern eingenommen wird, die die Veränderungen als Prozess der Vertrauensbildung und -entwicklung unter den Mitarbeitern erlebt hatten, der von gegenseitiger Wertschätzung, Akzeptanz und Teamarbeit getragen war. Die ablehnende „Fraktion" verdeutlicht andererseits einen Aspekt, der auf die zeitliche Dimension der Implementation verweist: Je länger die Maßnahmen durchgeführt worden waren, desto höher war die Akzeptanz. Zugleich verweist Bader aber auch darauf, dass unter den kritischen Mitarbeitern auch zahlreiche solcher Einrichtungen waren, die schon seit vielen Jahren Sozialmanagement praktizierten. Während die positive Beurteilung der Mitarbeiter abhängig war vom Maß an Vertrauensbildung, Kompetenzentwicklung, Teamarbeit und ermöglichter Eigeninitiative, beurteilten die Einrichtungsträger die eingeleiteten Maßnahmen vor allem unter Kosten- und Qualitätsgesichtspunkten durchweg als positiv. Bezüglich der Klienten war zu zwei Dritteln eine positive Reaktion, zu einem Drittel eine eher neutrale bis negative Einschätzung angegeben worden.

Versucht man nun, diese Ergebnisse vor der Folie der bisherigen Analyse genauer zu betrachten, kommt man noch einmal auf ein paar Thesen zurück, die sich im Zuge des Fortgangs der Argumentation aufgedrängt hatten:

- Organisationen sind komplexe soziale Systeme, die durch kontextbezogene Perspektiven und Handlungen der Organisationsmitglieder konstituiert und aufrechterhalten werden. Dabei entsteht neben dem formellen System der Strukturierung der Organisation eine „Organisationskultur", die als Filter für alle Entscheidungsprozesse und Maßnahmen in der Organisation wirksam ist.

- Organisationen sind daher nur bedingt steuerbar; die Ergebnisse von Veränderungsvorhaben hängen von dem unvorhersehbaren Weg ab, den sie durch die Perspektiven der Mitarbeiter und die formellen und informellen organisatorischen Kommunikationsprozesse hindurch nehmen. Dies gilt für Soziale Organisationen in besonderem Maße, da die von ihnen bearbeiteten, oft „wilden" Probleme eine Dienstleistungserbringung am Klienten und damit deren Einbindung in schwer kontrollierbare psycho-soziale Prozesse beinhalten.

- Damit nimmt die persönliche und fachliche Kompetenz der Mitarbeiter einen viel größeren Stellenwert ein, als ihr in der industriellen Erwerbswirtschaft allen Bekundungen zum Trotz eingeräumt wird. Diesem hohen Stellenwert wird die Praxis sozialer Veränderungsvorhaben bisher kaum gerecht.

- Die Mehrdeutigkeit und Vielschichtigkeit der Ziele Sozialer Organisationen drückt sich im problematischen Neben-, Mit- und Gegeneinander von fachlicher, normativer und wirtschaftlicher Orientierung aus, die sich häufig im Gegensatzpaar Mitarbeiterorientierung kontra Führungsorientierung widerspiegelt.

Zugleich verweist das hohe Maß an Zufriedenheit bei denjenigen Mitarbeitern, deren kommunikationsorientierte Perspektive auf Teamarbeit und eigene fachliche Kompetenz eingebunden wurde, auf eine beträchtliche Chance, die Veränderungsprozessen in Sozialen Organisationen offen steht: Während Veränderungsprozesse in der Industrie zumeist auf Rationalisierungszwängen im Sinne der immerwährenden Steigerung der Rentabilität beruhen, die so manchen methodischen Einbindungsversuch der Mitarbeiter als ideologische Farce erkennen lassen, können die Leiter Sozialer Organisationen sowie die Trägerorganisationen selbst zumeist glaubhaft vertreten, dass ihnen an der „Quadratur des Kreises", der Vermittlung betriebswirtschaftlicher Zwänge und normativer Leitbilder, ernsthaft gelegen ist. Schließlich sind diese normativen Bilder fest in ihre Organisationsgeschichte eingebunden, die gerade nicht auf dem Streben nach Profitmaximierung beruht. Versuche, „Bottom up" Prozesse mit „Top-down"-Initiativen durch projektmanagementfundierte Methoden der Implementation von Management-Konzepten zu verbinden, könnten sich daher in der Entdeckung neuer Wege auszahlen, die versuchen, eine für alle aushaltbare Verlaufsform der intraorganisationalen Veränderungen zu finden, die hierzu in sozialraumbezogene Reformbestrebungen und Kooperationsformen einzubinden wären. Einem hohen Konfliktpotenzial Sozialer Organisationen auf Basis ihrer normativen Orientierung, des oft auch weltanschaulich oder sozialpolitisch ausgerichteten

Selbstverständnisses ihrer Mitarbeiter und der starken Personalisierungstendenz von Konflikten steht ein hohes Konsenspotenzial gegenüber, das Soziale Organisationen berücksichtigen müssen. Dies können sie allerdings nur leisten, wenn ihnen klar ist, dass sich die widersprüchliche Zielstruktur Sozialer Organisationen in den verschiedenen Grundorientierungen von fachlicher Ebene, Leitungsebene und Trägerebene abbildet: Konzepte, die nicht von vornherein die Mitarbeiter an der Formulierung des diese widersprüchlichen Momente reflektierenden Selbstverständnisses beteiligen, „versickern" entlang der Barrieren, die den Veränderungsbestrebungen gerade wegen der großen Handlungsspielräume im Bereich des Klientenkontakts entgegengesetzt werden können.

Die Interpretation der Ergebnisse von Bader gewinnt an Schärfe, wenn man berücksichtigt, dass die Feststellung der ablehnenden Haltung von Teilen der Mitarbeiterschaft oder der Klienten von den Leitungskräften selbst getroffen wurde. Ablehnende Haltungen scheinen daher nicht unmittelbar durch Äußerungen der betrachteten Gruppen auf, sondern nur insofern und insoweit, wie sie von den Leitungskräften als irgendwie geartete Manifestationen von Kritik wahrgenommen oder interpretiert wurden. Da nicht davon auszugehen ist, dass den Antworten der Leitungskräfte immer nachprüfbare Befragungsergebnisse zu Grunde lagen, ist der Interpretationsspielraum beträchtlich. Angesichts der Erfahrung, dass Kritik eher ignoriert als wahrgenommen wird und die Führungskräfte zu positiven Interpretationen der Akzeptanz ihrer Maßnahmen neigen, da dies die Selbstrechtfertigung erleichtert, ist eher eine noch breitere Problematisierung der Veränderungsmaßnahmen zu vermuten, als es die Antworten der Führungskräfte nahe legen.

Hierzu ein Beispiel: In einem großen Klinikum wurde Mitte der 90er Jahre ein komplexes Modell von Arbeitszeitstrukturen im Pflegedienstbereich implementiert, das ca. 30 alternative Arbeitszeitmodelle für die Krankenschwestern und -pfleger vorsah. Von der Leitung wurde dies als mitarbeitergerechte Organisationsentwicklung angesehen, die die Mitarbeiterzufriedenheit drastisch erhöhen würde. Von den Mitarbeitern/innen hingegen war eher Gegenteiliges zu hören, was mit der Art und Weise zusammenhing, wie die Arbeitszeiten dem Personal zugeordnet wurden. Überfordert durch die Komplexität der notwendigen Verzahnungen wurden Mitarbeiter oft kurzfristig zum „Umspringen" auf ihnen nicht genehme Arbeitszeitmodelle gedrängt, um entstandene Lücken ohne großen Planungsaufwand schließen zu können. Die Bereichsleitung bekam von diesem Unmut gar nichts mit; den steigenden Krankenstand bezog man zunächst einmal gar nicht auf die organisatorischen Veränderungen, sondern führte ihn auf die wachsende Arbeitsintensität auf Basis externer Anforderungsverschärfungen zurück. Der Mangel, auf eine parallele Kompetenzentwicklung der mit der Planung betrauten „mittleren Ebene", der Pflegedienst- und Stationsleitungen, zu verzichten, führte dazu, dass die Chancen, die die neuen Arbeitszeitmodelle für die Steigerung der Mitarbeiterzufriedenheit eröffnet hätten, erst einmal vertan und in ihr Gegenteil verkehrt wurden.

Auch mit Blick auf eigene Erfahrungen, die auf nahezu 10 Jahren Zusammenarbeit mit weit über hundert Sozialen Organisationen und Einrichtungen bezüglich Sozialmanagement-Fortbildungen und -Praktika beruhen, können (als zwar eher exploratives, aber dabei breit fundiertes Ergebnis) spezifische Probleme der Praxis von Sozialmanagement festgehalten werden:

- Einzelmaßnahmen nach dem Feuerwehrprinzip scheitern notgedrungen; den in der Untersuchung von C. Bader ermittelten Vorrang eines Organisationsentwicklungsansatzes kann ich für unseren Erfahrungsbereich nur bestätigen: Inzwischen herrschen umfassendere, integrierte Vorgehensweisen vor, die zumeist von einem Leitbildentwicklungsprozess ausgehen und daraus Effzienzmaßstäbe und Qualitätskriterien abzuleiten suchen. Durch Einbindung in das Methodensystem der Organisationsentwicklung wird versucht, die Mitarbeiterperspektive von vornherein einzubinden im Sinne der Devise: „Betroffene zu Beteiligten machen".

- Gerade in Sozialen Organisationen ergibt sich aus der Vermischung von traditionellen Werthaltungen, eingefahrenen Routinen, fachlichen Gesichtspunkten, erworbenen „Besitzständen" und relativ großen mikropolitischen Entscheidungs- und handlungsspielräumen eine ausgeprägte Organisationskultur, die jeder Veränderungsmaßnahme gleichsam als strukturell in die Kommunikationsmuster, Rituale und Verfahrensweisen eingebauter „Filter" vorgelagert ist. Ohne die Analyse dieses informellen Handlungs- und Kommunikationssystems und ohne den Respekt vor seiner bisherigen Zweckmäßigkeit, ja auch Leistungsfähigkeit wird „das Kind mit dem Bade ausgeschüttet"; schließlich kann jede Kommunikation von geforderten neuen Verhaltensweisen auch als Zumutung abgelehnt und hintertrieben werden.

■ Aber auch bei den wohlgemeintesten Vorgehensweisen stellt sich nicht umstandslos allgemeine Zufriedenheit ein; erstens sind die strukturellen Widersprüche, die von verschiedenen Organisationsebenen und Mitarbeitergrupen nur vorgestellt werden, nicht auf der Ebene der persönlichen Akzeptanz zu harmonisieren – ein wichtiges Ergebnis der Nachteile des Veränderungsmanagements –; zweitens werden immer Mitarbeiter übrig bleiben, die radikale Wandlungsprozesse nicht mitzutragen bereit sind: So hat z.B. eine Behindertenwerkstatt, die für ihre vorbildliche, an den industriellen Kunden orientierte Qualitätssicherung regional bekannt war, einige bewährte alte Mitarbeiter verloren, die die psycho-sozialen Kommunikationsmomente der Behindertenbetreuung in ihrer Arbeit immer weiter zurückgedrängt sahen. Manchmal muss man es auch dabei belassen, dass gegensätzliche Gesichtspunkte zumeist nicht auf der Motivationsebene harmonisiert werden können, und sich als Führungskraft für einen Weg entscheiden, wohl wissend, dass damit weitere Schwierigkeiten ins Haus stehen.

■ Als häufiges Problem zeigte sich uns, dass die Übertragbarkeit von Konzepten zwischen Organisationen überschätzt wird. Oft wird nur die formelle Seite der Organisation betrachtet und gefordert, man müsse es genauso „machen" oder „hinkriegen" wie die Wettbewerber. Dies widerspricht der prinzipiellen Einzigartigkeit organisationaler Kommunikation, die eine Wiederholung des Gleichen ausschließt. Darüber können auch die schönsten „Benchmarking"-Modelle nicht hinwegtäuschen. Managementkonzepte, insbesondere Veränderungen, können nur als „Bottom-up"-Prozess durch die Organisation hindurch zum Tragen kommen; dafür fehlt den Führungskräften, die unter beträchtlichem Handlungsdruck stehen, manchmal leider die Geduld. Echte Veränderungen brauchen viel Zeit, bis sie fest in die Organisation „eingebaut" sind. Damit werden sie dann allerdings zum Hindernis für neue Vorhaben ... Der Erfolg von „Change-Management"-Strategien schafft das Fundament für ihre (irgendwann) notwendige Überwindung, wie S. Kühl zeigen konnte.

- Oft traf ich auf Maßnahmen und Projekte, die zu einseitig struktur- und prozessorientiert auf die organisationale Ebene fixiert waren und hierüber den komplizierten Prozess der Kompetenzentwicklung der Mitarbeiter vernachlässigten. Was nützen Prozessbeschreibungen und eine darauf aufbauende Wissendatenbank, wenn die Organisations- und EDV-Kenntnisse der Mitarbeiter hinterherhinken? Wie sollen Beamte neue Instrumente der Budgetierung nutzen, wenn die diesbezügliche Fortbildung bestenfalls als rudimentär bezeichnet werden kann? Häufig wird immer noch erwartet, dass die Mitarbeiter mit den organisatorischen Veränderungen prinzipiell alleine klar kommen, wenn sie im Rahmen von Workshops, Arbeitskreisen u.ä. ausreichend motiviert und Vertreter jeder Hierarchieebene in Projektgruppen eingebunden wurden. Hier liegt auch die Berechtigung der Managementphilosophie „lernende Organisation": Die gegenseitige Durchdringung von Kompetenz- und Organisationsentwicklung ist hier gefordert.

Vor allem die mittlere Ebene bedarf eines stärkeren Augenmerks: Schließlich treffen hier die divergierenden Gesichtspunkte, Interessen und Befürchtungen in der Person des Gruppen- oder Abteilungsleiters aufeinander, der es irgendwie allen Beteiligten recht machen soll, ohne irgendwo Ansehen, Autorität und Kompetenzzuschreibung zu verlieren. B. Maelicke fasst diesen Gesichtspunkt pointiert zusammen: „In nunmehr 10 bis 15 Jahren der Umsetzung einer systemischen und ganzheitlichen Organisationsentwicklung von NPO und von SWO ist ein zentrales Problem immer deutlicher geworden: Die Branche verfügt noch immer nicht über ein genügend ausdifferenziertes und erprobtes Konzept der Gewinnung und Qualifizierung von Leitungskräften im mittleren, im höheren und im Top-Management. Hier mangelt es nach wie vor an entsprechenden Konzeptionen und Konzepten bei den Trägern der Ausbildung, Fortbildung und Weiterbildung. Zukunftsorientierte Lösungen können nur in Verbundprogrammen der Betriebe und Unternehmen mit Universitäten und Fachhochschulen und entsprechenden Fachinstituten gefunden werden."[60]

4. Theorie und Praxis der Kompetenzentwicklung in Sozialen Organisationen

Das Konzept der Schlüsselqualifikationen

Im Zuge der gewaltigen ökonomischen Veränderungen der letzten 25 Jahre, die einen Schub in Richtung Höherqualifizierung und zu größeren Handlungsspielräumen in vielen Branchen und Tätigkeitsbereichen bewirkt hatten, wurden in der wissenschaftlichen Diskussion immer mehr fachübergreifende, grundlegende Qualifikationen betont, die die Einsatzfähigkeit der fachlichen Kenntnisse und Fertigkeiten, vor allem ihre Übertragbarkeit zwischen Situationen betrafen. In der Diskussion um diese so genannten „Schlüsselqualifikationen" lässt sich ein kognitiver und ein tätigkeitsanalytischer Ansatz unterscheiden, wie H. Belz und M. Siegrist [61] ausführlich darlegen:

(1) Kognitiver Ansatz

G.F.W. Hegel formuliert als Vertreter der klassischen deutschen Philosophie einige grundlegende intellektuelle Fähigkeiten, die über fachspezifische Kenntnisse nicht nur hinausgehen, sondern ihrem erfolgreichen Erwerb bzw. ihrer Anwendung zu Grunde liegen:

- Allgemeine sach- und fachbezogene Einsichten/Begriffe (analytisches Wissen)

- Fähigkeit, konkrete Handlungsumstände unter Allgemeines zu subsumieren und Allgemeines auf Konkretes zu beziehen (deduktive und indukive *Transfer*leistungen)

- Zusammenhänge zwischen unterschiedlichen Phänomenen herstellen; Ursache, Wirkung, Rückkopplung bestimmen

- Hypothesen aufstellen können über die Tauglichkeit von Handlungsmitteln zur Realisation gesetzter Zwecke

Mertens[62] greift 1974 in seinem arbeitsmarktpolitisch orientierten Ansatz Hegels übergreifende kognitive Fähigkeiten wieder auf und stellt sie in einen modernen Referenzrahmen:

- Basisqualifikationen: Grundlegende allgemeine Denkoperationen

- Horizontqualifikationen: Informationen gewinnen, verstehen, verarbeiten und Einsicht in ihre Eigenart und Relevanz erlangen

- Breitenelemente: Grundlegendes Wissen auf der Ebene fundamentaler Kulturtechniken (z.B. Mathematik) und berufsrelevanter Kenntnisse (z.B. Arbeitsschutz, Service- und Wartungstechniken)

- „Vintagefaktoren": Wissensdefizite angesichts neuer Faktoren und Erkenntnisse ausgleichen können

(2) Moderner tätigkeitsanalytischer Ansatz

Dieser Ansatz überwindet die statische, auf kognitive Prozesse beschränkte Perspektive und macht den schnellen Wandel der realen Tätigkeitsanforderungen zum Ausgangspunkt, der die Erfordernis der beständigen Modifikation, Erneuerung und Anreicherung fachspezifischer Handlungen beinhaltet. Die **Schlüsselqualifikationen** machen diese Veränderung möglich. Ihre zentralen Grundmomente beziehen sich hier auf Selbstständigkeit, Teamkompetenz und vernetztes Arbeiten in komplexen (Sub)systemen, das eine hohe Fähigkeit unterstellt, die eigenen Denk- und Handlungsmodelle einer ständigen kritischen Überprüfung zu unterziehen. Mehrere Autoren haben sich an einem tätigkeitsanalytischen Ansatz von Schlüsselqualifikationen versucht.

Nach dem Modell von Mikelis muss die Einheit von Erleben, Erkennen und Handeln hergestellt werden durch sieben Leitlinien der Ausbildung: Betroffenheit, Wahrnehmungsfähigkeit („awareness"), Ausbildung von Urteilskraft, Handeln lernen, Ganzheitliche Zugänge zur Welt, Verständnis von Geschichtlichkeit und Erwerb von Phantasie als Bedingung von Zukunftsvisionen.

O. Negt stellt als kritischer Sozialwissenschaftler die gesellschaftsbezogene Komponente der Schlüsselqualifikationen in den Vordergrund: Denken in Zusammenhängen, Technikkompetenz, Ökologische Kompetenz und Sinnvergewisserungskompetenz.

Belz/Siegrist hingegen versuchen, abstrakte Meta-Qualifikationen auszumachen, die die Bewältigungsfähigkeit unterschiedlicher beruflicher Aufgaben in einem unterschiedlichen Maße – je nach Aufgabe – betreffen: Problemlösungsfähigkeit und Kreativität, Denk- und Lernfähigkeit, Begründungs- und Bewertungsfähigkeit, Kooperations- und Kommunikationsfähigkeit, Verantwortungsfähigkeit, Selbstständigkeit sowie Leistungs- und Belastungsfähigkeit.

Diese Qualifikationen stellen abstrakte Fähigkeiten dar, denen einerseits die drei zentralen Kompetenzebenen – Sozialkompetenz, Methodenkompetenz, Selbstkompetenz – zu Grunde liegen und die sich andererseits in verschiedenen konkreten Fertigkeiten ausprägen. Die grundlegenden Fähigkeiten werden von Belz/Siegrist auf die Ebene der Tätigkeiten übersetzt.

Wie immer man Schlüsselqualifikationen auch definiert – ein Mangel dieses Konzepts lässt sich schwerlich beseitigen: Schlüsselqualifikationen beziehen ihren Gehalt aus fachübergreifenden Arbeitsanforderungen, ohne angeben zu können, wie die daraus abgeleiteten „Meta"-Qualifikationen im beruflichen Handeln der Individuen zu verankern sind. Belz/Siegrist entwickeln zwar ein ebenso umfassendes wie an praktischen Übungen orientiertes Trainingsprogramm, das sicherlich von Nutzen sein kann. Unbestimmt bleiben muss dabei aber, wie sich die geübten transfachlichen Qualifikationselemente in ein Gesamtkonzept von anwendbaren Fähigkeiten einfügen – wie wird aus Qualifikationen anwendbares Wissen, individuelle Handlungskompetenz? Wie entstehen überfachliche Kompetenzelemente im personalen Entwicklungsprozess, wie vermitteln sie sich mit dem Pool an Einstellungen und Neigungen, Fähigkeiten und Fertigkeiten, bewusstem und subrationalem Wissen, aus denen sich unser Handlungsantrieb speist und unsere praktische Handlungsfähigkeit hervorgeht? Zur Klärung dieser Fragen ist ein umfassenderes Konzept notwendig, das nicht nur Qualifikationsanforderungen aus der Beschreibung veränderter Arbeitsprozesse ableitet, sondern vor allem die Umsetzung von Qualifikationen in Handlungskompetenzen betrachtet und analysiert, unter welchen individuellen und organisationalen Bedingungen diese zur Anwendung kommen können.

Kompetenzentwicklung als Einheit von Instruktion, Handlung und Beobachtung

Die Frage des Verhältnisses von Kompetenzen und Qualifikationen bleibt im Modell der Schlüsselqualifikationen relativ unbestimmt. Man kommt daher kaum über allgemeine Trainingsempfehlungen bzw. Vorschläge für entsprechende Seminareinheiten hinaus. Daran setzt eine neuere Kritik an, die von dem ernüchternden Urteil ausgeht, dass die institutionalisierte, seminar- und kurs-orientierte Weiterbildung die hochgesteckten Erwartungen, die an sie gerichtet werden, in der Regel nicht erfüllt: E. Staudt und B. Kriegesmann[63] verweisen auf den Beleg massiver Streuverluste von Weiterbildungsmaßnahmen und zeigen, dass „klassische Weiterbildung" an verschiedene enge Grenzen stößt: „Weite Bereiche der Kompetenzentwicklung laufen ungeplant außerhalb ‚künstlich' geschaffener Lernarrangements ab."[64]

Zugleich befindet sich Weiterbildung, wie die Autoren weiter ausführen, gerade in dynamischen Entwicklungsprozessen in dem Dilemma, dass für die Formulierung von Lernzielen schon die neuen Verwertungsbedingungen der neuen Kenntnisse bekannt sein müssten – dabei entstehen diese erst zusammen mit der Anwendung des neuen Wissens. Konsequenz: Wenn detaillierte Qualifikationsanforderungen nur aus konkreten Tätigkeiten abzuleiten sind, diese sich aber im Veränderungsprozess gerade mit Hilfe des neuen Wissens erst neu organisieren und abgrenzen, kommt Weiterbildung chronisch zu spät, da sie sich in einem unauflösbaren Zirkel bewegt. Dem korrespondiert, dass Manager gemäß Untersuchungen hauptsächlich aus Umbruchsituationen, der Bewältigung von Verlustsituationen, im Rahmen wohldosierter, projektorientierter Überforderung sowie durch Erfahrungen außerhalb ihrer Arbeit lernen. Dem kommt man auch nicht dadurch bei, dass auf der Ebene von Schlüsselqualifikationen „Harmonie-Illusionen" verbreitet werden und über „psychotherapeutischen Budenzau-

ber" im Rahmen eines abgehobenen Seminarwesens die Steuerungsproblematik ausgeklammert wird: Soll Qualifikationsentwicklung
systematisch in Personal-, Organisations- und Unternehmensentwick-
lungsprozesse eingebunden werden, so muss zuallererst bestimmt
werden, wodurch sich die Kompetenzen zum wirklichen Handeln in
konkreten Situationen von Wissensvermittlung durch Weiterbildung
eigentlich unterscheiden.

Staudt/Kriegesmann legen nun selbst ein ausgefeiltes Modell der
Kompetenzentwicklung vor: Zunächst einmal ist davon auszugehen,
dass mit wachsender Komplexität der Aufgabenerfüllung diese immer
mehr disponible Bereiche enthält, die zunehmende Eigenverantwortlichkeit und Selbstregulation unterstellen. Dies bedeutet, dass flexible
Arbeitsstrukturen zu schaffen sind, die auf die individuellen Motiva-
tionslagen und Wünsche Bezug nehmen. Voraussetzung hierfür ist,
dass Kompetenzentwicklung aus den Arbeitsbereichen selbst heraus,
durch die Linienvorgesetzten, geplant und gesteuert und mit den
Arbeitsplatzanforderungen und Arbeitserfahrungen verknüpft wird.
Nur so kann dem Verlust der Orientierung, wozu Weiterbildung überhaupt dient, entgegengewirkt werden.

Was sind aber nun „Handlungskompetenzen"? Wie entstehen sie und
welche Wissens- und Erfahrungsbestandteile gehen dabei in sie ein?
Staudt/Kriegesmann setzen dazu an der Unterscheidung von explizitem und implizitem Wissen an: „Explizites Wissen ist zwar wichtig als
formale Basis; letztlich schafft aber erst implizites Wissen die Voraussetzungen, den ‚Sprung' des expliziten Wissens in reale Anwendungssituationen zu vollziehen. Implizites Wissen wird im ‚Tagesgeschäft'
durch ‚Erfahrung machen' aufgebaut. Häufig wechselnde und von
den Anforderungen her unterschiedliche Tätigkeiten wirken dabei för-
dernd auf den Erfahrungserwerb."[65] Der Langzeitnutzen impliziten
Wissens setzt die Fähigkeit der Übertragung auf verschiedenste Situationen voraus; gelingt dies nicht, so wird implizites Wissen, gerade
weil es nicht „bewusst gewusst" wird, zur Innovationsbarriere – zum
Lernen gehört immer auch das „Entlernen".

Die individuelle Fähigkeit zur Handlung setzt sich in diesem Modell
damit aus folgenden Basiselementen zusammen[66]:

- Handlungsfähigkeit als kognitive Basis

- Handlungsbereitschaft als motivationale Basis

- Zuständigkeit als organisatorische Legitimation und Einbindung in den Unternehmenskontext

Handlungsfähigkeit resultiert bei Staudt/Kriegesmann aus dem Zusammenwirken von explizitem Wissen, implizitem Wissen und Fertigkeiten. Während explizites Wissen als „Sammlung in sich geordneter Aussagen über Fakten oder Ideen" (D. Bell) kommunizierbar ist, ergibt sich implizites Wissen aus den eigenen Anwendungen von explizitem Wissen und ist damit erfahrungs-, kontext- und personengebunden. In implizites Wissen gehen die Persönlichkeitseigenschaften, die individuellen Beobachtungen und Handlungen eine untrennbare Mischung ein; deshalb kann implizites Wissen ja auch nur beschränkt in explizites Wissen überführt werden. Fertigkeiten „stellen ein konkretes und inhaltlich bestimmbares Können dar, das durch Übung so weit automatisiert ist, dass eng umgrenzte Verhaltensweisen routiniert vollzogen werden können, ohne dass es einer bewussten Zuwendung bedarf. (…) Hier besteht ein gleitender Übergang zu Persönlichkeitseigenschaften."[67] Damit gehen die Autoren weit über das Konzept der Schlüsselqualifikationen hinaus: Explizites Wissen, implizites Wissen und Fertigkeiten als Elemente der individuellen Handlungsfähigkeit differenzieren sich nämlich nun in fachliche, methodische und soziale Ausprägungen und beziehen damit Aspekte, wie sie in den Schlüsselqualifikationen thematisiert werden, immer mit in einen umfassenderen Rahmen mit ein. Insbesondere die impliziten Wissensbestandteile sowie die Fertigkeiten sind in ihrem Ausformungsprozess an Persönlichkeitseigenschaften gebunden. Da Persönlichkeitsmerkmale sich im Laufe der Sozialisation tief in die Individuen einschreiben, ja deren Individualität mitdefinieren, sind sie im Erwachsenenalter gemäß Staudt/Kriegesmann nur schwer der Beeinflussung zugänglich. Dies müssten all jene berücksichtigen, die glauben, durch seminarorientierte Weiterbildungsstrategien abstrakte, persönlichkeitsgebundene Fähigkeiten wie Kommunikationsfähigkeit oder Verantwortungsbewusstsein verändern zu können. In Anlehnung an eine Untersuchung von Heyse und Erpenbeck betonen die Autoren, dass viele der im Berufsleben entscheidenden Fähigkeiten außerhalb der beruflichen Entwicklung, im sozialen Umfeld bzw. im Alltag entwickelt werden. In dynamischen Veränderungssituationen bedeutet dies, dass es die impliziten Wissensbestände der Beteiligten sind, die für die Übertragbarkeit expliziten Wissens auf die raue Organisationswirklichkeit sorgen.

Wie werden nun die Elemente der Handlungsfähigkeit erworben oder verändert? Staudt/Kriegesmann unterscheiden drei Lernwege zur Veränderung individueller Handlungsfähigkeit[68]:

- Handlungen: Sie führen primär zum Erwerb von Fertigkeiten und implizitem Wissen;

- Beobachtungen: Sie werden primär in implizites Wissen, z.T. auch in explizites Wissen umgesetzt;

- Instruktionen: Sie dienen primär der Vermittlung von explizitem Wissen;

Die Erhöhung bzw. Veränderung der individuellen Handlungsfähigkeit erfordern „eigenes, vielfaches Ausführen in wechselhaften Situationen". „Besondere Bedeutung für lernförderliche Effekte wird dabei komplexen Arbeitsaufgaben, Arbeitssituationen mit hohem Entscheidungs- und Handlungsspielraum etc. (…) beigemessen."[69] Instruktionen können hingegen nicht sicherstellen, dass das Gelernte sich auch wirklich zur Kompetenz, zum für die konkrete Person anwendbaren Handlungskomplex verfestigt: Die instruktiv dargebotenen Inhalte abstrahieren von den wirklichen Anwendungssituationen des Wissens, halten nur eine „Landkarte" der realen Prozesse vor, sehen insofern von ihrer Einbindung in einen Problemzusammenhang ab und erreichen auf ihrer kognitiven Darbietungsebene gerade nicht jenen Grundbestand an impliziten Fähigkeiten und persönlichen Eigenschaften, durch die jedes Wissen „hindurch" – oder besser: in die es „hinein" muss.

Die Autoren nehmen damit auf das Modell von Nonaka Bezug, der die verschiedenen Übergänge zwischen expliziten und impliziten Wissensbestandteilen systematisiert hat; hierbei betonen sie allerdings insbesondere die Umwandlung von implizitem in neues implizites Wissen, die

Sozialisierung, sowie die Umwandlung von explizitem in implizites Wissen, die Internalisierung. Nichtsdestotrotz müssen die Autoren zugestehen, dass explizites Wissen zumeist die inhaltliche Grundlage dafür abgibt, dass Fachwissen in kompetenter Weise als implizites Wissen verfestigt werden kann. Es kann darüber hinaus kein Zufall sein, dass viele Unternehmen so viel Wert auf die Externalisierung impliziten Wissens legen; schließlich ist in der Ablösung impliziter Inhalte und Techniken von Kontext und Erfahrung besonderer Personen zwar ein Informationsverlust, aber auch eine Erhöhung der Nutzbarkeit im Sinne von Übertragungen und allgemeinen Lerneffekten eingeschlossen – sofern sie denn gelingt. Hinzu kommt, dass der Übergang von explizitem zu neuem explizitem Wissen den wissenschaftlichen Fortschritt der westlichen Zivilisation nicht von ungefähr begründet und in Gang gehalten hat.

Lernen unterstellt immer auch „Entlernen" in dem Sinn, dass bisher vertraute Vorstellungen, Handlungsformen und Denkweisen in Frage gestellt, ja sogar praktisch verändert werden müssen. Dies ist ein äußerst schmerzhafter Prozess, der grundlegende Selbstzuschreibungen und Gewohnheiten betrifft. Staudt/Kriegesmann kommen damit zum gleichen Ergebnis: Es ist alles andere als selbstverständlich, dass Individuen stets von sich aus lernen wollen; während die Kosten des „Verlernens" jetzt schon antizipierbar sind, kann der Nutzen des Neuen unter den Bedingungen höchst ungewisser Veränderungsprojekte nur geahnt, aber nicht gewusst werden. Da kann es als durchaus rational erscheinen, zuerst einmal am Alten festzuhalten.

Wie erklärt sich damit die Lücke zwischen wirklicher Kompetenz zur Handlung und instruktiven Weiterbildungsbemühungen? Der Ansatz von Staudt/Kriegesmann macht deutlich, dass implizite Wissensbestandteile und Persönlichkeitseigenschaften verhaltensbestimmende Größen darstellen, die nicht auf Instruktionen im Rahmen traditioneller Seminarkonzepte zu reduzieren sind. Wissen, das übertragbar und dadurch auf verschiedene Situationen anwendbar sein soll, muss immer durch Übung im Handeln ins Handeln eingehen.

Zudem muss zur Handlungsfähigkeit die Handlungsbereitschaft kommen; diese wird durch Motive gesteuert, die von Außenstehenden nie beobachtet, sondern nur im Sinne vermuteter Zusammenhänge zwischen Situation und Verhalten angenommen werden können. Im Rahmen eines rationalen Handlungsansatzes kommt man daher zu dem Ergebnis, dass Organisationsmitglieder ihr Handeln an dem Nutzen orientieren, „den sie für spezifische Handlungen erwarten und den sie aufgrund zurückliegender Handlungen erfahren haben."[70] Auch wenn man der rationalen Handlungstheorie kritisch gegenübersteht und den normativen oder emotionalen Handlungsmotiven einen eigenen Stellenwert einräumt, so bleibt doch festzuhalten, dass zur schon hochkomplexen Handlungsfähigkeit noch eine wie auch immer fundierte Handlungsmotivation treten muss, von der man ex ante nicht weiß, ob und wie sie durch die verschiedenen Dimensionen des Erwerbs von Handlungsfähigkeit überhaupt tangiert wird. Ohne ein gewisses Maß an Selbstvertrauen, das aus der praktischen Erfahrung erfolgreicher Handlungen resultiert, bleibt darüber hinaus der Übergang zur wirklichen Handlung offen. Persönlichkeitseigenschaften nehmen damit nicht nur auf die Handlungsfähigkeit Einfluss, indem sie mitbestimmen, was überhaupt handlungswirksames Wissen für eine bestimmte Person wird und werden kann, sondern geben auch den Handlungsmotiven ihre Einfärbung und den Grad ihrer Stärke.

Allerdings gilt es hier anzumerken, dass, wenn weder Motivationen noch Persönlichkeitseigenschaften direkt zu beobachten oder zu messen sind, Aussagen über die „Bildbarkeit", die Veränderungs- und Entwicklungsfähigkeit von Individuen mit Vorsicht gehandhabt werden sollten. Auch wenn zu Recht betont wird, dass zum Lernen von neuen Inhalten, Methoden und Denkweisen die Bereitschaft der jeweiligen Individuen gehört und Veränderungen als praktische Kritik an den bisherigen „mentalen Modellen" stets schmerzhaft sind, so können Menschen oft beeindruckende Entwicklungsprozesse durchmachen, wenn sie es irgendwie „wirklich wollen", sich der dafür geeigneten Hilfen und Ressourcen bedienen und psychologisch einen sich selbst verstärkenden positiven Prozess etablieren können. Die positiven Erfahrungen der „Selbstüberwindung" bestärken und ermutigen erneute, erfolgreiche Bemühungen. In über 20 Jahren Problemgruppenbetreuung im Rahmen von Reintegrationsprojekten und Bildungsmaßnahmen kann ich die negative Sicht persönlich-individueller Formbarkeit durch den dargestellten Ansatz daher nur beschränkt teilen. Persönlichkeitsbetrachtungen haben darüber hinaus den Mangel, dass sie im beruflichen Alltag stets nur eine Momentaufnahme des Fähigkeitenspektrums und der Charakterzüge der Person zum jeweiligen Zeitpunkt darstellen; daraus sind nur intuitiv und unsystematisch Vermutungen über die Veränderungsfähigkeit des betrachteten Menschen im Zeitablauf abzuleiten.

Ansätze, die Schlüsselqualifikationen in den Mittelpunkt stellen, kommen bei allem Idealismus bezüglich der individuellen Beeinflussbarkeit umgekehrt aber ohne pessimistische Grundannahmen über die persönlichkeitsbezogene Lernfähigkeit von Erwachsenen aus. Die Veränderungs- und damit Lernfähigkeit von sozialisierten Erwachsenen zeigt sich als Problemzone aller Theorien zur Kompetenz- und Qualifikationsentwicklung, die zwischen dem Offenlassen von „Leerstellen" und empirisch schwer fassbaren Persönlichkeitstheorien oszillieren.

Die Messbarkeit von Kompetenzen

R. Knapp formuliert den Kompetenzbegriff ohne Rückgriff auf die Persönlichkeitsebene: Handlungskompetenz beinhaltet hier[71] eine

- Kognitive Dimension: Gestützt auf „fundiertes Faktenwissen" werden „sachbezogene Einsichten in Problemzusammenhänge und das Fällen von Urteilen" ermöglicht.

- Normative oder Wertdimension: Hier geht es um „Werte als Richtschnur des Handelns", aber auch um Fähigkeiten zur situationsangemessenen Wertung.

- Handlungsdimension: Sie stellt sich vor „als die Fähigkeit, Problemlösungen zu planen, die Mittel hierfür zu organisieren, den gewählten Lösungsweg durchzuführen und zuletzt die Qualität der Handlung zu prüfen. Hier muss die erste Dimension dazugenommen werden, nämlich die Fähigkeit zum problemlösenden, kritischen Denken und Urteilen, das auf Sachkompetenz und Methodenkompetenz basiert."[72]

Die „kommunikative Kompetenz" stellt bei Knapp einen integrierenden Bestandteil aller drei Dimensionen dar. Darüber hinaus müssen Führungskräfte in der Lage sein, sich auf die „Meta-Ebene" zu begeben: Sie können im Idealfall ihr eigenes Denken und Handeln reflektieren und sind fähig, sich leidenschaftslos Wissenslücken oder Fehler einzugestehen und sich die adäquaten Ressourcen zu ihrer Beseitigung zu beschaffen.

Dieser Punkt wird auch im industriellen Bereich in zunehmendem Maße betont; bezüglich einer in wachsendem Maße erforderlichen Selbstreflexivität der Organisationen im ungewissen und turbulenten Umfeld setzt die kritische Distanz der Unternehmungen zu sich selbst souveräne, selbstkritische Führungskräfte voraus.

Die Vielzahl möglicher Dimensionierungen des Kompetenzbegriffs[73] kann nicht darüber hinwegtäuschen, dass der Kompetenzbegriff einige Gemeinsamkeiten[74] aufweist, die ihn vom Begriff der Qualifikation abgrenzen:

- Zentraler Bezugspunkt ist mit der Handlungsfähigkeit der Verwertungsaspekt; im Zentrum stehen nicht geprüfte und dokumentierte berufsfachliche Wissensbestände, sondern was der Mensch wirklich, „bewirkend", d.h. praktisch kann.

- Handlungskompetenz schließt auch die Handlungsmotivation und den organisationalen Handlungsrahmen ein, der den Erwerb und die Artikulation von Kompetenzen ermöglichen und aktiv fördern muss: „Individuelle Kompetenz und organisationale Veränderungen bedingen sich gegenseitig."[75]

- Kompetenz schließt außerberufliche, „private" Kompetenzen ein. Die Übergänge zwischen beruflichen und außerberuflichen Kompetenzen werden als fließend und sich gegenseitig bedingend betrachtet.

- Kompetenz geht von der Fähigkeit zur Selbstorganisation von Lern- und Handlungsprozessen aus.

- Kompetenz kann sowohl in formellen wie in informellen Lernprozessen erworben werden.

So schwierig Kompetenzen inhaltlich zu fassen sind, so problematisch gestaltet sich ihre Messung: Kompetenzen sind als Konstrukt nie direkt beobachtbar, als zumeist qualitative Dimensionen kaum quantifizierbar und in ihrer Dimensionierung nicht von den zu Grunde liegenden Interessen zu trennen. Da sich Kompetenzen vor allem in den betrieblichen Ergebnissen vergegenständlichen sollen, wird mit neueren Indikatorsystemen wie der „balanced scorecard" versucht, qualitative Momente des betrieblichen Geschehens wie Wissensbestände, Kundenorientierung, Innovation, Arbeitsmotivation etc. zu integrieren. R. Weiß merkt hierzu kritisch an: „Gemessen und bewertet werden dabei allerdings nicht Kompetenzen an sich, sondern bestenfalls Indikatoren, die mit der Kompetenzentwicklung in Zusammenhang stehen."[76] Dabei müssen subjektive Wahrnehmung des Erfolgs der Kompetenzentwicklung durch die Beteiligten und Erfolgsbeurteilung anhand betrieblicher Kennzahlen keineswegs übereinstimmen; ohne sozialökonomische Analyse der strukturellen und informellen Einflussfaktoren sowie der diversen Interessen und Erwartungen bezüglich Kompetenzentwicklung ist ein Urteil über den Ergebniszusammenhang von betrieblichen Daten und individueller Kompetenzentwicklung schlechterdings nicht möglich. Dafür lässt sich ein zentraler Grund angeben: Die Kompetenz zur Handlung erschöpft sich eben nicht nur in der individuellen Handlungskompetenz; das persönlich kompetente Individuum ist auch Organisationsmitglied. „Die Einbindung von Individuen mit ihren Kompetenzen in Arbeitssysteme oder ganze Unternehmen entscheidet (…) darüber, inwiefern die individuelle Handlungskompetenz überhaupt zur Entfaltung kommt."[77] Neben der formellen Zuständigkeit ist damit entscheidend, wie sich die Schnittstelle zum „Arbeitssystem" und den in ihm inkorporierten Kompetenzelementen gestaltet; Staudt/Kriegesmann verwenden hierfür den Begriff „Arbeitssystemkompetenzen", in die in arbeitsteiligen Organisationen die individuellen Kompetenzen der Organisationsmitglieder eingebettet sind: Verfahren, Produkte, Ablaufregeln und kooperative Muster können ebenso Kompetenzträger sein; nur auf Grundlage des „Passens" von individueller Kompetenz und organisationaler Einbindung entfalten die personengebundenen Kompetenzbestandteile überhaupt ihre Wirksamkeit. Kompetenzentwicklung und organisationale Veränderungen sind damit in einem komplexen Prozess ineinander verwoben, in dem sie sich wechselseitig voraussetzen.

Für Organisationen in Veränderungsprozessen resultiert daraus eine besondere Steuerungsproblematik für die Abstimmung von Organisations- und Personalentwicklung: Im Innovations- und Veränderungsfall benötigen Organisationen genau die Kompetenzen, deren Anforderungen sich umgekehrt erst aus dem Veränderungsgeschehen selbst ergeben: „Die Bestimmung von Anforderungen findet zu einem Zeitpunkt statt, zu dem die Weiterbildungsmaßnahmen bereits wirksam geworden sein müssten. (…) Bis in dynamischen Entwicklungsprozessen Weiterbildungsangebote entwickelt sind, stimmen die Anforderungen damit schon nicht mehr überein."[78] Die Autoren betonen, dass dieses Problem auch nicht durch das Schulen von „Schlüssel"-, „Sozial-" und „Meta"-Qualifikationen zu lösen ist, wenn diese über die in diesem Rahmen übliche Unverbindlichkeit nicht hinauskommen. Vielmehr müssen Personal- und Organisationsentwicklung auf der Ebene sich selbst organisierender, dezentraler Einheiten parallel entfaltet werden; dies impliziert die Verlagerung von Personalentwicklung in die Fachebenen hinein, für die die zentrale Personalabteilung nur noch Eckdaten und Ressourcen bereitstellt.

Hier nähern sich Staudt/Kriegesmann den Ergebnissen an, die wir als Ergebnis einer ideologisch „abgespeckten", nüchternen Fassung der „Lernenden Organisation" festgehalten hatten: Nur die Parallelität und gegenseitige Integration von – nur als Kompetenzentwicklung hinreichend verstehbarer – Personalentwicklung und Organisationsentwicklung ermöglichen die Schaffung von innovativen Schnittstellen zwischen dem „Arbeitssystem" der Organisation als Summe aller Vorgaben, technisch, sozial und organisatorisch fest eingebauten Wissenbestände, Problemsichten und Lösungtraditionen einerseits und den individuellen Handlungskompetenzen andererseits, die problembezogen und damit verwertungsorientiert für dessen Veränderung aufgebaut werden sollen. Die ständige Rückkopplung zwischen Maßnahmen der Organisationsentwicklung und nötigen Kompetenzerweiterungen ist damit nur in einem System relativ autonom entscheidender Organisationseinheiten denkbar, die ihre Aufgabenerfüllung kooperations- und netzwerkorientiert in Angriff nehmen.

Solchen selbstorganisierten Netzwerken verschiedener, bedingt unabhängiger Aufgabeneinheiten, die sich die qualifikatorischen Ressourcen für ihren Organisationsentwicklungsprozess selbst (be)schaffen, bleiben dennoch einige Dilemmata prinzipiell erhalten:

Dass Qualifikationen definiert und in Kompetenzen umgesetzt werden, während im Prozess selbst erst klar wird, auf welche Fähigkeiten und neuen Kenntnisse es ankommt, wird durch die Erleichterung der gegenseitigen Durchdringung von Organisations- und Kompetenzentwicklung nicht abgeschafft. Nach wie vor entstehen in einem bezüglich der Zukunft ungewissen Prozess Bedürfnisse nach Entwicklung von Kompetenzen, die für die erfolgreiche Fortführung eigentlich schon vorliegen müssten. Flexible systemische Strukturen können das Problem mildern, aber nicht lösen.

Hinzu kommt, dass Kompetenzveränderungen und Ansprüche an Verhaltensänderung bei den Mitarbeitern der fachlichen Ebene von den Führungskräften des „Mittelbaus" umgesetzt werden müssen, ohne dass diese jenes stabile Umfeld gewähren können, das für die Bereitschaft zur praktischen Infragestellung der eigenen „mentalen Modelle" erforderlich ist. Schließlich finden sich die Führungskräfte selbst in den Prozess des Wandels eingebunden, der auch von ihnen neue, Handlungsweisen und Problemlösungen verlangt.

Die für den Zeitgewinn und die inhaltliche Passgenauigkeit nötige Rückverlagerung der „Personalentwicklung" auf die fachliche Ebene schafft zugleich das Problem, dass dann die Mitarbeiter selbst über die bei ihnen notwendigen Kompetenzveränderungen zu entscheiden haben. Dies ist mit einigen Risiken behaftet:

- Die Konsequenzen der notwendigen Veränderungen tangieren den Status der Mitarbeiter im formellen oder informellen Gefüge und werden deshalb auf rationaler Ebene abgelehnt, obwohl man sich nach außen dafür stark macht.

- Alle Sachverhalte und Entwicklungen werden durch die Brille der bisherigen Sichtweisen betrachtet, so dass die eigentlichen „neuralgischen" Punkte der Organisationsveränderungen tendenziell ignoriert werden. Dementsprechend mangelhaft sind dann die angepeilten Maßnahmen der Kompetenzentwicklung – die „schmerzhaften" Problembereiche werden u.U. ausgespart.

Organisationen werden es daher nicht vermeiden können, auch externe Berater und Prozessmoderatoren einzubeziehen. Oft werden zudem einige der für den Veränderungsprozess „strategischen" Positionen von außen besetzt. Dadurch löst man zwar das Problem der unmöglichen Gleichzeitigkeit von Kompetenz- und Organisationsentwicklung nicht, erleichtert aber die Hereinnahme von neuen „mentalen Modellen" in den Alltag der Organisation.

Sozialmanagement durch externe Kompetenzentwicklung: Ein Praxisbeispiel aus der Weiterbildung

Das im Folgenden vorgestellte Sozialmanagement-Fortbildungsprojekt, das ich selbst initiiert, konzipiert und über viele Jahre hinweg geleitet und betreut habe, unternahm den Versuch, Sozialmanagement-Innovation durch die mit den regionalen Sozialorganisationen und Arbeitsämtern koordinierte Weiterbildung von arbeitslosen Sozialpädagogen/innen im sozialen Dienstleistungsbereich zu verankern. Hier sind viele Entwicklungslinien und Probleme des Sozialmanagement-Ansatzes in der Praxis nachzuvollziehen: Der Lehrgang stellt ein bestimmtes Konzept der Entwicklung von Sozialmanagement-Qualifikationen dar und wirft daher die Frage nach einer adäquaten Strategie der Kompetenzentwicklung in diesem Bereich auf: Sowohl bei Mitarbeitern wie bei Führungskräften sind Handlungskompetenzen erforderlich, deren Erwerb und Zusammensetzung unter Berücksichtigung des fachlichen und organisatorischen Kontexts diskutiert werden müssen. Insofern der Lehrgang problematisiert, inwieweit Managementkompetenzen durch eine kurs- oder seminarorientierte Weiterbildung erworben werden können, können hier Hinweise auf eine adäquate Konzeption von Kompetenzentwicklung für Führungskräfte insbesondere des mittleren Managements und für die Fachkräfte an der Schnittstelle zum Klienten erarbeitet werden.

Der Lehrgang „Wohlfahrtsmanagement" der IFP GmbH in Regensburg

Im April 1992 wurde das oben genannte Bildungsinstitut, das sich einerseits auf reintegrative Lehrgänge und Projekte für die Problemgruppen des Arbeitsmarkts, andererseits auf die Fortbildung des pflegerischen und sozialpädagogischen Fachpersonals spezialisiert hatte, vom regionalen Arbeitsamt auf einen aktuellen Bedarf aufmerksam gemacht, der im Rahmen der bisherigen Weiterbildungs-Lehrgänge und Vermittlungspotenziale nicht zu decken sei: Immer mehr Einrichtungen im Süden und Südosten Bayerns, insbesondere aus den Bereichen Alten- und Behindertenhilfe, würden nach betriebswirtschaftlich vorgebildeten Fachleuten fragen. Sie sollten Schnittstellenfunktionen wahrnehmen, die nicht nur betriebswirtschaftliche Kenntnisse unterstellten, sondern darüber hinaus auch ein sensibles „Handling" der ethischen und standespolitischen Aspekte wohlfahrtspolitischer Leistungen einschlössen. Exemplarisch hierfür war das Anforderungsprofil für die Position „Leitungsassistenz" in einem großen Altenheim, das das Bildungsinstitut von einem Arbeitsberater mit dem Hinweis erhalten hatte, dass diese zunächst befristete Stelle gemäß den auf dem gegenwärtigen Arbeitsmarkt vorfindbaren Qualifikationen äußerst schwierig zu besetzen sei. Verlangt war die Analyse von Organisationsstrukturen und -abläufen, konzeptionelle Weiterentwicklungen, der Aufbau von Vernetzungen und Kooperationen, Schaffung und Ausbau sozialpädagogischer/therapeutischer Angebote sowie die Erstellung eines schlüssigen Organisationsentwicklungskonzepts, das Fortbildung und Supervision einschloss. Natürlich waren bereichsbezogenes Rechts- und Verwaltungswissen sowie EDV-Kenntnisse notwendig. Zugleich sollte die Führungsassistenz die Hauptlast der radikalen Organisationsveränderungen tragen, wie sie sich in der Forderung nach „Durchsetzungsvermögen bei der Umsetzung innovativer Planungs- und Implementationsprozesse" in einem Bereich ausdrückten, der „nicht unwesentlich durch dysfunktionale Rituale und massiv verteidigte Konventionen geprägt" sei. Gelänge es dem neuen „Change-Agent", Akzeptanz seitens der Heimleitung und des „Kernpersonals" zu erreichen, so könne eine unbefristete Planstelle eingerichtet werden.

Der Lehrgangsträger nahm dieses Stellenprofil zum Anlass, daraufhin ca. sechs Monate auf eigene Faust zu recherchieren, indem er lokale, regionale und überregionale Amtsleiter, leitende Mitarbeiter von Wohlfahrtsverbänden und Einrichtungen anhand strukturierter Interviews befragte. Diese explorativ-qualitative Untersuchung bestätigte durchweg die wachsende Relevanz betriebswirtschaftlicher Fachkenntnisse; im Vordergrund stand hier Fachwissen bezüglich

- Haushaltsführung, Finanzierung, Kenntnis von „Fördertöpfen"
- Kosten- und Erfolgscontrolling
- Personalführung/-management
- Organisationsgestaltung und -entwicklung
- Marketing/Öffentlichkeitsarbeit
- Qualitätsmanagement.

Ergänzend wurden Schlüsselqualifikationen und persönliche Führungskompetenzen eingefordert wie

- Kommunikative Kompetenz
- Hohe Motivation und Einsatzbereitschaft
- Fähigkeit zur professionellen, aufgabenadäquaten Selbstpräsentation
- Organisationskompetenz
- Hohe Flexibilität und Stressresistenz
- „Empathie", Konfliktfähigkeit und Einfühlungsvermögen.

Darauf aufbauend entwickelte ich ein Konzept der Leitungskompetenz, das richtungsweisend für den Lehrgangsaufbau und -ablauf sein sollte. Es bestand aus vier Komponenten:

(1) Leitfragen zum Thema „Bereichsübergreifende Qualifikationsaspekte bei der Leitung Sozialer Organisationen und Projekte":

- Welche Aufgaben sind heute und künftig von den Leitern Sozialer Organisationen und Projekte zu bewältigen?
- Welche fachspezifischen Anforderungen müssen heute und in Zukunft bei den verschiedenen Arbeitsaufgaben und Funktionen erfüllt werden?
- Welche besonderen Anforderungen stellt die Aufgaben- und Organisationsstruktur im ‚sozialen Bereich' an Methodenkompetenz, Sozialkompetenz und Selbstlernkompetenz?

- Welche übergreifenden Kenntnisse über Recht, Finanzierungs-
modi, Organisationsformen und Arbeitsweisen in der Wohlfahrtspflege sind unterstellt?

- Welche Qualifikationsmomente werden immer wichtiger?

Diese „Leitfragen" wurden immer wieder den Mitarbeitern der oberen
und mittleren Führungsebene gestellt, wenn sie im Rahmen der Lehr-
gangsvorbereitung aufgesucht wurden. Aus dieser explorativen Vorgehensweise ergaben sich drei Ebenen der Leitungskompetenz: „Management der eigenen Arbeit (selbstreflexive Dimension)", „Management der Binnenstruktur/internen Beziehungsmuster der Organisation" und „Management des gesellschaftlichen Umfelds und der
Außenbeziehungen der Organisation". Im Einzelnen gehörten hierzu:

(2) Management der eigenen Arbeit (selbstreflexive Dimension)

- Die Organisation der eigenen Arbeit (technisch-organisatorische Dimension): Arbeitsmethodik, Büroorganisation, Arbeits-
platzgestaltung;

- Die Organisation der eigenen Arbeit (psychologisch-organisa-
torische Dimension): Zeitmanagement, Gesprächsführung/Ver-
handlungsstrategien/Rhetorik sowie Stressbewältigung/Selbst-
refexion/Entspannungstechniken;

- Die Integration der eigenen Arbeit: Abgrenzung und Eingrenzung der eigenen Aufgaben, Kontrollaufgaben, Einstellung zu
den Mitarbeitern sowie Förderung der Mitarbeiter;

- Die Definition des beruflichen Selbstverständnisses: Abgrenzung von vorgegebenen Aufgaben und Zielen von der eigenen
subjektiven Auslegung und Interpretation;

- Konfliktpunkte zwischen beruflichem Selbstverständnis und
objektiven Handlungsbedingungen: Reflexion des Verhältnisses
zu den Klienten, die Frage, was Professionalität in der Leitung
sozialer Dienste bedeutet (widersprüchliche Bezüge im Aufgabenfeld), Fragen der pragmatischen Konfliktlösungsstrategien/
Kompromissfähigkeit und -bereitschaft/Balance der persönlichen
Selbstverortung;

*(3) Management der Binnenstruktur/internen Beziehungsmuster
der Organisation:*

- Personalmanagement: Weiterbildung/Personalentwicklung, systematische Arbeitsevaluation der Mitarbeiter, Personalbeurteilung, Personalorganisation sowie Balance hinsichtlich Qualifikation und beruflicher Selbstdefinition, Herstellung von Professionalisierungsgrad und Wertbezug höchst verschiedener Mitarbeiter;

- Organisationsentwicklung: Umsetzung von Umweltveränderungen/Umweltbezügen in neue Dienstleistungskonzepte bzw. -strukturen, Umsetzung dieser neuen Konzepte und Strukturen in adäquate Organisationsformen oder -veränderungen, Entwicklung offener und lernfähiger Organisationsstrukturen und Lösung organisatorischer Probleme sowie Entwicklung von Strukturen, die die Mitarbeiter und Klienten im Dienstleistungsprozess berücksichtigen;

- Umsetzung in Personalentwicklungs- und Weiterbildungskonzepte

- Arbeitsplatzanalyse und Konzeptentwicklung

- Ziel- und ergebnisorientierte Kommunikation mit Vorgesetzten und internen „Auftraggebern"

*(4) Management des gesellschaftlichen Umfelds und
der Außenbeziehungen der Organisation:*

- Verhandlungen mit öffentlichen Institutionen, Kassen, Anstalten; allgemein: finanzierenden und kontrollierenden Instanzen

- Social Marketing und Public Relations: Darstellung der eigenen Arbeit nach außen in werbender und informierender Absicht

- Pflege erfolgsrelevanter Beziehungen zu lokalen und regionalen Entscheidungsträgern („ständiger Kommunikationsfluss")

- Innovationsorientierte Beobachtung und Bewertung organisationsrelevanter Entwicklungen und Trends in Politik, Wohlfahrtspflege und Wirtschaft

■ Lancierung/Präsentation neuer Projekte bei den relevanten Entscheidungsträgern und Förderinstanzen

■ Anwerbung und Beurteilung potenzieller Mitarbeiter (Personalbeschaffung)

Dieses Kompetenzprofil wurde dem Lehrgang zu Grunde gelegt; auch wenn sich seine vollständige Berücksichtigung schon deswegen als illusorisch herausstellte, weil nur einige Teilnehmer/innen die persönlichen Voraussetzungen für Leitungsfunktionen erfüllten und viel eher an einer innovativen Projekttätigkeit interessiert waren, so leistete es als „Checkliste" relevanter Kompetenzen doch stets gute Dienste. Der Autor präsentierte dieses Kompetenzmodell auch auf Fachtagungen und bei themenbezogenen Informationsveranstaltungen (z.B. 1994 beim Bundesinstitut für Berufsbildung in Berlin), um über die Einbindung in die aktuelle Diskussion die kritische Reflexion seines Ansatzes sicherzustellen.

Auf Basis dieser Vorgaben und einer Analyse der diesbezüglichen Fachliteratur erstellte ich selbst den Rohentwurf eines Rahmenlehrplans – der Kurs trug den Namen „Management in der Alten-, Kranken- und Behindertenhilfe", um auf den speziellen Bedarf der entsprechenden Einrichtungen Bezug zu nehmen. Dieses Kurzkonzept wurde wiederum verschiedenen regionalen Verbands- und Einrichtungsvertretern vorgelegt. Da es auf Zustimmung stieß, konnte das IFP im April 1993 nach mehreren öffentlichen Informationsveranstaltungen den ersten Lehrgang mit 22 Teilnehmern/innen in Regensburg beginnen. Es handelte sich überwiegend um arbeitslose Sozialpädagogen/innen, deren Teilnahmemotivation sich vor allem aus zwei Quellen speiste:

■ Anstelle der häufig schon über viele Jahre erfahrenen Klientenkonfrontation strebten insbesondere die über 35-Jährigen nach einer Umorientierung auf organisatorische, beratende oder leitende Aufgaben, für die betriebswirtschaftliches Fachwissen und/oder die Beherrschung von Beratungs-, Konfliktmanagement- und Selbstmanagementtechniken verlangt wurde.

■ Die jüngeren Teilnehmer/innen reizte vor allem der Gedanke an innovative Projekte, an denen sie in Einrichtungen oder durch Gründung eigener Initiativen teilnehmen wollten.

Ein entscheidender Bestandteil des Kurses war nämlich das dreimonatige betriebliche Projektpraktikum, durch das die Lehrgangsteilnehmer/innen eigene Projektideen in Einrichtungen einbringen, Kontakte zu Trägern knüpfen und letztlich eine neue berufliche Aufgabe finden sollten. Von Anfang an erwünscht war die „Ausgründung" von Initiativen, unabhängigen Dienstleistungen und kreativen Projekten, die von Kursteilnehmern/innen parallel zur Unterrichtsphase erarbeitet werden und im Praktikum zusammen mit interessierten Einzelpersonen, Trägern oder Einrichtungen umgesetzt werden sollten.

Die inhaltlichen Themen und Schwerpunkte versuchten, dem Grundkonzept der Schaffung von Schnittstellenqualifikationen zwischen Betriebswirtschaft und Sozialer Arbeit gerecht zu werden: Neben den klassischen betriebswirtschaftlichen Themen Rechnungswesen, Controlling, Finanzierung, Betriebsorganisation und Personalmanagement wurden Kenntnisse in Projekt- und Qualitätsmanagement, Moderations- und Präsentationstechniken, Konfliktmanagement, Zeit- und Stressmanagement sowie EDV vermittelt. Ergänzend kamen fachspezifische Kenntnisse zur Gerontologie und Gerontopsychologie hinzu, ein Überblick über die Arbeitsfelder des sozialen Bereichs und die darin eingeschlossenen fachlichen und fachübergreifenden Handlungsanforderungen sowie zu guter Letzt einführende Module zur gesamtwirtschaftlichen und rechtlichen Einbindung der Sozial- und Gesundheitspolitik in das ökonomische und politische System der Bundesrepublik Deutschland. Auf diesen sozialökonomischen Gesamtzusammenhang wurde besonders Wert gelegt; das Lehrgangskonzept nahm damit auf einen Standpunkt Bezug, der vor beinahe 100 Jahren von Alice Salomon[79], der Begründerin der professionellen Sozialarbeitsfortbildung in Deutschland, vehement vertreten wurde: „Soziale Probleme sind in einem gesellschaftlichen Kontext zu sehen, der nur in der Einheit der Erkenntnisse von Nationalökonomie, Sozialpolitik und Sozialwissenschaft adäquat zu erfassen ist." M. Weber, G. Simmel, später A. Schumpeter versuchten, diese holistische Sichtweise theoretisch umzusetzen; erst der Siegeszug einer mathematisch-formalen Sichtweise von Wirtschaft im Rahmen des Modells vom „homo oeconomicus" trennte die analytischen Perspektiven von Sozial- und Wirtschaftswissenschaften. Die „Gesamtschau" auf die komplexe Dynamik sozialer

Marktwirtschaften wollte nicht zuletzt auch einem naiven Verständnis der Veränderungsfähigkeit Sozialer Organisationen durch betriebswirtschaftliche Werkzeuge ebenso entgegenwirken wie der Personalisierung strukturell angelegter Zielkonflikte, die von verschiedenen Organisationsbereichen und -ebenen qua Aufgabe repräsentiert, aber nicht begründet werden.

Das sozialökonomische Einführungsmodul schloss zumeist mit Projektarbeiten ab, die sich mit Finanzierungsmodellen der Wohlfahrtspolitik, neuen Formen der Gestaltung des Verhältnisses von Arbeits-, Bildungs- und Familienzeit oder Perspektiven der Sozialentwicklung im Rahmen der EU befassten.

Das Lehrgangsprojekt dauerte insgesamt ein Jahr und wurde in Vollzeit durchgeführt. Nach nunmehr 12 erfolgreich in Regensburg und Nürnberg durchgeführten Kursen wage ich eine Einschätzung der Entwicklung des Sozialmanagement-Gedankens, indem ich die Veränderungen, die sich im Laufe von ca. 8 Jahren in den Lehrgängen und der sie umgebenden handlungsrelevanten Umwelt ergeben haben, entlang der drei Kategorien Themen/Inhalte, Methodik/Kompetenzentwicklung, Praktikums- und Arbeitsschwerpunkte nachzeichne.

Entwicklung der Themenschwerpunkte und Inhalte

Der ursprüngliche Ansatz, neben Managementtechniken und betriebswirtschaftlichem Fachwissen auch fach(bereichs)spezifische Inhalte als thematische Vertiefungen der Theorie und Praxis sozialer Arbeitsfelder einzubringen, wurde zugunsten eines allgemeineren, immer mehr auf ein Sozialmanagementkonzept zugeschnittenen Rahmenlehrplans nach und nach aufgegeben. Dafür spielten mehrere Gründe eine Rolle: Die Vermittlung bereichsbezogener Fachkenntnisse widersprach der breiten Orientierung der Lehrgangsteilnehmer/innen, die unterschiedlichste Interessenschwerpunkte vorzuweisen hatten und daher nicht auf bestimmte Hilfsbereiche oder Arbeitsfelder festgelegt werden wollten. Außerdem hätten Einschränkungen des Einrichtungs- und Tätigkeitsspektrums einer möglichst hohen Vermittlungsquote widersprochen, die von Seiten des Arbeitsamts als des Kostenträgers gefordert war. Die Einrichtungen wollten aus standespolitischen und einstufungsrechtlichen Gründen jegliche Vermischung von „Sozialmanagement-Experten", Leitungsassistenten o.Ä. mit rein verwaltungsorientierten oder pflegerischen Ausbildungsgängen vermeiden; zugleich sollte die „Out-of-area"-Ansiedlung der als Schnittstellenfunktion gedachten Sozialmanagementaufgaben die Durchbrechung traditioneller Festlegungen der Linienorganisation erleichtern. Vermischungen mit bereichsbezogenen Fachinhalten wie Gerontologie waren daher nicht erwünscht; die zusätzlichen Qualifikationserfordernisse im pflegerischen Bereich wurden später durch eigene (universitäre) Studiengänge im „Pflegemanagement" abgedeckt. Die standespolitische und besoldungsrechtliche Differenzierung zwischen bereichsspezifischen Fachkräften wie Heilerziehungspflegern/innen, Altenpflegern/innen etc. einerseits, Sozialmanagement-Experten auf Basis sozialpädagogischer oder sozialwissenschaftlicher Ausbildungen andererseits wurde somit nicht tangiert.

Die endgültig auf das eigentliche „Sozialmanagement" bezogene Fassung des Lehrgangskonzepts, das ständig weiterentwickelt wurde (und wird), war ab 1996 im Einsatz und konzentrierte sich auf folgende Inhalte:

Modul 1: VWL – Öffentliche Güter – Sozialpolitik **104 UE**

Modul 2: Grundlagen von BWL und Betriebsorganisation **80 UE**

Modul 3: Rechtslehre: Verwaltungs-, Betreuungs-, Sozialrecht **96 UE**

Modul 4: Buchführung, Kostenrechnung, Finanzierung **120 UE**

Modul 5: Personalwirtschaft und Personalmanagement **104 UE**

Modul 6: Social Marketing, Öffentlichkeitsarbeit, Sponsoring **56 UE**

Modul 7: EDV-Grundlagen, Textverarbeitung, Datenverwaltung, Tabellenkalkulation, spezielle Software **248 UE**

Modul 8: Projekt- und Qualitätsmanagement/Organisationsentwicklung im Wohlfahrtsbereich **120 UE**

Modul 9: Leitbild- und Konzeptentwicklung in der
Sozialwirtschaft **40 UE**

Modul 10: Managementtechniken: Moderation, MbO,
Besprechungs- und Präsentationstechniken, Zeitmanagement, Stressbewältigungstechniken **80 UE**

Modul 11: Konfliktmanagement, Beratungstechniken,
Supervision **80 UE**

Modul 12: Fachliche Bereiche der Sozial- und Gesundheitspolitik: Altenhilfe, Behindertenhilfe, Hilfe für
Kranke und psychisch Kranke, medizinische und
berufliche Rehabilitation **120 UE**

Modul 13: Betriebliches Projektpraktikum **drei Monate**

Modul 14: Auswertung, Rückkopplung, Berufswege-
planung **16 UE**

Jede Unterrichtseinheit (UE) dauerte 45 Minuten; der Lehrgang wurde
in Vollzeit durchgeführt, wobei die Module und Themen breit durch-
mischt wurden, damit möglichst wenig Langeweile und Routine auf-
kam. Der Titel „Wohlfahrtsmanagement", den die Regensburger
Lehrgänge seit 1995 trugen, wurde über die Jahre bewusst beibehalten, um sich von rein betriebswirtschaftlichen Sozialmanagement-
Konzeptionen, wie sie mir auf einigen Fachkonferenzen und vor
allem im betriebswirtschaftlich-universitären Bereich begegneten,
deutlich abzugrenzen: Das in diesem Buch dargelegte, sozialtheore-
tisch fundierte Konzept des wohlfahrtsstaatlichen Arrangements und
der darin eingebundenen Sozialen Organisationen als eigenem,
sowohl sozial- als auch politökonomischem Handlungsbereich, in den
die Logiken mehrerer gesellschaftlicher Teilsysteme eingehen, lag auch
den vorgestellten Sozialmanagement-Kursen zu Grunde.

Nachfolgend werden ein paar interessante Erfahrungen zusammengefasst, die sich aus dem inhaltlichen Verlauf der Lehrgänge ergaben:

Häufig sahen die Teilnehmer/innen die eher kommunikativ-methodi-
schen Kompetenzen wie Konfliktmanagement, Stressbewältigungstechniken, Supervision etc. als weniger wichtig an, da diese ja im Stu-

dium schon weitgehend abgedeckt worden seien. Stattdessen wurde ein weiterer Ausbau betriebswirtschaftlicher Inhalte gewünscht. Dem widersprach, dass zahlreiche, auf Abgrenzung bedachte Gruppenbildungen und emotional ausgetragene Konflikte nahezu alle Maßnahmen begleiteten und immer wieder fachlich kompetente Interventionen durch eine externe Supervisorin und die Lehrgangsleitung selbst notwendig machten.

Für den Lehrgangsträger wurde dadurch sichtbar, dass der kognitive, auf fachliches und fachübergreifendes Wissen fokussierte Qualifikationsentwicklungsansatz, der nahezu sämtlichen betrieblichen und schulisch/universitären Aus- und Weiterbildungskonzepten zu Grunde liegt, gewisse Begrenzungen durch autobiographisch tief verwurzelte Charakterzüge vorfindet. In anderen Worten: Wenn die Implementation von Sozialmanagement z.B. starke kommunikative Kompetenzen erfordert, so können diese nicht einfach durch seminarorientierte Bildungsprozesse angeeignet werden, wenn sie den Neigungen, Gefühlslagen und Interessen der geschulten Personen widersprechen. Grundlegende individuelle Handlungsdispositionen können durch instruktive Weiterbildungsprozesse nur bedingt verändert werden, da die dort machbaren didaktischen Arrangements Beschränkungen unterliegen. Noch schwerer scheint ins Gewicht zu fallen, dass die kritische Thematisierung von persönlichen Denk- und Handlungsmodellen ein so hohes Verunsicherungspotenzial einschließt, dass umgekehrt eine massive Bereitschaft bei den Teilnehmern/innen vorausgesetzt werden muss, sich „stören" zu lassen. Damit müssen Motivationen als Ressource des individuellen Veränderungsprozesses unterstellt werden, die zugleich erst aus ihm hervorgehen sollen. Deutlich wurde dies z.B. bei der Schulung von Konfliktkompetenz: Der dabei notwendige Bezug auf die eigene Handlungs- und Erfahrungsebene der Teilnehmer/innen unterläuft die üblichen Seminarformen und setzt deren Bereitschaft voraus, sich auf supervisions- und projektorientierte Arbeitsweisen und die damit verbundenen offenen, selbstkritischen und selbstreflexiven Kommunikationsmuster einzulassen. Diese Bereitschaft konnte gerade bei denjenigen Personen nicht immer hergestellt werden, die aufgrund ihrer diesbezüglichen Defizite am meisten davon profitiert hätten.

Zugleich schien der stärker normative Denkansatz, der das berufliche Handeln in Sozialen Organisationen prägt und erfahrungsgemäß als dominierendes Motiv in die Wahl der Ausbildungsrichtung eingeht, zu einer deutlich emotional unterfütterten Berufsorientierung zu führen. Deren Stärke bestand in ihrem in Werthaltungen und sozialen Überzeugungen verankerten Engagement, schloss jedoch zugleich die Schwäche einer oft wenig rationalen, dadurch aber auch nicht zynisch-instrumentalistischen Handlungsstrategie ein.

Veränderungsmanagement in Sozialen Organisationen bedarf daher eines ebenso aufrichtigen wie umfassenden intraorganisatorischen Diskurses der Ziele, Voraussetzungen und Konsequenzen der angestrebten Veränderung, da sowohl die Personenbezogenheit der Leistungen von Sozialarbeitern (und vergleichbaren beruflichen Praktikern) wie ihre spezifische Handlungsrationalität es erforderlich machen, dass alle Veränderungsmaßnahmen von ihnen nicht nur geduldet, sondern aktiv gewollt werden. Ganz im Sinne der Ausführungen von S. Kühl stellt die besondere Identifikation mit der Aufgabe, die der Beruf unterstellt, auch ein Hindernis für Innovationen und Veränderungen dar, die die etablierte Vorstellung vom eigenen Tun tangieren. Insofern haben auch Gehrmann/Müller Recht, wenn sie eine offene Ethik-Diskussion sozialarbeiterischen Handelns mit entsprechenden Grundsätzen fordern und zugleich Prinzipien der Fachlichkeit festlegen wollen: Nur die explizit gemachte, ethisch begründete Fachlichkeit entzieht normative Werthaltungen und Gefühlsorientierungen, die in das Berufsbild der klientenbezogenen Fachpraktiker einfließen, der Unbestimmtheit und Beliebigkeit. Daraus können Ressentiments gegenüber betriebswirtschaftlichen Instrumenten und Gesichtspunkten resultieren, die, ohne je ausdrücklich thematisiert zu werden, die Chancenrealisierung von Veränderungsmaßnahmen beschränken können.

In Nürnberg wurde 1998 ein paralleles Weiterbildungsprojekt gestartet, dessen Lehrplan stärker zusätzliche Arbeitsfelder, die an den sozialen Bereich kompetenzmäßig angrenzen, zu berücksichtigen suchte. Die Ausweitung des Vermittlungsbereichs beruhte auf dem Sachverhalt, dass in der Region wesentlich mehr Sozialpädagogen/innen ausgebildet wurden, als in den unter Kostendruck geratenen Einrichtungen unterkommen konnten. Die überwiegend jungen Sozialpädagogen/innen nahmen dieses Angebot sehr positiv auf und erwiesen sich als gegenüber wirtschaftsorientierten Tätigkeiten erstaunlich offen. Der alternative Lehrplan war deutlich kürzer und stellte den Marketingbereich sowie betriebswirtschaftliche Grundlagen stärker in den Vordergrund; dafür verzichtete er weitgehend auf den Bereich des Personalmanagements und die breite volkswirtschaftliche Darlegung des wohlfahrtsstaatlichen Arrangements, die das Regensburger Projekt geprägt hatte.

Fasst man die beiden Weiterbildungen zusammen, so liegt ihren im Zeitablauf wechselnden Lehrplänen letztlich die Beantwortung folgender Leitfragen zu Grunde, die alle modernen Sozialen Organisationen aus den in den vorherigen Kapiteln beschriebenen Gründen beantworten können müssen:

(1) Woher kommt „unser" Geld und wie effizient wird es verwendet?

Bezugsthemen: Finanzierung, Controlling, Förderpolitik

(2) Wie wirtschaftlich werden unsere Leistungen erbracht?

Bezugsthemen: Organisation, Kostenrechnung, Controlling, Qualitätsstandards

(3) Wird unsere Arbeit den Bedürfnissen und Problemen unserer Klienten, Nutzer oder Kunden gerecht?

Bezugsthemen: Kundenorientierung, Qualitätssicherung, Konzeptentwicklung

(4) Welche Qualität haben unsere Leistungen und wie wird diese gemessen? Wie wird sie erreicht und eingehalten?

Bezugsthemen: Projekt- und Qualitätsmanagement, Leitbild und Ziele

(5) Welchem Leitbild und welchen Zielen folgt unsere Arbeit/ unsere Organisation und welche Konzeptionsprinzipien und Handlungsstrategien ergeben sich daraus?

Bezugsthemen: Leitbild- und Konzeptentwicklung, „Corporate Identity", „Corporate Design"

(6) Welche Organisationsstrukturen und -abläufe sind unserer Arbeit angemessen und zugleich effizient?

Bezugsthemen: Betriebsorganisation/Organisationsentwicklung

(7) Wie leiten wir unsere Organisation; wie motivieren und informieren wir unsere Mitarbeiter; wie ermöglichen wir ihre Koordination, Kommunikation und Weiterentwicklung?

Bezugsthemen: Personalmanagement, Kommunikation, Konfliktmanagement, Informations- und Wissensmanagement

(8) Wie ermitteln wir den Bedarf nach unseren Leistungen, wie entdecken wir neuen Bedarf und wie präsentieren wir diese Leistungen in der Öffentlichkeit?

Bezugsthemen: Marketing, Öffentlichkeitsarbeit, Corporate Identity

(9) Wie stellen wir sicher, dass unsere Arbeit nach innen veränderbar und nach außen offen bleibt?

Bezugsthemen: Innovation, „Lernende Organisation", Change-Management

(10) Wie wirken wir aktiv auf das politische, ökonomische und soziale Umfeld unseres Leistungsangebots ein und verbessern hierüber seine Rahmenbedingungen und Grundlagen?

Bezugsthemen: Kooperation, Vernetzung, Lobbyarbeit, „Lernende Region", Innovation

Als gemeinsame **theoretische** Themen, die allen Sozialmanagement-Konzepten des IFP zu Grunde lagen, lassen sich aus den diversen Lehrplänen ableiten:

- Betriebsorganisation/Rechtsformen/Organisationsentwicklung

- Qualitätsmanagement

- Finanzierung/Controlling/Kostenmanagement

- Marketing/Sponsoring

Als übergreifende **methodische** Themen können zugeordnet werden:

- Konfliktmanagement/Personalfragen

- Selbstmanagement (Zeit- und Stressmanagement etc.)

- Moderations- und Präsentationstechniken

- Projektmanagement

- EDV (Software, Organisationsfragen etc.)

Besonders interessant war für den Lehrgangsträger die Erfahrung, dass die Offenheit der Erwerbswirtschaft, insbesondere innovativer Dienstleistungsunternehmen wie Unternehmensberatungen, Internet-Firmen und Personaldienstleister, gegenüber Sozialpädagogen/innen und Geisteswissenschaftlern/innen kontinuierlich gewachsen ist, was sich in einem stetigen Anstieg der beruflichen Übertritte in die genannten Bereiche zeigte. Es erwies sich, dass die in Sozialen Organisationen schon selbstverständlich gewordenen sozialen und kommunikativen Kompetenzen in anderen Segmenten des Dienstleistungssektors noch dringend aufgestockt werden müssen, weswegen die mit Ausbildung, Lebens- und Berufsmodell verbundenen „Eigenheiten" der Abgänger sozialer oder sozialwissenschaftlicher (Fach-)Hochschulstudiengänge als „erfrischend" und „befruchtend" wahrgenommen werden, wie sich der Inhaber einer kleinen Unternehmensberatung ausdrückte.

Insofern brauchen sich Sozialpädagogen und Geistes- bzw. Sozialwissenschaftler/innen auch nicht vor den Parteigängern privatwirtschaftlicher Logik zu „verstecken" – die Zeiten, in denen traditionelle Betriebswirte generös paternalistische Ratschläge an ebenso traditionelle Sozialarbeiter und Einrichtungsleiter bezüglich der Einführung betriebswirtschaftlicher Methoden geben konnten, sind erfreulicherweise vorbei: Einerseits hat der Sozialbereich selbst eigene, in ein umfassendes Konzept der Sozialwirtschaft eingebettete Sozialmanagementmodelle entwickelt, andererseits setzt sich in der privaten Erwerbswirtschaft immer mehr die Einsicht durch, *dass soziale und kommunikative Kompetenzen, netzwerkartige Strukturen und die Einbindung der Wirtschaftsbetriebe in das gesamtgesellschaftliche Aufgabenfeld wichtige Ergänzungen des überkommenen betriebswirtschaftlichen Konstrukts vom erfolgreichen Unternehmen sind.*

Projekte wie „Switch" in München, in dessen Rahmen sich Manager im Sozialbereich engagieren, und die vielfältigen gemeinschaftsbezogenen Aktivitäten gerade großer Firmen belegen dies. Vielleicht deutet sich hier eine Chance zum Umdenken an; wieso eigentlich müssen immer Soziale Organisationen „betriebswirtschaftlicher" werden, wenn, pointiert gesagt, die vielbeschworene „neue Ökonomie" hinsichtlich eigener Strukturen und Kommunikationsformen die Chance einer Renaissance des „Sozialen" in sich zu bergen scheint?

Methodik und Didaktik von Sozialmanagement-Weiterbildung: Erfahrungen aus den Lehrgängen

Zunächst konzentrierte sich der Lehrgangsträger auf die traditionelle Strategie beruflicher Erwachsenenbildung: Ein stark unterrichtsorientiertes Modell wurde durch Gruppenarbeit und Rollenspiele aufgelockert. Die Erfahrungen hierbei bestärkten die Verantwortlichen darin, neue Wege der Wissensvermittlung bzw. des aktiven Lernens mit einzubeziehen. Den methodischen Veränderungsbemühungen waren Grenzen gesetzt durch die Pflichten gegenüber dem Kostenträger – schließlich handelte es sich um nach dem AFG, später nach SGB III geförderte Bildungsmaßnahmen, die ein einheitliches formelles Genehmigungsverfahren durchlaufen mussten, in dem sich das Bildungsinstitut nicht nur auf Lehrpläne und Dozenten, sondern auch auf die Unterrichtsmethoden und einen Ablaufplan festzulegen hatte. Vor allem das auf Unterrichtsstundensätze bezogene Abrechnungsverfahren unterstellte ein gewisses Festhalten an den traditionellen Ablaufformen des Unterrichts und den daran geknüpften Lehr- und Lernmethoden. Da aber keine staatlichen Prüfungen und allgemein verbindlichen Zertifizierungen vorgesehen waren, nutzte der Lehrgangsanbieter die damit prinzipiell gegebenen Gestaltungsspielräume, um insbesondere auf die Einbeziehung von Projektmethoden in den Unterrichtsablauf zu drängen. Vor allem die zuständigen Mitarbeiter/innen des Arbeitsamtes erwiesen sich dabei als innovative und praxisorientierte Kooperationspartner/innen, denen vor allem am Erfolg der Kurse gelegen war und die sich deshalb aufgeschlossen gegenüber allen Veränderungen zeigten, die die Teilnehmer/innen weiterbringen könnten.

Auf dieser Grundlage wurden in jeden Lehrgang ein bis zwei „Projekte" eingebaut, in deren Rahmen sich die Teilnehmer in mehrere Gruppen teilten, die über einen gewissen Zeitraum eine praxisorientierte Aufgabenstellung bearbeiteten. Dabei konnte es sich z.B. um ein reales Qualitätssicherungsprojekt einer Behindertenwerkstatt handeln, für das begleitend Materialien erstellt und in Workshops vor Ort präsentiert wurden; oder um Simulationen von Firmen- oder Einrichtungsgründungen, in denen die Idee von der Markt- und Bedarfsanalyse über die Konzepterstellung und Finanzierungsplanung bis zur Marketingstrategie/Werbepolitik ausgearbeitet wurde. Die Ergebnisse aller Projekte wurden in einer Mappe dokumentiert und abschließend multimedial präsentiert; ein pfiffiger Medieneinsatz – selbstgedrehte Videos, Karikaturen, Computer-Animationen und Powerpoint-Präsentationen, Rollenspiele und simulierte Fernsehdiskussionen – sorgte für viel Spaß, aber auch für ein breit angelegtes, selbst organisiertes Lernen, das vor allem auch die Entwicklung kommunikativer Kompetenzen, Stressbewältigung bei Teamarbeit unter Zeitdruck etc. einbezog.

Damit versuchte der Träger, den beschriebenen neueren Diskussionen um Kompetenzentwicklung gerecht zu werden, die einerseits auf die Kategorie der Schlüsselqualifikationen abheben, andererseits betonen, dass wirkliches, sich zu Handlungskompetenzen verfestigendes Lernen vor allem die praktische Anwendung von Wissen im sozialen Kontext erfordert. Die Teilnehmer bestätigten in kontinuierlichen Feedback-Runden durchweg, dass ihnen das projekt- und anwendungsorientierte Lernen für die berufliche Praxis am meisten „gebracht" hätte. Die Vielseitigkeit der Projekte spiegelte das diesbezügliche Ziel wieder, Anwendungskompetenzen in Marketing, Finanzierung etc. zu vermitteln; hinzu kam die Erfahrung, dass nicht der spezielle Firmentypus, an dem „geübt" wurde, von Bedeutung war – ob eine Tanzbar gegründet, ein Café eröffnet oder eine Beratungsstelle für psychisch gefährdete Personen geplant wurden, spielte für die Qualität der Ergebnisse weder eine Rolle noch wurde dadurch die Übertragbarkeit auf andere Situationen oder Organisationstypen berührt, wie die Teilnehmer in ihren Praktika erfahren durften. Im Gegenteil: Die Lernprozesse und damit die Qualität der Präsentationen (bei denen ich selbst immer zugegen war) schienen vor allem davon abzuhängen, dass die jeweilige Projektgruppe eine Aufgabe, Firmengründung o.Ä. gewählt hatte, die in ihren ureigenen persönlichen Interessenbereich fiel, so dass der Spaß an der Ausarbeitung das erforderliche intensive Engagement trug. Schließlich waren in der Abschlussphase der Projektausarbeitung nur 4-5 Tage Zeit vorgegeben, in denen die wichtigsten Medien, Dokumente, Recherchen und Präsentationsmaterialien zu einem stimmigen Konzept zusammengefügt und in einer „Mammutsitzung" ohne weitere Übungszeit präsentiert werden mussten. Der darin eingeschlossene Stressfaktor wurde zumeist als positiver Stress empfunden; der Bildungsträger legte Wert darauf, nicht zu sehr einen „Schonraum" zu konstruieren, der mit der konfliktreichen und kräftezehrenden Praxis in Sozialen Organisationen wenig zu tun hätte.

Praktikums- und Arbeitsschwerpunkte der Lehrgangsteilnehmer/innen

Die Praktika im Rahmen der vorgestellten Lehrgangsprojekte reflektierten Inhalt und Zweck des Lehrgangs: Viele Teilnehmer/innen konnten ihr erworbenes Wissen in den unterschiedlichsten Aufgabenzusammenhängen erproben; dazu gehörten u.a.:

- Beteiligung an Qualitätsmanagementprozessen

- Erstellung von Konzeptionen

- Begleitung von geplanten Organisationsinnovationen

- Untersuchung interner Kommunikationsmuster

- Mitarbeit in Weiterbildungs- und Personalentwicklungsabteilungen

- Erhebung von veränderungsrelevanten Daten, Anlage dementsprechender Untersuchungen etc.

Andere Teilnehmer/innen wählten eher traditionell angelegte Aufgabenbereiche oder nutzten das Praktikum, um, durch die Zusatzkenntnisse für die Träger attraktiver geworden, überhaupt wieder in eine interessante und verantwortungsvolle Position zu gelangen; hier stand nicht das Interesse an einer auf Sozialmanagement bezogenen Funktion im Vordergrund, sondern das Bemühen, zumeist nach einer längeren Familienpause oder einer anderweitig verursachten Unterbrechung einen neuen beruflichen Einstieg zu finden. Die betriebswirtschaftlichen Zusatzkenntnisse und vermittelten Managementtechniken erschienen dabei eher als Aktualisierung und Aufwertung der Berufsbiographie im Allgemeinen.

Eine dritte Gruppe schließlich widmete sich eigenen Projektideen, die von der Etablierung als selbstständiger Berufsbetreuer über die Gründung eines Vereins zur Nachbetreuung von Schädel-Hirn-Verletzten bis zum Einstieg in bisher berufsfremde, aber aus privaten Gründen für interessant erachtete Arbeitsfelder wie die Entwicklungshilfe reichten. Eine Teilnehmerin organisierte z.B. ein Vermarktungsprojekt für indigene Frauen in Ecuador; ein anderer Teilnehmer ging als Projektkoordinator nach Westafrika. Schuldnerberatungen, Agenturen zur Förderung der Freiwilligenarbeit, Jugendaustauschprojekte mit Tschechien und ähnliche Tätigkeitsbereiche gingen (teilweise eher vermittelt) aus den Lehrgangsaktivitäten hervor. Erfolg oder Misserfolg derartig „exotischer" Ideen von unten zeigte sich auch als von schwer beeinflussbaren Rahmenbedingungen wie aktuellen Förderschwerpunkten, regionalen Verbandskonstellationen und der Zahl der lokalen Wettbewerber abhängig.

Die „Infusion" kreativer und innovativer Ideen durch externe, idealistische und mit aktuellem Wissen versehene Sozialmanagement-Absolventen in den Bereich sozialer Dienstleistungsproduktion hinein nahm damit vielfältige Formen an; bezüglich der Träger und Organisationen selbst gab es allerdings auch Grenzen eines derartigen „externen" Qualifizierungsansatzes:

Nicht immer waren die kooperierenden Einrichtungen im Stande, für gern aufgegriffene Anregungen und bereitwillig installierte kreative Praktikumsprojekte auch unmittelbar selbst finanzierte, eigene Stellen einzurichten – manche Praktikanten/innen waren daher gezwungen, zunächst abzuwarten oder sich doch um andere, möglichst gleichwertige berufliche Handlungsfelder zu bemühen. Manchmal war ein Wechsel in neue Tätigkeitsbereiche notwendig, um möglichst bald wieder eine Stelle antreten zu können. Denkmodelle, Sichtweisen und Handlungsmuster nicht aller Praktikanten/innen passten zu den jeweiligen Strukturen und Verfahrensformen der Praktikumsbetriebe; der

Befruchtung der Einrichtungen durch externe Perspektiven standen Dissonanzen und Störungen gegenüber, die nicht immer harmonisiert bzw. aufgelöst werden konnten. Manchmal wurde auch die „strukturelle Schwerkraft" eingefahrener Problemsichten in den Organisationen unterschätzt; auch wenn sich diese „von außen" leichter anregen lassen mochten, so war doch die Implementation von neuen Ideen stets auf deren Übernahme durch einflussreiche Mitarbeiter/innen innerhalb der Organisation abhängig – diese konnten aber Richtungswechsel kaum auf die Vorschläge einzelner Projektpraktikanten/innen stützen.

Der externe Integrationsansatz konnte daher den Aufbau von Sozialmanagementqualifikationen auf der Leitungsebene der Einrichtungen selbst natürlich nicht ersetzen – um die Veränderung der Organisationen mussten sich nach wie vor insbesondere auch diejenigen selbst bemühen, die in ihre Aufgaben, Strukturen und Prozesse organisationsgeschichtlich involviert waren.

Anforderungen an die Kompetenzentwicklung von leitenden Mitarbeitern Sozialer Organisationen

Ein Konzept der intraorganisationalen Kompetenzentwicklung für Führungskräfte in Sozialen Organisationen befasst sich vor allem mit der mittleren Leitungsebene, die die breit geschilderten Zielkonflikte und Dilemmata des Veränderungsmanagements in Sozialen Organisationen so abzufedern hat, dass die zumeist anspruchsvollen Vorhaben auch wenigstens im Grundansatz realisiert werden können. Die Abteilungs- und Einrichtungsleiter, Geschäftsführer und Abschnittsleiter entscheiden damit als zentrale Schnittstelle zwischen der Vorstandsebene und der Ebene der Sozialen Arbeit über die Umsetzung aller Reformprojekte. Welche besonderen Kompetenzen benötigen sie hierfür?

Die bezüglich des Lehrgangs „Wohlfahrtsmanagement" beschriebene Dimensionierung der Kompetenzen entlang der praktischen Anforderungen an das

- Management der eigenen Arbeit

- Management der internen Beziehungen/Binnenstruktur der Organisation

- Management der Außenbeziehungen/Bewältigung des gesellschaftlichen Umfelds der Organisation

gibt gemäß den Ergebnissen der bisherigen Analyse eine solide Basis für die Beschreibung wesentlicher Handlungskompetenzen und eines darin eingeschlossenen Fachwissens ab. Frank, Reis und Wolf spannen über ihre Interviews von Führungskräften der mittleren Ebene mehrere Merkmalsbereiche von Mitarbeiterführung auf[80]. Davon ausgehend, dass in sozialen Organisationen neue Aufgabenstellungen nur von unten nach oben ausgestaltet werden können, müssen sich leitende Kräfte mit folgenden Themen befassen:

Teamarbeit: Da Teamarbeit nur unter geeigneten Voraussetzungen funktional für die Organisation ist, besteht eine wichtige Führungsaufgabe in der Herstellung dieser Voraussetzungen durch organisatorische Vorkehrungen, klare Aufgabendefinition und Zuweisung von Entscheidungskompetenzen.

Fortbildung: Ein Führungskonzept der Mitarbeiterfortbildung darf die Fortbildungsbereitschaft aller Mitarbeiter nicht einfach voraussetzen, sondern ist auf Basis realistischer Mitarbeiterprofile darauf verwiesen, das individuell richtige Maß an Fortbildung gemeinsam mit dem Mitarbeiter/der Mitarbeiterin festzulegen und die darin immer auch implizierten Dilemmata zu berücksichtigen: Fortbildung kostet Zeit; vielleicht werden darüber von einigen sogar die eigentlichen Fachaufgaben vernachlässigt, während andere seit jeher auf ihren tradierten Fähigkeiten beharren; so manchen mag die Aufwertung seiner Qualifikation zum Arbeitsplatzwechsel nicht nur befähigen, sondern sogar ermuntern. Nur ein distanzierter Blick auf das Interessengefüge, in das Fortbildungsaktivitäten eingebettet sind, vermeidet überzogene Ansprüche an Fortbildungsmaßnahmen. S. Kraft stellt ernüchternd fest: „(…) in der betrieblichen Aus- und Weiterbildung geht es um den Erwerb von Zertifikaten, Kompetenzen und Qualifikationen, die bedeutsam sind für einen beruflichen Aufstieg oder für den Erhalt des

Arbeitsplatzes. Das Lernen und der Lerngegenstand ist hierbei lediglich Mittel zum Zweck. Viele Mitarbeiter und Mitarbeiterinnen nehmen eben nur dann an Weiterbildungsmaßnahmen teil, wenn sie sich davon berufliche Aufstiegschancen versprechen oder wenn es eben unbedingt notwendig ist (z.B. um den Arbeitsplatz zu erhalten)."[81] Erfahrungsgemäß gestaltet sich das Verhältnis von Mitarbeitern/innen zur Fortbildung in sozialen Organisationen zwar wesentlich differenzierter, da fachliche Orientierung, persönliche Gestaltungsspielräume und normative Fundierung der eigenen Arbeit einen sehr hohen Stellenwert einnehmen. Nichtsdestotrotz verweist das obige Zitat auf zweckrationale Motive, die in Arbeitszusammenhängen immer auch eine Rolle spielen. Wer dies ignoriert, strickt unbeabsichtigt am Mythos der Einheit von Organisationszielen und Mitarbeitermotiven und -interessen, anstatt sich der komplexen Organisationswirklichkeit mit einem ebenso kritischen wie selbstkritischen Augenmaß zu nähern.

Mitarbeiterkontrolle: „Arbeitszeiterfassung gehört zu den verbreiteten institutionalisierten Kontrollmodalitäten auch in Diensten und Einrichtungen der Wohlfahrtspflege. Die Selbstbindung der Mitarbeiter an arbeitsvertraglich vereinbarte Dienstzeiten scheint nicht auszureichen, um die Leistungserbringung zu gewährleisten."[82] Die Autoren verdeutlichen, dass nicht das Misstrauen in die Mitarbeiter, sondern die „Vorwärtsverteidigung für bedrohte Gestaltungsspielräume" durch Legitimation gegenüber Vorgesetzten und Trägern derartige „taktische" Kontrollmaßnahmen verantwortungsbewusster Leitungskräfte motiviert. Bezüglich der intraorganisational notwendigen Kontrolltechniken bedingen die hohen Autonomieerfordernisse Sozialer Arbeit ein besonderes „Fingerspitzengefühl" für die fragile Balance zwischen Vertrauen und Kontrolle. Kontrollfähigkeiten schließen hier daher vor allem Beratungs- und Begleitungskompetenzen ein, die wiederum ein personen- und aufgabenbezogenes Gleichgewicht zwischen Nähe und Distanz auszutarieren haben. Ein selbstkritisches Bewusstsein von der Machtfundierung der eigenen Kontrollbefugnisse, mögen sie auch noch so beratungsorientiert umgesetzt werden, kann unrealistischen Erwartungen an die Mitarbeiter oder an sich selbst als Führungskraft entgegenwirken.

Verhalten in Konfliktsituationen: In den von Frank et al. analysierten Interviews erweisen sich unterschiedliche wechselseitige Erwartungen und Rolleneinschätzungen zwischen Mitarbeitern und Vorgesetzten als eine zentrale Konfliktursache. Die Fachkräfte an der „Basis" bemängeln die scheinbar fehlende Fachkompetenz der Führungskräfte, denen deshalb mitunter die Legitimation zu Eingriffen in die fachberufliche Entscheidungskompetenz abgestritten wird. Grundlage der Problematik ist die Existenz zweier verschiedener „Steuerungsmodalitäten" sozialer Dienstleistungen, die sich überkreuzen: „Die eine besteht darin, dass Mitarbeiter, die Fallarbeit leisten, sei es in Form von Einzelbetreuungen oder Gruppenarbeit, den unmittelbaren, dem konkreten Problem angemessenen Hilfebedarf sehen. Die Optimierung der Art dieser Hilfen mag zwischen Leitung und Mitarbeitern fachlich auch gar nicht umstritten sein, dennoch kann es auf einer übergeordneten Steuerungsebene, nämlich der der Abstimmung von Handlungen verschiedener Einrichtungen des Trägers, zu Zwängen kommen, die die für den Einzelfall vorgeschlagenen Verfahrensweisen nicht mehr angemessen erscheinen lassen[83]. Für die Führungskräfte bedeutet dies, dass sie sich der systematischen Natur der organisationalen Dilemmata bewusst sein müssen, die ihnen im Rahmen von Personalisierungsstrategien bisweilen von den Mitarbeitern persönlich zugerechnet werden. Diese Personalisierung der Konflikte von unten stellt das unreflektierte Pendant des von S. Kühl beschriebenen umgekehrten Phänomens dar, dass häufig für intraorganisationale, strukturell oder durch das Umfeld verursachte „Barrieren" der Veränderungsvorhaben des Managements ebenfalls die Mitarbeiter verantwortlich gemacht werden, deren mangelnde „Flexibilität" die Hauptlast für Umsetzungsprobleme bei der Projektrealisierung tragen soll. Gerade das mittlere Mangement agiert im Schnittstellenbereich von Sozialer Arbeit als klientenbezogener Handlungsebene und organisational verbürgten Erfordernissen, die wegen ihrer komplexen Verknüpfung mit Umweltfaktoren, strukturellen Gegebenheiten und existenten Ablaufmechanismen nur beschränkt steuerbar sind. Notwendig sind daher Fähigkeiten, derartige Problemkonstellationen zu erkennen, in Kommunikationen zu vermitteln und mit Augenmaß für mögliche Kompromisse umzusetzen. Dabei muss eine Balance zwischen Konsensbildung und einer aufgabengerechten

Lösung gewahrt bleiben, die um den limitierenden Vorrang der Aufgabenerfüllung weiß. Zugleich hat der leitende Mitarbeiter zu erkennen, dass manche Konflikte ihrer inneren Dynamik und ihres unentwirrbaren Selbstbezugs wegen einer externen Begleitung durch Beratung oder Supervision bedürfen, andere Streitpunkte wiederum nicht innerhalb des organisationalen Gefüges zu lösen sind, also eine Trennung der Konfliktparteien erfordern.

Notwendige Qualifikationen: Hier bestätigt die referierte Befragung im Wesentlichen das Konzept, das den beschriebenen Wohlfahrts- und Sozialmanagement-Lehrgängen zu Grunde liegt. Einige Befragte betonten, dass zur Besetzung von Führungspositionen „entweder Kaufleute mit Verwaltungs- und sozialpädagogischen Methodenkenntnissen oder Sozialarbeiter mit einer betriebswirtschaftlichen oder verwaltungsbezogenen Zusatzausbildung"[84] einzustellen wären; die Autoren der Untersuchung leiten hieraus wichtige konzeptionelle Gedanken zur Führungskräftequalifikationsentwicklung ab: Führungskräfte haben immer Ziel- und aufgabenbezogene Aufgaben (Studium der Sozialarbeit, Berufserfahrung, Sozialplanung), Mitarbeiterbezogene Aufgaben (Fortbildung in Führen und Leiten/Personalmanagement, Supervision) sowie Organisationsbezogene Aufgaben (Organisationstheorie und -entwicklung).[85]

Daraus sind fach-, organisations- und personenbezogene, kognitive und handlungsorientierte Kompetenzen abzuleiten; allgemeine Schlüsselqualifikationen werden als Vermittlungsglied zwischen externalisiertem Fachwissen und der Fähigkeit zu seiner Anwendung in verschiedensten Kontexten gesehen. Persönliche Kompetenzen wie Beharrungsvermögen, Gelassenheit und die systematische Pflege einer vertrauensvollen Gesprächskultur mit den Mitarbeitern als Voraussetzung vor allem von Organisationsentwicklungsmaßnahmen runden das Qualifikationsprofil, das sich aus der Befragung ergibt, ab.

5. Integrierte Kompetenz- und Organisationsentwicklung

Wie können Maßnahmen der Kompetenzentwicklung von Führungskräften der mittleren Ebene, aber auch der anderen beteiligten Organisationsmitarbeiter in den Organisationsalltag systematisch integriert werden? Wie sind insbesondere Kompetenzen zu fördern, die für die Umsetzung von intraorganisationalen Veränderungsvorhaben notwendig sind?

Zur Klärung dieser Frage müssen einige Zwischenergebnisse zusammengefasst werden:

Führungskräfte in Sozialen Organisationen benötigen grundsätzlich einen *Mix aus betriebswirtschaftlichem, sozialberuflichem und verwaltungsbezogenem Fachwissen, das in persönliche Kompetenzen zur Mitarbeiterführung und Organisationsgestaltung* eingebettet ist und als implizites Wissen so verfestigt worden sein muss, dass es auf verschiedenste Situationen angewendet werden kann. *Strategische und kommunikative Kompetenzen*, die oft auch als Schlüsselqualifikationen dimensioniert werden, ermöglichen „das Hinzulernen, das Erfassen neuer Problemstellungen, die Fähigkeit, Hergebrachtes aufzugeben, schnell Kontakt zu schließen, Konzepte zu entwickeln und überzeugend zu formulieren".[86] Strategische Kompetenzen fußen damit auf persönlichen Eigenschaften und liegen überwiegend als implizites Erfahrungswissen vor, das den Fachkompetenzen erst ihre stets modifizierte Anschlussfähigkeit an sich ändernde Situationen verleiht.

Damit einher geht eine *ausgeprägte Stressresistenz* und **die Fähigkeit, das eigene Handeln stets kritisch zu reflektieren** und nach seiner Einbindung in den organisationalen und sozialen Gesamtzusammenhang zu fragen. Strategische Kompetenz als implizite Fähigkeit zum vorausschauenden Anpassen, Umsetzen und Gestalten unterstellt *allgemeines, extern zugängliches Wissen* zur Dynamik von systemischen Zusammenhängen, zu deren Analyse und Modellierung und zur Systematik, Geschichte und den strukturellen Dilemmata des „wohlfahrtsstaatlichen Arrangements" sowie zur Rolle und den Formen von unternehmenskulturellen Prozessen. Getragen werden müssen strategische Kompetenzen in Veränderungsprozessen vor allem durch einen selbstreflexiven, die distanzierte Analyse des eigenen Handelns ermöglichenden Standpunkt, der, eingebettet in persönliche Handlungssouveränität, auch ein hohes Maß an *Konfliktkompetenz* einschließt. Das Erkennen der eigenen Grenzen muss sich wiederum in adäquate Delegierungsprozesse und die abgestimmte Einbeziehung externer Ressourcen umsetzen.

Die bisherige Analyse lässt nun aber einige entscheidende Probleme bei der intraorganisationalen Entwicklung bzw. Förderung dieser Kompetenzen als Element der Gestaltung und Steuerung von Veränderungsprozessen in Sozialen Organisationen erkennen:

Mitarbeiter der mittleren Führungsebene müssen sich im Rahmen organisationaler Veränderungsprozesse zumeist selbst umstellen und neu orientieren, sollen gleichzeitig aber ihren Mitarbeitern dafür einen verlässlichen Handlungsrahmen bereithalten. Die Kompetenzen, die in Veränderungsprozessen benötigt werden, können zugleich oft erst aus diesen mithervorgehen; die damit geforderte parallele Verzahnung beinhaltet hohe Anforderungen an alle Beteiligten.

Interne Kompetenzentwicklung muss sich mit den Beharrungskräften organisationaler Strukturen und der darauf bezogenen Sichtweisen auseinander setzen; auch in Sozialen Organisationen verbleiben die positiven Effekte von Veränderungsprozessen zunächst im Ungewissen, während sich die negativen Auswirkungen auf lieb gewonnene Gewohnheiten, etablierte Arbeitsweisen und beanspruchte Statuselemente sofort einstellen.

Wie kann vor diesem Hintergrund die Verzahnung zwischen Organisations- und Kompetenzentwicklung praktisch ausgestaltet werden?

Beispiel 1: Parallele Kompetenz- und Organisationsentwicklung in einer Non-Profit-Organisation

Einen Erfahrungsbericht über einen mehrjährigen Veränderungsprozess bei einer NPO-Organisation legt C. Becker[87] als beteiligte interne Beraterin vor. In der Organisation, die die Arbeitsbedingungen, Ausbildung und Fortbildungsregelungen für eine Berufsgruppe innerhalb des Fortbildungswesens zu regeln hat, sollte die Bundesorganisation, deren ca. 70 Mitarbeiter/innen die Tätigkeit der Landesorganisationen koordinieren und abstimmen, ihren Aufgaben in einem zunehmend schwierigen Umfeld durch einen Prozess der Selbstveränderung gerecht werden. Positiver Ausgangspunkt für diese selbstdefinierte Problemlage waren die erfolgreiche Einstellung einer mittleren Hierarchieebene und die Integration der Landesorganisationen der neuen Bundesländer, was eine kritische Aufbruchsstimmung bewirkt hatte. Die Ausgangsüberlegungen des Veränderungsprojekts bezogen sich auf die Einbindung der Organisation in ihr gesellschaftliches Umfeld und die Reflexion der Ziele, die mit dieser Einbindung in Zukunft verbunden werden sollen.

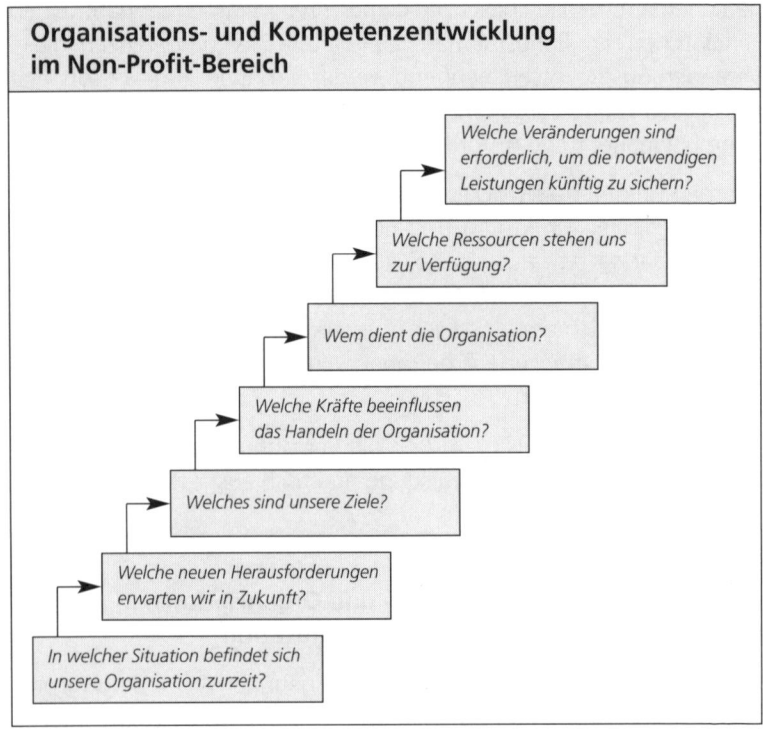

Organisations- und Kompetenzentwicklung im Non-Profit-Bereich

Welche Veränderungen sind erforderlich, um die notwendigen Leistungen künftig zu sichern?

Welche Ressourcen stehen uns zur Verfügung?

Wem dient die Organisation?

Welche Kräfte beeinflussen das Handeln der Organisation?

Welches sind unsere Ziele?

Welche neuen Herausforderungen erwarten wir in Zukunft?

In welcher Situation befindet sich unsere Organisation zurzeit?

in Anlehnung an C. Becker

Damit verknüpft war die Frage nach den Spezifika Sozialer Organisationen, der sich eine systematische „Vordiagnose" des Ausgangszustandes anschloss: „Die zu Beginn der Organisationsentwicklung geführten Diskussionen, die zum einen der derzeitigen Beschreibung der Organisation als auch der Definition ihrer Ziele dienen, sollten dabei bereits am Anfang von möglichst vielen Mitarbeitern auf unterschiedlichen Ebenen diskutiert und geführt werden. Diese breite Diskussion vor Beginn des eigentlichen Veränderungsprozesses ist eine wichtige Voraussetzung für das Einstimmen der Mitarbeiter auf den beginnenden Veränderungsprozess."[88] Ein externer Berater führte ca. 15 Interviews als „Vier-Augen-Gespräche" durch und versuchte dabei, möglichst alle Hierarchieebenen sowie Förderer und Kritiker des Veränderungsprozesses einzubeziehen. Die Interview-Fragen gliederten sich in:

- Fragen zur Zielsetzung, strategischen Ausrichtung und zum Selbstverständnis der Organisation

- Fragen zu den Erwartungen der „Kunden"

- Fragen zur internen Arbeitsorganisation

- Fragen zur Unternehmenskultur

- Fragen zum Veränderungsbedarf

Auf Grundlage der Befragungsergebnisse wurden vom externen Berater verschiedene Workshops durchgeführt, die wiederum nach Hierarchieebenen getrennt waren: Abteilungsleiter, Referenten (mittlere Ebene ohne Leitungsfunktion), Sachbearbeiter und Sekretärinnen. Begonnen wurde mit dem Workshop für die Referenten, der konkrete Projekte für die organisationale Weiterentwicklung zu formulieren hatte. Der Leiter der Geschäftsstelle war als Gast zugegen. Zugleich sollten Mitglieder einer Steuerungsgruppe bestimmt werden, die sich aus Vertretern aller Hierarchieebenen zusammensetzen sollte.

Im zweitägigen, extern veranstalteten Referenten-Workshop wurde das gesellschaftliche, politische und institutionelle Umfeld der Organisation untersucht und in ein Verhältnis zu ihrem internen Zustand gesetzt. Daraus resultierte ein Maßnahmenkatalog; die Maßnahmen wurden unterschieden in nach innen und außen gerichtete Vorhaben und in Projekte, die die Gruppe selbst in Angriff nehmen kann, und in solche, die gruppenübergreifenden Charakter hatten. Hinzu kamen Maßnahmen im Rahmen einer Selbstverpflichtung, die das Denken und Handeln der Einzelnen betrafen. C. Becker urteilt rückblickend, „dass zu viele ‚basisdemokratische' Ideen in den Köpfen der Referenten vorhanden waren, die später als nicht realisierbare Wünsche zu Enttäuschungen und Frustrationen führten. Es musste gelernt werden, dass Organisationsentwicklung nicht zwangsläufig das Abschaffen von Hierarchien bedeutet und dass man diese durch Organisationsentwicklung auch nicht heimlich umgehen kann."[89] Organisationsentwicklung stellt sich hier vor allem als kommunikativ vermittelter Lernprozess bezüglich des in der Organisation gemeinsam Erreichbaren, als praktisches Austarieren von Hierarchie und Selbstbestimmung, von Stabilität und Wandel dar.

Auf zweitägigen, ebenfalls ausgelagerten Workshops der Führungskräfte, an denen die Abteilungsleiter und der Leiter der Geschäftsstelle teilnahmen, sollte die strategische Positionierung erfolgen. Dazu wurden vier Leitfragen beantwortet[90]: Wie erleben wir das wesentliche gesellschaftspolitische Umfeld und welche Erwartungen und Herausforderungen resultieren daraus für die Bundesorganisation? Wie gut können wir diesen Erwartungen und Herausforderungen entsprechen (besondere Stärken, wesentliche Lücken und Schwächen?) Welche Rolle spielt dabei unsere interne Verfassung (Führung, Organisation, Ausstattung, Kommunikation, Kooperation)? Wie beurteilen wir in diesem Zusammenhang das institutionelle Umfeld und wie ist die Bundesorganisation darin eingebunden?

Die Beantwortung erfolgte im Rahmen folgender Ablaufstruktur des Workshops:

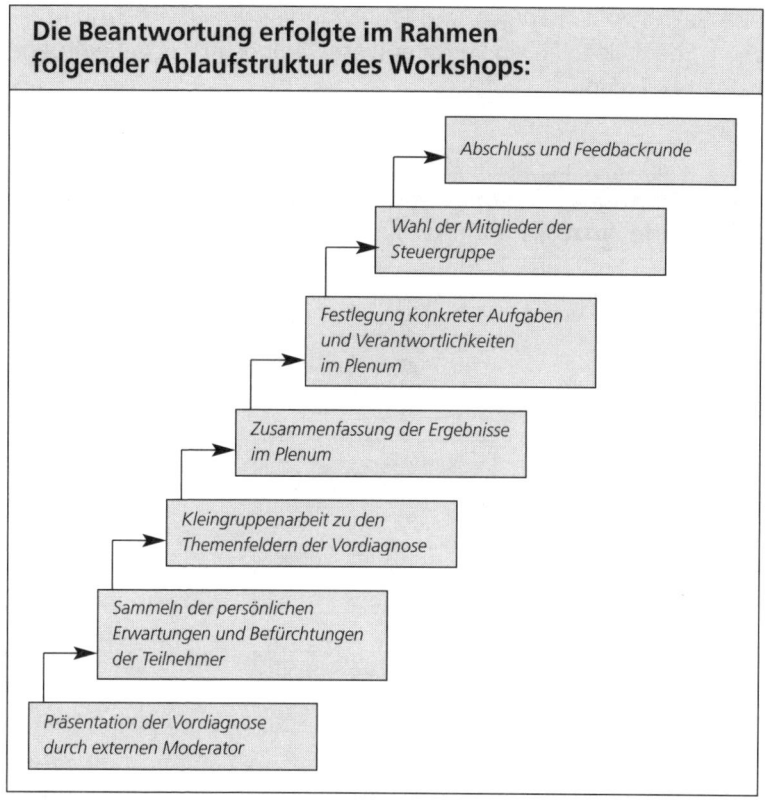

in Anlehnung an C. Becker

Abschließend wurden von der Führungsebene eine Reihe von Maßnahmen vorgeschlagen, die sich auf die Bereiche Führungskultur, Zusammenarbeit und Ressourcensteuerung, Leitbild, Vorstandsverfassung, Öffentlichkeitsarbeit, EDV und Dokumentation, interne und externe Kommunikation bezogen.

Der Mitarbeiter-Workshop wurde in der Arbeitszeit eintägig vom Leiter der Geschäftsstelle durchgeführt, um „die Mitarbeiter mit den Zielen der Organisationsentwicklung vertraut zu machen, den derzeitigen Stand der Organisationsentwicklung darzustellen, ebenfalls eine Gruppenarbeit einzuleiten und gemeinsam mit den Sachbearbeitern und Sekretärinnen Fragen und Probleme aus ihrer Sicht zu besprechen. Ebenfalls sollte ein Vertreter dieser Gruppe in die Steuergruppe gewählt werden."[91]

Für alle drei Workshops ergibt sich damit folgende Prozesseinbindung:

Projektfortschritt

Organisationsübergreifende Projekte

Entwicklung eines Leitbilds

Arbeit in den thematischen Projektgruppen

Schaffung von Projektgruppen zu diversen Themen

Mitarbeiterworkshop

Führungskräfteworkshop

Bildung einer Steuergruppe

Workshop zur Standortbestimmung

Vordiagnose

Zeit

in Anlehnung an C. Becker

C. Becker betont, dass die Workshops rückblickend eine neue Diskussionskultur in der Organisation etabliert haben und darüber zu neuem Selbstbewusstsein der Mitarbeiter und Referenten beitrugen. Bezüglich der Ergebnisse hält sie fest: „Heute – fünf Jahre nach Beginn der Organisationsentwicklung – sind einige der damals zitierten Probleme längst beseitigt, andere bestehen nach wie vor bzw. manchen haben wir uns in der Tiefe auch nicht gestellt."[92] Aus den Workshops resultierten fünf abteilungsübergreifende und hierarchieunabhängige Projektgruppen, um verschiedene der festgestellten Defizite zu beseitigen. Folgende Themen wurden bearbeitet:

- Grundsätze für die Arbeit in Projektgruppen
- Mitarbeiterfortbildung
- Umweltfragen
- Anwendung der EDV in der Geschäftsstelle
- Erarbeitung eines Leitbilds

Die Mitarbeiter konnten in die Projektgruppenarbeit zahlreiche außerfachliche Qualifikationen einbringen und trugen selbstständig umfangreiche Materialien zusammen. Die Projektgruppe „Mitarbeiterfortbildung" entwickelte ein integriertes Konzept von Organisationsentwicklung und Mitarbeiterfortbildung, das neben der Fachfortbildung auch die Qualifizierung der Mitarbeiter auf der psychosozialen und der kognitiven Ebene einschloss. „Vorgeschlagen wurde, spezielle Maßnahmen zur Begleitung des Veränderungsprozesses in die Fortbildung zu integrieren, bei denen insbesondere die Förderung der Motivation, der Arbeitszufriedenheit, aber auch die Befähigung zur Entwicklung von übergreifenden Zielen im Sinne von verbesserter Innen- und Außenwirkung aufgenommen wird." Die ständige Kommunikation und Information aller Organisationsebenen und die konsequente Einbeziehung aller Mitarbeiter konnte laut Becker auch für zukünftige Projektgruppen bewahrt werden; die Organisation hatte sich dauerhaft verändert. In Veranstaltungen zum Thema „wir über uns" begannen sich zugleich die verschiedenen Einrichtungen und Dezernate der Bundesorganisation gegenseitig zu informieren. Die Führungskräfte wurden ebenso fortgebildet wie die Mitarbeiter selbst. Dabei bezogen sich die Fortbildungsangebote auf zwei große Bereiche[93]:

- In der fachlichen Fortbildung wurden aktuelle Probleme der Gesundheits- und Sozialpolitik, auf den Auftrag der Organisation bezogene Fragestellungen, Europäische Themen sowie Fragen der Sekretariatsorganisation (inkl. EDV und rechtlicher Themen) aufgegriffen.

- Die überfachliche Fortbildung befasste sich mit Führung/Motivation, Kommunikation/Rhetorik, Mitarbeiterbeurteilung, Konfliktbewältigung, Zeitmanagement, Arbeitstechniken, Projektmanagement, Moderatoren-Training, EDV und Fremdsprachen.

Nach Abschluss des eigentlichen Organisationsentwicklungsprozesses, der zwei Jahre dauerte, wurde der Veränderungsprozess ohne externe Hilfe weitergeführt. Zielvereinbarungsgespräche unterfüttern seither das Bestreben zur ständigen Weiterentwicklung. C. Becker als interne Mitarbeiterin konnte sich mittels einer zweijährigen Fortbildung als Expertin für Organisationsentwicklung etablieren, die für die Koordination der Projektgruppenarbeit und die Mitarbeiterfortbildung zuständig war. Sie fasst zusammen, dass aus dem Veränderungsprozess neue Kommunikations- und Problemlösungsstrategien folgten, die zwar keine ewige Harmonie erzeugt haben, aber den Umgang mit den nach wie vor bestehenden Problemen dauerhaft veränderten: zwar gäbe es nach wie vor Fälle von „egoistischem Karrieredenken", „heimlichen Seilschaften" oder auch „Rivalitäten" und „unkollegialem Verhalten"; „In der Regel werden solche Aktivitäten jedoch angesprochen und offen gelegt und solche Strategien sind heute wesentlich schwerer durchzusetzen, da sie ja auf Heimlichkeiten und Intrigen angewiesen sind."[94]

Zwei Momente des dargestellten, praktizierten Entwicklungsmodells erscheinen für eine Analyse nun besonders bedeutsam: Der Versuch, die für den Veränderungsprozess erforderlichen Kompetenzen in diesem Prozess selbst gezielt auszubilden, unterscheidet sich erheblich von Projekten, die Veränderungsvorhaben durch einige Veranstaltungen kommunizieren und sich dann mit der Arbeit der Projektgruppen zufrieden geben – in der Hoffnung, diese werden sich die für den Veränderungsprozess erforderlichen Kenntnisse und Fähigkeiten schon irgendwie selbst aneignen. Allerdings liegt eine systematische Verknüpfung zwischen den einzelnen Schritten der Organisations- und Kompetenzentwicklung an den Prozessschnittstellen, die bei Staudt/ Kriegesmann als „Arbeitssystemkompetenzen" bezeichnet wurden, nicht vor. Insbesondere die Umwandlung von instruktiv erworbenem Wissen in arbeitsplatzbezogenes, prozessvermitteltes Wissen in der Organisation setzt Transferstrategien jenseits des klassischen Fortbildungswesens voraus – auch wenn diese die allgemeinen Wissensgrundlagen vorgeben, die durch Anwendung und Übung in den Handlungsfundus der Person übergehen. Der vorliegende Ansatz wiegt sich nicht in der trügerischen Hoffnung, anspruchsvolle Veränderungsprojekte beseitigten in der Organisation die mögliche Differenz von Perspektiven und Interessen bzw. lösten alle Ränkespiele, die auf der Konkurrenz um Positionen, Einfluss und Macht beruhen, in Wohlgefallen auf. Entgegen dem harmonistischen Ideal, das wir bei exponierten Vertretern der „lernenden Organisation" nachweisen konnten, verändert ein „bottom-up" getragener Organisationsentwicklungsprozess nicht die Konflikt- und Problemlinien der Organisation, sondern den organisationalen Blick auf diese und, im Gefolge dessen, die Methoden im Umgang damit: Die neue Perspektive auf intraorganisationale Kommunikation bedeutet, dass Konfliktlösungsstrategien etabliert werden, die jene Ränkespiele als letztlich unproduktiv für den Zielerreichungsprozess der Organisation und für ein ebenso zweckmäßiges wie aushaltbares „Miteinander" erkennen lassen. Damit steigert die projektgruppenorientierte Kommunikationsstruktur die Kommunikationsfähigkeit und Konfliktkompetenz der Beteiligten und setzt sie zugleich immer wieder voraus. Im günstigsten Fall hat man hier also einen sich selbst verstärkenden Prozess, in dem die Organisationsmitglieder auf der Handlungsebene ihre Strategien verändern und dadurch die Problemlösungskompetenz der Organisation erhöhen, was wiederum als Steigerung der individuellen Spielräume erlebt wird.

Beispiel 2: Qualitätsmanagement als Prozess der Organisationsentwicklung

Ein Bezirksverband eines der anerkannten Träger der freien Wohlfahrtspflege beschließt, in einem seiner Altenheime ein Qualitätsmanagementsystem einzuführen, das zu einer dauerhaften Verbesserung der Lebensqualität der Bewohner/innen führt. Zugleich soll eine Zertifizierung nach den einschlägigen DIN-EN-ISO-Normen vorbereitet werden. Die Promotoren des Veränderungsprojekts sind sich dabei im Klaren, dass die Zertifizierung keine Garantie dafür beinhaltet, dass inhaltlich definierte Qualitätsmaßstäbe in ihrer widersprüchlichen Komplexität angemessen erfasst und realisiert werden; die Orientierung an den Normen soll einerseits als Konkurrenzargument weitere Heime in den Qualitätsmanagementprozess einbeziehen helfen, andererseits einen groben, anerkannten Leitfaden abgeben, der insbesondere die Analyse der existenten Strukturen und Prozesse erleichtert. Für die eigentliche Qualitätsentwicklung wird hingegen ein Organisationsentwicklungsansatz bevorzugt:

- Betroffene müssen von vornherein zu Beteiligten gemacht werden.

- Die Qualitätsmaßstäbe und die Maßnahmen zu ihrer Umsetzung müssen in der Führungs- und Organisationskultur fest verankert sein, wenn sie auch im organisationalen Alltag wirksam werden sollen.

- Die Umsetzung muss langsam und als „Bottom-up-Prozess" vonstatten gehen, um sich in der Organisation, ihren formellen und informellen Mustern, wirklich festsetzen zu können.

Daher wird eine Projektstruktur gewählt, die auf drei Säulen beruht:

Säule 1: Ausbildung der Qualitätsbeauftragten. Sie sollen als Prozessmoderatoren im Haus selbst wirken und erwerben diese Fähigkeit durch neun zweitägige Workshops, die von einem externen Prozessbegleiter veranstaltet werden.

Säule 2: Parallel dazu erstellen die zukünftigen Qualitätsbeauftragten Ablaufanalysen und geben bedarfsabhängige Unterstützung in den Einrichtungen. Die Workshops werden dabei immer bei Bedarf angefordert, wenn „Inputs" für den Analyseprozess dies erforderlich machen. Man setzt hier auf die Parallelität von Organisations- und Kompetenzentwicklung – indem beide Aspekte nicht nur theoretisch, sondern auch ablaufpraktisch verzahnt werden, erhofft man sich als Ergebnis ausgebildete QM-Experten, die ihre Ausbildung durch die extern unterstützte, aber von ihnen durchgeführte QM-Analyse erworben haben. Indem die Projektmitglieder handeln, bringen sie das Wissen und die Fähigkeiten hervor, um das Handlungsergebnis auch anwenden zu können.

Säule 3: Eine Steuerungsgruppe nimmt auch hier die Aufgabe wahr, die Vorschläge der QM-Projektgruppe auf den ökonomischen Rahmen des Verbands und seine insgesamt gegebenen Möglichkeiten zu beziehen. Die „Kontrollsäule" besteht demgemäß aus den verantwortlichen Führungskräften.

Die Teilnehmerauswahl für die QM-Projektgruppe erfolgte nach einer Veranstaltung zur Vorstellung des Projekts; insgesamt sind für den derzeit noch laufenden Entwicklungsprozess eineinhalb Jahre veranschlagt.

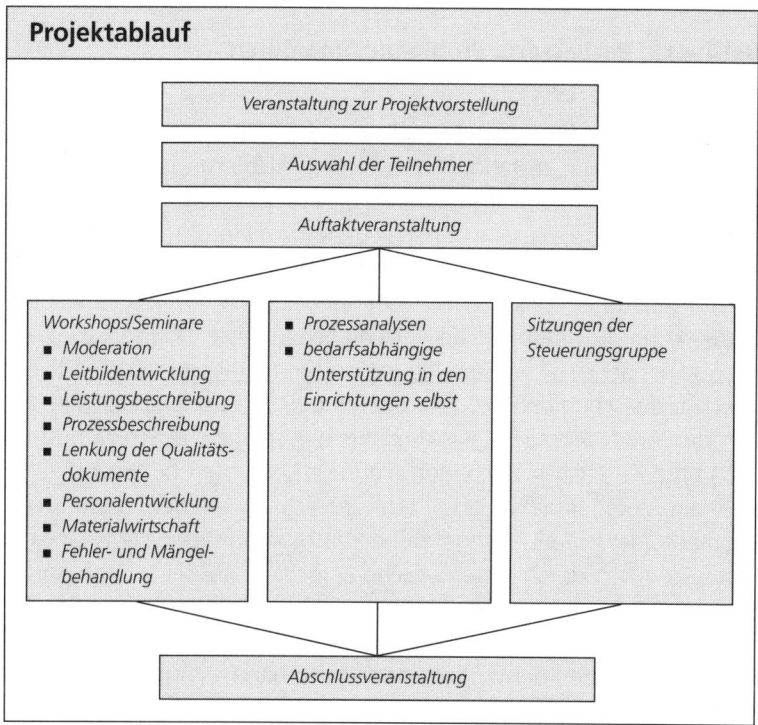

Projektablauf

Veranstaltung zur Projektvorstellung

Auswahl der Teilnehmer

Auftaktveranstaltung

Workshops/Seminare
- Moderation
- Leitbildentwicklung
- Leistungsbeschreibung
- Prozessbeschreibung
- Lenkung der Qualitätsdokumente
- Personalentwicklung
- Materialwirtschaft
- Fehler- und Mängelbehandlung

- Prozessanalysen
- bedarfsabhängige Unterstützung in den Einrichtungen selbst

Sitzungen der Steuerungsgruppe

Abschlussveranstaltung

Für eine Analyse von Interesse erscheinen vor allem zwei Aspekte: Indem die Workshops dem wirklichen Handlungsbedarf und Ablaufprozess der QM-Projektgruppe zugeordnet werden, können die Projektmitglieder selbst ihre Kompetenzentwicklung auf die Erfordernisse und Defizite beziehen, die aus dem QM-Entwicklungsprozess sichtbar werden. Damit stehen die Seminarthemen nicht neben den Projektaktivitäten, sondern ergeben sich unmittelbar aus diesen. Indem allerdings die Projektgruppe im Zeitablauf ihre Zusammensetzung nicht verändert, können sich Blickwinkel und Blickverengungen, die aus der besonderen Kommunikation innerhalb der Gruppe resultieren, relativ leicht festsetzen. Ein Korrektiv hierfür bilden sicherlich die Tätigkeit der Steuerungsgruppe zum einen, der Einfluss des externen Beraters über die Workshop-Moderation zum anderen.

Beispiel 3: Verbesserte Problemlösung durch flexible Schnittstellen

Weiterführend wären auch Modelle denkbar, die eine Durchmischung und gegenseitige „Irritation" verschiedener Untergruppen eines Veränderungsprojekts von vornherein in die Projektstruktur mit einbauen: Hier wird das Projektziel in verschiedenen Zirkeln und Arbeitskreisen bearbeitet, deren Leiter gezielt Mitarbeiter aus der betrieblichen Grundgesamtheit ansprechen, um ihre Mitwirkung zu erreichen. Dabei können Mitarbeiter in verschiedenen Arbeitskreisen zugleich tätig sein; ebenso ist bei Beendigung bestimmter Projektabschnitte ein Wechsel zwischen den Arbeitskreisen möglich. Aus den Repräsentanten der Arbeitskreise setzt sich dann die eigentliche Projektgruppe zusammen – auch hier können die Repräsentanten bei Beendigung von einzelnen Projektabschnitten gewechselt werden. Zusätzliche Momente der Irritation eingefahrener intraorganisationaler Perspektiven lassen sich durch systematische Einbeziehung der interorganisationalen Ebene in den Veränderungsprozess etablieren. C. Baitsch betont[95], dass Lernprozesse innerhalb von Organisationen auf Barrieren stoßen: Neben dem mangelnden zeitlichen Freiraum dominiert in Organisationen der „Normalfall" – schließlich tendieren Organisationen dazu, durch stabile Mechanismen ihre Reproduktion auf Dauer zu stellen. Problemfälle als Lerngelegenheiten sind daher eher die Ausnahme; eingefahrene Regularien und Routinen können nicht ohne besondere Legitimation verändert werden. Mit dem projektbezogenen Zusammenschluss vergleichbarer Problemlagen von verschiedenen Organisationen geht ein produktiver Austauschprozess einher, in dessen Rahmen sich die Problemsichten und organisationstypischen Blickwinkel aller Beteiligten relativieren können.

In Formen des interorganisationalen Austauschs, wie sie „Lernnetzwerke" (Baitsch) oder „interorganisationale Schnittstellen" (Stahl/

Schreiber) beschreiben, verändern sich die Perspektiven beider Seiten: Der externe „Begleiter" aus der Partnerorganisation nimmt in der Einbringung seiner Erfahrungen die besonderen Problemlösungen des jeweiligen Betriebs wahr und verbreitet so den Beurteilungs- und Anwendungshorizont seines organisationsspezifischen Wissens, das einen Abstraktionsprozess durchmacht, wodurch seine Vergleichbarkeit und Übertragbarkeit gesteigert werden kann. Der „beratene" Betrieb wird mit einer externen Problemsicht und dementsprechend modifizierten Lösungsvorschlägen konfrontiert; hierdurch kann die „Organisationslastigkeit" der bisherigen Problemlösungen klarer herausgearbeitet und damit das bisherige Lösungsspektrum als Selektionsprozess erkannt werden.

Die „Problematisierung der Lösungen" (Baecker) geht hierbei aus der Notwendigkeit hervor, externen Kooperationspartnern Vorgehensweisen und Zusammenhänge erklären zu müssen, die innerhalb der Organisation einfach vorausgesetzt werden konnten, weil sie in deren Beziehungsmuster und kulturelle Spezifika fest eingelassen sind: „Die Einrichtung unternehmensübergreifender Lernsettings schafft günstige Voraussetzungen dafür, dass implizites Wissen offen gelegt werden muss. Wofür zwischen den Mitgliedern keine Notwendigkeit bestand, wird anlässlich der Kooperation mit externen Experten unerlässlich: Die argumentative Begründung des jeweils eigenen Arbeitshandelns. Tauschen Experten Begründungen für ihre unterschiedlichen Diagnosen und ihre unterschiedliche Praxis in vergleichbaren Situationen aus, so können diese nicht als irrelevant beiseite geschoben werden, sie müssen ernsthaft geprüft werden. Die eigenen Begründungen werden in ihrer exklusiven Gültigkeit labilisiert; offensichtlich wird, dass alternative Erklärungsmöglichkeiten und Handlungsmöglichkeiten bestehen."[96]

Insgesamt lassen sich dabei folgende interorganisationale Austausch- und Lernformen[97] festhalten, die den Veränderungsprozess der jeweiligen Organisation unterstützen können:

Spezialisten-Besuch: Mitarbeiter, die als Spezialisten hohe Anteile impliziten Wissens aufweisen, besuchen sich regelmäßig gegenseitig, um gemeinsam an realen betrieblichen Aufgabenstellungen zu arbeiten.

Erfa-Gruppen („Experience Exchange Groups/EEG"): „Mitarbeiter mehrerer Unternehmen, die mit gleichen und ähnlichen Aufgaben beschäftigt sind, treffen sich regelmäßig." Dabei sind im Rahmen der Verbandsstrukturen im Wohlfahrtsbereich sowohl einrichtungsübergreifende Netze als auch Erfahrungsgruppen denkbar, die mehrere Träger und Verbände übergreifen.

Problemlösezirkel: Sie sind themenbezogen und projektorientiert; Mitarbeiter verschiedener Unternehmen, die mit gleichartigen oder ähnlichen Problemen konfrontiert sind, versuchen, durch die wechselseitige Diskussion ihrer Verfahrensweisen das qualitative und quantitative Spektrum der Lösungsmöglichkeiten zu erweitern.

Musterlösungen anpassen: „Innerhalb eines Verbundes von Unternehmen stellen einzelne Unternehmen oder Unternehmenseinheiten, welche eine unternehmerische Aufgabe (z.B. Controlling, Kundenbetreuung, interne Information, betriebliches Vorschlagswesen usw.) besonders gut gelöst haben, ihre Lösung vor."[98]

Projektauftrag: Eine Gruppe, die aus Mitarbeitern verschiedener Unternehmen oder Einrichtungen besteht, wird eingesetzt, um ein bestimmtes Problem im Rahmen eines Projektauftrags zu lösen. Die Projektgruppe wird professionell geleitet, verfügt über eigene Ressourcen und ist einer Steuerungsgruppe rechenschaftspflichtig, in denen Repräsentanten aller beteiligten Organisationen vertreten sind.

Baitsch weist zugleich darauf hin, dass interorganisationale Netzwerke auf die Klärung ihrer Konkurrenzbeziehungen verwiesen sind. An dieser Stelle bleibt nur festzuhalten, dass die Integration von Kompetenz- und Organisationsentwicklung im Veränderungsprozess selbst durch interorganisationalen Austausch gefördert werden kann, weil dadurch Lernprozesse angestoßen werden, die auf der Relativierung etablierter und nicht mehr hinterfragter organisationaler „mentaler Modelle" und Verfahrensweisen beruhen.

Veränderungsmanagement als integriertes Gesamtprojekt: Thesen und Anregungen

These 1: Veränderungs- und Innovationsmanagement in Sozialen Organisationen muss in ein Konzept der strategischen Unternehmensentwicklung eingebettet sein.

Alle Aufgaben und Vorhaben sozialer Organisationen sind über ein wohlfahrtsstaatliches Arrangement vermittelt, in das unterschiedliche bis gegensätzliche Zielelemente der staatlichen Sozialpolitik eingewoben sind. Deshalb setzen anspruchsvolle Veränderungsprojekte in Sozialen Organisationen stets die Analyse der sozialökonomischen Entwicklungstendenzen in ihren Konsequenzen für die Handlungsbedingungen und das Zielgefüge der angebotenen sozialen Dienstleistungen voraus. Im Einzelnen bedeutet dies:

Auf Grundlage einer *Leitbildentwicklung* erarbeitet sich die Organisation ein Bild von ihren *strategischen Erfolgspositionen*[99] und ihren *strategischen Ressourcen,* indem sie die Spezifika ihres Angebots im Verhältnis zu den Nutzern, Klienten oder Kunden, zu den Wettbewerbern und zu den eigenen Mitarbeitern, deren Qualifikationen und Kompetenzen bestimmt. Die Leitbildentwicklung steht im reflexiven Austauschverhältnis zur *Umweltanalyse*, die auch die Ziele der Kostenträger und anderer relevanter „Stakeholders" einschließt; in Projektarbeitsgruppen werden beide Aspekte vertieft und modifiziert, indem sie in ihren Ergebnissen ständig systematisch aufeinander bezogen werden: Das Leitbild kann nicht unabhängig von den zu erwartenden (also bestenfalls wahrscheinlichen) Entwicklungen im ökonomischen, sozialen und politischen Umfeld formuliert werden, da diese limitationale Bedingungen für den Zielbildungsprozess bereithalten. Umgekehrt ist die Organisation mit ihrem bisherigen Zielsystem immer schon konstituierendes Moment ihrer eigenen Umwelt. Ein Aufgabenwechsel oder eine Neudefinition der zu bearbeitenden Marktausschnitte tangiert damit auch die Umweltanalyse – beides muss parallel erarbeitet werden. Dadurch werden die Mitarbeiter für den spezifischen Zugriff auf die Umwelt, die die Organisation darstellt, sensibilisiert und können leichter erkennen, dass sie in ihren Aufgaben- und Problemdefinitionen selbst schon die organisationale Welt formen, indem sie Selektionsentscheidungen treffen. Diese mögen zwar teilweise durch die rechtlich-politische Ebene vorgegeben sein, müssen aber immer auch in der Organisation in „Fälle" und „Klienten" transformiert werden. Die besondere Ausformung dieser Transformation und die daran geknüpften Besonderheiten der „Fallbearbeitung" und „Problemlösung" sind damit aber „Sache" der Organisation selbst, ihrer Geschichte und Kultur sowie ihres Selbstverständnisses, in welchem sich wiederum Selbstbild und Wunschbild vermengen. Nur durch diese „lernende" Verschränkung von Umweltanalyse und Leitbild- und Strategieentwicklung kann daher die Strategie in den Perspektiven der Organisationsmitglieder, den Führungsrollen der Organisation und ihrer spezifischen Organisationskultur verankert werden.

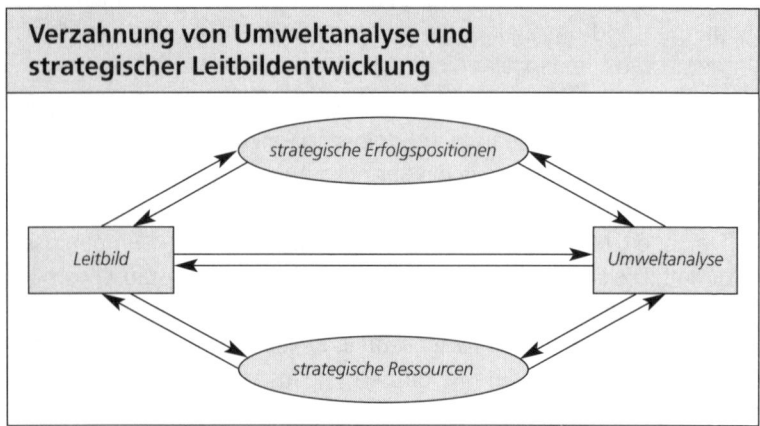

Verzahnung von Umweltanalyse und strategischer Leitbildentwicklung

strategische Erfolgspositionen

Leitbild

Umweltanalyse

strategische Ressourcen

in Anlehnung an M. Gmür

Dabei bedient sich die Analyse der üblichen Techniken wie Benchmarking, der SWOT-Analyse sowie qualifizierter Projektmanagement-Methoden im Rahmen eines *am Modell der integrierten Organisations- und Kompetenzentwicklung* orientierten Ansatzes der *Prozessgestaltung*: Die Mitarbeiter aller Aufgabenbereiche sind von vornherein in den Gesamtprozess einzubinden, wobei darauf zu achten ist, dass *Schnittstellen und „Seitenwechsel"* zwischen den verschiedenen Arbeitsgruppen der Strategieentwicklung arrangiert werden.

Eine Kooperation mit anderen Einrichtungen und Verbänden insbesondere bezüglich der Umweltanalyse ist zusätzlich erwünscht; interessant wäre es vor allem auch, die Ergebnisse einer *interorganisationalen Projektgruppe* mit den parallel tätigen organisationsgebundenen Arbeitskreisen zu vergleichen – vielleicht ermöglicht dies einen unverstellteren Blick auf die spezifischen Perzeptionsmodelle der jeweiligen Organisation.

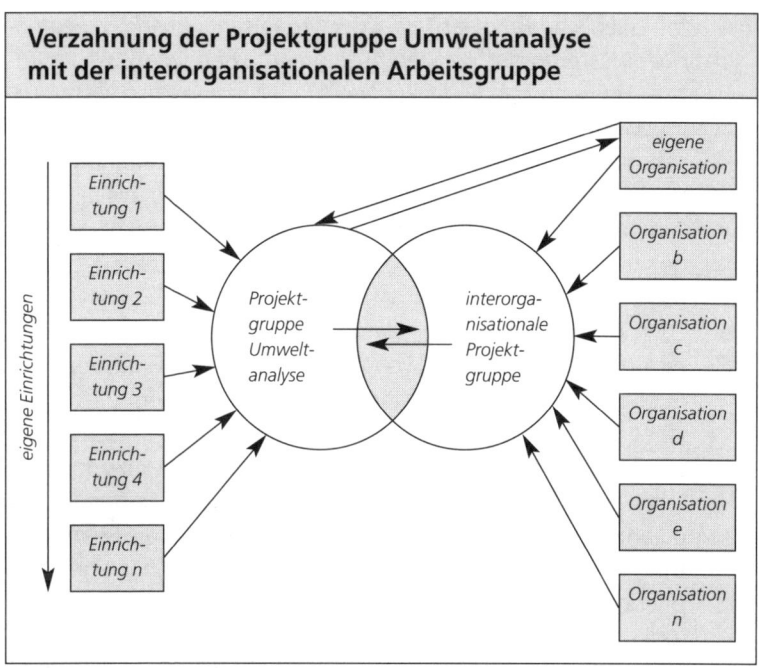

Verzahnung der Projektgruppe Umweltanalyse mit der interorganisationalen Arbeitsgruppe

Auf Basis der über die Leitbildentwicklung erarbeiteten strategischen Ziele der Unternehmensentwicklung können nun – quasi als Verankerung und Umsetzung der Strategie – konkrete Veränderungsprojekte definiert werden.

Dem strategischen Gesamtprozess können sowohl ein *querschnittsorientierter* Ansatz, der die Organisation als ganze umgreift (z.B. Qualitätsentwicklung), oder *spartenorientierte* Modelle zu Grunde liegen.

Da Querschnittsprojekte in Sozialen Organisationen – auch außerhalb grundsätzlicher strategischer Ausrichtungen – schon fest verankert sind, erscheint uns die strategische Spartenorientierung als besonders fruchtbar, da sie auch die Zukunftschancen und -ziele verschiedener Aktivitätsschwerpunkte der Organisation zu differenzieren erlaubt.

■ Spartenprojekte beruhen auf der *„Portfolio-Analyse"* als Instrument einer strategischen Unternehmensplanung: Zuerst werden strategische „Geschäftseinheiten" unterschieden, die unterschiedliche *Tätigkeitsfelder* der Organisation *markt-, klienten- oder kostenträgerbezogen* zusammenfassen; die Zusammenfassung kann dabei ideeller Natur oder realen Zuschnitts sein. Im zweiten Schritt werden unter Berücksichtigung des organisationalen Zielsystems und der geleisteten Umweltanalyse die relevanten Einflussfaktoren auf die jeweiligen organisationalen Aktionsfelder bestimmt, um deren Wirkungen, Rückkopplungen und Einbindungen in den übergreifenden Wirkungszusammenhang des relevanten Ausschnitts des „wohlfahrtsstaatlichen Arrangements" abschätzen zu können. Da Soziale Organisationen in der Regel „von einer Vielzahl von Finanzierungsquellen mit unterschiedlichen Interessen abhängig"[100] sind, steht die Aufrechterhaltung von und die Balance zwischen verschiedenen finanziellen Arrangements im Mittelpunkt der Strategischen Betrachtungen. Aus einer spartenorientierten Strategieentwicklung ergeben sich auch Eckpunkte für die Beantwortung von insbesondere für die Verbände der freien Wohlfahrtspflege zentralen Fragen: Welche Leistungsangebote müssen (oder können!) angesichts der gesetzlichen und ökonomischen Veränderungen in Zukunft als marktgängige, d.h. wettbewerbsfähige Dienstleistungen bereitgestellt werden? Welcher (neuen) Organisations- und Rechtsformen hat man sich dafür zu bedienen? In welchen Bereichen hat man mit privaten Konkurrenten zu rechnen? Welche Konsequenzen hat dies für Form, inhaltliche Ausrichtung und relative Positionierung des eigenen Angebots? In welchen Dienstleistungsbereichen dominiert weiter der öffentliche Finanztransfer? Welchen Stellenwert werden (oder können) für verschiedene Leistungen „Fremdmittel" aus

Spenden einerseits, aus privaten (Zu-)Finanzierungen andererseits einnehmen? Entlang dieser Fragestellungen können verschiedene „Dienstleistungscenter"[101] unterschieden werden, die z.b. in die Gesamtstruktur einer gemeinnützigen GmbH zu integrieren wären; die Dienstleistungscenter tragen dann auf Grundlage der strategischen Zielsetzungen die operative Eigenverantwortung; umgekehrt ist die Unternehmensstruktur der GmbH über Gesellschaftsbeteiligungen und Aufsichtsratsvertretungen an den Gesamtverband gekoppelt.

■ Stets sind die *organisationalen Strukturen, Muster und Prozesse* zu berücksichtigen, durch die hindurch die externen und internen Einflussfaktoren Veränderungen im Handlungsgefüge der Organisation hervorbringen. Da die Strukturen nur als *Regeln, Handlungsroutinen, Kommunikationsmuster und mentale Modelle der Organisationsmitglieder* realisiert werden, sollte parallel zum Strategieentwicklungsprozess von einem systemisch geschulten Berater eine *externe Struktur- und Prozessanalyse der intraorganisationalen Kommunikation* erstellt werden, die stets als Korrektiv auf die Veränderungsprojekte zu beziehen ist, die aus der Strategiediskussion abgeleitet wurden. In Workshops präsentiert der Berater die Ergebnisse seiner Analyse und erarbeitet mit den verschiedenen Ebenen der Organisation (bzw. Einrichtungen des Verbands), wie diese sich zum im Leitbild enthaltenen Selbstbild der Organisation verhalten.

■ Auf Basis der Portfolio-Analyse, die die zukünftigen Erfolgschancen der verschiedenen organisationalen Tätigkeits- oder Aktionsbereiche abzuschätzen sucht, können *Investitionsstrategien* entworfen werden. Das Spartenmodell organisationaler Veränderung ermöglicht die Formulierung voneinander unabhängiger Erfolgs- und Investitionsziele für die verschiedenen Leistungsbereiche, die von hochgradig investiven, am Ausbau der Position orientierten Strategien über „Abschöpfungsmaßnahmen" bis zu Rückzugsentscheidungen reichen können. Die investiven Vorhaben Sozialer Organisationen müssen versuchen, möglichst vielen der widersprüchlichen Zielmomente gerecht zu werden; zugleich sollten sich die Entscheider dessen bewusst sein, dass strategische Entscheidungen im Unterschied zur Erwerbswirtschaft nicht nur von ökonomischen Maßstäben abhängig gemacht werden können, da sie auch grundlegende normative Ziele der Organisation bzw. moralische Ansprüche zu berücksichtigen haben, die Kostenträger oder Nutzergruppen an sie richten. Das thematisierte Spannungsverhältnis zwischen operativen Zielen und einem diesen gemäßen Einsatz betriebswirtschaftlicher Mittel einerseits und grundlegenden Werten, sozialmoralischen Traditionen und fachlich-ethischen Maßstäben andererseits bleibt integraler, unauflöslicher Bestandteil jedweder Strategieentwicklung. Mehrdeutige und schwer messbare Ziele sind deshalb in ein einigermaßen realistisches *Arrangement* zu integrieren, das auch der herausragenden Bedeutung von Traditionen und Kontinuität als Grundlage von Vertrauen in und gegenüber Sozialen Organisationen Rechnung trägt[102]: Die „Stakeholders" sind häufig auch über Vertrauensbeziehungen, kommunale Gemeinschaftsaktivitäten und Weltbilder an die Soziale Organisation oder den Wohlfahrtsverband gebunden, was strategisch berücksichtigt werden muss, da davon die zukünftige Marktplatzierung u.U. mehr tangiert ist als von „Kundengewinnungsstrategien" im erwerbswirtschaftlichen Sinne.

■ Komplexe Systeme von messbaren Zielerreichungskriterien wie die *„Balanced Scorecard"*[103] können vielleicht dazu beitragen, die strategische Relevanz von verschiedenen Tätigkeitsfeldern von der rein ökonomischen Ausrichtung der klassischen Portfolio-Analyse abzutrennen. Indem strategische Ziele z.B. entlang der Dimensionen „Finanzwirtschaft", „Klienten/Nutzer/Kunden", „Prozessgestaltung" und „Mitarbeiter/Lernen/Organisationsentwicklung" differenziert werden, sollen auch andere Zielaspekte operationalisierbar sein. Im Rahmen der „Balanced Scorecard" ordnet man den genannten Zielbereichen über Zwischenschritte Kennzahlen zu, die als ein Gesamtsystem messbarer Zielerreichung aufgespannt werden. Man sollte sich allerdings darüber im Klaren sein, dass Quantifizierungen qualitativer Momente des Zielbündels zum einen nur begrenzt möglich sind, zum anderen die Zuordnung von Messgrößen immer organisationale Entscheidungen, Selektionen voraussetzt, die damit über das Ergebnis mitentscheiden. Man kann also nicht einfach auf die scheinbare Objektivität von Messgrößen vertrauen, die letztlich das eigene mentale Modell, den eigenen Blick auf die Organisationsziele messen. Genauso wenig sind hierüber die politisch-strukturellen Dilemmata Sozialer Organisationen, die sich in inkomparablen und gegensätzliche Maßnahmen erfordernden Zielen ausdrücken, aus der Welt zu schaffen.

- *Zielkostenberechnungen*[104] versuchen, die verhandelten oder festgelegten Leistungspreise in den verschiedenen Leistungssparten auf die Kostenebene herunterzubrechen; derartige retrograde Plankostensysteme wollen hierüber der politisch-administrativen Vorgabe von „Preisen" in Form von Leistungsentgelten gerecht werden. Ausgehend von den Leistungspreisen werden Zielkosten für die verschiedenen Momente der Pflege, Betreuung, Beratung etc. festgelegt, die insofern durch das retrograde Verfahren prinzipiell kritisch verglichen werden können. Die Notwendigkeit von Kompromissen zwischen den einzelnen, abstrakt gleichwertigen Bereichen und Aktivitäten bei der Budgetverteilung wird darüber in die Kostenperspektive eingebaut.

Innerhalb der Systems der strategischen Analyse kann man *positionsorientierte* von *kompetenzorientierten Strategien* unterscheiden; während erstere ihren Schwerpunkt auf Positionen und Rahmenbedingungen legen, stellen die kompetenzorientierten Strategien die Potenziale in den Vordergrund, die sich aus den Ressourcen und Kompetenzen der Organisation ergeben. Im Bereich sozialer Dienstleistungen erscheint eine Verbindung beider Aspekte ratsam: Sie müssen sowohl darauf abzielen, „sich unter gegebenen äußeren Bedingungen möglichst erfolgreich zu behaupten, attraktive Chancen zu nutzen und sich frühzeitig gegen Risiken zu wappnen"[105] (Positionsorientierung), als auch danach streben, „die vorhandenen Ressourcen optimal einzusetzen und dabei insbesondere die Kernkompetenzen möglichst vielfältig zu nutzen"[106] (Kompetenzorientierung). Kompetenzbasierte Strategien weisen in sozialen Organisationen den Vorteil auf, dass sie mit Querschnittsprojekten wie der Entwicklung von Qualitätsmanagement- und Wissensmanagementsystemen kombiniert werden können: Die Qualitätsziele und -kriterien gehen in den Leitbildkomplex der Organisation ein (bzw. aus ihm mit hervor), der ja eine Säule der Strategieentwicklung darstellt. Wissensmanagement wiederum unternimmt den Versuch, die vorhandenen Kompetenzen in einer Organisation nicht nur zu ermitteln, zu systematisieren und zu dokumentieren, sondern sie in den spartenorientierten Strategieentwicklungsprozess dergestalt einzubauen, dass aus den „geschäftsfeldbezogenen" Strategien Organisationsentwicklungsprojekte folgen, denen einerseits eine Kompetenzanalyse als Bestandteil der kompetenzorientierten Strategieelemente zu Grunde liegt, die aber andererseits der Kompetenzförderung als Umsetzungsmoment ihrer selbst bedürfen.

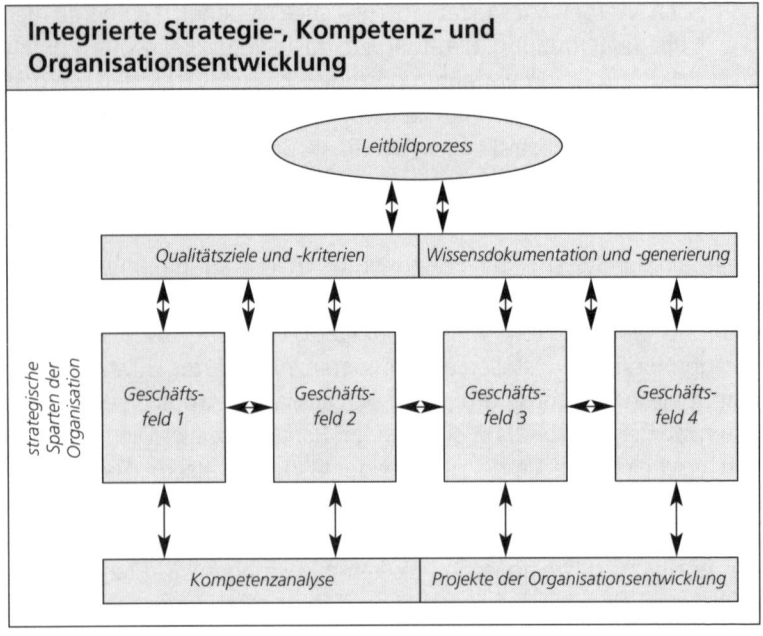

> These 2: Veränderungsprojekte in Sozialen Organisationen, die aus dem strategischen, auf Kompetenzen und Leistungssparten konzentrierten Konzept resultieren, müssen als „Bottom-up"-Prozess implementiert werden, der alle Mitarbeiter/innen von vornherein in die Problemanalyse und Problemdefinition einbezieht, auf deren Grundlage die jeweiligen Projekte durchgeführt werden.

Dies impliziert eine parallele Verschränkung von Organisations- und Kompetenzentwicklung: Mehrere spartenbezogene Projekte (z.B. „Ausbau der Maßnahmenschiene ‚Jugendliche Problemgruppen' unter besonderer Berücksichtigung aktueller europäischer und nationaler Förderschwerpunkte", „Ergänzende Akquise mittelständischer älterer Bürger für das Projekt ‚betreutes Wohnen'") tauschen an den Meilensteinpunkten, die den Abschluss einer Projekteinheit charakterisieren, Projektmitglieder aus und präsentieren ihre jeweiligen Ergebnisse den anderen Projektgruppen in einem „Meilensteinplenum". Externe Prozessbegleiter bieten den Gruppen problembezogene, kurze Workshops (max. ein Tag) an, die in den Prozessverlauf integriert werden können. Querschnitt-Projekte wie „Entwicklung eines Wissensdokumentationssystems" stellen wiederum ihre Zwischenergebnisse dem regelmäßig veranstalteten Spartenplenum vor und entsenden Projektmitglieder für bestimmte Projektphasen in Spartenprojekte, wenn Schnittstellenprobleme sichtbar werden – z.B. die Notwendigkeit eines stets aktualisierten, verständlichen Fördermittelleitfadens, der dem Spartenprojekt „jugendliche Problemgruppen", aber auch für andere strategische Felder zur Verfügung steht. Das beschriebene Modell besitzt den Vorzug, dass durch die ständige Hereinnahme von *Fremdperspektiven* und *Querschnittswissen* ein Maximum an „Irritation" im Sinne lernförderlicher Anregungen, den gruppeneigenen Blickwinkel zu transzendieren und zusätzliche Modelle, Sichtweisen und Aspekte einzubeziehen, entsteht. Zugleich regt die Integration von Querschnittsaufgaben und Spartenzielen die Oszillation des Wissensentwicklungsprozesses zwischen expliziten, bereichsübergreifenden Fragestellungen und spezielleren, kontext- und anwendungsbezogenen Problemstellungen an und befördert hierüber eine breite Anwendungstauglichkeit und doch anwendungsübergreifende, explizite Verfügbarkeit von Wissen.

Die Öffnung von Horizonten durch ein Maximum an Schnittstellen erfordert die Integration interorganisationaler Aspekte (vgl. C. Baitsch): Verbands- oder organisationenübergreifende „Experience exchange groups" können vor allem bezüglich der Querschnittsprojekte wertvolle Anregungen und Irritationen bereithalten. Andererseits sollten Projektmitglieder regelmäßig Gelegenheit erhalten, externe Weiterbildungsveranstaltungen zu besuchen – will man ein Maximum an kritischer Reflexion der Aufgabenbearbeitung ermöglichen, so schließt dies nicht nur die ständige Hereinnahme externer Perspektiven durch organisationsfremde Prozessbegleiter und den Mitgliederaustausch zwischen den einzelnen Projekten ein, sondern auch die Horizonterweiterung, die mit dem Erwerb von explizitem Fach- und Methodenwissen außerhalb des organisationalen Zusammenhangs und seiner kommunikativen Einengungen einhergeht. Hinzu kommt, dass der Abstraktionsgrad dokumentierter Wissensbestände dazu anhält, die kontextgebundenen Erfahrungen innerhalb der Organisation hinsichtlich ihrer Übereinstimmung mit bewährten und deshalb allgemein üblichen Praktiken zu überprüfen und dieses Wissen wiederum für die Arbeit in der Organisation verfügbar zu machen. Der Austausch mit Praktikern aus anderen Organisationen, der bei Seminaren üblich ist, unterfüttert diesen Aspekt zusätzlich.

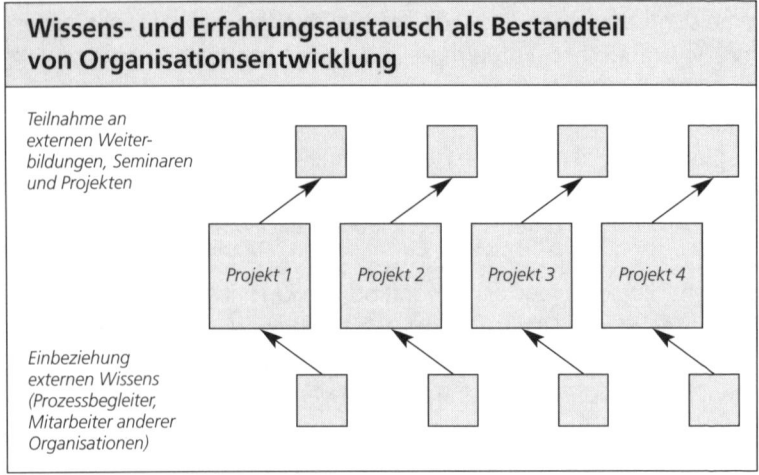

Wissens- und Erfahrungsaustausch als Bestandteil von Organisationsentwicklung

Teilnahme an externen Weiterbildungen, Seminaren und Projekten

Projekt 1   Projekt 2   Projekt 3   Projekt 4

Einbeziehung externen Wissens (Prozessbegleiter, Mitarbeiter anderer Organisationen)

These 3: Die Projektdurchführung wird durch ein systematisches Konzept der Kompetenzentwicklung für die mittlere Führungsebene unterfüttert, in dem die Kompetenzen auszuformulieren sind, die für die Projektverankerung und das Projektcontrolling benötigt werden. Insbesondere Techniken der Selbstevaluation ermöglichen eine reflexive, selbstkritische Projektbegleitung.

Eine integrierte Organisations- und Kompetenzentwicklung setzt die Vorbereitung insbesondere der mittleren Führungsebene auf Aufgaben der Projektverankerung, -gestaltung und -überwachung voraus. Transorganisationale Hospitationen, Arbeitsbesuche und Lernnetzwerke, die die methodischen und sozialen Handlungskompetenzen der Führungskräfte fördern, müssen daher schon im Vorfeld umfassender Veränderungsprojekte etabliert werden – schließlich stellen derartige projektbezogene Kompetenzen eine zentrale Ressource der erfolgreichen Projektabwicklung dar. Man kann sich dabei weitgehend an meinem Kompetenzkonzept orientieren, wie es in Auseinandersetzung mit der einschlägigen Theorie und Praxis entwickelt wurde.

Ergänzend hierzu ist die Vermittlung von Methoden der Evaluation sinnvoll, insbesondere der Selbstevaluation[107] und der experimentierenden Evaluation, da hier Techniken des professionellen Projektmanagements mit systematischer Selbstreflexion kombiniert werden.

Projektsteuerung durch Selbstevaluation

Durch Selbstevaluationstechniken sollen nicht nur die Wirksamkeit von Projekten gemessen, sondern auch das Lernen im Projektteam gefördert und damit dessen kritische Selbstreflexion ermutigt werden. Selbstevaluation kommt insbesondere bei Modellvorhaben zur Anwendung, die die Praktikabilität und den Nutzen neuer Verfahrensweisen, Konzepte und innovativer Maßnahmen zur Wirtschafts-, Arbeitsmarkt- und Sozialförderung erproben sollen. Modellvorhaben können gerade im sozialen Bereich eine Pilotfunktion übernehmen, da hierüber neue Maßnahmenbündel, Kooperationsformen und sozialpolitische Problemlösungen getestet werden können, ohne dass sie zunächst auf kontinuierliche Finanzierung durch die üblichen Kostenträger angewiesen sind.

Prinzipiell beschaffen Evaluationen „zusätzliche Informationen und können so generell zum Selbstbeobachtungs- und Selbststeuerungspetenzial der Organisation und zur Erweiterung der organisationalen Wissensbasis beitragen."[108] Selbstevaluationstechniken stellen dabei den selbstreflexiven Blick der Projektleiter und -mitarbeiter auf den Prozess und die Ergebnisse ihres eigenen Handelns in den Mittelpunkt: Indem zwischen der Ebene der konkreten Projektplanung/-gestaltung und der Metaebene der systematischen Beurteilung des Projekts hinsichtlich seiner Tauglichkeit für zukünftige oder allgemeinere Anwendungen oszilliert wird, erfolgt eine tendenzielle Steigerung der Fähigkeiten der Mitarbeiter/innen zur Variation von Komplexität. Der kritische Blick auf die Angemessenheit der eigenen Vorgehensweise als integraler Projektbestandteil lässt mögliche Alternativen der Planungs- und Umsetzungsschritte aufscheinen und verdeutlicht damit den Selektionscharakter des eigenen Handelns. Insofern sollten Techniken der Selbstevaluation stets in die Veränderungsprojekte eingelassen sein, in die sich die strategischen Entwicklungsvorhaben der Organisation untergliedern; die Vermittlung diesbezüglicher Kenntnisse wäre von daher als Baustein der Kompetenzentwicklung insbesondere von Führungskräften der mittleren Ebene zu sehen, die zumeist die Verantwortung für die Umsetzung des Veränderungsprozesses tragen. Zugleich sollten sie als eine tragende Säule der kritischen Selbstreflexion des eigenen Tuns in die Projekte selbst integriert werden: M. Heiner weist darauf hin[109], dass die Ausdifferenzierung und Spezialisierung des Systems von Humandienstleistungen die Komplexität und Interdependenz der spezialisierten Dienstleistungseinheiten beträchtlich gesteigert hat; damit wächst der Bedarf an Koordination und Kommunikation und insofern auch der Bedarf an Kompetenzen, mit der gestiegenen Varietät im Sinne einer Abgleichung unterschiedlicher Perspektiven, Interessen und Ressourcen flexibel umgehen zu können. Die Fähigkeit zum *kritischen Blick auf das eigene Handeln*, dessen sozialökonomische und politische Rahmenbedingungen und zum *„Durchspielen" von Handlungsalternativen* in ihrer systemischen Komplexität stellen damit die zentrale methodische Kompetenz moderner Führungs- und Fachkräfte im sozialen Bereich dar.

Ein umfassendes Konzept der Selbstevaluation passt sich in das Projektmanagementsystem des Gesamtprojekts ein, indem es einen Kontrollkreis etabliert:

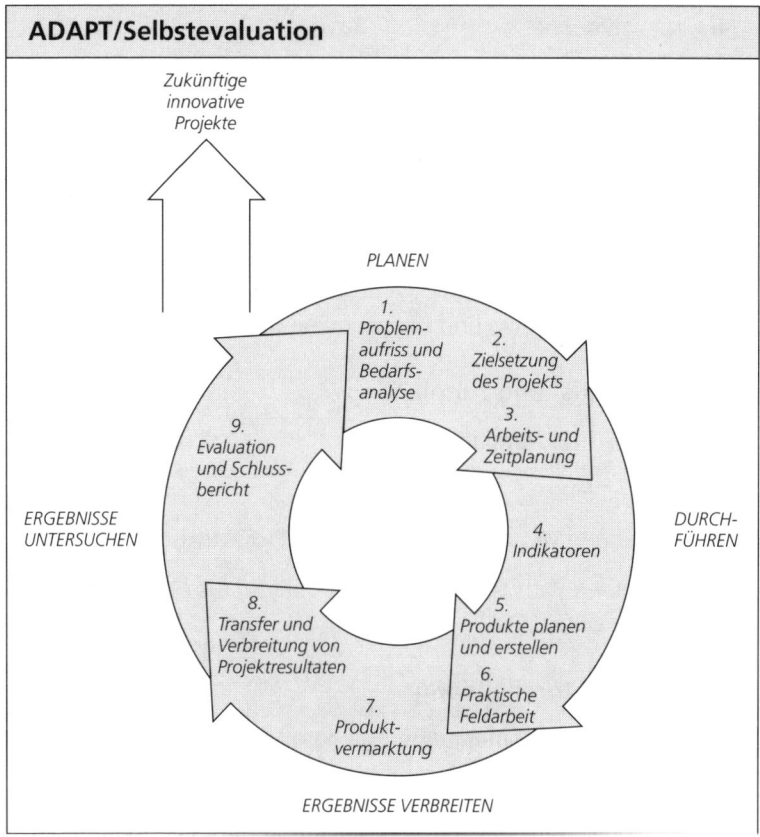

aus T. Stahl, ADAPT Gemeinschaftsinitiative, Handbuch zur Projekt-Selbstevaluation für Projektträger

T. Stahl legte für Projektträger im Rahmen der ADAPT-Initiative der europäischen Union einen „Selbstevaluationsleitfaden" vor[110], der Selbstevaluation als ergebnisorientierte Projektmanagement-Systematik beschreibt:

Schritt 1: Bedarfs- und Problemanalyse

- Gründe, Art, Ausmaß und Kontext des Problems
- Grundannahmen des Projekts
- Innovationsziel
- Welche Personen/Organisationsbereiche/Organisationen sind von dem Problem betroffen oder tragen dazu bei?

Schritt 2: Zielsetzung des Projekts

- Schlüsselziele und Hauptzwecke
- Innovationsziele und Zielhierarchie
- Schlüsselpersonen und Hauptnutznießer des Projekts

Schritt 3: Arbeits- und Zeitplanung

- Arbeits- und Zeitplan
- Meilensteine
- Zuordnung von Arbeitsschritten und Projektressourcen
- Ermittlung von Zwischenkontrollpunkten und Flexibilitätspotenzialen

Schritt 4: Indikatorenbildung

- Zielerreichungskriterien und Meßgrößen
- Indikatorenmatrix
- Analyse verschiedener intraorganisationaler Interpretationsmuster von Zielen, Kriterien und Messgrößen

Schritt 5: Produkte planen und erstellen

- Planung von Projektergebnissen als dokumentier- und anwendbaren Produkten
- Verbreitung der Projektprodukte in der Organisation: Barrieren und Hilfsmittel

Schritt 6: Praktische Feldarbeit

- Test des innovativen Konzepts in der Feldarbeit oder Organisationspraxis

- Instrumente und Methoden zur Dokumentation und Auswertung der Implementationserfahrungen

Schritt 7: Produktvermarktung

- Zusammenstellung der Instrumente und Produkte aus dem Projekt

- Nützliche Hinweise und Methoden für den Transfer in andere Bereiche und Organisationen

Schritt 8: Transfer und Verbreitung von Projektresultaten

- Intra- oder interorganisationale Transferstrategien und -konzepte

- Kommunikationskonzepte für den Transfer: Schlüsselpersonen, Partner

Schritt 9: Evaluation und Schlussbericht

- Zusammenstellung der Ergebnisse zu einem präsentationsfähigen Schlussbericht

- Ermittlung der Anschlusspunkte für weitere innovative Projekte

Das dargestellte Ablaufschema für Modellprojekte besitzt den Vorteil, dass das Vorhaben der Selbstevaluation in den Prozess der Projektdurchführung selbst eingebunden wird; Fach- und Führungskräfte in Sozialen Organisationen sollten sich dieses Verfahrens vor allem deshalb bedienen können, da hier insbesondere der Transferaspekt betont wird, der bei Veränderungsprojekten im Rahmen strategischer Entwicklungsprozesse von herausragender Bedeutung ist – auch wenn es sich nicht um ein Modellvorhaben handelt, entspricht der Transfergedanke der von uns geforderten Einbeziehung von Fremdperspektiven und -gruppen und bereichsübergreifenden, alternativen Lösungswegen. Vor allem bei Modellvorhaben ersetzen Verfahren der

Selbstevaluation natürlich nicht den „Blick von außen", den eine wissenschaftliche Begleitforschung ermöglicht. Für den Alltag von Organisationsentwicklungsprozessen bedeutet dies, dass in die Selbstevaluation immer kompetente externe Prozessbegleiter einzubeziehen sind, die ja schon bei der Situationsdiagnose und Leitbildentwicklung im Rahmen der Strategiefindung eine wichtige korrigierende Rolle eingenommen haben. M. Heiner betont die reflexiven Möglichkeiten, die aus der Verschränkung externer wissenschaftlicher Begleitung und dem explorativen Entwerfen von Projektalternativen und möglichen Prozessverläufen hervorgehen können: eine „experimentierende Evaluation" wechselt zwischen den Ebenen der systematischen gedanklichen Untersuchung von möglichen Vorgehensweisen, ihrer praktischen Erprobung und empirischen Untersuchung ab; im Evaluationsprozess verändert sich auch die Projektpraxis selbst, indem auf Basis der Zwischenergebnisse erprobte Varianten wieder verworfen oder umgestaltet werden; an die Stelle eines Vorhabens, das abschließend beurteilt wird, tritt ein ständiges Experimentieren mit alternativen Projektelementen, Handlungsstrategien oder Erfolgsindikatoren, das sich der Rückkopplung an die permanente empirische Evaluation bedient. Der kritisch-reflektierende Rückkopplungsprozess von distanzierender Beurteilung und explorativer Projektpraxis erleichtert vielleicht auch die Entwicklung und Erprobung von „weichen" Erfolgskriterien für Humandienstleistungen: Die Vielschichtigkeit der Zielsysteme sozialer Organisationen schließt „simple", rein ergebnisorientierte Kriterien aus, wenn zum einen nur ein loser Zusammenhang zwischen Prozessen und Ergebnissen besteht, zum anderen die Ergebnisziele der Kostenträger nur einen Aspekt für die Beurteilung der Funktionen und der Zweckmäßigkeit des wohlfahrtsstaatlichen Arrangements abgeben.

Ob sich insbesondere die öffentlichen Kostenträger sozialer Dienstleistungen derartige komplexe und vielschichtige Erfolgsüberlegungen zu eigen machen können, erscheint angesichts der gezeigten Gesamtentwicklung zumindest problematisch. Intraorganisationale Veränderungsprojekte können damit zwar beträchtliche Ressourcen mobilisieren und Spielräume eröffnen, wenn sie sich im Rahmen strategischer Konzepte der Methoden einer integrierten Organisations- und Kompetenzentwicklung bedienen und mit Hilfe von Programmen der

Selbstevaluation die Reflexion und Erprobung von Handlungsvarianten in den Veränderungsprozess selbst einbauen. Lösen können sie die Dilemmata, die sich aus der dynamischen Kombination sozialer, wirtschaftlicher und politischer Veränderungen mit den Strukturproblemen des Wohlfahrtssystems selbst ergeben, allerdings nicht. Die Zukunftsgestaltung Sozialer Organisationen wird eine Gratwanderung zwischen den verschiedenen Ansprüchen, die an sie herangetragen werden, und ihren eigenen fachlichen und normativen Maßstäben bleiben. Eine kritische, sozialwissenschaftlich und sozialpolitisch reflektierte Auswertung betriebswirtschaftlicher Denkmodelle und Methoden kann dazu beitragen, diesen schwierigen Weg „begehbarer" zu gestalten. Der Autor hofft, mit dieser praxis- und problemorientierten Übersicht hierzu einen Beitrag geleistet zu haben.

Anmerkungen

1. Globalisierung, transnationale Politik, Individualisierung: Herausforderung an die Sozial- und Gesundheitspolitik der Zukunft

[1] vgl. hierzu z.B. R. B. Reich, Die neue Weltwirtschaft – das Ende der nationalen Ökonomie, Frankfurt a.M.: Fischer Tachenbuch-Verl. 1996; D. Loch/W. Heitmeyer (Hrsg.), Schattenseiten der Globalisierung, Frankfurt a.M.: Suhrkamp 2001; U. Beck, Was ist Globalisierung?, Frankfurt a.M.: Suhrkamp 1997; W.-D. Narr/A. Schubert, Weltökonomie. Die Misere der Politik, Frankfurt a.M.: Suhrkamp 1994; Die Darstellung in 1.1 orientiert sich an T. Stahl/R. Schreiber, Die Lernende Region, a.a.O., S. 339 f.

[2] C. Sachße, Die Grenzen der Solidarität, in: Blätter der Wohlfahrtspflege – Deutsche Zeitschrift für Sozialarbeit, Themenheft Globalisierung, 7+8/97, S. 149

[3] vgl. hierzu z.B. F.-X. Kaufmann, Herausforderungen des Sozialstaats, Frankfurt a.M.: Suhrkamp 1997, insbes. Kap. 6

[4] vgl. zum Folgenden insbesondere Rolf G. Heinze/J. Schmid/C. Strünck, Vom Wohlfahrtsstaat zum Wettbewerbsstaat, Arbeitsmarkt- und Sozialpolitik in den 90er Jahren, Opladen: Leske + Budrich, 1999, S. 12 ff.; F.-X. Kaufmann, Herausforderungen des Sozialstaats, Frankfurt a.M.: Suhrkamp 1997 sowie R. Schmatz, Wohlfahrtsverbände und Sozialmanagement, zur gegenwärtigen Diskussion der Neuorganisation des sozialen Dienstleistungssystems in Deutschland, unveröff. Manuskript (Institut f. Soziologie der Universität Regensburg) 1998

[5] R. G. Heinze/J. Schmid/C. Strünck, a.a.O., S. 12

[6] vgl. hierzu R. Hettlage, Familienreport. Eine Lebensform im Umbruch, 2., aktual. Auflage, München: Beck 1998, S. 257 ff.

[7] C. Offe, zitiert nach Rolf G. Heinze/J. Schmid/C. Strünck, a.a.O., S. 24

[8] vgl. zur Diskussion z.B. W. Goldschmidt et al., Neoliberalismus – Hegemonie ohne Perspektive, Distel 2000

[9] vgl. z.B. E. Sohmen, Allokationstheorie und Wirtschaftspolitik, Mohr 1992

[10] vgl. zum Beispiel G. Boxberger/H. Klimenta, Die 10 Globalisierungslügen, München: dtv-Verlag, 1998; Die Gruppe von Lissabon: Grenzen des Wettbewerbs. Die Globalisierung der Wirtschaft und die Zukunft der Menschheit, München 1997; V. Forrester, Der Terror der Ökonomie, Wien 1997; C. Gauer/J. Scriba, Die Standortlüge, Frankfurt a.M. 1998; H.P. Morrtin/H. Schumann, Die Globalisierungsfalle, Reinbek 1996; J. Rifkin, Das Ende der Arbeit und ihre Zukunft, Frankfurt a.M.: Fischer Taschenbuch-Verl. 1997; R. Stichweh, Die Weltgesellschaft – Soziologische Analysen, Frankfurt a.M.: Suhrkamp 2000; D. Loch/W. Heitmeyer (Hrsg.), Schattenseiten der Globalisierung, a.a.O.

[11] vgl. hierzu G. Boxberger/H. Klimenta, a.a.O.

[12] vgl. hierzu z.B. K.-H. Brodbeck, Die fragwürdigen Grundlagen der Ökonomie. Eine philosophische Kritik der Wirtschaftswissenschaften, Darmstadt: Wissenschaftliche Buchgesellschaft, 2000

[13] vgl. hierzu vor allem A. Etzioni, Jenseits des Egoismusprinzips – ein neues Bild von Wirtschaft, Politik und Gesellschaft, Stuttgart: Schaeffer-Pöschl 1994; ders., Die Verantwortungsgesellschaft, Individualismus und Moral in der heutigen Demokratie, Frankfurt a.M., New York: Campus 1997; ders., Die Entdeckung des Gemeinwesens, Stuttgart: Schaeffer-

Poeschl 1995; sowie folgende Diskussionsübersichten: A. Honneth (Hrsg.) Kommunitarismus – Eine Debatte über die moralischen Grundlagen moderner Gesellschaften, Frankfurt a.M.: Campus 1993, W. Reese-Schäfer, Was ist Kommunitarismus?, Frankfurt a.M./New York: Campus 1995; C. Zahlmann (Hrsg.), Kommunitarismus in der Diskussion – eine streitbare Einführung, Rotbuch Verlag 1994; die praxisbezogene Rezeption in Deutschland spiegelt sich in den beiden Sammelbänden von E. Teufel (Hrsg.) wieder: „Was hält die moderne Gesellschaft zusammen?", Frankfurt a.M.: Suhrkamp 1996 und „Von der Risikogesellschaft zur Chancengesellschaft", Frankfurt a.M.: Campus, 2001

[14] J. Beckert, Grenzen des Marktes: Die sozialen Grundlagen wirtschaftlicher Effizienz, Frankfurt a.m.; New York: Campus Verlag 1995, S. 22

[15] Reinhard K. Sprenger, Aufstand des Individuums – warum wir Führung komplett neu denken müssen, Frankfurt a.m.: Campus Verlag 2000, S. 42

[16] vgl. hierzu z.B. T. Stahl/M. Zängle, Die Legende von der Krise des Sozialstaats, Frankfurt a.M./New York:Campus 1984

[17] vgl. zum ganzen Themenkomplex U. Beck, Risikogesellschaft. Auf dem Weg in eine andere Moderne, Frankfurt a.M.: Suhrkamp 1986; U. Beck/A. Giddens/S. Lash, Reflexive Modernisierung. Eine Kontroverse, Frankfurt a.M.: Suhrkamp 1996

[18] R. Hettlage, Familienreport, a.a.O., S. 268

2. Definition: Soziale Organisationen

[1] vgl. hierzu T. Stahl/M. Zängle, a.a.O.

[2] vgl. hierzu insbesondere U. Arnold/B. Maelicke (Hrsg.), Lehrbuch der Sozialwirtschaft, Baden-Baden, Nomos-Verl.-Ges. 1998, Abschnitt A, Kapitel 1

[3] Zur Diskussion um den Dritten Sektor unter besonderer Berücksichtigung der Wohlfahrtspflege siehe R. Graf Strachwitz (Hrsg.), Dritter Sektor – Dritte Kraft. Versuch einer Standortbestimmung, Düsseldorf: Raabe 1998, sowie U. Arnold/B. Maelicke (Hrsg.), Lehrbuch der Sozialwirtschaft, Baden-Baden: Nomos Verl.-Ges. 1998

[4] R. Schmatz, Wohlfahrtsverbände und Sozialmanagement – zur gegenwärtigen Diskussion der Neuorganisation des sozialen Dienstleistungssystems in Deutschland, unveröff. Manuskript, Regensburg 1998, S. 5 f. (in Anlehnung an: H. Olivia/H.Oppl/R.Schmid (1991), Rolle und Stellenwert der freien Wohlfahrtspflege, in: Theorie und Praxis der sozialen Arbeit Nr.5)

[5] U. Schneider, Bürgergesellschaft statt Kapitalgesellschaft, in: Blätter der Wohlfahrtspflege 5+6/98, S. 101

[6] vgl. hierzu z.B. C.B. Macpherson, Die politische Theorie des Besitzindividualismus, Frankfurt a.M.:Suhrkamp 1973, insbes. S. 76 ff.

3. Innovation und organisatorischer Wandel: Organisationen als komplexe soziale Systeme

[1] vgl. zum Folgenden auch T. Stahl/R. Schreiber, Die lernende Region, in: a.a.O., insbes. S. 343 f.

[2] vgl. zum Folgenden insbes. G. Küppers (Hrsg.), Chaos und Ordnung, Formen der Selbstorganisation in Natur und Gesellschaft, Stuttgart: reclam 1996; in unserem Zusammen-

Anmerkungen

hang vor allem interessant sind die Aufsätze von U. an der Heiden, Chaos und Ordnung, Zufall und Notwendigkeit (S. 97–121), G. Küppers, Selbstorganisation: Selektion durch Schließung (S. 122–148) und G. Küppers, Chaos: Unordnung im Reich der Gesetze (S. 149–175). Als Einführung sei empfohlen S. Greschik, Das Chaos und seine Ordnung – Einführung in komplexe Systeme, München: dtv 1998

[3] vgl. zur konstruktivistischen Wissenschaftsposition als Einführung die gleichnamige „Einführung in den Konstruktivismus" mit Beiträgen von H. von Foerster, E. von Glasersfeld, P. M. Hejl, S. J. Schmidt und P. Watzlawik, München: Piper 1992 (liz. Taschenbuchausgabe); des Weiteren P. Watzlawik (Hrsg.), Die erfundene Wirklichkeit, 11. Auflage, München: Piper 1999. Grundlegend für die ganze Diskussion um die konstruktivistische Bewusstseinsforschung sind die Arbeiten von H. R. Maturana/F. J. Varela; z.B. dieselben, Der Baum der Erkenntnis – die biologischen Wurzeln des menschlichen Erkennens, München: Goldmann 1990 (liz. Taschenbuchausgabe)

[4] U. van der Heiden, Chaos und Ordnung, Zufall und Notwendigkeit, in: G. Küppers (Hrsg.), Chaos und Ordnung, Formen der Selbstorganisation in Natur und Gesellschaft, Stuttgart: reclam 1996, S. 105 f.

[5] vgl. G. Küppers, Chaos: Unordnung im Reich der Gesetze, in: G. Küppers, Chaos und Ordnung, Formen der Selbstorganisation in Natur und Gesellschaft, a.a.O., S. 168

[6] U. van der Heiden, a.a.O., S. 112 (Hervorhebung i.Org.)

[7] ebenda, S. 114

[8] ebenda, S. 115

[9] ebenda, S. 116

[10] G. Küppers, Unordnung im Reich der Gesetze, in: Chaos und Ordnung – Formen der Selbstorganisation in Natur und Gesellschaft, a.a.O., S. 171

[11] ebenda, S. 172

[12] Die folgende Darstellung stützt sich auf die web-Fassung der ersten zwei Kapitel der Habilitationsschrift von G. Ossimitz, Zur Entwicklung systemischen Denkens, Kapitel 1 und 2, zit. nach http://www.uni-klu.ac.at/users/gossimit/pap/habil.PDF

[13] vgl. G.Ossimitz, a.a.O., S. 10

[14] vgl. G.Ossimitz, a.a.O., S. 11

[15] vgl. G. Ossimitz, a.a.O., S. 48

[16] vgl. G.Ossimitz, a.a.O., S. 21 ff.

[17] G.Ossimitz, a.a.O., S. 22

[18] G.Ossimitz, a.a.O., S. 24

[19] vgl. zum folgenden F. Malik, Systemisches Management, Evolution, Selbstorganisation – Grundprobleme, Funktionsmechanismen und Lösungsansätze für komplexe Systeme, 2. Auflage, Bern; Stuttgart; Wien: Haupt 2000

[20] F. Malik, a.a.O., S. 112

[21] F. Malik, a.a.O., S. 153

[22] F. Malik, a.a.O., S. 155 (Hervorhebung im Orginal)

[23] F. Malik, a.a.O., S. 155

[24] F. Malik, a.a.O., S. 158

[25] F. Malik, a.a.O., S. 165

[26] F. Malik, a.a.O., S. 167

[27] F. Malik, a.a.O., S. 170

[28] F. Malik, a.a.O., S. 171

[29] ebd.

[30] vgl. hierzu auch die schon klassische Diskussion zwischen den Sozialwissenschaftlern J. Habermas und N. Luhmann: dies., Theorie der Gesellschaft oder Sozialtechnologie, Frankfurt a.M.: Suhrkamp 1971

[31] Die Neurobiologen Maturana/Varela als zentrale Mitbegründer der neueren konstruktivistischen Erkenntnistheorie machen deutlich, dass auch und gerade im Rahmen eines biologischen Konzepts Organismen und menschliche soziale Systeme an entgegengesetzten Enden der Skala von Metasystemen entstehen: Während Kohärenz und Harmonie zwischen den Bestandteilen eines Organismus dessen beschränkte strukturelle Plastizität voraussetzen, beruhen menschliche soziale Systeme auf Sprache und sozialem Lernen, die nur auf Grundlage der spezifischen strukturellen Plastizität der menschlichen Individualität möglich sind. „Organismen und menschliche soziale Systeme lassen sich daher nicht vergleichen, ohne dass man die eigentlichen Merkmale ihrer jeweiligen Komponenten verzerrt oder negiert." H. R. Maturana/F. J. Varela, Der Baum der Erkenntnis – die biologischen Wurzeln des menschlichen Erkennens, Goldmann 1990 (Taschenbuch-Ausgabe), S. 217

[32] vgl. zum Folgenden vor allem D. Baecker, Organisation als System, Suhrkamp: Frankfurt a.M. 1999, Abschnitt 1 und 2

[33] D. Baecker, a.a.O., S. 16 (Hervorhebung von mir)

[34] H. R. Maturana, zit. nach H. Neumann-Wirsig/G. Treiber, Systemische Sozialarbeit heißt lehren und lernen, in: Blätter der Wohlfahrtspflege 3+4/2000, S. 55

[35] P. Fuchs, Intervention und Erfahrung, Frankfurt a.M.: Suhrkamp 1999, S. 29

[36] ebenda, S. 76

[37] D. Baecker, a.a.O., S. 32 (Hervorhebung von mir)

[38] ebd., S. 33 ff.

[39] Karl E. Weick, Der Prozess des Organisierens, Frankfurt a.M.: Suhrkamp 1995, S. 11 (Hervorhebung i.Org.)

[40] ebd., S. 12

[41] ebd., S. 18 (Hervorhebung i.Org.)

[42] ebd.

[43] ebd. S. 22

[44] ebd., S. 23, (Hervorhebung i. Org.)

[45] vgl. R. Bronner/C. Schwab, Gestalt und Gestaltung organisationaler Veränderungsprozesse, in: R. Bronner/H. Staminski (Hrsg.), Evolution steuern – Revolution planen, Über die Beherrschbarkeit von Veränderungsprozessen, Bonn u.a.: Innovatio 1999, S. 32 ff.; S. Kühl, Das Regenmacher-Phänomen, Widersprüche und Aberglaube im Konzept der

Anmerkungen

lernenden Organisation, Frankfurt/New York: Campus 2000, S. Kühl expliziert diesen Gedanken am Konzept der „lernenden Organisation"

[46] vgl. hierzu insbes. R. Riedl, Biologie der Erkenntnis, dtv: München 1988 und G. Vollmer, Evolutionäre Erkenntnistheorie, 6. Aufl., Stuttgart: Hirzel 1994

[47] vgl. I. Kant, Kritik der reinen Vernunft, Stuttgart: reclam 1966

[48] vgl. A. Schlee/A. Kieser, Die Konstruktion von Organisationen mithilfe von Metaphern, in: P. M. Hejl/H. K. Stahl (Hrsg.), Management und Wirklichkeit – das Konstruieren von Unternehmen, Märkten und Zukünften, Heidelberg 2000, S. 159 ff.

[49] ebd., S. 165

[50] ebd., S. 175; Schlee/Kieser beziehen sich hierbei auf G. Morgan, Images of Organization, London 1986

[51] ebd., S. 166

[52] ebd., S. 166 f.

[53] In der Beurteilung dessen, in welchem Maße dies möglich ist, unterscheiden sich radikal-konstruktivistische Soziologen wie P. Fuchs, die die Problematik systemischer Selbsterfahrung und Intervention für unhintergehbar halten, von Theoretikern wie z.B. H. Willke, der eine relativ optimistische Variante des systemischen Interventionismus vertritt (vgl. hierzu insbes. die drei Bände zur Systemtheorie, die H. Willke im Gustav-Fischer-Verlag veröffentlicht hat).

[54] D. Baecker, a.a.O., S. 46

[55] vgl. M. Fallgatter/L. T. Koch, Ausgewählte Argumentationslinien erkenntnis-relativistischer Organisationsforschung, in: P. M. Hejl/H. K. Stahl (Hrsg.), Management und Wirklichkeit – das Konstruieren von Unternehmen, Märkten und Zukünften, S. 89 f.

[56] vgl. zur Handlungsrationalität S. Gosepath (Hrsg.), Motive, Gründe, Zwecke – Theorien praktischer Rationalität, Frankfurt a.M.: Fischer 1999; J. Elster, Ulysses and the Sirens. Studies in Rationality and Irrationality, Cambridge: Cambridge University Press 1979; R. Axelrod, Die Evolution der Kooperation, München: Oldenbourg 1995; A. Etzioni, Jenseits des Egoismusprinzips – ein neues Bild von Wirtschaft, Politik und Gesellschaft, Stuttgart: Schaeffer-Pöschl 1994

[57] vgl. z.B. P. M. Senge, Die fünfte Disziplin, Kunst und Praxis der lernenden Organisation, 6. Auflage, Stuttgart: Klett-Cotta 1998, insbesondere seine Ausführungen zur „Personal Mastery", S. 182 ff.

[58] A. Etzioni, Jenseits des Egoismus-Prinzips, a.a.O., S. 182

[59] A. Etzioni, a.a.O., insbes. S. 305 ff.

[60] vgl. dazu Mary Douglas, Wie Institutionen entstehen, Frankfurt a.M.: Suhrkamp 1991

[61] P. Fuchs/B. Halfar, Soziale Arbeit als System, in: Blätter der Wohlfahrtspflege, 3+4 2000, S. 56

[62] vgl. zum Folgenden P. Fuchs/B. Halfar, a.a.O., S. 57 f.

[63] ebenda, S. 58

[64] ebenda

[65] vgl. D. Baecker, Soziale Hilfe als Funktionssystem der Gesellschaft, in: Zeitschrift für Soziologie 23/1994

[66] vgl. B. Halfar, Wettbewerbsstrategien im Sozialbereich: Marketing ohne Marken, in: Archiv für Wissenschaft und Praxis der sozialen Arbeit, 1/1998 und die Zusammenfassung der Diskussion durch D. Lange, Wirtschaftlichkeit und Sozialarbeit, in: S. Elsen et.al., Soziale Arbeit und Ökonomie, Neuwied, Kriftel: Luchterhand 2000, S. 74 ff.

[67] P. Fuchs/B. Halfar, a.a.O., S. 58

[68] vgl. hierzu U. Arnold/B. Maelicke (Hrsg.), Lehrbuch der Sozialwirtschaft, Baden-Baden: Nomos Verl.-Ges. 1998; B. Maelicke (Hrsg.), Veränderungsmanagement in der Sozialwirtschaft, Baden-Baden: Nomos Verl.-Ges. 2000; B. Maelicke (Hrsg.), Freie Wohlfahrtspflege im Übergang zum 21. Jahrhundert, Baden-Baden: Nomos Verl.-Ges. 1998; W. R. Wendt, Sozialwirtschaft und Sozialmanagement in der Ausbildung, Baden-Baden: Nomos Verl.-Ges. 1999; vgl. auch die Beiträge zum Thema „Sozialwirtschaft" in: Socialmanagement – Magazin für Organisation und Innovation, 4/99.

[69] A. Zimmer/S. Nährlich, zur volkswirtschaftlichen Bedeutung der Sozialwirtschaft, in: U. Arnold/B. Maelicke (Hrsg.), Lehrbuch der Sozialwirtschaft, a.a.O., S. 65; in einer Fußnote rechnen die Autoren Werkstätten und Beschäftigungseinrichtungen für Arbeitslose noch ebenfalls zu den sozialen Dienstleistungen; u.E. müsste dies noch durch reintegrative Bildungsmaßnahmen für Problemgruppen des Arbeitsmarktes ergänzt werden, da im Unterschied zu reinen Ausbildungs- und Umschulungsmaßnahmen der soziale, reintegrative Zweck in diesen Kursen neben berufs- und arbeitsmarktpolitischen Zielsetzungen wesentlich ist. Dass sich die Abgrenzungsproblematik durch die Arbeitsmarktpolitik hindurchziehen lässt, verweist auf die veränderten Rahmenbedingungen auf dem Arbeitsmarkt, die der Arbeitsmarktpolitik längst schon auch soziale Funktionen neben den eher ökonomisch bestimmten hat zukommen lassen.

[70] vgl. U. Arnold/B. Maelicke im Vorwort zu ihrem „Lehrbuch der Sozialwirtschaft", a.a.O., S. 19 ff.

[71] H. Backhaus-Maul, Sozialpolitische Entwicklungslinien in Deutschland, in: U. Arnold/B. Maelicke (Hrsg.), Lehrbuch der Sozialwirtschaft, a.a.O., S. 40 f.

[72] ebenda, S. 36

[73] vgl. zum Folgenden F.-X. Kaufmann, Herausforderungen des Sozialstaats, Frankfurt a.M.: Suhrkamp 1997, S. 27–49

[74] vgl. zur Theorie der Sozialen Arbeit umfassend S. Staub-Bernasconi, Systemtheorie, soziale Probleme und Soziale Arbeit: lokal, national, international. Oder: vom Ende der Bescheidenheit, Bern; Stuttgart; Wien: Haupt 1995

[75] A. Strunk, Von der fehlerlosen zur fehlerbewussten Organisation, in: Blätter der Wohlfahrtspflege 9/97, S. 184 ff.

4. Innovations- und Veränderungsmanagement Sozialer Organisationen: Strategien, Konzepte und Maßnahmen

[1] vgl. hierzu H.-J. Quadbeck-Seeger, Faszination Innovation, Weinheim: WILEY-VCH-Verlag 1998, S. 102 f.

[2] vgl. hierzu z.B. R. Nebe, Gestaltungsmöglichkeiten einer innovationsfreundlichen Organisationsstruktur, in: E. Dold/P. Gentsch (Hrsg.), Innovationsmanagement: Handbuch für mittelständische Betriebe, Neuwied; Kriftel: Luchterhand 2000, S. 1 ff.

[3] H.-J. Quadbeck-Seeger, a.a.O., S. 105 f.

Anmerkungen

[4] H. v. Pierer/B. v. Oetinger, Wie kommt das Neue in die Welt?, Reinbek bei Hamburg: Rowohlt-Taschenbuch-Verlag 1999

[5] vgl. zum Folgenden insbesondere R. Nebe, a.a.O., S. 1 ff.

[6] D. Baecker, Organisation als System, a.a.O., S. 181

[7] vgl. zum folgenden R. Nebe, a.a.O., S. 4 ff.

[8] Eine einfache, Mathematik-freie Darstellung des „Prisoner's Dilemma" findet sich in A. K. Dixit/B. J. Nalebuff, Spieltheorie für Einsteiger, Stuttgart: Schaeffer-Poeschel 1997, S. 15 ff.; eine ausführliche Darstellung verschiedener Modelle rationaler Kooperation bietet R. Schüßler, Kooperation unter Egoisten: vier Dilemmata, München: Oldenbourg 1997; vgl. auch zur Thematik als ganze: Ökonomie und Gesellschaft, Jahrbuch 12: Soziale Kooperation, Frankfurt a.M.: Campus-Verlag 1995.

[9] vgl. hierzu D. Baecker, Die Form des Unternehmens, Frankfurt a.M.: Suhrkamp 1999, S. 14 ff.

[10] ebenda, S. 19

[11] vgl. D. Baecker, Organisation als System, a.a.O., S. 185 ff.

[12] ebenda, S. 187

[13] ebenda, S. 188

[14] vgl. zum Folgenden T. Stahl, R. Schreiber, Die Lernende Region, in: Kompetenzentwicklung '99: Aspekte einer neuen Lernkultur – Argumente, Erfahrungen, Konsequenzen; Münster; New York; München; Berlin: Waxmann Verlag 1999, S. 339 ff.

[15] ebenda, S. 353

[16] ebenda

[17] vgl. ebenda, S. 361 f.

[18] D. Baecker, Organisation als System, a.a.O., S. 192

[19] vgl. K. Brockhoff, Innovationswiderstände, in: E. Dold/P. Gentsch, Innovationsmanagement, a.a.O., S. 115 ff.

[20] vgl. zum Folgenden H. Volkmann, Xenia-Werkstatt für Innovatoren und Annäherung an die Zukunft, in: Personalführung 5/98, S. 30 ff.

[21] vgl. F. Ruff, Zukunftsforschung im Unternehmen als Katalysator für Innovationen, in: Personalführung 5/98, S. 18 ff.

[22] ebenda, S. 20

[23] ebenda, S. 24

[24] vgl. zum Folgenden H. Volkmann, Xenia-Werkstatt, Personalführung 5/98, S. 34

[25] vgl. zum Folgenden K. Brockhoff, Innovationswiderstände, in: E. Dold/P. Gentsch, Innovationsmanagement, a.a.O., S. 115 ff.

[26] ebenda, S. 118

[27] D. Baecker, Organisation als System, a.a.O., S. 82 ff. Wir werden in der Betrachtung von Wissensmanagement-Ansätzen noch einmal darauf zurückkommen.

[28] vgl. zum Folgenden G. Frank/C. Reis/M. Wolf, „Wenn man die Ideologie weglässt, machen wir alle das gleiche" – Eine Untersuchung zum Praxisverständnis leitender Fachkräfte

unter Bedingungen des Wandels der freien Wohlfahrtspflege, Arbeitshilfen Heft 47, Frankfurt a.m., Eigenverl. des Deutschen Vereins für öffentliche und private Fürsorge, 1994, S. 82 ff.

[29] Einen aktuellen Überblick über deutschsprachige, praxisorientierte Titel gibt die kommentierte Literaturliste zu „Change-Management" der Zeitschrift „Managementwissen online" unter der web-Adresse „www.mwonline.de/Change-Management.html"

[30] vgl. hierzu S. Kühl, Das Regenmacherphänomen – Widersprüche und Aberglaube im Konzept der lernenden Organisation, Frankfurt a.M.: Campus-Verlag 2000, insbes. S. 60 ff.

[31] ebenda, S. 81

[32] vgl. hierzu R. Röder, Erfolgsfaktoren für die Gestaltung von Veränderungsprozessen – Was empfehlen Management-Autoren?, S. 120, in: R. Bronner/H. Staminski (Hrsg.), Evolution steuern – Revolution planen, Über die Beherrschbarkeit von Veränderungsprozessen, Bonn; Dover; Fribourg; Leipzig; Ostrava: InnoVatio Verlag 1999

[33] vgl. zum Folgenden K. Doppler/C. Lauterburg, Change-Management: den Unternehmenswandel gestalten, Frankfurt/Main; New York: Campus Verlag, 9. Aufl., 2000

[34] ebenda, S. 30 ff.

[35] vgl. C. Rohe, Risiko- und Erfolgsfaktor Nr. 1 : Implementierung, in: H. Spalink (Hrsg.), Werkzeuge für das Change Management, Prozesse erfolgreich optimieren und implementieren, Frankfurt/Main: FAZ, Verl.-Ber. Buch 1999, S. 13 ff.

[36] vgl. hierzu T. Stahl/R. Schreiber, Die Lernende Region, a.a.O., S. 340

[37] vgl. R. Bronner/C. Schwab, Gestalt und Gestaltung organisationaler Veränderungsprozesse, in: R. Bronner, H. Staminski, a.a.O., S. 13 ff.

[38] vgl. ebenda, S. 22 ff.

[39] vgl. hierzu A. Schlee/A. Kieser, Die Konstruktion von Organisationen mit Hilfe von Metaphern, in: P. M. Hejl/H. K. Stahl (Hrsg.), Management und Wirklichkeit – Das Konstruieren von Unternehmen, Märkten und Zukünften, Heidelberg: Carl-Auer-Systeme Verlag 2000, S. 159 ff.

[40] K.Doppler/C. Lauterburg, a.a.O., S. 47 (Hervorhebung im Original)

[41] ebenda, S. 47 ff.

[42] C. Rohe, a.a.O., S. 15

[43] vgl. zum Folgenden z.B. D. von Eckardstein/A. Zauner, Veränderungsmanagement in Nonprofit Organisationen, in: C. Badelt (Hrsg.), Handbuch der Nonprofit-Organisation – Strukturen und Management, Stuttgart: Schaeffer-Poeschel 1999, S. 426 ff.

[44] ebenda, S. 427

[45] vgl. zum Folgenden Daryl R. Conner/E. Clements, Die strategischen und operativen Gestaltungsfaktoren für erfolgreiches Implementieren, in: H. Spalink, a.a.O., S. 22 ff.

[46] ebenda, S. 39

[47] vgl. G. Zeiss, Den Wandel prozessorientiert und systematisch herbeiführen, in: Personalführung, 3/97, S. 226 ff.

[48] vgl. zum Folgenden K. Doppler/C. Lauterburg, a.a.O., S. 75 ff.

[49] vgl. zum Folgenden K.Doppler/C. Lauterburg, a.a.O., S. 152 ff.

Anmerkungen

[50] ebenda, S. 157

[51] vgl. exemplarisch z.B. M. Hauser, Organisationaler Wandel – eine organisationspsychologische Betrachtung, in: R. Bronner/H. Staminski (Hrsg.), a.a.O., S. 63 ff.; erfrischend kritisch zur ganzen Diskussion R. K. Sprenger, Aufstand des Individuums, Frankfurt a.m.: Campus-Verlag 2000

[52] vgl. S. Kühl, a.a.O., S. 75

[53] vgl. G. Zeiss, a.a.O., S. 230

[54] R. K. Sprenger, Aufstand des Individuums, a.a.O., S. 24 f.

[55] R. Röder, Erfolgsfaktoren für die Gestaltung von Veränderungsprozessen – Was empfehlen Management-Autoren?, in: R. Bronner/H. Staminski (Hrsg.), a.a.O., S. 115 ff.

[56] vgl. ebenda, S. 176 und G. Osterhold, Veränderungsmanagement, Visionen und Wege zu einer neuen Unternehmenskultur, Falken & Gabler Management, Niedernhausen/Ts.: Flaken-Verlag 2000, S. 56

[57] C. Rohe, a.a.O., S. 17

[58] vgl. hierzu ebenfalls K. Doppler/C. Lauterburg, a.a.O., S. 89 ff.

[59] R. K. Sprenger, a.a.O., S. 65

[60] vgl. S. Kühl, a.a.O., S. 86 ff.

[61] R. K. Sprenger, a.a.O., S. 26

[62] ebenda, S. 46

[63] ebenda, S. 34

[64] ebenda, S. 35

[65] ebenda, S. 33

[66] ebenda, S. 110

[67] vgl. hierzu z.B. G. Roth, Das Gehirn und seine Wirklichkeit, Kognitive Neurobiologie und ihre philosophischen Konsequenzen, Frankfurt a.M.: Suhrkamp 1997; F. Dretske, Naturalisierung des Geistes, Paderborn: mentis-Verlag 1998; A. Newen/K. Vogeley, Selbst und Gehirn, Paderborn: mentis-Verlag 2000

[68] vgl. hierzu G. Roth, a.a.O., insbes. S. 271 ff. und A. Damasio, Descartes Irrtum, dtv-Verlag 1998

[69] vgl. hierzu ebenso polemisch wie interessant R. Degen, Lexikon der Psycho-Irrtümer, Eichborn-Verlag 2000

[70] vgl. D. Conner/E. Clements, a.a.O., S. 23 ff.

[71] vgl. S. Kühl, a.a.O., S. 90

[72] vgl. hierzu z.B. H.-J. Puch, Organisation im Sozialbereich – eine Einführung für soziale Berufe, Freiburg im Breisgau: Lambertus 1997, S. 138 f.

[73] vgl. hierzu P. Vaterl, Team, Team-Lernen – die Basiseinheit in der Lernenden Organisation, Seminarpapier der Universität Klagenfurt, www.edu.uni-klu.ac.at/~pvaterl/sites/files/m7/m7.htm; S. 10 f.

[74] ebenda, S. 11 f.

[75] vgl. H.-J.- Puch, a.a.O., S. 139

[76] vgl. B. Voigt, Team und Teamentwicklung, in: Organisationsentwicklung 3/93, S. 34 ff.

[77] vgl. hierzu D. Baecker, Organisation als System, a.a.O., S. 185 ff. bzw. ders., Die Form des Unternehmens, Frankfurt a.M.: Suhrkamp 1999, S. 178 ff.

[78] R. K. Sprenger, a.a.O., S. 24

[79] S. Kühl, Das Regenmacherphänomen, a.a.O., S. 48; vgl. ausführlicher dazu ders., Wenn die Affen den Zoo regieren, Frankfurt a.M.: Campus-Verlag, 1997

[80] M. Hammer/J. Champy, Business Reengineering – Die Radikalkur für das Unternehmen, München: Wilhelm Heyne Verlag (Taschenbuchausgabe) 1998, S. 51. Dieses Werk kann auch als Standardwerk für die BPR-Bewegung angesehen werden.

[81] F. Lehner, Organizational Memory – Konzepte und Systeme für das organisatorische Lernen und das Wissensmanagement, München, Wien: C. Hanser Verlag 2000, S. 191 f.

[82] P. Senge, Die fünfte Disziplin, Stuttgart: Klett-Cotta-Verlag, 6. Aufl. 1998, S. 11

[83] ebenda, S. 12

[84] P. Senge et al. Das Fieldbook zur fünften Disziplin, Stuttgart: Klett-Cotta-Verlag, 3. Aufl. 1999, S. 11

[85] ebenda, S. 13

[86] vgl. als Einführungen und Übersichten insbesondere T. Sattelberger, Die lernende Organisation: Konzepte für eine neue Qualität der Unternehmensentwicklung, Wiesbaden: Gabler 1991; H. Geißler (Hrsg.), Organisationslernen und Weiterbildung – Die strategische Antwort auf die Herausforderungen der Zukunft, Neuwied; Kriftel; Berlin: Luchterhand 1995; Dr. Wieselhuber & Partner, Handbuch der lernenden Organisation – Unternehmens- und Mitarbeiterpotentiale erfolgreich erschließen, Wiesbaden: Gabler 1997; als Übersicht der wichtigsten Gesichtspunkte und Theorien vgl. auch G. Lembke, Die lernende Organisation, www.vordenker.de/gerald/html; dort findet sich auch eine sehr ausführliche Literaturliste.

[87] vgl. als kurze Übersicht auch S. Crainer, Managementtheorien, die die Welt verändert haben, Niedernhausen/Ts.: Falken-Verlag 1999, S. 216–234

[88] vgl. P. Senge, Die fünfte Disziplin, a.a.O., S. 75–170

[89] P. Senge, Die fünfte Disziplin, a.a.O., S. 211

[90] vgl. zum Folgenden C. Agyris/D. Schon, Organizational Learning: A Theory Of Action Perspective, Adison-Wesley, Wokingham 1978

[91] vgl. als Übersicht über Träger, Inhalte und Ebenen organisationalen Lernens auch: H. Steinmann/C. Hennemann, Die lernende Organisation – eine Antwort auf die Herausforderungen der Managementpraxis?, in: Dr. Wieselhuber & Partner (Hrsg.), Handbuch Lernende Organisation – Unternehmens- und Mitarbeiterpotentiale erfolgreich erschließen, a.a.O., S. 33 ff.

[92] G. Bateson, Ökologie des Geistes, Anthropologische, psychologische, biologische und epistemologische Perspektiven, Frankfurt a.M.: Suhrkamp 1983

[93] vgl. hierzu W. Krüger/N. Bach, Lernen als Instrument des Unternehmenswandels, in: Dr. Wieselhuber & Partner (Hrsg.), a.a.O., S. 23 ff.

[94] P. Senge, Die fünfte Disziplin, a.a.O., S. 252

[95] ebenda, S. 287

[96] G. Lembke, www.vordenker.de/gerald/lernphäno.html, S. 7

[97] vgl. z.B. G. Schreyögg/C. Noss, Zur Bedeutung des organisationalen Wissens für organisatorische Lernprozesse, in: Dr. Wieselhuber & Partner, a.a.O., S. 67 ff.

[98] vgl. H. Steinmann, C. Hennemann, Die lernende Organisation, a.a.O., S. 34

[99] M. Heiner, Lernende Organisation und Experimentierende Evaluation. Verheißungen Lernender Organisationen, S. 17, in: M. Heiner (Hrsg.): Experimentierende Evaluation – Ansätze zur Entwicklung lernender Organisationen, Weinheim, München: Juventa Verlag 1998, S. 11 ff.

[100] M. Pedler et al.1991, zit. nach G. Lembke, a.a.O., S. 11

[101] J. Gilbert/B. Probst/K. Romhardt, Bausteine des Wissensmanagements – ein praxisorientierter Ansatz, in: Dr. Wieselhuber & Partner, Handbuch Lernende Organisation, a.a.O., S. 140

[102] S. Kühl, Das Regenmacher-Phänomen, a.a.O., S. 150

[103] Textbaustelle Goedart Palm, Teil 1: Lernendes Unternehmen, http://goedartpalm. vitualave.net/page.html, S. 6

[104] ebenda., S. 9

[105] S. Kühl, Das Regenmacher-Phänomen, a.a.O., S. 148

[106] Textbaustelle Goedart Palm, a.a.O., S. 2

[107] R. Reinhardt/P. Pawlowsky, Wissensmanagement: Ein integrativer Ansatz zur Gestaltung organisationaler Lernprozesse, in: Dr. Wieselhuber & Partner, Handbuch Lernende Organisation, a.a.O., S. 146

[108] ebenda

[109] Textbaustelle Goedart Palm, a.a.O., S. 4

[110] ebenda, S. 5

[111] M. Heiner, Lernende Organisation und Experimentierende Evaluation, in: M. Heiner, Experimentierende Evaluation, in: a.a.O., S. 21

[112] W. O. Habelt, Lernen kultivieren: Neue Spielregeln für eine solidarische Organisationsgemeinschaft, in: Dr. Wieselhuber & Partner, Handbuch Lernende Organisation, a.a.O., S. 97

[113] ebenda, S. 97 f.

[114] vgl. hierzu A. M. Dederichs, Das Soziale Kapital in der Leistungsgesellschaft – Emotionalität und Moralität in „Vetternwirtschaften", Münster; New York; München; Berlin: Waxmann 1999 und die dort angegebene Literatur

[115] vgl. hierzu auch U. Beck, Schöne neue Arbeitswelt. Vision Weltbürgergesellschaft, Frankfurt a.M.; New York: Campus 1999 und O. Giarini/P. M. Liedtke, Wie wir arbeiten werden, Der neue Bericht an den Club of Rome, München, liz. Taschenbuch-Ausg.: Heyne Verlag 1999

[116] Textbaustelle Goedart Palm, a.a.O., S. 4

[117] vgl. hierzu S. Kühl, Das Regenmacher-Phänomen, a.a.O., S. 103 ff.

[118] ebenda, S. 117

[119] ebenda

[120] M. Heiner, Lernende Organisation und Experimentierende Evaluation, in: M. Heiner (Hrsg.), Experimentierende Evaluation, in: a.a.O., S. 19

[121] ebenda

[122] vgl. zum Folgenden Edgar H. Schein, Organizational Learning as Cognitive Re-definition: Coercive Persuasion revisited, http://learning.mit.edu/res/wp/10010.html

[123] M. Heiner, Lernende Organisation und Experimentierende Evaluation, in: a.a.O., S. 18

[124] zit. nach G. Palm, a.a.O., S. 7

[125] P. Gerull, Qualitätsmanagement in sozialen Handlungsfeldern – Überblick und aktueller Diskussionsstand, http://bidok.uibk.ac.at/texte/gl1-99-handlungsfelder.html, S. 4

[126] G. Frank/C. Reis/M. Wolf, a.a.O., S. 86

[127] ebenda, S. 87

[128] vgl. hierzu auch W. R. Wendt, Auf dem Weg zur lernenden Organisation, in: Blätter der Wohlfahrtspflege – Deutsche Zeitschrift für Sozialarbeit 9/97, S. 177 ff.

[129] vgl. zum Thema Wissensmanagement z.B. I. Nonaka/H. Takeuchi, Die Organisation des Wissens: Wie japanische Unternehmen eine brachliegende Ressource nutzbar machen, Frankfurt a.M.: Campus 1997; G. Schreyögg/P. Conrad (Hrsg.), Wissensmanagement (Managementforschung 8), Berlin 1996; Franz P. Lang/F. Thielemann, Wissensmanagement und neue Informationstechnologien, in: B. Maelicke (Hrsg.), Veränderungsmanagement in der Sozialwirtschaft, Baden-Baden: Nomos Verl.-Ges. 2000, S. 132 ff; D. Baecker, Organisation als System, a.a.O., S. 68–102; J. Gilbert/B. Probst/K. Romhardt, Bausteine des Wissensmanagements – ein praxisorientierter Ansatz, in: Dr. Wieselhuber & Partner, Handbuch Lernende Organisation, a.a.O., S. 129 ff., F. Lehner, Organisational Memory, Konzepte und Systeme für das organisatorische Lernen und Wissensmanagement, München; Wien: C. Hanser-Verlag 2000; B. Zucker/C. Schmitz, Wissen gewinnt – innovative Unternehmensentwicklung durch Wissensmanagement, Düsseldorf; Berlin: Metropolitan Verlag 2000. Die Vielfalt der Autoren und Ausgangspunkte gibt zugleich die Vielfalt der Wege wieder, auf denen man sich dem Thema nähern kann. Interessant in ihrer Praxisnähe ist auch die website http://www.wissensmanagement.net/online/

[130] F. P. Lang/F. Thielemann, Wissensmanagement und neue Informationstechnologien, in: B. Maelicke, Veränderungsmanagement in der Sozialwirtschaft, a.a.O., S. 134

[131] Wie unterschiedlich die Herangehensweisen an den Begriff Wissensmanagement – je nach Grundansatz – sind, zeigen die verschiedenen Definitionen, die Lang und Thielemann im soeben zitierten Aufsatz auflisten; vgl. auch F. Lehner, Organizational Memory, a.a.O., Kapitel 1 – Lehner diskutiert die verschiedenen Aspekte von Umweltanforderungen und organisatorischem Wandel, die auch verschiedene Blickwinkel auf das Wissensmanagement einschließen.

[132] vgl. H. Mandl/G. Reinmann-Rothmeier, Wissensmanagement: Modewort oder Element der lernenden Organisation?, in: Personalführung 12/99, S. 18

[133] vgl. zum Folgenden H. Mandl/G. Reinmann-Rothmeier, Wissensmanagement, in: a.a.O., S. 18 ff. Wir orientieren uns an der dort gegebenen Systematik.

[134] ebenda, S. 19

[135] vgl. J. Gilbert/B. Probst/K. Romhardt, Bausteine des Wissensmanagements – ein praxisorientierter Ansatz, a.a.O., S. 135

[136] D. Baecker, Organisation als System, a.a.O., S. 91 f.

[137] F. P. Lang/F. Thielemann, Wissensmanagement und neue Informationstechnologien, a.a.O., S. 150

[138] vgl. J.Gilbert/B. Probst/K. Romhardt, a.a.O., S. 134

[139] vgl. F. P. Lang/F. Thielemann, Wissensmanagement und neue Informationstechnologien, a.a.O., S. 148 f.

Anmerkungen

[140] ebenda, S. 151

[141] W. R. Wendt, Soziales Wissensmanagement, Baden-Baden: Nomos Verl.-Ges. 1998, S. 42

[142] ebenda

[143] vgl. J. Gilbert/B. Probst/K. Romhardt, a.a.O., S. 137

[144] vgl. W. R. Wendt, Soziales Wissensmanagement, a.a.O., S. 48 f.

[145] vgl. hierzu H. Mandl/G. Reinmann-Rothmeier, Wissensmanagement, in: a.a.O., S. 20 f.

[146] W. R. Wendt, Soziales Wissensmanagement, a.a.O., S. 41

[147] vgl. G. Schreyögg/C. Noss, Zur Bedeutung des organisationalen Wissens für organisatorische Lernprozesse, in: Dr. Wieselhuber & Partner, Handbuch Lernende Organisation, a.a.O., S. 71 ff.

[148] vgl. D. Baecker, Organisation als System, a.a.O., S. 70–77

[149] ebenda, S. 73

[150] ebenda, S. 74

[151] ebenda, S. 75 (Hervorh. im Orig.)

[152] ebenda, S. 75 f. (Hervorh. im Orig.)

[153] ebenda, S. 76

[154] ebenda, S. 77 (Hervorh. im Orig.)

[155] vgl. zu diesem Thema auch den Aufsatz von A. Kleiner, What is an organization, really? And how do individuals fit into it?; http://www. fieldbook.com/Ghost_stories/purpose006.html. Kleiner argumentiert hier, dass Organisationen vor allem den Interessen und dem Wohlbefinden der „core group" dienen.

[156] D. Baecker, Organisation als System, a.a.O., S. 78 (Hervorh. im Orig.)

[157] ebenda, S. 81 f. (Hervorh. im Orig.)

[158] W. R. Wendt, Soziales Wissensmanagement, a.a.O., S. 65

[159] ebenda, S. 66

[160] ebenda, S. 67

[161] Kritische Ansätze zur Sozialen Arbeit kritisieren diesen Sachverhalt und nehmen ihn zum Anlass, eine stärkere Reflexion der Sozialberufler auf den gesellschaftlichen Verursachungs- und Gesamtzusammenhang zu fordern; sozialräumliche Arbeitskonzepte, präventiv orientierte Maßnahmenbündel und politische Reformforderungen der Berufsverbände oder großen Trägerorganisationen gehören hierher.

[162] W. R. Wendt, a.a.O., S. 67

[163] ebenda, S. 79

[164] ebenda, S. 93 ff.

[165] vgl. F. P. Lang/F. Thielemann, a.a.O., S. 136

5. Veränderungsstrategien für Soziale Organisationen: Etablierte Ansätze und aktuelle Problemfelder

[1] vgl. hierzu z.B. D. von Eckardstein/A. Zauner, Veränderungsmanagement in Nonprofit Organisationen, in: a.a.O., S. 419 ff.

[2] C. Becker, Organisations- und Kompetenzentwicklung im Non-Profit-Bereich – ein Erfahrungsbericht, Arbeitsgemeinschaft Qualifikations-Entwicklungs-Management, Manuskriptdruck, 1999, S. 14

[3] vgl. hierzu z.B. D. von Eckardstein/R. Simsa, Entscheidungsmanagement in Nonprofit Organisationen, in: C. Badelt, a.a.O., S. 389 ff.

[4] vgl. A. Zauner/R. Simsa, Konfliktmanagement in Nonprofit Organisationen, in: C. Badelt, a.a.O., S. 405 ff.

[5] vgl. D. von Eckardstein/A. Zauner, Veränderungsmanagement in Nonprofit Organisationen, in: a.a.O.:, S. 419 ff.

[6] ebenda, S. 424 f.

[7] Zum Begriff der Sozialwirtschaft vgl. U. Arnold/B. Maelicke (Hrsg.), Lehrbuch der Sozialwirtschaft, Baden-Baden: Nomos-Verl.-Ges. 1998 sowie zur Einführung in den Sozialwirtschafts-Ansatz die Artikel von W. R. Wendt in „Socialmanagement – Magazin für Organisation und Innovation", Baden-Baden: Nomos-Verl.-Ges., Hefte 4/99 und 1/00. Auf die Theorie der Sozialwirtschaft kommen wir später noch einmal zurück.

[8] vgl. zum Folgenden H.-W. Wetendorf, Aufgaben und Anforderungen an das Management bei Veränderungsprozessen, in: B. Maelicke (Hrsg.), Veränderungsmanagement in der Sozialwirtschaft, Baden-Baden: Nomos Verl.-Ges. 2000, S. 91 ff.

[9] ebenda, S. 91

[10] vgl. ebenda, S. 92–102

[11] ebenda, S. 100

[12] Zur kritischen Diskussion der Privatisierung sozialer Dienstleistungen vgl. z.B. M. Beck, Privatisierung ist keine Zauberformel, in: Blätter der Wohlfahrtspflege 5+6/98, S. 93 ff.

[13] vgl. B. Maelicke, Non-Profit-Organisationen im Übergang zu Sozialwirtschaftlichen Organisationen, in: ders. (Hrsg.), Veränderungsmanagement in der Sozialwirtschaft, Baden-Baden 2000, S. 82 ff. sowie die Beiträge von R. W. Wieschollek und A. Hauser im gleichen Band.

[14] B. Lakes, NPO im Spannungsfeld von Solidarität und Wettbewerb, in: R. Graf Strachwitz, Dritter Sektor – Dritte Kraft: Versuch einer Standortbestimmung, Düsseldorf: Raabe 1998, S. 447 ff.

[15] ebenda, S. 448

[16] Eine Übersicht über verschiedene Managementkonzepte und -methoden im Hinblick auf soziale Organisationen geben H.-J. Puch/K. Westermayer, Managementkonzepte. Eine Einführung für soziale Berufe, Freiburg im Breisgau: Lambertus 1999

[17] vgl. hierzu C. Bader, Sozialmanagement – Anspruch eines Konzepts und seine Wirklichkeit in Non-Profit-Organisationen, Freiburg im Breisgau: Lambertus 1999, insbes. Kap. 1

[18] B. Maelicke, Grundlagen des Sozialmanagements, in: U. Arnold/B. Maelicke (Hrsg.), Lehrbuch der Sozialwirtschaft, a.a.O., S. 465

Anmerkungen

[19] vgl. z.B. W. Seibel, Erfolgreich scheiternde Organisationen. Zur politischen Ökonomie des Organisationsversagens, in: Politische Vierteljahresschrift, 32. Jg., 1991, Heft 3, S. 479 ff.

[20] J. Merchel, Sozialmanagement – Problembewältigung mit Placebo-Effekt oder Strategie zur Reorganisation der Wohlfahrtsverbände? In: T. Rauschenbach/C. Sachße/T. Olk, Von der Wertgemeinschaft zum Dienstleistungsunternehmen, Jugend- und Wohlfahrtsverbände im Umbruch, Frankfurt a.M.: Suhrkamp 1995, S. 297 ff.

[21] vgl. zum Folgenden auch R. A. Schmatz, Studie über den „beruflichen Verbleib" der Absolventen/innen des Lehrgangsprojektes „Management in der Alten-, Kranken- und Behindertenhilfe (Wohlfahrtsmanagement) in Regensburg, unveröff. Manuskript, Universität Regensburg, Institut für Soziologie, 2000

[22] ebenda, S. 8

[23] vgl. z.B. A. Müller-Schöll/M. Priepke, Sozialmanagement. Zur Förderung systematischen Entscheidens, Planens, Organisierens, Führens und Kontrollierens in Gruppen, Frankfurt a.M. 1983

[24] vgl. A. Müller-Schöll, Systemisches Sozialmanagement, in: J. Engel-Kemmler/B. Maelicke/ M. Scherpner: Fortbilden und gestalten, Weinheim; München 1990, S. 81 ff.

[25] vgl. z.B. U. Arnold/B. Maelicke (Hrsg.), Lehrbuch der Sozialwirtschaft, a.a.O., 1998; W. R. Wendt, Sozialwirtschaft und Sozialmanagement in der Ausbildung, Baden-Baden: Nomos-Verl.-Ges. 1999, Teil B; B. Maelicke (Hrsg.), Veränderungsmanagement in der Sozialwirtschaft, Baden-Baden: Nomos-Verl.-Ges. 2000; B. Maelicke (Hrsg.), Handbuch Sozialmanagement 2000, Baden-Baden: Nomos-Verl.-Ges. 2000

[26] B. Maelicke, Grundlagen des Sozialmanagements, in: U. Arnold/B. Maelicke (Hrsg.), a.a.O., S. 467 f. FPO sind „For-Profit-Organisationen", NPO „Non-Profit-Organisationen", SWO „Sozialwirtschaftliche Organisationen"

[27] ebenda, S. 471 f.

[28] ebenda, S. 472

[29] ebenda, S. 474

[30] ebenda, S. 480

[31] ebenda, S. 499

[32] ebenda, S. 522

[33] ebenda, S. 552

[34] ebenda, S. 553

[35] ebenda, S. 573

[36] ebenda, S. 591

[37] G. Gehrmann/K. D. Müller, Management in sozialen Organisationen – Handbuch für die Praxis Sozialer Arbeit, 3. aktualisierte Aufl., Regensburg; Bonn: Walhalla Fachverl. 1999, S. 16

[38] ebenda, S. 36

[39] ebenda, S. 37

[40] ebenda, S. 48

[41] ebenda, S. 47

[42] ebenda

[43] ebenda, S. 48

[44] ebenda, S. 54

[45] ebenda, S. 55

[46] ebenda, S. 64

[47] ebenda, S. 69

[48] vgl. zum Folgenden C. Bader, Sozialmanagement, a.a.O., S. 30–59

[49] ebenda, S. 58

[50] vgl. hierzu z.B. als kritischen Beitrag O. Speck, Die Ökonomisierung sozialer Qualität – Zur Qualitätsdiskussion in Behindertenhilfe und Sozialer Arbeit, München, Basel: E. Reinhardt-Verlag, 1999

[51] vgl. zur kritischen Diskussion eines sozialen Einrichtungen angemessenen Qualitätsbegriffs F. Peterander/O. Speck (Hrsg.), Qualitätsmanagement in sozialen Einrichtungen, München; Basel: E. Reinhardt 1999 und O. Speck, Die Ökonomisierung sozialer Qualität, a.a.O., 1999; vgl auch die Studie von G. Stark, Qualitätssicherung in der beruflichen Weiterbildung durch Anwendungsorientierung und Partizipation – Ergebnisse aus einem Modellversuch, Hrsg.: Bundesinstitut für Berufsbildung, Der Generalsekretär. – Bielefeld: Bertelsmann 2000. Stark kommt vor allem bzgl. Anwendungsorientierung zu Ergebnissen, die auch für soziale Organisationen bedenkenswert sind, da sie die DIN-EN-ISO-Fixierung durch ein kooperatives TQM-Modell ablösen helfen könnten.

[52] vgl. hierzu C. Bader, Sozialmanagement, a.a.O., S. 61–97

[53] ebenda, S. 68

[54] ebenda, S. 68 ff.

[55] ebenda, S. 69

[56] ebenda, S. 75

[57] ebenda

[58] vgl. zum Folgenden ebenda, S. 77–98

[59] ebenda, S. 80 f.

[60] B. Maelicke, Non-Profit-Organisationen im Übergang zu Sozialwirtschaftlichen Organisationen, in: B. Maelicke (Hrsg.), Veränderungsmanagement in der Sozialwirtschaft, a.a.O., S. 87

[61] Die folgende Darstellung orientiert sich an H. Belz/M. Siegris, Kursbuch Schlüsselqualifikationen, Ein Trainingsprogramm, Freiburg i. Breisgau: Lambertus, 2., erweit. Aufl. 2000, Teil 1

[62] vgl. D. Mertens, Schlüsselqualifikationen. Thesen zur Schulung für eine moderne Gesellschaft, in: Mitteilungen aus der Arbeitsmarkt- und Berufsforschung (MittAB), 1/1974

[63] vgl. zum Folgenden E. Staudt/B. Kriegesmann, Weiterbildung: Ein Mythos zerbricht – Der Widerspruch zwischen überzogenen Erwartungen und Misserfolgen der Weiterbildung, in: Kompetenzentwicklung '99 – Aspekte einer neuen Lernkultur, Argumente, Erfahrungen, Konsequenzen, Münster; New York; München; Berlin: Waxmann 1999, S. 17 ff.

[64] ebenda, S. 24

Anmerkungen

[65] ebenda, S. 34

[66] vgl. ebenda, S. 37

[67] ebenda, S. 39

[68] vgl. ebenda, S. 41 f.

[69] ebenda

[70] ebenda, S. 46

[71] vgl. zum Folgenden R. Knapp, Leitende Kriterien für die Planung und Gestaltung von Weiterbildungskursen für Führungskräfte im Bereich der sozialen Arbeit, in: P. Boskamp/R. Knapp (Hrsg.), Führung und Leitung in sozialen Organisationen – Handlungsorientierte Ansätze für neue Managementkompetenz, Neuwied; Kriftel; Berlin: Luchterhand Verlag 1996, S. 253 ff.

[72] ebenda, S. 263 f.

[73] vgl. zur Übersicht R. Weiß, Erfassung und Bewertung von Kompetenzen – empirische und konzeptionelle Probleme, in: Kompetenzentwicklung '99, a.a.O., S. 437 f.

[74] ebenda, S. 439 f.

[75] ebenda, S. 440

[76] ebenda, S. 442

[77] E. Staudt/B. Kriegesmann, a.a.O., S. 48

[78] ebenda, S. 52

[79] vgl. hierzu C. Labonte-Roset, Ohne Nationalökonomie keine Sozialarbeit! – Rolle und Bedeutung der ökonomischen Bildung im wissenschaftlichen Werk und Ausbildungskonzept Alice Salomons, in: S. Elsen et al. (Hrsg.), Soziale Arbeit und Ökonomie, Neuwied; Kriftel: Luchterhand 2000, S. 27 ff.

[80] vgl. zum Folgenden G. Frank/C. Reis/M. Wolf, a.a.O., Kap. 3.4

[81] S. Kraft, Lernen im Betrieb: selbstgesteuert, kooperativ, motiviert? Kritische Anmerkungen zur Idealisierung betrieblicher Weiterbildung, in: C. Harteis/H. Heid/S. Kraft (Hrsg.), Kompendium Weiterbildung – Aspekte und Perspektiven betrieblicher Personal- und Organisationsentwicklung, Opladen: Leske + Budrich 2000, S. 140

[82] G. Frank/C. Reis/M. Wolf, a.a.O., S. 97

[83] ebenda, S. 103 f.

[84] ebenda, S. 113

[85] vgl. ebenda, S. 113 f.

[86] ebenda, S. 110

[87] vgl. zum Folgenden C. Becker, Organisations- und Kompetenzentwicklung im Non-Profit-Bereich – ein Erfahrungsbericht, Arbeitsgemeinschaft Qualifikations-Entwicklungs-Management, Geschäftsstelle der Arbeitsgemeinschaft Betriebliche Weiterbildungsforschung e.V., Manuskriptdruck, Berlin, Dezember 1999

[88] ebenda, S. 16

[89] ebenda, S. 24

[90] vgl. ebenda, S. 24–31

[91] ebenda, S. 31

[92] ebenda, S. 33

[93] ebenda, S. 37 f.

[94] ebenda, S. 60

[95] vgl. zum Folgenden C. Baitsch, Interorganisationale Lehr- und Lernnetzwerke, in: Kompetenzentwicklung '99, a.a.O., S. 253 ff.

[96] ebenda, S. 263

[97] vgl. ebenda, S. 265 ff.; wir beschränken uns in der Darstellung auf diejenigen Formen, die uns im Rahmen unserer Themenstellung als wichtig erscheinen.

[98] ebenda, S. 268

[99] vgl. hierzu auch R. W. Wieschollek, Strategische Unternehmensentwicklung ist gefordert, in: B. Maelicke (Hrsg.), Veränderungsmanagement in der Sozialwirtschaft, a.a.O., S. 49 ff.

[100] M. Gmür, Strategisches Management für Nonprofit-Organisationen, Management Forschung und Praxis, Universität Konstanz (hrsg. von Prof. Dr. R. G. Klimecki), Nr. 28/1999, S. 4

[101] vgl. hierzu V. Andresen, der die strategische Neupositionierung der Arbeiterwohlfahrt in Schleswig-Holstein beschreibt: ders., Neue Positionierung, in: Socialmanagement, Zeitschrift für Sozialwirtschaft, 4/2000, S. 5 ff.

[102] vgl. M. Gmür, Strategisches Management für Non-Profit-Organisationen, a.a.O., S. 4

[103] vgl. hierzu z.B. A. Forst, Was leistet die Balanced Scorecard?, http://www.wissensmanagement.net/online/archiv/2000/11_1200/balanced_scorecard.htm

[104] vgl. hierzu H.-C. Reiss, Verbandssteuerung: Rechnungswesen und Controlling, in: B. Maelicke, Veränderungsmanagement in der Sozialwirtschaft, a.a.O., S. 105 ff.

[105] M. Gmür, a.a.O., S. 9

[106] ebenda, S. 10

[107] vgl. als umfassenden Praxisleitfaden zur Evaluation W. Beywl/E. Schepp-Winter, Zielgeführte Evaluation von Programmen – ein Leitfaden, QS-Materialien zur Qualitätssicherung in der Kinder- und Jugendhilfe, Heft Nr. 29, Bundesministerium für Familie, Senioren, Frauen und Jugend, Sept. 2000

[108] M. Heiner, Lernende Organisation und Experimentierende Evaluation. Verheißungen Lernender Organisationen, in: M. Heiner (Hrsg.), Experimentierende Evaluation, a.a.O., S. 47

[109] vgl. ebenda, S. 45

[110] vgl. zum Folgenden T. Stahl, ADAPT – Gemeinschaftsinitiative, Handbuch zur Projekt-Selbstevaluation für Projektträger, unveröffentl. Manuskript (eine englische und französische Version des Texts wurden von der Europäischen Kommission veröffentlicht)

Literaturhinweise

Agyris, C./D. Schon: Organizational Learning: A Theory Of Action Perspective, Wokingham 1978.

Andresen, V.: Neue Positionierung, in: Socialmanagement, Zeitschrift für Sozialwirtschaft, 4/2000.

Arnold, U./B. Maelicke (Hrsg.): Lehrbuch der Sozialwirtschaft, Baden-Baden 1998.

Axelrod, R.: Die Evolution der Kooperation, München 1995.

Backhaus-Maul, H.: Sozialpolitische Entwicklungslinien in Deutschland, in: U. Arnold/B. Maelicke (Hrsg.), Lehrbuch der Sozialwirtschaft, Baden-Baden 1998.

Badelt, C. (Hrsg.): Handbuch der Nonprofit-Organisation. Strukturen und Management, Stuttgart 1999.

Bader, C.: Sozialmanagement – Anspruch eines Konzepts und seine Wirklichkeit in Non-Profit-Organisationen, Freiburg im Breisgau 1999.

Baecker, D.: Soziale Hilfe als Funktionssystem der Gesellschaft, in: Zeitschrift für Soziologie 23/1994.

Baecker, D.: Die Form des Unternehmens, Frankfurt a. M. 1999.

Baecker, D.: Organisation als System, Frankfurt a.M. 1999.

Baitsch, C.: Interorganisationale Lehr- und Lernnetzwerke, in: Kompetenzentwicklung '99 – Aspekte einer neuen Lernkultur: Argumente, Erfahrungen, Konsequenzen; hrsg. von der Arbeitsgemeinschaft Qualifikations-Entwicklungs-Management, Geschäftsstelle der Arbeitsgemeinschaft Betriebliche Weiterbildungsforschung; Münster, New York, München, Berlin 1999.

Bateson, G.: Ökologie des Geistes, Anthropologische, psychologische, biologische und epistemologische Perspektiven, Frankfurt a.M. 1983.

Beck, M.: Privatisierung ist keine Zauberformel, in: Blätter der Wohlfahrtspflege 5+6/98.

Beck, U.: Risikogesellschaft. Auf dem Weg in eine andere Moderne, Frankfurt a.M. 1986.

Beck, U./A. Giddens/S. Lash: Reflexive Modernisierung. Eine Kontroverse, Frankfurt a.M. 1996.

Beck, U.: Schöne neue Arbeitswelt. Vision Weltbürgergesellschaft, Frankfurt a.M., New York 1999.

Beck, U.: Was ist Globalisierung?, Frankfurt a.M. 1997.

Becker, C.: Organisations- und Kompetenzentwicklung im Non-Profit-Bereich – Ein Erfahrungsbericht, Arbeitsgemeinschaft Qualifikations-Entwicklungs-Management, Geschäftsstelle der Arbeitsgemeinschaft Betriebliche Weiterbildungsforschung e.V., Berlin 1999.

Beckert, J.: Grenzen des Marktes: Die sozialen Grundlagen wirtschaftlicher Effizienz, Frankfurt a.M., New York 1995.

Belz, H./M. Siegris: Kursbuch Schlüsselqualifikationen. Ein Trainingsprogramm, Freiburg i. Breisgau 2000.

Beywl, W./E. Schepp-Winter: Zielgeführte Evaluation von Programmen – Ein Leitfaden, QS-Materialien zur Qualitätssicherung in der Kinder- und Jugendhilfe, Heft Nr. 29, Bundesministerium für Familie, Senioren, Frauen und Jugend, Sept. 2000.

Boskamp, P./R. Knapp (Hrsg.): Führung und Leitung in sozialen Organisationen – Handlungsorientierte Ansätze für neue Managementkompetenz, Neuwied, Kriftel, Berlin 1996.

Boxberger G./H. Klimenta: Die 10 Globalisierungslügen, München 1998.

Brockhoff, K.: Innovationswiderstände, in: E. Dold/P. Gentsch (Hrsg.), Innovationsmanagement: Handbuch für mittelständische Betriebe, Neuwied, Kriftel 2000.

Brodbeck, K.-H.: Die fragwürdigen Grundlagen der Ökonomie. Eine philosophische Kritik der Wirtschaftswissenschaften, Darmstadt 2000.

Bronner, R./C. Schwaab: Gestalt und Gestaltung organisationaler Veränderungsprozesse, in: R. Bronner/H. Staminski (Hrsg.), Evolution steuern – Revolution planen, Über die Beherrschbarkeit von Veränderungsprozessen, Bonn 1999.

Conner, D. R./E. Clements: Die strategischen und operativen Gestaltungsfaktoren für erfolgreiches Implementieren, in: H. Spalink (Hrsg.), Werkzeuge für das Change Management. Prozesse erfolgreich optimieren und implementieren, Frankfurt a.M. 1999.

Crainer, S.: Managementtheorien, die die Welt verändert haben, Niedernhausen/Ts. 1999.

Damasio, A.: Descartes Irrtum, München 1998.

Degen, R.: Lexikon der Psychoirrtümer, Frankfurt a.M. 2000.

Die Gruppe von Lissabon: Grenzen des Wettbewerbs. Die Globalisierung der Wirtschaft und die Zukunft der Menschheit, München 1997.

Dixit, A. K./B. J. Nalebuff: Spieltheorie für Einsteiger, Stuttgart 1997.

Dold, E./Gentsch, P. (Hrsg.): Innovationsmanagement: Handbuch für mittelständische Betriebe, Neuwied, Kriftel 2000.

Doppler, K./C. Lauterburg: Change-Management: Den Unternehmenswandel gestalten, Frankfurt a.M., New York 2000.

Dörner, D.: Die Logik des Misslingens. Strategisches Denken in komplexen Situationen, Reinbek bei Hamburg 1993.

Douglas, M.: Wie Institutionen entstehen, Frankfurt a. M. 1991.

Douglas, R.: Reformpolitik – Die Kunst des Möglichen, in: H. v. Pierer/ B. v. Oetinger: Wie kommt das Neue in die Welt?, Reinbek bei Hamburg 1999.

Dretske, F.: Naturalisierung des Geistes, Paderborn 1998.

Eckardstein von, D./R. Simsa: Entscheidungsmanagement in Nonprofit-Organisationen, in: C. Badelt (Hrsg.), Handbuch der Nonprofit-Organisation. Strukturen und Management, Stuttgart 1999.

Eckardstein von, D./A. Zauner: Veränderungsmanagement in Nonprofit Organisationen, in: C. Badelt (Hrsg.): Handbuch der Nonprofit Organisation – Strukturen und Management, Stuttgart 1999.

Einführung in den Konstruktivismus, München 1992 (liz. Taschenbuchausgabe).

Elsen, S. et al.: Soziale Arbeit und Ökonomie, Neuwied, Kriftel 2000.

Elster, J.: Ulysses and the Sirens. Studies in Rationality and Irrationality, Cambridge 1979.

Engel-Kemmler, J./B. Maelicke/M. Scherpner: Fortbilden und gestalten, Weinheim, München 1990.

Etzioni, A.: Jenseits des Egoismusprinzips – Ein neues Bild von Wirtschaft, Politik und Gesellschaft, Stuttgart 1994.

Etzioni, A.: Die Verantwortungsgesellschaft. Individualismus und Moral in der heutigen Demokratie, Frankfurt a.M., New York 1997.

Etzioni, A.: Die Entdeckung des Gemeinwesens, Stuttgart 1995.

Fallgatter, M./Lambert T. Koch: Ausgewählte Argumentationslinien erkenntnis-relativistischer Organisationsforschung, in: P. M. Hejl/ H. K. Stahl (Hrsg.), Management und Wirklichkeit – Das Konstruieren von Unternehmen, Märkten und Zukünften, Heidelberg 2000.

Forrester, V.: Der Terror der Ökonomie, Wien 1997.

Forst, A.: Was leistet die Balanced Scorecard? (http://www.wissensmanagement.net/online/archiv/2000/11_1200/balanced_scorecard.htm).

Frank, G./C. Reis/M. Wolf: „Wenn man die Ideologie weglässt, machen wir alle das gleiche" – Eine Untersuchung zum Praxisverständnis leitender Fachkräfte unter Bedingungen des Wandels der freien Wohlfahrtspflege, Arbeitshilfen Heft 47, Frankfurt a.M. 1994.

Fuchs, P.: Intervention und Erfahrung, Frankfurt a.M. 1999.

Fuchs, P./B. Halfar: Soziale Arbeit als System, in: Blätter der Wohlfahrtspflege, 3+4 2000.

Gauer C./J. Scriba: Die Standortlüge, Frankfurt a.M. 1998.

Gehrmann, G./K. D. Müller: Management in sozialen Organisationen – Handbuch für die Praxis Sozialer Arbeit, 3, Regensburg, Bonn 1999.

Geißler, H. (Hrsg.): Organisationslernen und Weiterbildung – Die strategische Antwort auf die Herausforderungen der Zukunft, Neuwied, Kriftel, Berlin 1995.

Gerull, P.: Qualitätsmanagement in sozialen Handlungsfeldern – Überblick und aktueller Diskussionsstand, http://bidok.uibk.ac.at/ texte/gl1-99-handlungsfelder.html.

Giarini, O./P. M. Liedtke: Wie wir arbeiten werden. Der neue Bericht an den Club of Rome, München 1999.

Gilbert, J./B. Probst/K. Romhardt: Bausteine des Wissensmanagements – Ein praxisorientierter Ansatz, in: Dr. Wieselhuber & Partner, Handbuch Lernende Organisation, a.a.O., S. 140.

Gmür, M.: Strategisches Management für Nonprofit-Organisationen, Management Forschung und Praxis, Universität Konstanz (hrsg. von Prof. Dr. R. G. Klimecki), Arbeitspapier Nr. 28/1999.

Göhler, G./Lenk, K./Schmalz-Bruns, R. (Hrsg.): Die Rationalität politischer Institutionen. Interdisziplinäre Perspektiven, Baden-Baden 1990.

Gooldschmidt, W. et al.: Neoliberalismus – Hegemonie ohne Perspektive, Heilbronn 2000.

Gosepath, S. (Hrsg.): Motive, Gründe, Zwecke – Theorien praktischer Rationalität, Frankfurt a.M. 1999.

Greschik, S.: Das Chaos und seine Ordnung – Einführung in komplexe Systeme, München 1998.

Habelt, W. O.: Lernen kultivieren: Neue Spielregeln für eine solidarische Organisationsgemeinschaft, in: Wieselhuber, Dr. & Partner, Handbuch der lernenden Organisation – Unternehmens- und Mitarbeiterpotentiale erfolgreich erschließen, Wiesbaden 1997.

Habermas, J./N. Luhmann: Theorie der Gesellschaft oder Sozialtechnologie, Frankfurt a.M. 1971.

Halfar, B.: Wettbewerbsstrategien im Sozialbereich: Marketing ohne Marken, in: Archiv für Wissenschaft und Praxis der sozialen Arbeit, 1/1998.

Hammer, M./J. Champy: Business Reengineering – Die Radikalkur für das Unternehmen, München 1998.

Harteis, C./H. Heid/S. Kraft (Hrsg.): Kompendium Weiterbildung – Aspekte und Perspektiven betrieblicher Personal- und Organisationsentwicklung, Opladen 2000.

Hauser, M.: Organisationaler Wandel – Eine organisationspsychologische Betrachtung, in: R. Bronner/H. Staminski (Hrsg.), Evolution steuern – Revolution planen, Über die Beherrschbarkeit von Veränderungsprozessen, Bonn 1999.

Heiden van der, U.: Chaos und Ordnung, Zufall und Notwendigkeit, in: G. Küppers (Hrsg.), Chaos und Ordnung, Formen der Selbstorganisation in Natur und Gesellschaft, Stuttgart 1996.

Hejl, P. M./H. K. Stahl (Hrsg.): Management und Wirklichkeit – Das Konstruieren von Unternehmen, Märkten und Zukünften, Heidelberg 2000.

Heiner, M. (Hrsg.): Experimentierende Evaluation – Ansätze zur Entwicklung lernender Organisationen, Weinheim, München 1998.

Heiner, M.: Lernende Organisation und Experimentierende Evaluation. Verheißungen Lernender Organisationen, in: Heiner, M. (Hrsg.): Experimentierende Evaluation – Ansätze zur Entwicklung lernender Organisationen, Weinheim, München 1998.

Heinze R. G./J. Schmid/C. Strünck: Vom Wohlfahrtsstaat zum Wettbewerbsstaat, Arbeitsmarkt und Sozialpolitik in den 90er Jahren, Opladen 1999.

Hettlage, R.: Familienreport – Eine Lebensform im Umbruch, München 1998.

Honneth, A. (Hrsg): Kommunitarismus – Eine Debatte über die moralischen Grundlagen moderner Gesellschaften, Frankfurt a.M. 1993.

Kant, I.: Kritik der reinen Vernunft, Stuttgart 1966.

Kaufmann, F.-X.: Herausforderungen des Sozialstaats, Frankfurt a. M. 1997.

Kleiner, A.: What is an organization, really? And how do individuals fit into it?, http://www.fieldbook.com/Ghost_stories/purpose006.html.

Knapp, R.: Leitende Kriterien für die Planung und Gestaltung von Weiterbildungskursen für Führungskräfte im Bereich der sozialen Arbeit, in: P. Boskamp/R. Knapp (Hrsg.), Führung und Leitung in sozialen Organisationen – Handlungsorientierte Ansätze für neue Managementkompetenz, Neuwied; Kriftel; Berlin; Luchterhand Verlag 1996, S. 253 ff.

Kompetenzentwicklung '99 – Aspekte einer neuen Lernkultur: Argumente, Erfahrungen, Konsequenzen; hrsg. von der Arbeitsgemeinschaft Qualifikations-Entwicklungs-Management, Geschäftsstelle der Arbeitsgemeinschaft Betriebliche Weiterbildungsforschung; Münster, New York, München, Berlin 1999.

Kraft, S.: Lernen im Betrieb: Selbstgesteuert, kooperativ, motiviert? Kritische Anmerkungen zur Idealisierung betrieblicher Weiterbildung, in: C. Harteis/H. Heid/S. Kraft (Hrsg.), Kompendium Weiterbildung – Aspekte und Perspektiven betrieblicher Personal- und Organisationsentwicklung, Opladen 2000.

Krüger W./N. Bach: Lernen als Instrument des Unternehmenswandels, in: Wieselhuber, Dr. & Partner, Handbuch der lernenden Organisation – Unternehmens- und Mitarbeiterpotentiale erfolgreich erschließen, Wiesbaden 1997.

Kühl, S.: Wenn die Affen den Zoo regieren, Frankfurt a.M. 1997.

Kühl, S.: Das Regenmacher-Phänomen, Widersprüche und Aberglaube im Konzept der lernenden Organisation, Frankfurt a.M./New York 2000.

Küppers, G. (Hrsg.): Chaos und Ordnung, Formen der Selbstorganisation in Natur und Gesellschaft, Stuttgart 1996.

Küppers, G.: Chaos: Unordnung im Reich der Gesetze, in: G. Küppers, Chaos und Ordnung, Formen der Selbstorganisation in Natur und Gesellschaft, Stuttgart 1996.

Küppers, G.: Selbstorganisation: Selektion durch Schließung und Chaos: Unordnung im Reich der Gesetze, in: G. Küppers, Chaos und Ordnung, Formen der Selbstorganisation in Natur und Gesellschaft, Stuttgart 1996.

Kurtzke, C./P. Popp: Das wissensbasierte Unternehmen. Praxiskonzepte und Management-Tools, München, Wien 1999.

Laboute-Reset, C.: Ohne Nationalökonomie keine Sozialarbeit. Rolle und Bedeutung der ökonomischen Bildung im wissenschaftlichen Werk und Ausbildungskonzept Alice Salomons, in: S. Elsen et al., Soziale Arbeit und Ökonomie, Neuwied, Kriftel 2000.

Lakes, B.: NPO im Spannungsfeld von Solidarität und Wettbewerb, in: Graf Strachwitz, R., Dritter Sektor – Dritte Kraft. Versuch einer Standortbestimmung, Düsseldorf 1998.

Lang, F. P./F. Thielemann: Wissensmanagement und neue Informationstechnologien, in: Maelicke, B. (Hrsg.) Veränderungsmanagement in der Sozialwirtschaft, Baden-Baden 2000.

Lange, D.: Wirtschaftlichkeit und Sozialarbeit, in: S. Elsen et al., Soziale Arbeit und Ökonomie, Neuwied, Kriftel 2000.

Lehner, F.: Organizational Memory – Konzepte und Systeme für das organisatorische Lernen und das Wissensmanagement, München, Wien 2000.

Lembke, G.: Die lernende Organisation, web-Text: www.vordenker.de/gerald/html.

Loch, D./W. Heitmeyer (Hrsg.): Schattenseiten der Globalisierung, Frankfurt a.M. 2001.

Macpherson, C. B.: Die politische Theorie des Besitzindividualismus, Frankfurt a.M. 1973.

Maelicke, B. (Hrsg.): Veränderungsmanagement in der Sozialwirtschaft, Baden-Baden 2000.

Maelicke, B. (Hrsg.): Freie Wohlfahrtspflege im Übergang zum 21. Jahrhundert, Baden-Baden 1998.

Maelicke, B. (Hrsg.): Handbuch Sozialmanagement 2000, Baden-Baden 2000.

Maelicke, B.: Grundlagen des Sozialmanagement, in: U. Arnold/B. Maelicke (Hrsg.), Lehrbuch der Sozialwirtschaft, Baden-Baden 1998.

Maelicke, B.: Non-Profit-Organisationen im Übergang zu Sozialwirtschaftlichen Organisationen, in: ders. (Hrsg.) Veränderungsmanagement in der Sozialwirtschaft, Baden-Baden 2000.

Malik, F.: Systemisches Management, Evolution, Selbstorganisation – Grundprobleme, Funktionsmechanismen und Lösungsansätze für komplexe Systeme, Bern, Stuttgart, Wien 2000.

Mandl, H./G. Reinmann-Rothmeier: Wissensmanagement: Modewort oder Element der lernenden Organisation?, in: Personalführung 12/99.

Martin, H. P./H. Schumann: Die Globalisierungsfalle, Reinbek bei Hamburg 1996.

Maturana, H. R./F. J. Varela: Der Baum der Erkenntnis – die biologischen Wurzeln des menschlichen Erkennens, München 1990.

Merchel, J.: Sozialmanagement – Problembewältigung mit Placebo-Effekt oder Strategie zur Reorganisation der Wohlfahrtsverbände? in: T. Rauschenbach/C. Sachße/T. Olk, Von der Wertgemeinschaft zum Dienstleistungsunternehmen, Jugend- und Wohlfahrtsverbände im Umbruch, Frankfurt a.M. 1995.

Müller-Schöll, A.: Systemisches Sozialmanagement, in: J. Engel-Kemmler/B. Maelicke/M. Scherpner: Fortbilden und gestalten, Weinheim, München 1990.

Müller-Schöll, A./M. Priepke: Sozialmanagement. Zur Förderung systematischen Entscheidens, Planens, Organisierens, Führens und Kontrollierens in Gruppen, Frankfurt a.M. 1983.

Narr, W.-D./A. Schubert: Weltökonomie. Die Misere der Politik, Frankfurt a.M. 1994.

Nebe, R.: Gestaltungsmöglichkeiten einer innovationsfreundlichen Organisationsstruktur, in: E. Dold/P. Gentsch (Hrsg.), Innovationsmanagement: Handbuch für mittelständische Betriebe, Neuwied, Kriftel 2000.

Neumann-Wirsig, N./G. Treiber: Systemische Sozialarbeit heißt lehren und lernen, in: Blätter der Wohlfahrtspflege 3+4/2000.

Newen, A./K. Vogeley: Selbst und Gehirn, Paderborn 2000.

Nonaka, I./H. Takeuchi: Die Organisation des Wissens: Wie japanische Unternehmen eine brachliegende Ressource nutzbar machen, Frankfurt a.M. 1997.

Ökonomie und Gesellschaft, Jahrbuch 12: Soziale Kooperation, Frankfurt a.M. 1995.

Olivia, H./H. Oppl/R. Schmid: Rolle und Stellenwert der freien Wohlfahrtspflege, in: Theorie und Praxis der sozialen Arbeit, Nr. 5, 1991.

Oppl, H.: Ende der Gemeinnützigkeit, in: Sozialmanagement – Zeitschrift für Sozialwirtschaft 4/2000.

Ossimitz, G.: Zur Entwicklung systemischen Denkens, Habilitationsschrift, Kapitel 1 und 2, zit. nach http://www.uni-klu.ac.at/users/gossimit/pap/habil.PDF.

Osterhold, G.: Veränderungsmanagement, Visionen und Wege zu einer neuen Unternehmenskultur, Falken & Gabler Management, Niedernhausen/Ts. 2000.

Palm, G.: Teil 1: Lernendes Unternehmen, http://goedartpalm.vitualave.net/page.html.

Peterander, F./O. Speck (Hrsg.): Qualitätsmanagement in sozialen Einrichtungen, München, Basel 1999.

Pierer, H. von/B. von Oetinger: Wie kommt das Neue in die Welt?, Reinbek bei Hamburg 1999.

Probst, G./J. Gilbert/K. Romhardt: Bausteine des Wissensmanagements – Ein praxisorientierter Ansatz, in: Wieselhuber, Dr. & Partner, Handbuch der lernenden Organisation – Unternehmens- und Mitarbeiterpotentiale erfolgreich erschließen, Wiesbaden 1997.

Puch, H.-J.: Organisation im Sozialbereich – Eine Einführung für soziale Berufe, Freiburg im Breisgau 1997.

Puch, H.-J./K. Westermeyer: Managementkonzepte. Eine Einführung für soziale Berufe, Freiburg im Breisgau 1999.

Quadbeck-Seeger, H.-J.: Faszination Innovation, Weinheim 1998.

Rauschenbach, T./C. Sachße/T. Olk: Von der Wertgemeinschaft zum Dienstleistungsunternehmen, Jugend- und Wohlfahrtsverbände im Umbruch, Frankfurt a.M. 1995.

Reese-Schäfer, W.: Was ist Kommunitarismus?, Frankfurt a.M., New York 1995.

Reich, R. B.: Die neue Weltwirtschaft – Das Ende der nationalen Ökonomie, Frankfurt a.M. 1996.

Reinhardt, R./P. Pawlowsky: Wissensmanagement: Ein integrativer Ansatz zur Gestaltung organisationaler Lernprozesse, in: Dr. Wieselhuber & Partner, Handbuch der lernenden Organisation – Unternehmens- und Mitarbeiterpotentiale erfolgreich erschließen, Wiesbaden 1997.

Reiss, H.-C.: Verbandssteuerung: Rechnungswesen und Controlling, in: B. Maelicke, Veränderungsmanagement in der Sozialwirtschaft, Baden-Baden 2000.

Riedl, R.: Biologie der Erkenntnis, München 1988.

Rifkin, J.: Das Ende der Arbeit und ihre Zukunft, Frankfurt a.M. 1997.

Röder, R.: Erfolgsfaktoren für die Gestaltung von Veränderungsprozessen – Was empfehlen Management-Autoren?, in: R. Bronner/H. Staminsky (Hrsg.), Evolution steuern – Revolution planen, Über die Beherrschbarkeit von Veränderungsprozessen, Bonn, Dover, Fribourg, Leipzig, Ostrava 1999.

Rohe, C.: Risiko- und Erfolgsfaktor Nr. 1: Implementierung, in: H. Spalink (Hrsg.), Werkzeuge für das Change Management, Prozesse erfolgreich optimieren und implementieren, Frankfurt a.M. 1999.

Literaturhinweise

Roth, G.: Das Gehirn und seine Wirklichkeit, Kognitive Neurobiologie und ihre philosophischen Konsequenzen, Frankfurt a.M. 1997.

Ruff, F.: Zukunftsforschung im Unternehmen als Katalysator für Innovationen, in: Personalführung 5/98.

Sachße, C.: Die Grenzen der Solidarität, in: Blätter der Wohlfahrtspflege – Deutsche Zeitschrift für Sozialarbeit, Themenheft Globalisierung, 7+8/97.

Sattelberger, T.: Die lernende Organisation: Konzepte für eine neue Qualität der Unternehmensentwicklung, Wiesbaden 1991.

Schein, Edgar H.: Organizational Learning as Cognitive Re-definition: Coercive Persuasion revisited, http://learning.mit.edu/res/wp/10010.html.

Schlee, A./A. Kieser: Die Konstruktion von Organisationen mit Hilfe von Metaphern, in: P. M. Hejl/H. K. Stahl (Hrsg.), Management und Wirklichkeit – Das Konstruieren von Unternehmen, Märkten und Zukünften, Heidelberg 2000.

Schmatz, Ralf A.: Studie über den „beruflichen Verbleib" der Absolventen/innen des Lehrgangsprojektes „Management in der Alten-, Kranken- und Behindertenhilfe (Wohlfahrtsmanagement) in Regensburg", unveröff. Manuskript, Universität Regensburg, Institut für Soziologie, 2000.

Schneider, U.: Bürgergesellschaft statt Kapitalgesellschaft, in: Blätter der Wohlfahrtspflege 5+6/98.

Schreyögg, G./C. Noss: Zur Bedeutung des organisationalen Wissens für organisatorische Lernprozesse, in: Dr. Wieselhuber & Partner.

Schreyögg, G./P. Conrad (Hrsg.): Wissensmanagement (Managementforschung 8), Berlin 1996.

Schüßler, R.: Kooperation unter Egoisten. Vier Dilemmata, München 1997.

Seibel, W.: Erfolgreich scheiternde Organisationen. Zur politischen Ökonomie des Organisationsversagens, in: Politische Vierteljahresschrift, 32. Jg., 1991, Heft 3.

Senge, P. et al.: Das Fieldbook zur fünften Disziplin, Stuttgart 1999.

Senge, P.: Die fünfte Disziplin, Kunst und Praxis der lernenden Organisation, Stuttgart 1998.

Sohmen, E.: Allokationstheorie und Wirtschaftspolitik, Mohr 1992.

H. Spalink (Hrsg.): Werkzeuge für das Change Management, Prozesse erfolgreich optimieren und implementieren, Frankfurt a.M. 1999.

Speck, O.: Die Ökonomisierung sozialer Qualität – Zur Qualitätsdiskussion in Behindertenhilfe und Sozialer Arbeit, München, Basel 1999.

Sprenger, Reinhard K.: Aufstand des Individuums. Warum wir Führung komplett neu denken müssen, Frankfurt a. M. 2000.

Stahl, T.: ADAPT – Gemeinschaftsinitiative, Handbuch zur Projekt-Selbstevaluation für Projektträger, unveröffentl. Manuskript, Regensburg.

Stahl, T./R. Schreiber: Die lernende Region, in: Kompetenzentwicklung '99 – Aspekte einer neuen Lernkultur: Argumente, Erfahrungen, Konsequenzen; hrsg. von der Arbeitsgemeinschaft Qualifikations-Entwicklungs-Management, Geschäftsstelle der Arbeitsgemeinschaft Betriebliche Weiterbildungsforschung; Münster, New York, München, Berlin 1999.

Stahl, T./M. Zängle: Die Legende von der Krise des Sozialstaats, Frankfurt a.M., New York 1984.

Stark, G.: Qualitätssicherung in der beruflichen Weiterbildung durch Anwendungsorientierung und Partizipation – Ergebnisse aus einem Modellversuch, Hrsg.: Bundesinstitut für Berufsbildung, Der Generalsekretär, Bielefeld 2000.

Staub-Bernasconi, S.: Systemtheorie, soziale Probleme und Soziale Arbeit: lokal, national, international. Oder: Vom Ende der Bescheidenheit, Bern, Stuttgart, Wien 1995.

Staudt, E./B. Kriegesmann: Weiterbildung: Ein Mythos zerbricht – Der Widerspruch zwischen überzogenen Erwartungen und Misserfolgen der Weiterbildung, in: Kompetenzentwicklung '99 – Aspekte einer neuen Lernkultur, Argumente, Erfahrungen, Konsequenzen, hrsg. von der Arbeitsgemeinschaft Qualifikations-Entwicklungs-Management, Geschäftsstelle der Arbeitsgemeinschaft Betriebliche Weiterbildungsforschung; Münster, New York, München, Berlin 1999.

Steinmann, H./C. Hennemann: Die lernende Organisation – Eine Antwort auf die Herausforderungen der Managementpraxis?, in: Wieselhuber, Dr. & Partner, Handbuch der lernenden Organisation – Unternehmens- und Mitarbeiterpotentiale erfolgreich erschließen, Wiesbaden 1997.

Stichweh R.: Die Weltgesellschaft – Soziologische Analysen, Frankfurt a.M. 2000.

Strachwitz, Graf R.: Dritter Sektor – Dritte Kraft: Versuch einer Standortbestimmung, Düsseldorf 1998.

Strunk, A.: Von der fehlerlosen zur fehlerbewussten Organisation, in: Blätter der Wohlfahrtspflege, 9/97.

Teufel, E. (Hrsg.): Was hält die moderne Gesellschaft zusammen?, Frankfurt a.M. 1996.

Teufel, E. (Hrsg.): Von der Risikogesellschaft zur Chancengesellschaft, Frankfurt a.M. 2001.

Vaterl P.: Team, Team-Lernen – die Basiseinheit in der Lernenden Organisation, Seminarpapier der Universität Klagenfurt, www.edu. uni-klu.ac.at/~pvaterl/sites/files/m7/m7.htm.

Voigt, B.: Team und Teamentwicklung, in: Organisationsentwicklung 3/93.

Volkmann, H.: Xenia-Werkstatt für Innovatoren und Annäherung an die Zukunft, in: Personalführung 5/98.

Vollmer, G.: Evolutionäre Erkenntnistheorie, 6. Aufl., Stuttgart 1994.

Watzlawik, P. (Hrsg.): Die erfundene Wirklichkeit, München 1999.

Weick, K. E.: Der Prozess des Organisierens, Frankfurt a.M. 1995.

Weiß, R.: Erfassung und Bewertung von Kompetenzen – empirische und konzeptionelle Probleme, in: Kompetenzentwicklung '99.

Wendt, W. R.: Beiträge zum Thema „Sozialwirtschaft" in: Socialmanagement – Zeitschrift für Sozialwirtschaft", Hefte 4/99 und 1/00.

Wendt, W. R.: Auf dem Weg zur lernenden Organisation, in: Blätter der Wohlfahrtspflege – Deutsche Zeitschrift für Sozialarbeit 9/97.

Wendt, W. R.: Soziales Wissensmanagement, Baden-Baden 1998.

Wendt, W. R.: Sozialwirtschaft und Sozialmanagement in der Ausbildung, Baden-Baden 1999.

Wetendorf, H.-W.: Aufgaben und Anforderungen an das Management bei Veränderungsprozessen, in: B. Maelicke (Hrsg.), Veränderungsmanagement in der Sozialwirtschaft, Baden-Baden 2000.

Wieschollek, R. W.: Strategische Unternehmensentwicklung ist gefordert, in: B. Maelicke (Hrsg.), Veränderungsmanagement in der Sozialwirtschaft, Baden-Baden 2000.

Wieselhuber, Dr. & Partner: Handbuch der lernenden Organisation – Unternehmens- und Mitarbeiterpotentiale erfolgreich erschließen, Wiesbaden 1997.

Willke, H.: Systemtheorie, Stuttgart, Jena 1993.

Willke, H.: Systemtheorie II: Interventionstheorie, Stuttgart, Jena 1996.

Willke, H.: Systemtheorie III: Steuerungstheorie, Stuttgart, Jena 1998.

Zahlmann, C. (Hrsg.): Kommunitarismus in der Diskussion – eine streitbare Einführung, 1994.

Zauner, A,/R. Simsa: Konfliktmanagement in Non-Profit-Organisationen, in: C. Badelt (Hrsg.), Handbuch der Non-Profit-Organisation. Strukturen und Management, Stuttgart 1999.

Zeiss, G.: Den Wandel prozessorientiert und systematisch herbeiführen, in: Personalführung, 3/97.

Zimmer, A./S. Nährlich: Zur volkswirtschaftlichen Bedeutung der Sozialwirtschaft, in: U. Arnold/B. Maelicke (Hrsg.), Lehrbuch der Sozialwirtschaft, Baden-Baden 1998.

Zucker, B./C. Schmitz: Wissen gewinnt – innovative Unternehmensentwicklung durch Wissensmanagement, Düsseldorf, Berlin 2000.

Stichwortverzeichnis

Stichwortverzeichnis